U0450678

本书为国家社科基金项目西部项目"河西走廊方言与地域文化研究"（项目批准号：13XYY002）的最终成果
本书由河西走廊民俗民族文化研究中心资助出版

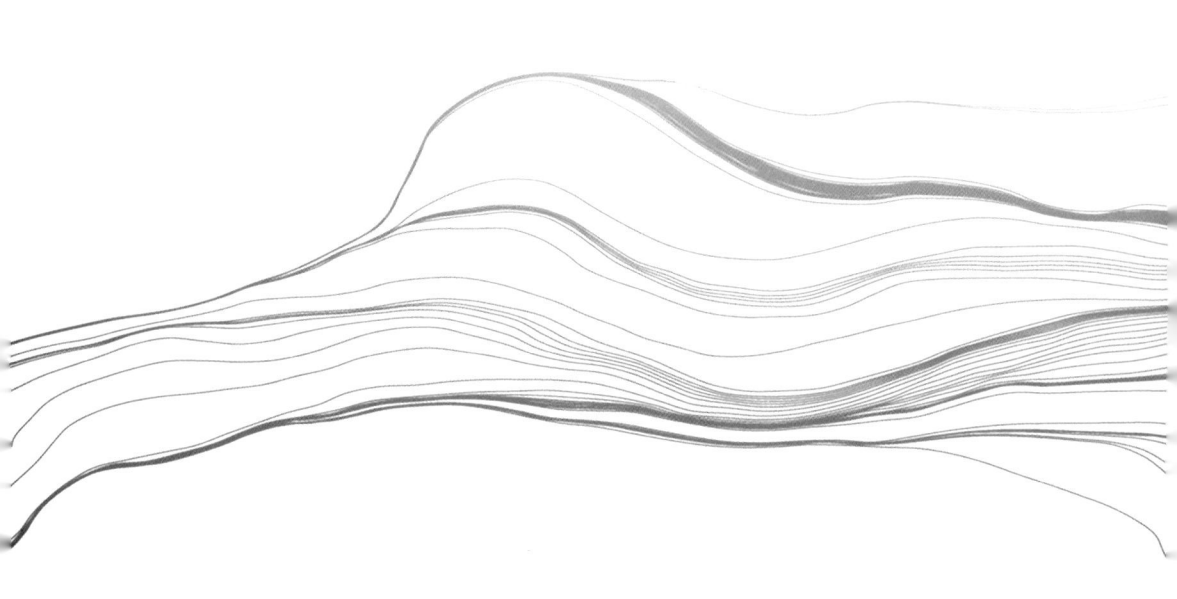

河西走廊方言
与地域文化研究

黄大祥 ◎ 著

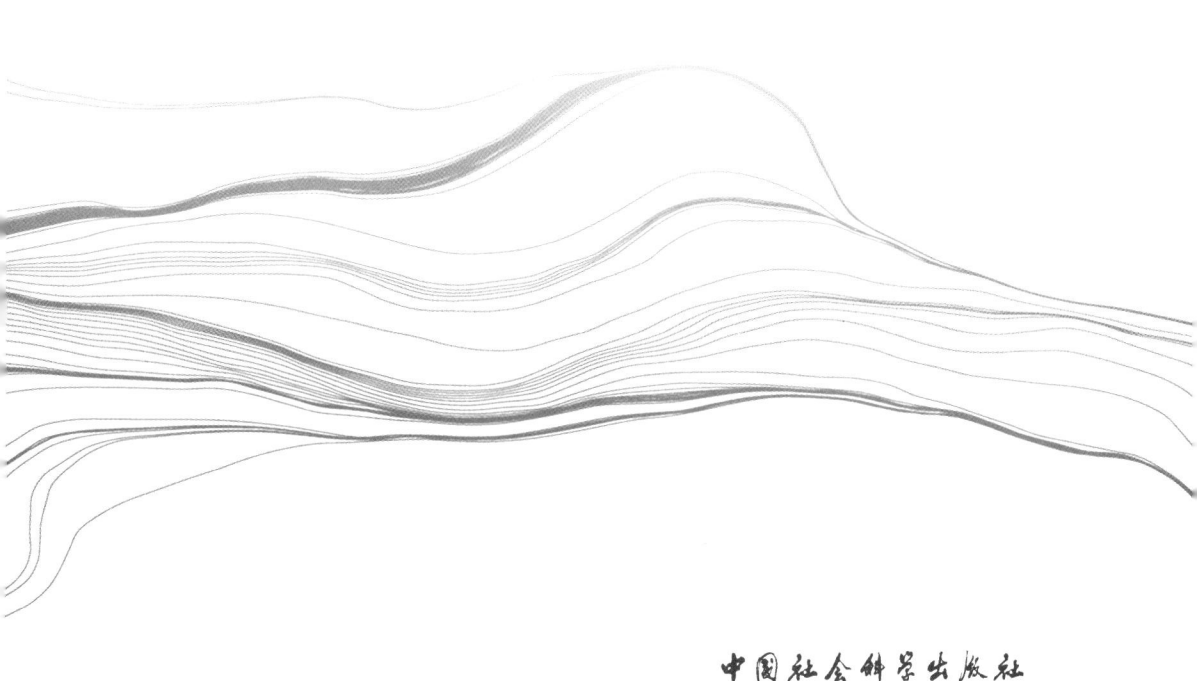

中国社会科学出版社

图书在版编目(CIP)数据

河西走廊方言与地域文化研究/黄大祥著. —北京：中国社会科学出版社，2021.10
ISBN 978-7-5203-8687-6

Ⅰ.①河… Ⅱ.①黄… Ⅲ.①西北方言—方言研究 Ⅳ.①H172.2

中国版本图书馆CIP数据核字(2021)第129520号

出 版 人	赵剑英
责任编辑	郭晓鸿
特约编辑	杜若佳
责任校对	师敏革
责任印制	戴 宽

出　　版	中国社会科学出版社
社　　址	北京鼓楼西大街甲158号
邮　　编	100720
网　　址	http://www.csspw.cn
发 行 部	010-84083685
门 市 部	010-84029450
经　　销	新华书店及其他书店
印　　刷	北京明恒达印务有限公司
装　　订	廊坊市广阳区广增装订厂
版　　次	2021年10月第1版
印　　次	2021年10月第1次印刷
开　　本	710×1000 1/16
印　　张	22.5
插　　页	2
字　　数	323千字
定　　价	128.00元

凡购买中国社会科学出版社图书，如有质量问题请与本社营销中心联系调换
电话：010-84083683
版权所有　侵权必究

目 录

导言 ·· (1)
    一 河西走廊的自然地理概况 ·· (1)
    二 河西走廊的人文历史简述 ·· (2)
    三 河西走廊的语言及汉语方言 ······································ (5)
    四 河西走廊方言与地域文化研究现状 ······························ (11)
    五 有关说明 ··· (20)

第一章 河西走廊方言音系 ··· (21)
  第一节 **武威、金昌市属各县区方言音系** ······························ (21)
    一 凉州区方言音系 ·· (21)
    二 民勤县方言音系 ·· (23)
    三 古浪县方言音系 ·· (24)
    四 天祝县汉语方言音系 ·· (25)
    五 金昌市永昌县方言音系 ·· (27)

  第二节 **张掖市属各县区方言音系** ······································ (28)
    一 甘州区方言音系 ·· (28)
    二 临泽县方言音系 ·· (30)
    三 民乐县方言音系 ·· (31)
    四 山丹县方言音系 ·· (32)

  五 高台县方言音系 ………………………………………… (34)
  六 肃南县汉语方言音系 ……………………………………… (35)
 第三节 酒泉市属各区县方言音系 ……………………………… (37)
  一 肃州区方言音系 …………………………………………… (37)
  二 金塔县方言音系 …………………………………………… (38)
  三 玉门市方言音系 …………………………………………… (39)
  四 瓜州县方言音系 …………………………………………… (41)
  五 肃北县汉语方言音系 ……………………………………… (42)
  六 敦煌(河东)方言音系 ……………………………………… (44)

第二章 河西走廊方言的音韵特点及内部差异 ………………………… (46)
 第一节 河西走廊方言声母的特点及内部差异 ………………… (46)
  一 声母的一般特点 …………………………………………… (46)
  二 声母的内部差异 …………………………………………… (47)
 第二节 河西走廊方言韵母的特点及内部差异 ………………… (54)
  一 韵母的一般特点 …………………………………………… (54)
  二 韵母的内部差异 …………………………………………… (55)
 第三节 河西走廊方言声调的特点及内部差异 ………………… (63)

第三章 河西走廊方言两字组连读变调 …………………………………… (66)
 第一节 河西走廊三声调方言两字组连读变调之一 …………… (66)
  一 凉州方言两字组连读变调 ………………………………… (66)
  二 古浪方言两字组连读变调 ………………………………… (70)
 第二节 河西走廊三声调方言两字组连读变调之二 …………… (74)
  一 甘州方言两字组连读变调 ………………………………… (74)
  二 肃州方言两字组连读变调 ………………………………… (78)

第三节　河西走廊三声调方言两字组连读变调之三暨敦煌河东
　　　　方言两字组连读变调 …………………………………（82）
第四节　河西走廊四声调方言两字组连读变调 ………………（86）
　一　民乐方言两字组连读变调 …………………………………（86）
　二　民勤方言两字组连读变调 …………………………………（90）

第四章　凉州、甘州、肃州、敦煌(河东)方言同音字汇 …………（95）
第一节　凉州方言同音字汇 ………………………………………（95）
第二节　甘州方言同音字汇 ………………………………………（111）
第三节　肃州方言同音字汇 ………………………………………（127）
第四节　敦煌(河东)方言同音字汇 ………………………………（144）

第五章　河西走廊方言基本词汇的内部比较 ……………………（162）

第六章　方言词语与河西走廊地方生产生活习俗 ………………（189）
第一节　方言词语与河西走廊地方生产习俗 ……………………（189）
　一　方言词语与河西走廊农业生产 ……………………………（189）
　二　方言词语与河西走廊畜牧业生产 …………………………（197）
　三　河西走廊传统生产活动的特点 ……………………………（199）
第二节　方言词语与河西走廊地方饮食习俗 ……………………（202）
　一　方言词语所反映的河西走廊家常饮食 ……………………（202）
　二　河西走廊地方特色饮食 ……………………………………（208）
　三　方言饮食词语反映的走廊地方饮食特点 …………………（212）
第三节　方言词语反映的河西走廊岁时习俗 ……………………（215）
　一　春节及与之相关节日的习俗 ………………………………（215）
　二　其他节令、节日习俗 ………………………………………（220）
第四节　方言词语与河西走廊人生礼仪习俗 ……………………（226）

一　河西走廊诞生成长礼仪习俗 …………………………… (226)
　　二　河西走廊婚嫁礼仪习俗 ……………………………… (228)
　　三　河西走廊丧葬礼仪习俗 ……………………………… (233)

第七章　河西走廊方言称谓语及其特点 …………………… (238)
第一节　河西走廊方言亲属称谓语及特点 ………………… (238)
　　一　河西走廊方言亲属称谓语系统 ……………………… (238)
　　二　河西走廊方言亲属称谓语的特点 …………………… (241)
第二节　河西走廊方言社会称谓语及特点 ………………… (244)
　　一　河西走廊方言社交称谓语 …………………………… (244)
　　二　河西走廊方言社会角色称谓语及特点 ……………… (245)

第八章　河西走廊方言熟语与河西地方文化 ………………… (255)
第一节　河西走廊方言的四字成语 ………………………… (255)
　　一　河西走廊方言四字成语的结构类型 ………………… (255)
　　二　河西走廊方言四字成语的语义表达 ………………… (266)
第二节　河西走廊方言的谚语 ……………………………… (275)
　　一　河西走廊方言谚语的类型 …………………………… (275)
　　二　河西走廊方言谚语常用的修辞手段 ………………… (279)
第三节　河西走廊方言的歇后语 …………………………… (281)
　　一　河西走廊方言歇后语的类型 ………………………… (281)
　　二　河西走廊方言歇后语的语义表达 …………………… (285)
第四节　河西走廊方言的惯用语 …………………………… (291)
　　一　河西走廊方言惯用语的结构类型 …………………… (291)
　　二　河西走廊方言惯用语的语义构成与风格特点 ……… (297)
第五节　河西走廊方言熟语与河西民情风尚 ……………… (302)
　　一　方言熟语是地方文化的结晶 ………………………… (302)

二　勤俭乐观的生活态度 …………………………………… (303)
三　中庸和谐的审美意识 …………………………………… (305)
四　豪爽刚劲的精神气质 …………………………………… (307)

第九章　河西走廊方言的指示代词与移民文化 ………………… (310)
第一节　河西走廊方言指示代词的形式及类型 …………… (310)
一　河西走廊方言指示代词的基本形式 ………………… (310)
二　河西走廊方言指示代词的类型与分布 ……………… (312)
第二节　关于汉语方言指示代词"三分"现象的再思考 …… (318)
一　学界已有的讨论 ……………………………………… (318)
二　从"二分"到"三分" …………………………………… (319)
三　是"近、中、远"还是"近、远、更远" ………………… (320)
四　全部三分和部分三分 ………………………………… (323)
第三节　河西走廊方言更远指代词"欧"与
　　　　"兀"及其来源 ………………………………… (324)
一　关于"兀" ……………………………………………… (324)
二　关于"欧"与"兀" ……………………………………… (325)
三　河西走廊方言里的"兀(那)"和"欧(那)" …………… (326)

参考文献 ………………………………………………………… (330)

附录 ……………………………………………………………… (344)
附录一　金昌市金川城区方言的声韵调 …………………… (344)
附录二　嘉峪关市区方言的声韵调 ………………………… (346)
附录三　阿克塞县汉族口音的声韵调 ……………………… (348)

后记 ……………………………………………………………… (351)

导　言

一　河西走廊的自然地理概况

作为一个地理概念，河西走廊是指甘肃省西北部，夹处于南部祁连山脉和北部龙首山、合黎山、马鬃山等统称为北山的山脉之间，东起乌鞘岭，西至甘新交界处库木塔格沙漠东缘，东西长约1000千米，南北宽50—120千米的狭长廊道地带，因位于黄河以西而得名。历史上其地曾建置有甘州、肃州，因此也叫甘肃走廊。地理坐标在北纬37°17′—42°48′、东经92°12′—103°48′之间。海拔900—3200米，面积约863.2平方千米。

河西走廊就像一个巨型楔子，嵌置于东部黄土高原、西部塔里木盆地、南部青藏高原、北部阿拉善高原之间，是通达东西、穿越南北的必由之地。

作为一个区域名称，河西走廊则一般指以走廊地带为核心，包括南部祁连山地和柴达木盆地北缘的一部分、北部北山山地和阿拉善高原南缘，今行政建制为甘肃省武威、金昌、张掖、酒泉、嘉峪关五市的辖区，包括天祝藏族自治县、古浪县、民勤县、凉州区、永昌县、金川区、山丹县、民乐县、甘州区、临泽县、高台县、肃南裕固族自治县、肃州区、金塔县、玉门市、瓜州县、敦煌市、肃北蒙古族自治县、阿克塞哈萨克自治县以及嘉峪关市共20个县（区）市，范围要大于地理概念下的河西走廊。

因内部山地隆起，河西走廊自然呈东中西三大相互分隔又连续贯通的盆地，即东部武威金昌盆地、中部张掖酒泉盆地和西部瓜州敦煌盆地，地表砾石戈壁和黏土沙地相间分布。

河西走廊属温带大陆性气候，日照充足、干旱少雨、多风沙。年降水量从东端最多360毫米，到中部100毫米左右，再到西端最少37毫米，依次递减。但是祁连山脉的冰川、积雪融化后形成了大小几十条河流。河水向北流淌，穿越走廊腹地，滋润着这片干涸的土地。众多河流出山而汇聚，形成石羊河、黑河、疏勒河三大内陆水系。发源于祁连山脉东部，从东到西分布之古浪河、黄羊河、杂木河、金塔河、西营河、东大河等河流，呈扫帚状出山后于凉州城北汇聚成石羊河，再向北注入民勤青土湖，另有支流西大河①于下游汇入。发源于青海境内祁连南山的黑河于张掖鹰落峡出山流入走廊，经甘州区、临泽县，再过高台正义峡、金塔鼎新向北注入内蒙古额济纳居延海，沿途汇入的主要支流有洪水坝河、丰乐河、马营河、梨园河、大都麻河、山丹河、北大河（上游称讨赖河），是全国第二大内陆河。疏勒河水系主要支流有昌马河、榆林河、党河等。上游主要支流昌马河于玉门南部山区发源，向北至玉门镇始称疏勒河，再向西流经瓜州至哈拉诺尔消失。三大水系的冲积滋养，形成了走廊面积较大的三块绿洲，即武威金昌绿洲、张掖酒泉绿洲和瓜州敦煌绿洲。绿洲地带土地平坦肥沃，水源充足，草木繁茂，宜农宜牧。

二 河西走廊的人文历史简述

河西走廊人文历史悠久。考古材料表明，早在新石器时代，河西走廊就有人类活动，并创造了马家窑文化、齐家文化、四坝文化、沙井文化等面貌复杂、类型多样、内容丰富、地域特点浓郁的石器和青铜文化。

---

① 因来水减少、中上游用水增加而断流，如今已经不再有水流入民勤石羊河段。

典籍史料反映，秦汉之际及以前，有羌、戎、吐火罗、月氏、乌孙、匈奴等众多部族先后或同时在河西走廊活动繁衍。

公元前121年汉武帝进兵河西，匈奴浑邪王降汉，河西走廊正式纳入中原王朝版图。西汉遂在走廊采取了一系列措施进行持久经营：修筑长城烽燧、驻军屯守，从而保持了丝绸之路的畅通；先后设置史称"河西四郡"的张掖郡、酒泉郡、武威郡和敦煌郡，隶属凉州；多次从内地迁入大量移民，兴修水利，垦殖开发，使走廊人口迅速增加。据研究，到西汉末，河西走廊总人口"不下六十万"①。东汉至三国曹魏，河西走廊仍隶属凉州。

西晋至南北朝。在经过西晋的短暂统治后，河西走廊除一度统一于北方氐族政权前秦外，主要由先后出现的地方割据政权"五凉"统治，分别是汉族张氏集团的"前凉"政权，氐族吕氏集团的"后凉"政权，鲜卑秃发氏集团的"南凉"政权，汉族李氏集团的"西凉"政权和卢水胡沮渠氏集团的"北凉"政权。除南凉一度定都于今青海乐都、而后迁都姑臧（今武威）外，其余四凉政权的政治中心始终在河西走廊。公元439年，北魏灭北凉，河西走廊与中原重新连为一体，在河西走廊设凉州、瓜州，西魏又增设甘州，由凉州都督府统辖。

隋统一全国后，在河西走廊设立武威、张掖、敦煌三郡，隶属雍州，结束了西晋以来河西行政区划变动频繁、管理体制混乱的状况。唐代在河西走廊先设凉州、甘州、肃州、瓜州，后又析瓜州为沙州、瓜州，属陇右道，此后基本保持了凉、甘、肃、瓜、沙五州的格局。军政方面，初设凉州都督府和瓜州都督府，后设河西节度使，兼领诸州事，节度使、节度副使分驻凉州、甘州。经过一百多年的大力经营，到玄宗时经济文化有了显著发展，河西走廊成了全国最富庶繁盛的地区之一。"安史之乱"后，河西走廊为吐蕃占领。9世纪中叶，吐蕃统治开始衰落。公元848年，敦煌人张议潮带领沙州各族人民发动起义，先后收复

---

① 高荣：《河西通史》，天津古籍出版社2011年版，第94页。

走廊各地，建立了归义军政权并统一于中原王朝。到 9 世纪末，随着甘州回鹘的兴起和凉州嗢末蕃汉联合政权的建立，归义军政权势力萎缩至仅有瓜、沙二地。因此，唐末五代至宋初，河西走廊实际处在瓜沙归义军、甘州回鹘和凉州六谷部蕃汉联合政权分裂统治的状态。

宋景祐三年（1036 年），党项人在已经占领甘州、凉州后，进兵攻陷肃、瓜、沙等州，尽有河西全境，从而开始了西夏政权对河西走廊近两百年的统治。西夏统治者将河西走廊作为其最重要的后方基地来经营，在走廊设置了凉、甘、肃、瓜、沙五州，又升凉州为地位仅次于其首府中兴府（今宁夏银川）的"西凉府"，作为河西政治、军事、文化和经济中心，后又在甘州设"宣化府"进一步强化其对河西走廊的管理。

公元 1227 年西夏灭亡，蒙古军队占领河西走廊全境。元朝建立后，至元十八年（1281 年）设甘肃行省，治甘州。甘肃行省下辖七路、二直隶州和五属州。治在河西走廊的有四路，即甘州路（治在今张掖甘州区）、肃州路（治在今酒泉肃州区）、沙州路（治在今敦煌市）、永昌路（治在今武威市凉州区永昌镇），一直隶州即山丹州（治在今山丹县），两属州即永昌路所属之西凉州和沙州路所属之瓜州。此四路一直隶州和二属州总体管辖区域要大于今河西五地市所辖范围。但走廊肃州以西之地由于处在元中央政府与蒙古诸王势力争夺的前沿，以致整个元代，沙州路的设置有名无实，这些地方实际处在部落化、游牧化的状态。

进入明代，初设陕西承宣布政使司管理西北嘉峪关以东民政，又设陕西行都指挥使司主管军政。在边塞要地实行军民一体的卫所管理体制。河西走廊则有凉州卫（治在今凉州）、镇番卫（在今民勤）、永昌卫（在今永昌县）、山丹卫（在今山丹）、甘州左、中、右、前、后五卫（治均在甘州）、肃州卫（在今肃州）、镇夷守御千户所（在今高台北）、高台守御千户所（在今高台）、古浪守御千户所（治在今永登）

等卫所。洪武二十六年（1393年）将陕西行都指挥使司迁甘州，实质管辖河西诸卫所。为了屏藩走廊内里，又于嘉峪关以西设沙州、赤斤等"关西七卫"以羁縻蒙古诸王部族。明代中后期，西部吐鲁番势力强大，吞并了嘉峪关以西的羁縻卫所，嘉靖初年即罢关西七卫，明朝势力退至嘉峪关以东。

清初西北局势动荡，河西走廊属陕西右布政使司，仍沿袭明代卫所制。康熙六年（1667年）改陕西右布政使司为巩昌布政使司（驻今陇西），七年（1668年）改巩昌布政使司为甘肃布政使司，驻兰州。雍正时在平定罗卜藏丹津叛乱后始罢卫所，先后于河西走廊设凉州、甘州二府和肃州、安西州（今瓜州）二直隶州。

民国至今，河西走廊属甘肃省。中华人民共和国成立后，随着经济社会的不断进步发展，特别是工业产业的发展和人口的增长，当代河西走廊逐渐形成了武威、金昌、张掖、酒泉、嘉峪关五地市，共辖20个县（区）市的行政管理格局。

三 河西走廊的语言及汉语方言

河西走廊历来是一个多民族聚居的地区，语言上也呈多样分布的状态。当代河西走廊的语言，除汉语外，还有藏语、裕固语、蒙古语、哈萨克语等多种民族语言。藏语主要分布在天祝藏族自治县和肃南裕固族自治县，裕固语主要分布在肃南裕固族自治县，蒙古语主要分布在肃北蒙古族自治县，哈萨克语则分布在阿克塞哈萨克自治县。汉语在走廊各县区均有分布，是走廊各民族的通用语言。

根据1991年出版的《中国语言地图集》，河西走廊的汉语方言有兰银官话和中原官话，中原官话仅分布于敦煌市党河东岸，其他各地均为兰银官话河西片。

历史上，河西走廊的汉语方言大致经历了以下三个存在发展的阶段。

第一阶段是两汉至三国曹魏时期，可谓古代河西走廊汉语方言的初步形成发展期。西汉拥有河西走廊之后，为了隔绝羌胡，开始向河西走廊持续不断地移民。《汉书·西域传序》载，武帝元狩二年（公元前121年），"初置酒泉郡，后稍发徙民充实之"。《汉书·武帝纪》载，元狩四年（公元前119年），徙关东贫民于陇西、北地、西河、上郡、河西等地，"凡七十二万五千口"；元狩六年（公元前117年），"乃分武威、酒泉地置张掖、敦煌郡，徙民以实之"。《汉书·平准传》记载，太初元年（公元前104年），"初置张掖、酒泉郡，而上郡、朔方、西河、河西开田官，斥塞卒六十万戍田之"。《汉书·大宛列传》载太初三年（公元前102年），"益发戍甲卒十八万酒泉、张掖北，置居延、休屠以卫酒泉"。东汉延续西汉经营河西的基本策略，也向走廊不断移民，只是规模上较之要小。

内地人口的迁入及不断增加，将汉语带到了河西走廊，并且使之迅速成为走廊绿洲地带的主要语言和优势语言。两汉向走廊的移民不仅有戍卒、贫民，还有犯罪的士吏官员。《汉书》卷六六《刘屈氂传》记载，征和二年（公元前91年），丞相刘屈氂等随戾太子发兵作乱被诛，其"吏士劫略者，皆徙敦煌郡"。敦煌文献P.2625《敦煌名族志》"索氏"条记载，汉武帝时太中大夫索抚与丞相赵周，因"直谏忤旨"而徙边，元鼎六年（公元前111年）从巨鹿迁于敦煌。被发配贬谪的士吏官员将经学典籍带到了河西走廊，促进了中原文化在河西走廊的继承和传播，也为汉语在河西走廊的发展提供了深厚的文化基础。经过大约四百年的时间，到东汉至曹魏时期，河西走廊所在的凉州已成为一个在经济文化方面令人侧目的区域。这一时期走廊的汉语方言与当时汉语中心区域的"秦"或"秦晋"应当是较为一致的。但西汉扬雄所著《方言》中所提到的方言地域与西北有关者，除"秦晋""关西""秦""秦之西鄙""秦陇""西秦""陇"等外，还单独出现了一次"凉州"的名称。同样为东汉时人许慎所著的《说文解字》里涉及方言的材料当中，其方言区域名称与西北有关者除"秦""关中""三辅""秦晋"

"关西""陇西"等外,也出现了"西方"和"凉州"各一条。上述文献材料虽然极其简约,却透露了一个重要信息,即包括河西走廊在内的凉州已经是汉语方言分布的一个重要区域,并且其汉语方言已经在逐渐形成一些区域的特点而引起了人们的注意。

第二阶段是西晋南北朝(五凉)至西夏,可谓古代河西走廊汉语方言的发展演变期。"五凉"时期,随着羌、氐、卢水胡匈奴、鲜卑等部族在走廊的兴起和民族政权的建立,这些民族的语言也一度成为河西走廊的主要语言甚至优势语言。但各族统治者均崇尚儒学,学习汉制进行统治,又有大批包括众多文化精英在内的中原汉人避居流徙而来,使得走廊学术文化空前繁荣,不仅保持和延续了中原传统文化,而且不断创新发展,成为当时中国北方儒学文化的中心,成就了"承前启后,继绝扶衰"[①]的"五凉文化"。因此汉语在河西走廊总体保持了优势语言的地位。此后拓跋鲜卑的北魏不仅统一了北方,而且全面推行汉化政策,穿汉服、学汉语、行汉俗,汉语的这种优势地位进一步加强。隋和唐朝前期国家高度统一,随着军屯、民屯等的实行,又有大量中原汉族人口,以及其他民族人口进入河西走廊,社会稳定繁荣、民族和睦共居,更加促进了西北各地汉语方言的融合与发展。隋唐之际的语言学者陆法言称其时的西北方言为"秦陇"方言,并将之与"吴楚""燕赵""梁益"并列。《切韵·序》描述各方言的状况说:"吴楚则时伤清浅,燕赵则多涉重浊;秦陇则去声为入,梁益则平声似去。""去声为入"是秦陇方言的显著特点。

"安史之乱"后,河西走廊先为吐蕃占领,五代时则汉族、回鹘、蕃汉混合的嗢末人分别割据而立,后又为党项西夏长期统治。这一时期,一方面由于大量吐蕃、党项族以及其他民族人口进入河西走廊,汉族在人口数量上已不占优势,汉语虽然还是这一地区的主要语言之一,

---

① 陈寅恪:《隋唐制度渊源略论稿》,载高荣《河西通史》,天津古籍出版社2011年版,第573页。

但已经在一定程度上失去了优势语言的地位，甚至出现了异族化的现象，唐诗"去年中国养子孙，今番毡裘学胡语"之语，就是这种现象的生动写照。另一方面，由于国家处于分裂状态，西北地区、特别是吐蕃、党项统治下的走廊及毗连地区的汉语秦陇方言与东部中原地带的汉语方言的联系交流被隔离。研究表明，这一时期的汉语西北方言变化较快。罗常培（2012）、邵荣芬（1963）等发现唐五代时期的西北方言与《切韵》音系相较，已经出现了宕江摄鼻尾开始消变、浊擦音声母开始清化、一二等元音失去分别等重要变化；王洪君（1987）、李范文（1994）、龚煌城（2004）等认为宋代西北方言宕江摄舒声鼻韵尾已经消失、入声则分别混入果摄和效摄，曾摄舒声与通摄合并，全浊声母已经清化仄声送气。唐宋时期西北方言的上述特点，有的与现代河西走廊方言是大体一致的，如入声的归向；有的只在个别方言点有所体现，如宕江摄阳声韵鼻尾的消失；有的则基本上不一致，如全浊声母仄声送气。

第三阶段是元明清时期，可谓近现代河西走廊汉语方言的形成、定型、扩散期。蒙古占领之初，河西走廊人口多有逃亡，经济凋敝。为了发展经济，蒙元政府实行重农政策。首先是招抚逃亡或安置本地人口。《元史》卷一四八《董文用传》记载，至元元年（1264年），"开唐来、汉延、秦家等渠，垦中兴、西凉、甘、肃、瓜、沙等州之土为水田若干，于是民之归者四五万"。《元史》卷一七《世祖本纪》载，至元二十一年（1284年），迁瓜、沙地区民户于甘、肃二州。其次是移民垦殖。《世祖本纪》载，至元七年（1270年），迁怀孟路（今河南沁阳一带）"新民千八百户居河西"。再次是实行军屯。《元史》卷一七《世祖本纪》载，至元十七年（1280年），"以汉军屯田沙、甘"；至元十八年（1281年），以太原新附军五千人屯田甘州。另据《甘州府志》卷二《世纪下》记载，至元十八年（1281年），四川宣慰司都元帅刘恩奉诏率蒙古军、汉军万人屯田甘州。《元史》卷一九《成宗本纪》

载，大德元年（1297年），"总帅汪惟和以所部军屯田沙州、瓜州"。随着移民屯田，东部、特别是中原地区的众多汉族人口进入河西走廊，对走廊的汉语方言产生了相当大的影响。周德清《中原音韵》所反映的元代中原官话的主要特点"平分阴阳""入声韵尾消失"，在兰银官话中有充分的体现，"入派三声"在兰银官话也有体现，但在入声归并的具体情况上兰银官话与中原官话却有着突出的差异。这些情况表明，元代中原官话已经对走廊汉语方言产生了重大影响，同时走廊原有汉语方言的某些特点也作为底层特征有很多的保留。黎新第（1987）认为，"兰银官话是从中原官话发展来的"，它与宋代西北秦陇方言有间接关系，但"其地域已经大大缩小了"。张燕来（2014）认为，兰银官话这个时期已经"渐具雏形"。

明代是河西走廊近现代主要方言兰银官话的定型期。明朝在据有河西走廊之后，即开始了对走廊的屯垦经营，掀起了继汉、唐之后第三次大规模的移民浪潮。移民的方式主要有从征留戍、实边移民、谪配充军、流民自徙、出仕调遣等多种形式，尤以戍边屯垦留居、有组织的实边移民为多。多次大规模的移民，使河西走廊的汉族人口急剧增加。以卫所守屯军户来说，明太祖洪武年间即完成了河西走廊十个卫、三个千户所的设置。按额定规模每卫五千六百人左右、每所一千二百人左右计，共有军士近六万人，加上所带家属按每卒一人计，总数也达十多万人。这些军户，除归降的元代兵卒和土著民丁外，许多是从征留戍者、发配充军者或迁发屯垦者。关于移民的来源地，有的史籍中有所反映，如《明太祖实录》卷二〇七载，洪武二十四年（1391年）"迁陕西西安右卫及华阴诸卫官军八千余人往甘肃屯田"，再如据《明史·诸王传》（卷一一七）载，朱元璋还将其第十四子朱楧封肃王住甘州，随其移居甘州的校尉、从员有两千多人等；而大多数移民的来源地则无从确证。但根据一些零星的线索和地方文献、家谱等的记载，明初走廊诸卫所的军士、特别是军官许多来自包括安徽、江苏等在内的江淮地区以及毗邻的浙江、湖北等地，他们征战河西后即留戍于此。如民勤王氏家谱记载，其始祖王兴原籍江南滁州，于洪武初随徐达军征王保保，因功调镇番掌印指挥，家居本县。民勤孟氏家谱记载："原籍浙江宁波府鄞县右坊人。始祖大都，随大将军徐达西征，以军功实授庄浪千户。二世原，于永乐元年从戎至镇，遂留居。"① 而以"大槐树移民"为代表的更大规模的实边移民和随徙流民，则多来自山西、河南、陕西（包括甘肃东部）、河北、山东等地区。民勤地方文献《镇番遗事历鉴》载，洪武五年（1372年）秋，"饬命山西、河南等地民人约二千余众，迁徙是土，多居于蔡旗、青松环围"。来自各地的移民与走廊本地原住居民一起屯守生活于偏僻封闭的边塞之地，语言、习惯等方面自然不断融合趋同，经过几代人的传承，走廊分布最广、最主要的汉语方言——兰银官话在元代走廊方言的基础上最终走向稳固定型。

清代及以后则是近现代河西走廊汉语方言的扩展期。清代对河西走廊的经济开发采取的主要是就近移居开垦的策略。康熙、雍正时开发重点在嘉峪关以西。雍正时先后三次从今甘肃黄河东部各地，宁夏、青海的部分地区以及走廊凉、甘、肃等州集中迁移民户至瓜、沙之地垦荒。从今甘肃河东及宁夏、青海迁来的民户按照来源地建立诸坊集中安置于敦煌党河东岸之地，河西各州县的移民则大多安置于敦煌党河西岸以及瓜州、玉门等地，由此形成了敦煌党河东岸的中原官话方言岛，兰银官话也随之扩展到了嘉峪关以西地区。雍正后期开始，河西开发的重点在嘉峪关以东，主要是在河西本地招募民户分成开垦，凉州、甘州、肃州等地易垦荒地如民勤柳林湖区、甘州平川堡、肃州南部沿山地区等均得到了大规模开发。兰银官话也在域内得到了进一步扩散。

中华人民共和国成立后，于20世纪50年代在走廊永昌北部龙首山和酒泉南部祁连山中发现大型铜镍矿和铁矿，随后分别于永昌宁远堡、肃州稍西嘉峪关附近荒漠戈壁建设现代化大型冶金企业"金川有色金

---

① 李玉寿：《民勤家谱》，香港天马图书有限公司2001年版，第245页。

属公司"和"酒泉钢铁公司",从黑龙江、辽宁以及华北等地调遣技术人员、干部、工人各一万多人参加两个企业的生产建设,此后尚不断有东北人迁来两地。随着工商业经济的发展,人口不断增加,两地分别发展成为走廊地区的工业重镇。1971年嘉峪关从酒泉县独立,设地级市,不辖县;1981年将永昌县从武威地区析出设地级市金昌,辖永昌县和金川区,市府住金川区。早期嘉峪关、金川两镇居民以东北人居多,加之城乡隔离,东北官话自然成为两地市区城镇人口的通行语言和地方的优势语言,因此在河西走廊形成了嘉峪关、金川两个东北官话方言岛。

酒泉市所属之阿克塞哈萨克自治县成立于1954年,中华人民共和国成立以前没有汉族居民。其县府原驻博罗转井镇,1995年迁至红柳湾镇。据我们的调查,红柳湾镇现通行带有河西兰银官话色彩的地方普通话。

作为河西走廊分布范围最广、最主要的汉语方言,兰银官话由西到东可分为酒泉小片、张掖小片和武威小片。比较而言酒泉小片的特点是曾梗摄德、陌、麦三个入声韵字今一般读 [ɤ]／[ə]／[uə] 韵,但"北、白、百"三字今读 [ei] 韵母且均有文白异读。张掖小片的特点是曾梗摄德、陌、麦三个入声韵帮、端、泥三组字多读 [iə] 韵母且有文白异读,其他读 [ɤ]／[ə]／[uə] 韵;知章庄合口字今读 [pf pfʻ f] 或 [k kʻ f]。武威小片的共同特点是曾梗摄德、陌、麦三个入声韵字今读 [ə]／[ɤ] 或 [ɯ] 韵母,少有文白异读。

四 河西走廊方言与地域文化研究现状

(一) 河西走廊方言描写与研究现状

较早以甘肃以及宁夏、青海方言为对象的方言著作,有民国时期成书的李鼎超著《陇右方言》、李恭著《陇右方言发微》、慕寿祺著《甘宁青恒言录》等,均以传统训诂学方法对方言词语进行辑录训释。《陇右方言发微》有"释言"和"释训"二卷,训释甘肃方言词语五百多条,所举方言地域范围广泛,但以黄河以东各地方言词语为多。《甘宁青恒言录》又名《甘宁青方言录》，辑录描写了包括张掖、民勤等在内的甘宁青地区大小十一个地域的方言词语，总计五万多字。莫超（2014）评价该书"有一个显著特点，在方言描写的同时注重相关的民俗记录，扩展了研究领域，也增加了著作的可读性（趣味性）"。《陇右方言》初名《武威方言》，作为《武威县志》的一部分，后改名《陇右方言》。该书仿照章太炎《新方言》体例，分"释词""释言""释天"等十部分，系统分类训释武威凉州方言词语，共约十万字。可以说，《陇右方言》是专以河西走廊域内汉语方言为研究对象的最早著作。

以现代语言学方法对西北汉语方言进行的研究，最早可追溯到20世纪20年代瑞典学者高本汉（Klas Benhard Johannes Karlgen）的《中国音韵学研究》和30年代罗常培的《唐五代西北方音》。两种著作涉及的甘肃汉语方言点仅有兰州、平凉等少数几个地方，但对西北方言的语音研究均具有极大的开创价值和方法论上的指导意义。

20世纪50—60年代，兰州大学、西北师范学院组织学者对甘肃省41个点的汉语方言进行了调查，其中河西走廊调查点包括天祝、民勤、武威（凉州）、永昌、山丹、张掖（甘州）、高台、酒泉（肃州）、玉门、安西（瓜州）共10个点。此次调查形成了初步成果《甘肃方言概况》（1960），同时相关学者有零星论文发表，如赵浚的《甘肃方言里 ən、əŋ 不分的问题》（1963）。

20世纪80年代以后，甘肃方言的调查与研究受到了省内外更多学者的关注和参与，与河西走廊方言有关的研究成果也开始不断出现。

关于河西走廊方言的语音特点与分区的讨论：李荣发表《官话方言的分区》（1985）一文，依据古清音入声今读去声，将兰银官话与其他官话区分开，河西走廊方言划入兰银官话。此后张盛裕、张成材论文《陕甘宁青四省区汉语方言的分区（稿）》（1986）将河西走廊兰银官话分为河西片和古天片两个片，河西片的特点是上声与阳平同调，合并为阳平上；古天片的特点是上声与阴平同调，合并为阴平上；民勤方言因四调俱全划入兰州片。张盛裕论文《河西走廊的汉语方言》(1993) 就包括敦煌在内的走廊十八个点汉语方言的声母系统、韵母系统和声调系统进行了对比描写，归纳了各点的异同和特点。曹志耘论文《敦煌方言的声调》(1998)，就敦煌河东话和河西话的声调及其特点进行了讨论。周磊《兰银官话的分区（稿）》(2005) 一文，根据新的研究材料，将河西走廊的兰银官话整体作为一个片与其他片分开，其特点是"北京开齐合撮四呼零声母分别读 [ɣ z v ʐ]"。雒鹏论文《甘肃汉语方言研究现状与分区》(2007)，对此问题进行了讨论。李蓝论文《敦煌方言与唐五代西北方音》(2014) 归纳描写了现代敦煌河东方言的语音特点，并就现代敦煌方言语音与唐五代西北方言研究的价值和意义进行了论述。张燕来著《兰银官话语音研究》(2014) 对兰银官话的语音特点、内部差异以及变化规律等进行了较为深入的理论探讨。张建军论文《西北方言入声韵带 i 介音现象》(2015)，则对包括河西走廊方言在内的西北方言 [i] 介音现象进行了讨论。

对域内单点方言现象的综合性描写与研究的成果有：刘伶著《敦煌方言志》(1988)、何茂活著《山丹方言志》(2007)、孙占鳌著《酒泉方言研究》(2013)。三部著作分别就当代敦煌、山丹、酒泉方言的语音、词汇、语法现象进行了较为系统的描写研究。此外，吴开华、赵登明著《民勤方言与普通话》(2006)，除对民勤方言的语音、词汇进行了描写外，还对本地的一些方言文化现象进行了讨论。

其他成果还有如下几个方面：

河西走廊方言语音研究。论文有张盛裕《敦煌音系记略》(1985)，刘伶《张掖方言声母 tʂ、tʂ'、ʂ、k、k'、f、v 的分合》(1986)、《略论敦煌方音的形成》(1987)，张文轩《武威方言及其"秃嘴子话"的语音特点》(2000)，高霞《高台方言语音简论》(2000)，雒鹏《甘肃汉语方言声韵调及其特点》(2001)，黄大祥《民勤方言音系说略》(2005)、《凉州方言同音字汇》(2007)、《甘肃张掖方言同音字汇》

(2009)，何剑丽《临泽方言音系记略》(2008)，吴开华《甘肃民勤方言音系》(2009)，李贵生《凉州方言声韵调及其与中古音和北京话的对应关系》(2009)，钱秀琴《甘肃民乐方言音系记略》(2009)，王晓斌《张掖方言两字组的连调模式》(2015)，等等。

河西走廊方言词汇研究。著作有安忠义《陇右方言词语疏证》(2011)，对流行于甘肃乃至西北地区的近五百条方言词语解释其意义，讨论其来源，梳理其语义演变，引证广泛。李磊《敦煌方言释义》(2009)，李贵生《凉州方言词汇研究》(2017)，王继中《凉州方言词语考释》(2013)、《凉州方言词语汇释》(2017)。论文有何茂活《山丹方言古语词例释》(2005)、《陕甘方言难词比证——以陕西扶风和甘肃山丹方言为例》(2010)、《聊斋俚曲俗字例解——兼以甘肃河西方言为证》(2012)，黄大祥《民勤方言古语词例释》(2011)，徐丽华《河西走廊的亲属称谓语》(2015)、《河西走廊称谓语之"同名异实"和"同实异名"》(2015)，孙月梅《张掖方言词汇的构词理据及文化内涵研究》(2014)，等等。

河西走廊方言语法研究。论文有雒鹏《甘肃汉语方言词法初探》(1994)、《甘肃方言几类实词中存在的语法现象》(1997)、《甘肃方言的第三人称代词》(2006)、《甘肃汉语方言人称代词》(2016)，莫超《甘肃汉语方言语法特点综述》(2009)，黄大祥《民勤方言里的语气词"啷"及其形成》(2013)、《民勤方言语气词"莽"和"们"及其来源》(2015)、《民勤方言的选择性问句——兼论其"X+啊+Y"句式的来源》(2016)，何剑丽《河西方言里的助词"价"》(2007)，高天霞《虚词"咧"在张掖方言中的意义》(2005)、《张掖方言的程度表示法》(2008)、《论甘州方言的疑问句》(2009)，钱秀琴《甘肃民乐方言的子尾词》(2009)，等等。

方言文献及文献语言研究。著作有莫超《西北方言文献研究》(2014)，该书对西汉扬雄《方言》以来至民国涉及西北方言的方言文献的特点、内容进行了梳理，并就这些文献对西北方言研究的语言学、民俗学、民族学价值进行了分析讨论。论文有莫超《元曲与甘肃方言》（2004）、《近代西北方言文献中的代词》（2011）、《晚清至民国期间甘肃方言专著四种》（2013）。还有学者就敦煌文献、河西宝卷等河西走廊地方文学文献语言进行研究，例如安忠义《敦煌文献中的陇右方言》（2008），黄大祥《敦煌文献中的河西走廊方言词语》（2011）、《结合现代河西方言训释敦煌变文的几个词语》（2011），雷汉卿《河西宝卷所反映的西北方言浅说》（2002），赵颖《甘肃凉州贤孝唱词的地域性语言特点研究》（2014）、《凉州贤孝唱词语法特点选析》（2015），等等。

关于河西走廊方言的描写研究，尽管已经有了一些成果，但总体来看，却是不平衡、不广泛、不深入的。从语音、词汇、语法三个方面来看，语音研究、词汇研究的成果较多，而语法研究的成果则相对较少。从局部与整体来看，对单个方言点、某些个别语言现象的描写研究较多，就域内方言现象进行整体描写分析讨论的很少。从共时和历时的角度看，共时描写的多，而历时考察、理论探讨的少。

（二）河西走廊地域文化研究现状

河西走廊地域广阔，历史积淀深厚，文化形态丰富多样，历来是学者关注的重要领域。特别是20世纪80年代以来，有关河西走廊地域文化研究的成果不断涌现，研究的领域也在不断拓展，有较为集中的理论探讨，也有对具体文化现象的调查研究。这些研究成果大致可归纳为以下几个方面。

一是河西走廊历史文化研究。这方面的成果最为丰硕，此仅列与本书研究密切相关者。比较重要的论著有高荣主编的《河西通史》（2011）。该书利用传世文献与河西简牍、敦煌文书、墓志碑铭、墓葬壁画、考古材料等对上古先秦至清河西走廊的历史脉络、政治军事、社会经济、文化艺术、学术发展等进行了系统描述和深入探讨，是第一部有关河西走廊的专门史著作，具有开拓性的价值和意义。在河西走廊历史文化中，

"五凉文化"是其灿烂的一页，这方面的成果有陆庆夫论文《五凉文化简论》(1987)、赵以武著《五凉文化述论》(1989)等。《五凉文化述论》对五凉时期河西走廊的学术、文学、佛教、艺术、教育等文化领域的成就进行了详细的考察和深入论述。另高启安著《唐五代敦煌饮食文化研究》(2008)，利用敦煌文献，从食物原料、饮食结构、食物加工、食物品种、饮食器具、宴饮活动、宴饮礼仪、饮酒习俗、僧人饮食、饮食胡风等方面系统讨论了唐五代时期敦煌人的饮食风俗。

历史文化方面的其他成果，著作类有齐陈俊《河西史研究》(1989)，王希隆《清代西北屯田研究》(1990)，洪涛《五凉史略》(1992)，李并成《河西走廊历史地理》(1995)，梁新民《武威史地综述》(1997)，谭婵雪《敦煌民俗》(2006)，吴浩军《酒泉地域文化丛稿》(2007)，姜清基《河西历代人口研究》(2008)，崔云胜《张澍研究》(2009)，贾小军《魏晋十六国河西史稿》(2009)，等等。论文类主要有陈新民《河西走廊移民史》(2010)，高荣《古史所记的先秦河西》(2004)，高小强《从堡寨到村堡：明清河西走廊堡寨民居的功能演变》(2016)，郝润华《凉州七里十万家——古代凉州与盛唐凉州的繁华》(1994)，贾小军《五凉文化及其历史贡献》(2013)，李并成《"张掖"释名》(1990)、《汉代河西走廊东段交通路线考》(2011)，李敏锋《从河西走廊古地名看古代河西历史》(2000)，李辉《西夏与丝绸之路》(2001)，王欣《吐火罗在河西一带的活动》(1998)，王军涛《元明清时期河西走廊汉传佛教"藏化"现象浅析》(2006)，王国华《从文献看河西走廊非物质文化的历史演变》(2007)，闫天灵《明清时期河西走廊的寄住民族、寄住城堡和寄住政策》(2009)，叶舒宪《丝绸之路还是玉石之路——河西走廊与华夏文明传统的重构》(2013)，张连银、喻堰田《明清嬗变与西北边陲的变迁——以16—18世纪的河西走廊为例》(2009)，钟敬文《河西走廊历史上的多语言环境》(2009)，张力仁《历史时期河西走廊多民族文化的交流与整合》(2006)，朱瑜章《河西走廊"苏李"文化述评》(2005)，等等。

二是河西走廊神话传说和地域文学研究。神话传说研究方面，范三畏著《旷古逸史——陇右神话与古史传说》（1999），运用文学、音韵学、训诂学等方法就"西王母""夸父逐日""穆天子西游"等西部神话和古史传说与陇右及河西走廊的关系进行了考证论说。叶舒宪著《河西走廊：西部神话与华夏源流》（2008），同样聚焦于西部神话传说，透过"冥水"、"西天"、"瑶池"和"玉门"等走廊地域意象，深入河西走廊的文化底层，从《穆天子传》到《西游记》的传说构建等多个方面，探寻上古华夏文明的源头信息，揭示河西走廊在华夏文明成长构建中的地位。这方面的论文还有朱瑜章《先秦河西走廊神话传说考略》（2009）等。地域文学研究方面，朱瑜章著《历代咏河西诗歌选注》（2007），共选古代与河西走廊有关的诗歌332首，是目前唯一公开出版的古代咏河西诗歌的选注本。论文有胡阿祥《魏晋时期河西地区本土文学述论》（2002），任伟《十六国时期的河西本土文学与南北各方的交流》（2008），孙少华《秦汉河西走廊上的文化学术交流及其文学影响》（2009），巨虹《五凉时期河西地区部分文学作品研究》（2013），跃进《河西四郡的建置与西北文学的繁荣》（2008），等等。值得注意的还有关于河西走廊与《西游记》取经故事关系的研究，成果主要有朱瑜章《玄奘取经与〈西游记〉"遗迹"现象透视》（2004），杨国学《河西走廊三处取经图画与〈西游记〉故事演变的关系》（2000），等等。

三是河西走廊民俗文化研究，包括民间文艺研究和其他民俗文化研究。首先是民间文艺研究。河西走廊的民间文艺类型丰富，其中影响最大、最为广泛的当属宝卷。作为民间说唱文学的宝卷在20世纪20年代进入了中国文学研究的视野，而河西宝卷的研究则盛于20世纪80年代以后。这方面的成果，著作有段平著《河西宝卷的调查研究》（1992），认为河西宝卷源于敦煌变文。方步和著《河西宝卷真本校注研究》（1992），除对所搜集到的河西宝卷文本进行校注外，还就河西宝卷的内容、宝卷与敦煌讲唱文学的关系进行了论述，认为其与敦煌变文有紧密的关系。

刘永红著《西北宝卷研究》（2003）。论文有车锡伦《明清民间宗教与甘肃的念卷和宝卷》（1999），认为河西宝卷是明清时期随着民间宗教传入的，和敦煌变文没有直接关系。谢生保《河西宝卷与敦煌变文的比较》（1987）、李贵生《从敦煌变文到河西宝卷——河西宝卷的渊源与发展》（2015）则通过宝卷与变文的比较，进一步论证河西宝卷对敦煌变文的继承关系。还有程瑶《河西民间宗教宝卷方俗词语的文化蕴藉》（2015），哈建军、张有道、李弈婷《河西宝卷对走廊文化的注解及其当代文化价值》（2016），李贵生、王明博《河西宝卷说唱结构嬗变的历史层次及其特征》（2015），敏春芳、程瑶《河西宝卷方俗口语词的文化蕴涵——以民间宗教类宝卷为例》（2017）等从不同角度对河西宝卷进行了研究探讨。

近年来，凉州贤孝、河西地方小调民歌等也逐渐为研究者关注。有关贤孝研究的文章有丁一清《贤孝与明清小说传播》（2015），李贵生《多元宗教视野下的口头说唱——以甘肃武威"凉州贤孝"为例》（2011），等等。有关河西民歌、地方小调的研究成果，著作有李慧芬、李发国《高台民间小调研究》（2016）。论文有李慧芬《浅析高台民间小调歌词的表现手法和修辞方法——以罗城乡小调为例》（2011）等。

其他民俗文化研究方面。著作有王仲保、胡国兴《甘肃民俗总览》（2006），分地域就甘肃境内各地汉族、少数民族生产生活习俗进行了介绍。孙占鳌著《酒泉民俗研究》（2014），从饮食、服饰、居住、婚姻、诞生、丧葬、节日等方面对酒泉一带的汉族民俗以及少数民族的习俗进行了梳理介绍。冯天民、杨若冰著武威历史文化丛书之一的《民俗风情》（2002）则对武威地区的汉族和少数民族的一些岁时、饮食、特产等方面的民俗事象进行了概括性描述。相关论文有孟凡港《从碑刻看明清时期张掖的民间信仰》（2012），贾强《清代河西走廊"八景"与环境变迁》（2016），谢继忠《浅谈"金张掖"、"银武威"的由来》（2012），王勇、张宏《从"撩病消灾"到"外慷内敛"——河西走廊的民间信仰规范及其法人类学意涵》（2015），谢正荣《甘肃河西民间歌谣的民俗阐释》（2007）、《方言与古俗——以甘肃省古浪县路家台村为例》（2010），崔云胜《张掖、酒泉的西夏土主信仰》（2005），王振忠《区域文化视野中的民间日用类书——从〈祭文精选〉看20世纪河西走廊的社会生活》（2014），张力仁《河西走廊民风的地域差异》（1999），钟敬文《甘青地区独有民族的语言文化特征》（1997），等等。

四是关于"河西文化"的梳理概括和理论阐释。河西文化历史积累丰厚、范围庞杂。除了对一些文化现象进行研究讨论外，一些学者还试图从整体上对河西走廊文化进行系统的梳理概括和理论阐释。这方面的成果不多，却难能可贵，也是今后河西文化研究的一个必有方向。邵如林发表论文《"河西文化"论》（1995），从走廊地理环境、"河西文化"的历史渊源、内涵以及发展高峰等几个方面对河西历史文化进行了概括性论述。方步和著《河西文化——"敦煌学"的摇篮》（2004）分"总论"、"分述"和"研究"三编，其亮点在第一编，认为河西文化的核心内容是经史文化和佛教文化，正是这个文化背景孕育了灿烂的敦煌文化，河西文化是"敦煌学"的摇篮。张力仁著《文化交流与空间整合——河西走廊文化地理研究》（2006），运用文化地理学理论和方法，从河西走廊的地理特点与景观、民族交流与融合、宗教渗透、人才产生与流动、文化区域的空间分布等方面对河西走廊文化进行了深入思考和理论阐释。相关文章还有刘朝霞《论河西文化的特色及文学呈现》（2008），张涛《河西文化的特征——兼论挖掘研究河西文化的策略与现实意义》（2006），叶舒宪《河西走廊的文化镜像》（2012），等等。而张生龙、董红《西部走廊文化心理初探——关于中国著名学者陈寅恪首倡"河西支派"的显微》（2002），彭清深《西北河西汉族人的形成及人文特征》（2003）以及徐杰舜《河西人的人文特征——西北汉族族群研究之四》（2016）则对河西走廊人们的文化心理和人文特征进行了理论探讨。此外，张涛《"河西学"的学科构建与初步设想》（2005）、高荣《论"河西学"的界定与构建》(2016)等均就河西文化的内容、特征进行了论述并提出了构建"河西学"的设想。

五 有关说明

本书对河西走廊方言的语音调查采用中国社会科学院语言研究所李蓝开发的《汉语方言自动处理系统》，系统带有录音功能，可现场记音录音。记音的国际音标字体为李蓝所创"语言所音标"。基本调查分单字、词汇、连读变调、语法例句和话语故事等几个方面。单字有1500和3800个两种调查方式，均以社科院语言研究所《方言调查字表》为据。另外针对河西走廊方言的特点，我们以社科院语言所《方言调查词汇手册》为主要参考，编制共有430个基本词汇和304个用于连读调查的两字组词语。调查过程中均对上述材料进行了记音录音。

河西走廊共有二十个县市区，调查点均选取县（市、区）政府所在地或邻近的乡镇。具体为：凉州区北街，古浪县古浪镇，民勤县大坝乡，天祝县华藏寺镇，永昌县焦家庄乡，山丹县清泉镇，民乐县洪水镇，甘州区梁家墩镇，临泽县沙河镇，高台县巷道镇，肃南县红湾寺镇，肃州区西峰乡，金塔县金塔镇，玉门市玉门镇，瓜州县西湖乡，敦煌市沙州镇，肃北县党城湾镇，阿克塞县红柳湾镇。另外，金昌市金川区和嘉峪关市分别选择金川公司和酒泉钢铁公司移民二代为调查对象。其中嘉峪关、金昌市金川区、凉州、甘州、肃州、敦煌六个点的单字按3800个进行了记音录音，其余各点则按1500个字进行了调查。

调查显示，嘉峪关市区、金昌市金川区通行的汉语是中华人民共和国成立之后因特殊原因形成的，其基本属性可确定为东北官话方言；阿克塞县红柳湾镇的通行汉语为地方普通话，因此在此后的有关河西走廊方言的相关论述中这几个点不再涉及。

论说中涉及的其他有关河西走廊方言的民俗词语则由课题组成员多次赴各地调查或通过大量地方文献、有关方言著作搜集而来。

第一章

河西走廊方言音系

第一节 武威、金昌市属各县区方言音系

一 凉州区方言音系

(一) 声母:25个,包括零声母

p	八别边布	p'	怕皮跑铺	m	妈门女木			f	发非冯福	v	瓦威歪物
t	搭第定夺	t'	塔疼提同	n	拿南努能					l	来连路驴
ts	早子组曾	ts'	曹醋错从					s	苏生搜松		
tʂ	照煮征直	tʂ'	昌潮除虫					ʂ	扇书身伤	ʐ	日然如润
tɕ	京经教剧	tɕ'	清巧全趣	ȵ	年腻娘宁			ɕ	修小学需		
k	盖根古关	k'	开烤苦快					x	河吼虎花	ɣ	儿耳而给
ø	爱衣油远										

说明:
1. tʂ组声母拼开口呼时的卷舌程度比北京话高。
2. 与齐齿呼韵母拼的l有较强的闪音色彩。
3. 韵母u前面的p、p'、t、t'有时带有双唇颤音。
4. 送气音声母在低元音前有时带小舌压舌根形成的清颤音(或轻擦音);在央或中元音前带舌根清擦音,在齐齿呼和撮口呼前与北京话一样,是与声母同部位的清擦音。

(二）韵母：29个

ɿ	资字刺四	i	旗鼻地衣	u	祖步杜古	y	雨举虚驴
ʅ	知吃湿日						
ɤ	儿耳二给						
ɑ	八塔茶阿	iɑ	家恰夏牙	uɑ	抓耍瓜花		
ɛ	戴来在盖	iɛ	别裂姐爷	uɛ	揣帅怪快	yɛ	略决却月
ə	波特车黑			uə	多坐桌果		
ɔ	包刀照高	iɔ	鸟料叫摇				
ei	碑煤飞贼			uei	对醉追贵		
əu	斗走周沟	iəu	牛留旧油				
ɑŋ	搬干党张	iɑŋ	脸见江洋	uɑŋ	官专光装	yɑŋ	卷全选远
əŋ	本等针耕	iɤ̃	拼定金硬	uəŋ	蹲冬棍贡	yɤ̃	军群云用

说明：

1. 韵母 i、u、y 后有时带有尾音 ə，实际是自然形成的拖音，这样的音节在语流中尾音即行消失。

2. 韵母 u 在声母 f、v 后实际读 ʋ，在双唇音声母后读 ʊ，在 ts 组声母之后近似 ɿ，tʂ 声母之后近似 ʅ，在其他声母后是 u。

3. 与 tɕ 组声母拼的韵母 y，发音较低，实际是 Y。

4. 韵母 ɤ 舌位偏央。

5. 与 k 组拼的韵母 uəŋ，有时发音为 oŋ。

6. 韵母 yɤ̃ 构成的零声母音节，有时发音是 yŋ。

（三）声调：3个

阴平上	˧	33	高开低　天婚飞　有粉古　水五老
阳平	˩˧	13	穷寒文　局白熟　合急
去声	˥˧	53	盖大病　抱近厚　月六药　得七黑

说明：

1. 阴平上基本是一个中平调，但有时带有下降的尾音，读如 332，有时收调又稍高，读如 34，记作 33。

2. 阳平是一个低升调，有时收尾略高，记作 13。

3. 去声是一个高降调，有时降幅略大，记作 53。

二 民勤县方言音系

（一）声母：26个，包括零声母

p	八北边布	p'	怕盘皮谱	m	麻免木门	f	发飞风福	v	挖喂万五
t	答得店独	t'	塔谈土团	n	里力泥腻			l	拿努拉暖
ts	扎窄祖地	ts'	茶醋窜题			s	杀色生俗		
tʂ	展真主装	tʂ'	缠成出穿			ʂ	闪声书说	ʐ	染人褥软
tɕ	家接叫脚	tɕ'	掐茄巧缺	ɲ	年牛女驴	ɕ	夏写小削	ʑ	一衣雨玉
k	古敢根关	k'	苦砍坑宽			x	喊很护换	ɣ	儿而耳二
∅	安夜药鹅								

说明：
1. tʂ组声母的卷舌程度比北京话高。
2. 声母 n、ɲ 与 l 关系互补，l 拼开口、合口呼；ɲ 拼齐齿、撮口呼，n 拼舌尖音 ɿ。
3. 韵母 u 前面的 p、p'、t、t' 有时带有轻微的双唇颤音。
4. 送气音声母在低元音前有时带小舌压舌根形成的清颤音（或轻擦音）；在央或中元音前带舌根清擦音，在齐齿呼和撮口呼前与北京话一样，是与声母同部位的清擦音。
5. 声母 x、ɣ 发音稍后，有时带有小舌颤音。
6. 齐齿呼、撮口呼零声母有时有明显摩擦。

（二）韵母：30个

ɿ	资体地你	i	比米急以	u	布肚祖古	y	雨女驴举
ʅ	知持实日						
ɯ	儿给客黑						
a	八大砸拉	ia	家掐夏牙	ua	抓瓜夸话		
ɤ	拨北德窄	iɛ	别铁接叶	uə	多坐说果	yɛ	脚缺学药
		iI	碑点减盐			ye	卷泉选远
ɛi	摆办展喊			uɛi	帅怪端关		
Ii	陪苇费味			uei	堆脆鬼内		
ɑo	包早高袄	iɑo	表调叫腰				
ɤu	斗走沟沤	iɤu	丢九修有				
ɑŋ	帮党长杭	iɑŋ	娘亮讲阳	uɑŋ	装光筐黄		
ɤŋ	本灯正跟	iŋ	兵丁井印	oŋ	东总顺工	yŋ	穷军熊用

说明：
1. 韵母 i 发音靠前，但不是 ɿ。
2. 韵母 u 在声母 f、v、k、k' 后实际读 ʋ，在双唇音声母后实际读 w，在 ts 组声母之后近似 ʮ，tʂ 声母之后近似 ʯ，在其他声母后是 u。
3. 韵母 y 在 tɕ、tɕ'、ɕ、ʑ 后发音靠前，但不是 ʮ。
4. a 单做韵母时偏央，介于 a、ʌ 之间。
5. 韵母 ɛi、uɛi 中的主要元音发音有时较 ɛ 低，由 ɛ 到 i 动程短。
6. 韵母 ɑo、iɑo、ɤu、iɤu 发音动程较短小。

（三）声调：4个

阴平	˧	44	高开飞 粗三边
阳平	˩	53	穷寒鹅 局白熟 合急
上声	˧	214	古水粉 五老有
去声	˩	42	盖大病 抱近厚 得七黑 月六药

说明：
1. 阴平是一个次高平调，记作44。
2. 阳平是一个高降调，记作53。
3. 上声是一个曲折调，记作214。
4. 去声是一个降调，起调较阳平低，收调较1度高，记作42。

三　古浪县方言音系

（一）声母：26个，包括零声母

p	八保比布	pʻ	爬跑皮铺	m	马毛女母	f	法飞风福	v	瓦威歪物
t	大到低肚	tʻ	塌掏体兔	n	拿脑怒男			l	拉老路驴
ts	字早祖坐	tsʻ	刺草醋错			s	四扫苏锁		
tʂ	知招猪砖	tʂʻ	吃超出穿			ʂ	湿烧书霜	ʐ	日绕褥弱
tɕ	鸡家局军	tɕʻ	气前取裙	ȵ	年你娘宁	ɕ	细霞需兄	ʑ	一雨压阴
k	盖敢骨果	kʻ	开看苦阔			x	害汗胡火	ɣ	耳鹅儿二
∅	阿安月远								

说明：
1. tʂ 组声母的卷舌程度比北京话高。
2. n 只拼洪音，ȵ 只拼细音，将它们记作两个声母。
3. 与齐齿呼韵母拼的 l 有较强的闪音色彩。
4. 韵母 u 前面的 p、pʻ、t、tʻ 有时带有双唇颤音。
5. ɣ 有时带有小舌颤音的色彩。
6. 送气音声母在低元音前有时带小舌压舌根形成的颤音（或擦音）；在央或中元音前带舌根清擦音，在齐齿呼和撮口呼前与北京话一样，是与声母同部位的清擦音。

（二）韵母：31个

ɿ	资磁私四	i	比米地起	u	布柱固杜	y	区虚鱼吕
ʅ	知迟十是						
a	搭爬茶杂	ia	家掐夏牙	ua	抓夸华刷		
ɛ	改在摆带	iɛ	天见棉烟	uɛ	怪怀快揣	yɛ	全选圆院
ɤ	儿河哥测	ei	铁姐野灭	uə	刹脱活丿	yə	脚缺雪药

续表

ɔ	烧跑桃刀	iɔ	叫小巧摇					
ɑo	党帮厂康	iɑo	杨良将乡	uɑo	光装床霜			
ei	飞碑贼煤			uei	对醉吹贵			
ou	斗走丑口	iou	九牛修有					
æ	搬单站干			uæ	短钻砖关			
əŋ	根庚很深	iŋ	新星英林	oŋ	冬春农顺	yŋ	云军群胸	

说明：
1. 舌尖音韵母 ɿ、ʅ，高元音韵母 i、u、y 快结束时变成央元音 ə，严式记音可记为 ɿə、ʅə、iə、uə、yə，但在语流中，尤其是两字组前字时仍是 ɿ、ʅ 和 i、u、y，舌位基本不变，唇形也未展开，本文仍记作 ɿ、ʅ、i、u、y。
2. 韵母 u 在声母 f、v 后实际读 ʋ，在双唇音声母后实际读 w，在 ts 组声母之后近似 ɿ，tʂ 声母之后近似 ʅ，在其他声母后是 u。
3. 韵母 y 在 l 后面实际发音是一个次高元音。
4. a 单做韵母时偏央，介于 a、ʌ 之间。
5. 与塞音、塞擦音声母拼的韵母 i，发音有时接近浊辅音 ʑ。
6. 声母 tɕ、tɕʻ、ɕ 后的 iə 中的韵头发音带有较明显的同部位摩擦。

（三）声调：3 个

阴平上	˦	44	高开低　天婚飞　古水粉　五老有
阳平	˥˧	53	穷寒文　局白熟　合急
去声	˧˩	31	盖大病抱近厚　黑七得　月六药

说明：
1. 阴平上基本是次高平调，但不甚稳定。多数读 44 调，有时似是 34 调。记作 44。
2. 阳平是一个高降调，记作 53。
3. 去声是一个中降调，有时起调略低，记作 31。

四　天祝县汉语方言音系

（一）声母：25 个，包括零声母

p	八保比布	pʻ	爬跑皮铺	m	马毛米母	f	法飞风福	v	瓦威歪物
t	大到低肚	tʻ	塌掏体兔	n	拿脑怒能			l	拉老路驴
ts	字早祖坐	tsʻ	刺草醋错			s	四扫苏锁		
tʂ	知招猪砖	tʂʻ	吃超出穿			ʂ	湿烧书霜	ʐ	日绕褥弱
tɕ	鸡家局军	tɕʻ	气前取裙	ɲ	尼女年娘	ɕ	细霞需兄	z	一衣雨玉

续表

k	盖敢骨果	k'	开看苦阔			x	害汗胡火	
∅	阿耳油远							

说明：
1. 卷舌声母较普通话卷舌程度高。
2. u 后的声母 p、p' 有时带有双唇颤音。
3. 与齐齿呼韵母拼的 l 声母带有闪音色彩。
4. 送气声母在低元音前带有小舌压舌根造成的清颤音或清擦音，在央或中元音前带舌根清擦音，在齐齿呼和撮口呼前与北京话一样，是与声母同部位的清擦音。

（二）韵母：31 个

ɿ	资磁私四	i	比米地起	u	布柱固杜	y	区虚鱼吕
ʅ	知迟十是						
a	二搭茶杂	ia	家掐夏牙	ua	抓夸华刷		
ɛ	拜代栽盖			uɛ	怪快怀揣		
ɤ	河蛇哥测	iə	铁姐野灭	uə	剁脱活勺	yə	脚缺雪药
ɔ	烧跑桃刀	iɔ	叫小巧摇				
ei	飞碑贼煤			uei	对醉吹贵		
ɤu	斗走丑口	iɤu	九牛修有				
an	搬单站干	iɛn	天见棉烟	uan	短钻砖关	yɛn	全选圆院
		in	新星英林			yn	云军群胸
ɔŋ	党帮厂康	iɔŋ	杨良将乡	uɔŋ	光装床霜		
əŋ	根庚很深			oŋ	冬春农顺		

说明：
1. 韵母 u 在唇齿声母后读 ʋ，在双唇声母后读 w，在 ts 组声母之后近似 ɿ，tʂ 声母之后近似 ʅ，在其他声母后读 u。
2. a 单做韵母时偏央，实际介于 a、A 之间。
3. əŋ 有时读成 ən，但无别义作用。
4. 与 k 组声母拼的 oŋ，有时读作 uen。

（三）声调：3 个

阴平上	˧	44	高开低　天婚飞　有古水　粉五老
阳平	˥˩	53	穷寒文　局白熟　合急
去声	˨˩˧	213	盖大病　抱近厚　得七黑　月六药

说明：
1. 阴平上是一个次高平调，记作 44。
2. 阳平是一个高降调，有时起调略低，记作 53。
3. 去声基本是一个曲折调，先降后升。有时只有降，没有升，是 21，但这两种调值是自由互补的关系，故归纳为一个声调。记作 213。

五　金昌市永昌县方言音系

（一）声母：26 个，包括零声母

p	八保比布	pʻ	爬跑皮铺	m	马毛女母	f	发飞分福	v	瓦威歪物
t	大到低肚	tʻ	塌掏体兔	n	拿脑怒男			l	拉老理驴
ts	字早祖坐	tsʻ	刺草醋错			s	四扫苏锁		
tʂ	知招猪砖	tʂʻ	吃超出穿			ʂ	湿烧书霜	ʐ	日绕褥弱
tɕ	鸡家局军	tɕʻ	气前取裙	ȵ	年娘牛硬	ɕ	细霞需兄	ʑ	一衣雨玉
k	盖敢骨果	kʻ	开看苦阔			x	害汗胡火	ɣ	儿耳而二
∅	阿烟油远								

说明：

1. tʂ 组声母拼开口呼时的卷舌程度比北京话高，拼合口呼韵母时接近 tʃ 组，拼 u 韵母时尤其明显。
2. n 只拼洪音，ȵ 只拼细音，记作两个声母。
3. 与齐齿呼韵母拼的 l 有较强的闪音色彩。
4. 韵母 u 前面的 p、pʻ、t、tʻ 有时带有双唇颤音。
5. 送气音声母在低元音前有时带小舌压舌根形成的清颤音（或轻擦音）；在央或中元音前带舌根清擦音，在齐齿呼和撮口呼前与北京话一样，是与声母同部位的清擦音。

（二）韵母：30 个

ɿ	资磁私四	i	比米地起	u	布柱固杜	y	区虚鱼吕
ʅ	知迟十是						
ɯ	二儿耳而						
a	搭爬茶杂	ia	家掐夏牙	ua	抓夸华刷		
ə	河蛇哥测	iə	铁姐野灭	uə	剁摸活ㄏ	yə	脚缺雪药
		iə̃	天见棉烟			yə̃	全选圆院
ɛe	摆带班弯			uɛe	怪快专船		
ɑo	烧跑桃刀	iɑi	叫小巧摇				
ei	飞碑贼煤			uei	对醉吹贵		
əu	斗走丑口	iəu	九牛修有				
ɑŋ	党帮厂康	iɑŋ	杨良将乡	uɑŋ	光装床霜		
ɤ̃	根庚很深	ĩ	新星英林	uɤ̃	冬春农顺	yɤ̃	云军群胸

说明：

1. 韵母 i 与 p、pʻ、tɕ、tɕʻ、ɕ 等拼时摩擦较重，仍记作 i。
2. 韵母 u 在声母 f、v 后实际读 ʋ，在 tʂ 组声母之后近似 ɿ，tʂ 声母之后近似 ʅ，在其他声母后是 u。
3. 韵母 y，韵母 yə 里的韵头，在 tɕ、tɕʻ、ɕ、ʑ 后面带有摩擦，但不是 ʮ。
4. a 单做韵母时偏央，介于 a、ʌ 之间。
5. tɕ、tɕʻ、ɕ 声母拼的韵母 ia、iə，其中韵头发音带有明显的同部位摩擦。
6. 韵母 ɛe、uɛe 其主要元音发音有时开口度略小。

（三）声调：3个

阴平	˧	44	高开天　婚飞粉
阳平上	ˊ	13	穷寒文　局白熟　低古水五老有
去声	ˋ	53	盖大病　抱近厚　得七黑　月六药

说明：
1. 阴平是一个次高平调，有时接近5度，记作44。
2. 阳平上是一个低升调，记作13。
3. 去声是一个高降调，记作53。

第二节　张掖市属各县区方言音系

一　甘州区方言音系

（一）声母：28个，包括零声母

p	巴边布薄	pʻ	怕盘皮谱	m	麻木门女	f	发分福书	v	挖喂褥软
t	答得地毒	tʻ	塔题土团	n	拿努能男			l	拉乱驴裂
ts	糟资祖坐	tsʻ	猜刺脆醋			s	撕嫂算速		
tʂ	知真扎窄	tʂʻ	缠成茶尺			ʂ	师闪色杀	ʐ	染人日热
tɕ	精结叫脚	tɕʻ	青切巧缺			ɕ	修小玄削	ʑ	一衣雨玉
k	关装告隔	kʻ	宽窗靠客	ŋ	尼捏年拧	x	喊恨护换	ɣ	儿耳二而
kf	古猪过桌	kfʻ	初枯扩戳						
∅	按恩烟月								

说明：
1. tʂ组声母的卷舌程度比北京话高。
2. 与齐齿呼韵母拼的l有较强的闪音色彩。
3. 韵母u前面的p、pʻ、t、tʻ有时带有双唇颤音。
4. 除kf外的送气音声母在低元音前有时带小舌压舌根形成的颤音（或擦音）；在央或中元音前带舌根清擦音，在齐齿呼和撮口呼前与北京话一样，是与声母同部位的清擦音。
5. 擦音f、s、ʂ与低元音拼时有时带有小舌压舌根形成的清擦音χ。
6. 声母x、ɣ发音稍后，有时带有明显的小舌颤音。

(二) 韵母：28个

ɿ	资紫刺丝	i	比女急地	u	肚屋古苦	y	驴吕举续
ʅ	知吃湿日						
a	拔大砸插	ia	家霞哑洽	ua	抓寡垮滑		
ɛ	胎才摆帅			uɛ	怪怀拐快		
ə	儿车河鸽	iə	别铁接叶	uə	摸窝左获	yə	靴绝缺药
ɔ	包早高袄	iɔ	标条摇叫				
ei	陪莘费内			uei	堆脆鬼会		
ɤu	沟楼肘欧	iɤu	秋流酒又				
aŋ	办棒担党	iaŋ	减讲盐阳	uaŋ	关筐专黄	yaŋ	冤泉选卷
ɤŋ	本灯正跟	iŋ	兵丁井印	uŋ	东总工空	yŋ	穷军熊用

说明：
1. 舌尖音 ɿ、ʅ 快结束时变成央元音 ə，严式记音可记为 ɿə、ʅə，但在语流中，尤其是两字组前字时仍是 ɿ、ʅ，舌位基本不变，唇形也未展开，本文仍记作 ɿ、ʅ。
2. 与塞音、塞擦音声母拼的韵母 i，发音接近浊辅音 z。
3. 韵母 u 在声母 f、v、kf、kfʻ 后实际读 ʋ，在双唇音声母后实际读 w，在 ts 组声母之后近似 ɥ，在其他声母后是 u。
4. a 单做韵母时偏央，介于 a、ʌ 之间。
5. 韵母 ia、iə 与 tɕ、tɕʻ、ɕ 拼是时，韵头 i 发音带同部位摩擦。
6. 与拼的 f 韵母 ei，实际发音是 ɿi。

(三) 声调：3个

阴平	˥	44	边天飞　粗三边
阳平上	˥˧	53	穷寒鹅　古水粉　五老有　局白熟
去声	˧˩	31	盖大病　抱近厚　得七黑　月六药

说明：
1. 阴平是一个次高平调，记作 44。
2. 阳平上是一个高降调，记作 53。
3. 去声一般是一个中降调，记作 31。

二　临泽县方言音系

（一）声母：28个，包括零声母

p	八北边布	p'	怕盘皮谱	m	麻木门女	f	发风树税	v	挖喂褥软
pf	古猪过桌	pf'	初枯扩戳						
t	答得地毒	t'	塔题土团	n	拿努能男			l	拉乱驴鹿
ts	糟资祖坐	ts'	猜刺脆醋			s	撕嫂算速		
tʂ	知真扎窄	tʂ'	缠成茶尺			ʂ	师闪色杀	ʐ	染人日热
tɕ	家杰叫脚	tɕ'	掐茄巧缺	ȵ	尼年牛硬	ɕ	夏写小削	ʑ	一雨月用
k	敢根关装	k'	砍坑宽窗			x	喊恨护换	ɣ	儿耳二而
ø	按恩烟院								

说明：
1. tʂ组声母的卷舌程度比北京话高。
2. 与齐齿呼韵母拼的 l 有较强的闪音色彩。
3. 韵母 u 前面的 t、t' 有时带有双唇颤音。
4. 除 pf 外的送气音声母在低元音前有时带小舌压舌根形成的颤音（或擦音）；在央或中元音前带舌根清擦音，在齐齿呼和撮口呼前与北京话一样，是与声母同部位的清擦音。
5. 擦音 f、s、ʂ 与低元音拼有时带有小舌压舌根形成的清擦音 χ。
6. 声母 x、ɣ 发音稍后，有时带有明显的小舌颤音。

（二）韵母：29个

ɿ	资紫刺丝	i	比女急地	u	古出祖屋	y	驴区局雨
ʅ	知吃湿日							
ɤ	二儿黑耳							
a	拔大砸插	ia	家霞哑洽	ua	抓寡垮滑		
ə	车泽河鸽	ei	别铁接叶	uə	摸窝左获	yə	靴绝缺药
ɛ	胎才摆盖			uɛe	帅怀拐快		
ɑo	包早高袄	iɑo	标条摇叫				
ei	陪苇费内			uei	堆脆鬼会		
əu	沟楼肘欧	iəu	秋流酒又				
aŋ	办棒担党	iaŋ	减讲盐阳	uaŋ	关筐专黄	yaŋ	冤泉选卷
əŋ	本灯正跟	iŋ	兵丁井印	uŋ	东总工空	yŋ	穷军熊用

说明：
1. 舌尖音 ɿ、ʅ 快结束时变成央元音 ə，严式记音可记为 ɿə、ʅə，但在语流中，尤其是两字组前字时仍是 ɿ、ʅ，舌位基本不变，唇形也未展开，本文仍记作 ɿ、ʅ。
2. 与塞音、塞擦音声母拼的韵母 i，发音接近浊辅音 ʑ。
3. 韵母 u 在声母 f、v、pf、pf' 后实际读 ʋ，在双唇音声母后实际读 w，在 tʂ 组声母之后近似 ɥ，在其他声母后是 u。
4. a 单做韵母时偏央，介于 a、ɑ 之间。
5. 与拼的 f 韵母 ei，实际发音是 ṽi。
6. 韵母 ia、iə、yə 与 tɕ、tɕ'、ɕ 拼是时，韵头发音带同部位摩擦。
7. 韵母 aŋ、iaŋ、uaŋ、yaŋ 有时读作 ã、iã、uã、yã。

（三）声调：3个

阴平	˧	44	边天飞 粗三边
阳平上	˥˧	53	穷寒鹅 古水粉 五老有 局白熟
去声	˨˩˦	214	盖大病 抱近厚 得七黑 月六药

说明：
1. 阴平是一个次高平调，记作44。
2. 阳平上是一个高降调，记作53。
3. 去声一般是一个曲折调，记作214。

三 民乐县方言音系

（一）声母：26个，包括零声母

p	八北边布	pʻ	怕盘皮谱	m	麻木门女	f	发风飞书	v	挖喂褥软
t	答得地独	tʻ	塔题土团	n	拿努能男			l	拉乱驴鹿
ts	糟资祖做	tsʻ	猜刺脆醋			s	撕嫂算速		
tʂ	知真扎窄	tʂʻ	缠成茶尺			ʂ	师闪色杀	ʐ	染人日热
tɕ	家接叫脚	tɕʻ	掐茄巧缺	ɲ	尼年牛拧	ɕ	夏写小削	ʑ	一雨页月
k	敢根装郭	kʻ	砍坑筐戳			x	喊恨护换	ɣ	儿而耳二
Ø	按恩烟用								

说明：
1. tʂ组声母的卷舌程度比北京话高。
2. 与齐齿呼韵母拼的l有较强的闪音色彩。
3. 韵母u的前面的p、pʻ、t、tʻ有时带有双唇颤音。
4. 送气音声母在低元音前有时带小舌压舌根形成的颤音（或擦音）；在央或中元音前带舌根清擦音，在齐齿呼和撮口呼前与北京话一样，是与声母同部位的清擦音。
5. 擦音f、s、ʂ与低元音拼有时带有小舌压舌根形成的清擦音χ。
6. 声母ɣ，与低元音、中元音拼的x，有时带有明显的小舌颤音。

（二）韵母：31个

ɿ	资紫刺丝	i	挤器洗一	u	布肚苦屋	y	驴雨渠续
ʅ	知吃湿日						
a	八大砸插	ia	家霞牙掐	ua	抓寡垮滑		
ɛ	摆带海爱	iɛ	边减线言	uɛ	乖快揣坏	yɛ	卷泉选远
ɤ	遮蛇扯格	iə	叶借切北	eu	摸多国获	yə	靴脚缺月
ɔ	包早高奥	iɔ	表调叫腰				

续表

ei	杯味废贼				uei	堆醉贵追		
əu	斗走沟偶	iəu	丢九修有					
æ̃i	办担干看				uæ̃i	管段团专		
ɑŋ	帮党长杭	iɑŋ	娘亮讲阳		uɑŋ	装光筐黄		
əŋ	本灯顺跟	iŋ	兵丁井银		uŋ	东总顺工	yŋ	穷军熊用

说明：
1. i 韵母发音靠前且唇形较关，但不是 ɿ，仍记作 i。
2. 韵母 u 在声母 k、kʻ、f、v 后实际读 ʋ，在双唇音声母后实际读 w，在 ts 组声母之后近似 ʮ，tʂ 声母之后近似 ʮ，在其他声母后是 u。
3. 韵母 y，韵母 yə 里的韵头 y 在 tɕ、tɕʻ、ɕ、z 后面带有摩擦，但不是 ʮ。
4. a 单做韵母时偏央，介于 a、A 之间。
5. 与塞音、塞擦音声母拼的韵母 i 发音接近浊辅音 z。
6. 与 tɕ、tɕʻ、ɕ 声母拼的韵母 iə、yə，其韵头发音带同部位摩擦。
7. 与 f、m 拼 ei，其主要元音有时发音接近 ii，仍记作 ei。

（三）声调：4 个

阴平	˧	44	高开飞　粗三边
阳平	˥	53	穷寒鹅　局白熟
上声	˩	213	古水粉　五老有
去声	˥	42	盖大病　抱近厚　得七黑　月六药

说明：
1. 阴平是一个次高平调，有时起调低于 4 度，读 34，记作 44。
2. 阳平是一个高降调，记作 53。
3. 上声是一个曲折调，调尾大多与阳平尾音相当，记作 213。
4. 去声是一个半高降调，尾音较最低度略高，记作 42。

四　山丹县方言音系

（一）声母：26 个，包括零声母

p	疤鞭步白	pʻ	爬偏普泼	m	麻免女木	f	发风树税	v	挖喂褥软
t	低胆毒答	tʻ	梯毯土塔	n	难怒内能			l	蓝路驴略
ts	糟祖增则	tsʻ	曹醋层错			s	散丝僧速		
tʂ	招主争盏	tʂʻ	潮苦虫尺			ʂ	扇师婶杀	ʐ	认然嚷日
tɕ	精叫脚结	tɕʻ	青巧缺切	ɲ	年捏牛拧	ɕ	修小玄削	z	一衣鱼玉

续表

k	赶刚古郭	kʻ	砍康葵扩			x	海恨宏获	ɣ	儿鹅二耳
∅	岸熬盐用								

说明：

1. tʂ组声母的卷舌程度比北京话高。
2. 声母 l 在齐齿呼韵母前带有闪音色彩。
3. 声母 p、pʻ、t、tʻ 在韵母 u 前有时带有轻微的双唇颤音。
4. 送气音声母在低元音前有时带小舌压舌根形成的颤音（或擦音）；在央或中元音前带舌根清擦音，在齐齿呼和撮口呼前与北京话一样，是与声母同部位的清擦音。
5. 声母 tʂ、tʂʻ 与低元音拼时发音靠后，近似 t、tʻ。
6. 声母 ɣ 后带有较为明显的小舌颤音。

（二）韵母：29 个

ɿ	紫此死字	i	披离椅急	u	布图组促	y	渠举驴裕
ʅ	齿纸屎质						
a	八大砸插	ia	家霞牙掐	ua	抓寡垮滑		
ɤ	二物德客	iə	别铁接叶	uə	多薄火烙	yə	靴绝缺药
ɛe	摆胆海喊			uɛe	乖罐快宽		
ɔɔ	包早高奥	iɔɔ	表调叫腰				
ei	杯非围贼			uei	堆醉贵追		
əu	斗走沟沤	iəu	丢九修有				
		iẽ	偏点减言			yẽ	卷泉选远
ã	帮党长杭	iã	娘亮讲阳	uã	装光筐黄		
əŋ	本灯顺跟	iŋ	兵丁井银	uŋ	东总众工	yŋ	穷军熊用

说明：

1. 韵母 i 发音靠前且唇形较关，在塞音、塞擦音声母后带有较重摩擦，接近舌面浊辅音 ʑ，仍记作 i。
2. 韵母 u 在声母 f、v 后实际读 ʋ，在双唇音声母后实际读 w，在 tʂ 组声母之后近似 ɿ，tʂ 声母之后近似 ʅ，其他声母后是 u。
3. 韵母 y 在声母 l 后实际读 ʏ；在 tɕ、tɕʻ、ɕ、z 后发音靠前，但不是 ɥ。
4. a 单做韵母时偏央，介于 a、ʌ 之间。
5. 韵母 ɛe 发音有时动程较窄；元音 e 有时带鼻化色彩。
6. 与 tɕ、tɕʻ、ɕ 拼的韵母 iə、yə，韵头带同部位摩擦。
7. 韵母 iẽ、yẽ 鼻化较弱。

（三）声调：3 个

阴平	ˊ	24	高开飞　粗三边
阳平上	ˋ	53	穷寒鹅　古水粉　五老有　局白熟
去声	ˋ	41	盖大病　抱近厚　得七黑　月六药

说明：
1. 阴平基本是一个上升的调子，一般起调较去声收尾高，结尾较阳平上起调略高，是 24，个别情况下或读作 34 调。记作 24。
2. 阳平上是一个高降调，多数时候调值为 53，有时尾音略高，记作 53。
3. 去声是一个降调，起调高于 3 度。记作 41。

五　高台县方言音系

（一）声母：26 个，包括零声母

p	八北边布	pʻ	怕盘皮谱	m	麻木门女	f	发风树税	v	挖喂褥软
t	答得地毒	tʻ	塔题土团	n	拿努能男			l	拉乱驴鹿
ts	糟资祖坐	tsʻ	财刺崔醋			s	撕嫂算速		
tʂ	知真扎窄	tʂʻ	缠成茶尺			ʂ	师闪色杀	ʐ	染人日热
tɕ	家接叫脚	tɕʻ	掐茄巧缺	ɲ	你捏牛拧	ɕ	夏写小削	ʑ	一衣雨玉
k	关装过桌	kʻ	宽窗扩戳			x	喊恨护换	ɣ	儿而耳二
Ø	按恩烟用								

说明：
1. tʂ 组声母的卷舌程度比北京话高。
2. 与齐齿呼韵母拼的 l 有较强的闪音色彩。
3. 送气音声母在低元音前有时带小舌压舌根形成的清颤音（或清擦音）；在央或中元音前带舌根清擦音，在齐齿呼和撮口呼前与北京话一样，是与声母同部位的清擦音。

（二）韵母：32 个

ɿ	资紫刺丝	i	比女急地	u	古出祖屋	y	驴雨区局
ʅ	支持湿日						
ɯ	二儿而黑						
a	八大砸插	ia	家霞牙掐	ua	抓寡垮滑		
ɛ	摆菜帅改	iɛ	邪夜北德	uɛ	怪怀快揣	yɛ	学脚缺药
ɤ	遮蛇格河			uə	多窝国获		
ɔ	包早高奥	iɔ	表调叫腰				
ei	非围税味			uei	堆醉贵追		

续表

ɤu	斗走沟偶	iɤu	丢九修有				
an	办担干看	iɛ̃	边减线言	uan	关断喘换	yɛ̃	卷泉远楦
ɑŋ	棒党仓双	iɑŋ	讲样凉向	uɑŋ	广矿庄黄		
əŋ	本灯顺跟	iɤ̃	兵丁井银	uŋ	东龙总共	yɤ̃	穷军熊用

说明：
1. 与 p、pʻ、t、tʻ、tɕ、tɕʻ、ɕ 声母拼的韵母 i，其发音接近浊辅音 ʑ。
2. 韵母 u 在声母 k、kʻ、f、v 后实际读 ʋ，在双唇音声母后实际读 w，在 ts 组声母之后近似 ɿ，tʂ 声母之后近似 ʅ，在其他声母后是 u。
3. 韵母 y 在 tɕ、tɕʻ、ɕ、ʑ 后面带有摩擦，但不是 ʮ。
4. a 单做韵母时偏央，介于 a、ɐ 之间。

（三）声调：3 个

阴平	˧	44	高开飞　粗三边
阳平上	˥	53	穷寒鹅　古水粉　五老有　局白熟
去声	˨	214	盖大病　抱近厚　得七黑　月六药

说明：
1. 阴平是一个次高平调，记作 44。
2. 阳平上是一个高降调，记作 53。
3. 去声是一般是一个曲折调，记作 214。

六　肃南县汉语方言音系

（一）声母：26 个，包括零声母

p	八北边布	pʻ	怕盘皮谱	m	麻木门女	f	发风飞书	v	挖喂褥软
t	答得地独	tʻ	塔题土团	n	拿努能男			l	拉乱驴鹿
ts	糟资祖做	tsʻ	猜刺脆醋			s	撕嫂算速		
tʂ	知真扎窄	tʂʻ	缠成茶策			ʂ	师闪色杀	ʐ	染人日热
tɕ	家接叫脚	tɕʻ	掐茄巧缺	ɲ	腻年牛拧	ɕ	夏写小削	ʑ	一衣烟用
k	敢根装郭	kʻ	砍坑筐戳			x	喊恨护换	ɣ	儿鹅耳二
∅	按恩要月								

说明：
1. tʂ 组声母的卷舌程度比北京话高。
2. 与齐齿呼韵母拼的 l 有较强的闪音色彩。
3. 韵母 u 前面的 p、pʻ、t、tʻ 有时带有轻微的双唇颤音。
4. 送气音声母在低元音前有时带小舌压舌根形成的清颤音（或清擦音）；在央或中元音前带舌根清擦音，在齐齿呼和撮口呼前与北京话一样，是与声母同部位的清擦音。

(二) 韵母：31个

ɿ	资紫刺丝	i	比女急地	u	布出祖屋	y	驴雨区局
ʅ	知吃湿日						
a	八大砸插	ia	家霞牙掐	ua	抓寡垮滑		
ɛ	摆菜帅改			uɛ	怪槐快揣		
ɤ	儿色车黑	iə	叶借切北	uə	拨说多国	yə	靴脚缺月
ɔ	包早高奥	iɔ	表调叫腰				
ei	非围税味			uei	堆醉贵追		
əu	斗走沟偶	iəu	丢九修有				
ã	办担干看	iɛ̃	边减线言	uã	管段团专	yɛ̃	卷泉选远
aŋ	帮党长杭	iaŋ	娘亮讲阳	uaŋ	装光筐黄		
əŋ	本灯顺跟	iɤ̃	兵丁井银	uŋ	东总顺工	yɤ̃	穷军熊用

说明：
1. 与塞音、塞擦音声母拼的韵母 i，发音近似浊辅音 z。
2. 韵母 u 在声母 f、v、k、k' 后实际读 υ，在双唇音声母后实际读 w，在 ts 组声母之后近似 ɿ，tʂ 声母之后近似 ʅ，在其他声母后是 u。
3. 韵母 y 在 tɕ、tɕ'、ɕ、z 后发音靠前，但不是 ɿ。
4. a 单做韵母时偏央，介于 a、ʌ 之间。
5. 韵母 ei 与声母 f 拼时主要元音发音略高，实际为 ii。
6. 与 tɕ、tɕ'、ɕ 拼韵母 iɛ、yə 里的韵头带又明显的同部位摩擦。
7. əŋ 在声母 ts、ts'、s 后主要元音接近 e。

(三) 声调：3个

阴平	˦	44	高开飞　粗三边
阳平上	˥˧	53	穷寒鹅　局白熟　古水粉　五老有
去声	˧˩	31	盖大病　抱近厚　得七　黑　月六药

说明：
1. 阴平是一个次高平调，记作 44。
2. 阳平上是一个高降调，记作 53。
3. 去声起调有时读得略高于 3 度，但多数情况下较阴平低，与阳平上的收调相当。记作 31 调。

第三节　酒泉市属各区县方言音系

一　肃州区方言音系

（一）声母：26个，包括零声母

p	巴边布薄	p'	怕偏谱迫	m	麻木门女	f	发飞分福	v	巫味晚握
t	低担毒答	t'	梯谈土塔	n	拿怒能男			l	蓝路驴略
ts	糟祖增择	ts'	曹醋层测			s	散苏生缩		
tʂ	招主真蛰	tʂ'	潮处虫尺			ʂ	扇书税说	ʐ	认日软褥
tɕ	精结叫脚	tɕ'	青切巧缺	ȵ	泥捏年拧	ɕ	修小玄削	ʑ	一玉烟夜
k	赶刚古郭	k'	砍康苦扩			x	海恨宏获	ɣ	额鹅饿恶
∅	岸恩儿圆								

说明：
1. tʂ组声母的卷舌程度比北京话高。
2. 与齐齿呼韵母拼的l有较强的闪音色彩。
3. 韵母u前面的p、p'、t、t'有时带有双唇颤音。
4. 送气音声母在后高元音前有时带有或小舌压舌根形成的颤音或擦音；在低元音或中元音前有时带明显小舌颤音或小舌压舌根引起的擦音，在齐齿呼和撮口呼前与北京话一样，是与声母同部位的清擦音。
5. 擦音f、v、s、ʂ与前低元音、前中元音拼时带有小舌压舌根形成的清擦音。
6. 声母x、ɣ，有时带有明显的小舌颤音。

（二）韵母：32个

ɿ	资齿师视	i	笔提挤器	u	布图组误	y	驴渠举浴
ʅ	知持实日						
ə	二儿耳而						
a	八大砸插	ia	家霞牙掐	ua	抓寡垮滑		
ɛ	胎才摆盖			uɛ	帅怀拐快		
ɤ	薄窝车德	iæ	别铁接叶	uɤ	坡多烨获	yɤ	学脚缺药
ɔ	包早高奥	iɔ	表调叫腰				
ei	白陪苇内			uei	堆醉贵追		
ɤu	斗走沟偶	iɤu	丢九修有				
ã	办担干看	iɛ̃	边减线言	uã	关断喘换	yɛ̃	卷泉远楦

续表

| ɔŋ | 棒党仓章 | iɔŋ | 讲样凉向 | uɔŋ | 广矿庄黄 | | |
| əŋ | 本灯顺跟 | iəŋ | 兵丁井银 | uŋ | 东龙总共 | yŋ | 穷军熊用 |

说明：

1. 舌尖音ɿ、ʅ快结束时变成央元音ə，严式记音可记为ɿə、ʅə，但在语流中，尤其是两字组前字时仍是ɿ、ʅ，舌位基本不变，唇形也未展开，本文仍记作ɿ、ʅ。
2. 韵母u在声母f、v后实际读ʋ，在双唇音声母后实际读w，在ts组声母之后近似ɿ，tʂ声母之后近似ʅ，在其他声母后是u。
3. 韵母ə单独构成音节时有时带有卷舌色彩。
4. a单做韵母时偏央，介于a、ʌ之间。
5. 韵母uŋ发音有时似uəŋ。

（三）声调：3个

阴平	˧	44	高开飞 粗三边 局
阳平上	˥˧	53	穷寒鹅 白熟 古水粉 五老
去声	˨˩˦	214	盖人病 抱近厚 有 得七黑 月六药

说明：

1. 阴平是一个次高平调，记作44。
2. 阳平上是一个高降调，记作53。
3. 去声基本是一个曲折调，有时发音不甚稳定，由2度降到1度，或由3度降到1度；尾音一般较高，达到4度。记作214。

二 金塔县方言音系

（一）声母：25个，包括零声母

p	巴边布薄	pʻ	怕偏谱迫	m	麻木门女	f	发飞分福	v	巫味晚握
t	低担毒答	tʻ	梯谈土塔					l	劳脑男驴
ts	糟祖增择	tsʻ	曹醋层测			s	散苏生缩		
tʂ	招主真蛰	tʂʻ	潮处虫尺			ʂ	扇书税说	ʐ	认日软褥
tɕ	精结叫脚	tɕʻ	青切巧缺	ȵ	年林牛劣	ɕ	修小玄削	ʑ	一雨盐用
k	赶刚古郭	kʻ	砍康苦扩			x	海恨宏获	ɣ	额鹅饿恶
∅	岸恩儿傲								

说明：

1. tʂ组声母的卷舌程度比北京话高。
2. l声母实际有l、n两个自由变体，拼洪音和撮口呼韵母；ȵ只拼齐齿呼。
3. p、pʻ、t、tʻ与u韵母拼时带有明显的双唇颤音。
4. 与合口呼韵母如u、uei拼的tʂ组声母近似tʃ组。
5. 送气音声母在低元音前有时带小舌压舌根形成的清颤音（或轻擦音）；在央或中元音前带舌根清擦音，在齐齿呼和撮口呼前与北京话一样，是与声母同部位的清擦音。

（二）韵母：32 个

ɿ	资齿师视	i	笔提挤器	u	布图组误	y	驴渠举浴
ʅ	知持实日						
ə	儿二耳而						
a	八大砸插	ia	家霞牙掐	ua	抓寡垮滑		
ɛ	胎才摆盖			uɛ	帅怀拐快		
ɤ	波车勒德	iæ	别铁接叶	eu	坡多烨获	yæ	学脚缺药
ɔ	包早高奥	iɔ	表调叫腰				
ei	白陪苾内			uei	堆醉贵追		
ɤu	斗走沟偶	iɤu	丢九修有				
ã	办担干看	iã	边减线言	uã	关断喘换	yã	卷泉远楦
ɔŋ	棒党仓章	iɔŋ	讲样凉向	uɔŋ	广矿庄黄		
ɤŋ	本灯顺跟	iɤŋ	兵丁井银	uŋ	东龙总共	yŋ	穷军熊用

说明：
1. 与塞音、塞擦音声母拼的韵母 i，发音靠前，但不是 ɿ，仍记作 i。
2. 韵母 u 在声母 f、v 后实际读 ʋ，在双唇音声母后实际读 w，在 ts 组声母之后近似 ʯ，tʂ 声母之后近似 ʮ，在其他声母后是 u。
3. 韵母 y 在 tɕ、tɕʻ、ɕ、z 后面发音靠前，但不是 ʮ。
4. a 单做韵母时偏央，介于 a、ʌ 之间。
5. 韵母 ia、iə、iɔŋ 韵头 i，发音带有与岷县的同部位摩擦。

（三）声调：3 个

阴平	˧	44	高开飞　粗三边
阳平上	˥	53	穷寒鹅　古水粉　五老有　局白熟
去声	˩	13	盖大病　抱近厚　得七黑　月六药

说明：
1. 阴平是一个次高平调，记作 44。
2. 阳平上是一个高降调，记作 53。
3. 去声是一个低升调，记作 13。

三　玉门市方言音系

（一）声母：25 个，包括零声母

p	巴边布薄	pʻ	怕偏谱迫	m	麻门木女	f	发飞分福	v	巫晚握为
t	低担毒答	tʻ	梯谈土塔					l	卢冷驴内
ts	糟祖增择	tsʻ	曹醋层测			s	散苏生缩		

续表

tʂ	招主真蛰	tʂʻ	潮处虫尺			ʂ	扇书税说	ʐ	认日软褥
tɕ	精结叫脚	tɕʻ	青切巧缺	ȵ	林宁牛留	ɕ	修小玄削	z	一衣鱼玉
k	赶刚古郭	kʻ	砍康苦扩			x	海恨宏获	ɣ	儿耳二鹅
∅	岸袄阴月								

说明：
1. tʂ 组声母的卷舌程度比北京话高。
2. l 有 l、n 两个自由变体，多读 l，拼开合口和撮口；ȵ 只拼齐齿呼韵母。
3. 与齐齿呼韵母拼的 l 有较强的闪音色彩。
4. 韵母 u 前面的 p、pʻ、t、tʻ 有时带有轻微的双唇颤音。
5. 送气音声母在低元音前有时带小舌压舌根形成的清颤音（或轻擦音）；在央或中元音前带舌根清擦音，在齐齿呼和撮口呼前与北京话一样，是与声母同部位的清擦音。

（二）韵母：31 个

ɿ	资齿纸事	i	挤器洗一	u	布图组误	y	驴渠举浴		
ʅ	知持实日								
a	拔大砸插	ia	家霞哑洽	ua	抓寡垮滑				
ɛ	胎才摆盖	iɛ	别铁接叶	uɛ	帅怀拐快	yɛ	靴绝 缺药		
ɤ	儿车勒坡			uə	波拖烛获				
ɔ	包曹考奥	iɔ	标条摇叫						
ei	陪苇费内			uei	堆脆鬼会				
ɤu	沟楼肘欧	iɤu	秋流酒又						
an	搬谭敢赞	iɜ	边镰钱验	uan	短团管患	yɜn	冤泉选卷		
ɑŋ	帮党长杭	iɑŋ	娘亮讲阳	uɑŋ	装光筐黄				
ɤŋ	本灯正跟	iŋ	冰民丁林	oŋ	东总顺工	ioŋ	穷军熊用		

说明：
1. 舌尖韵母 ɿ、ʅ，严式记音可记为 eɿ、eʅ；但在语流中，尤其是两字组前字时仍是 ɿ、ʅ，舌位基本不变，唇形也未展开，本文仍记作 ɿ、ʅ。
2. 韵母 u 在声母 f、v 后实际读 ʋ，在双唇音声母、舌根声母 k、kʻ 后实际读 w，在 tʂ 组声母之后近似 ɿ，tʂ 声母之后近似 ʅ，在其他声母后是 u。
3. 韵母 y 在 tɕ、tɕʻ、ɕ、z 后面带有摩擦，但不是 ʮ。
4. a 单做韵母时偏央，介于 a、ʌ 之间。
5. 韵母 ɤŋ 发音不甚稳定，有时发音是 en。
6. 韵母 iŋ 有时读作 in，但多数情况下，特别是在语流中均读作 iŋ，故记作 iŋ。

（三）声调：3个

阴平	˦	44	高开飞　粗三边
阳平上	˥˧	53	穷寒鹅　古水粉　五老有　局白熟
去声	˨˩˧	213	盖大病　抱近厚　得七黑　月六药

说明：

1. 阴平总体是一个次高的平调，有时高于4度，接近5度，但在连调中，与阳平的起调比明显略低，记作44。
2. 阳平上是一个高降调，记作53。
3. 去声是一个曲折调，从2度起调；有时发音尾音较高，达到4度，有时低，只有2度或更低。记作213。

四　瓜州县方言音系

（一）声母：26个，包括零声母

p	巴边布薄	p'	怕偏谱迫	m	麻门木女	f	发飞分福	v	巫晚握为
t	低担毒答	t'	梯谈土塔	n	里力泥腻			l	奴鲁男篮
ts	糟祖增择	ts'	曹醋层测			s	散苏生缩		
tʂ	招主真蛰	tʂ'	潮处虫尺			ʂ	扇书税说	ʐ	认日软褥
tɕ	精结叫脚	tɕ'	青切巧缺	ȵ	凉娘女驴	ɕ	修小玄削	z	一衣鱼玉
k	赶刚古郭	k'	砍康苦扩			x	海恨宏获	ɣ	鹅额恶饿
∅	岸二阴月								

说明：

1. tʂ组声母的卷舌程度比北京话高。
2. l声母只拼开合口，ȵ只拼齐齿呼、撮口呼，n只拼舌尖韵母ɿ。
3. 韵母u前面的p、p'、t、t'有时带有轻微的双唇颤音。
4. tɕ组声母实际发音靠前。
5. 送气音声母在低元音前有时带小舌压舌根形成的清颤音（或轻擦音）；在央或中元音前带舌根清擦音，在齐齿呼和撮口呼前与北京话一样，是与声母同部位的清擦音。

（二）韵母：32个

ɿ	资体米笔	i	挤器洗一	u	布图组屋	y	驴渠举浴
ʅ	知持实日						
ə	儿耳而二						
a	拔大砸插	ia	家霞哑洽	ua	抓寡垮滑		
ɛ	胎才摆盖			uɛ	帅怀拐快		
ɤ	坡车勒客	iə	别铁接叶	uə	多拖烛获	yə	靴绝缺药

续表

ɔ	包早高奥	iɔ	标条摇叫				
ei	陪苇费内			uei	堆脆鬼会		
ɤu	沟楼肘欧	iɤu	秋流酒又				
an	搬谭敢赞	iɛ̃	边镰钱验	uan	短团管患	yɛ̃	冤泉选卷
ɑŋ	帮党长杭	iɑŋ	娘亮讲阳	uɑŋ	装光筐黄		
ɤŋ	本灯正跟	iŋ	冰民丁林	oŋ	东总顺工	yŋ	穷军熊用

说明：
1. 舌尖韵母ɿ、ʅ，高元音韵母 i、u、y 快结束时变成央元音 ə，严式记音可记为ɿə、ʅə、ei、uə、yə；但在语流中，尤其是两字组前字时仍是ɿ、ʅ、i、u、y，舌位基本不变，唇形也未展开，本文仍记作ɿ、ʅ、i、u、y。
2. 与 tɕ、tɕ'、ɕ 拼的 i 韵母发音接近同部位的浊辅音 ʑ。
3. 韵母 u 在声母 f、v 后实际读 ʋ，在双唇音声母、舌根音声母 k、k' 后实际读 w，在 ts 组声母之后近似ɿ，tʂ 声母之后近似ʅ，在其他声母后是 u。
4. 韵母 y 在 tɕ、tɕ'、ɕ、z 后面带有摩擦，但不是ɥ。
5. a 单做韵母时偏央，介于 a、ʌ 之间。
6. 韵母 iŋ 有时读作 in，但多数情况下，特别是在语流中均读作 iŋ，故记作 iŋ。

（三）声调：3 个

阴平	˧	44	高开飞　粗三边
阳平上	˥˧	53	穷寒鹅　局白熟　古水粉　五老有
去声	˨˩˧	213	盖大病　抱近厚　得七　黑　月六药

说明：
1. 阴平总体是一个次高的平调，记作44。
2. 阳平上是一个高降调，记作53。
3. 去声是一个曲折调，有时发音尾音有时高，有时低，只有2度或更低。记作213。

五　肃北县汉语方言音系

（一）声母：25 个，包括零声母

p	巴边布薄	p'	怕偏谱迫	m	麻门木密	f	发飞分福	v	巫晚握为
t	低担毒答	t'	梯谈土塔	n	奴脑男能			l	鲁蓝留驴
ts	糟祖增择	ts'	曹醋层测			s	散苏生缩		
tʂ	招主真盏	tʂ'	潮处虫尺			ʂ	扇书税说	ʐ	认日软褥

续表

tɕ	精结叫脚	tɕ'	青切巧缺	ɲ	尼年纽女	ɕ	修小玄削	z	一衣鱼玉
k	赶刚古郭	k'	砍康苦扩			x	海恨宏获		
∅	岸二盐用								

说明：

1. tʂ 组声母的卷舌程度比北京话高。
2. 开口呼零声母前带有明显的摩擦色彩。
3. 韵母 u 前面的 p、p'、t、t' 有时带有轻微的双唇颤音。
4. l 声母在齐齿呼韵母前带有明显的闪音色彩，在其他韵母前是普通的边音。
5. 送气音声母在低元音前有时带小舌压舌根形成的清颤音（或轻擦音）；在央或中元音前带舌根清擦音，在齐齿呼和撮口呼前与北京话一样，是与声母同部位的清擦音。
6. 声母 x 发音稍后，接近软腭擦音 χ，有时带有小舌颤音。

（二）韵母：32 个

ɿ	资赐纸视	i	笔提挤器	u	布图组屋	y	驴渠举浴
ʅ	知持实日						
ɚ	二儿耳而						
a	拔大砸插	ia	家霞哑洽	ua	抓寡垮滑		
ɛ	胎才摆盖	iɛ	别铁接叶	uɛ	帅怀拐快	yɛ	靴绝缺药
ɣ	车勒坡德			uə	多拖烞获		
ɔ	包早高奥	iɔ	标条摇叫				
ei	陪苇费内			uei	堆脆鬼会		
ɣu	沟楼肘欧	iɣu	秋流酒又				
an	搬谭敢赞	iɛ̃	边镰钱验	uan	短团管患	yɛ̃	冤泉选卷
ɑŋ	帮党长杭	iɑŋ	娘亮讲阳	uɑŋ	装光筐黄		
əŋ	本灯正跟	iŋ	冰民丁林	oŋ	东总顺工	ioŋ	穷军熊用

说明：

1. ɿ、ʅ、i 快结束时变成央元音 ɚ，严式记音可记为 ɿɚ、ʅɚ、iɚ；但在语流中，尤其是两字组前字时仍是 ɿ、ʅ、i，舌位基本不变，唇形也未展开，仍记作 ɿ、ʅ、i。
2. i 韵母发音靠前且唇形较关，但不是舌尖音，仍记作 i。
3. 韵母 u 在声母 f、v、k、k' 后实际读 ʋ，在双唇音声母后实际读 w，在 ts 组声母之后近似 ɿ，tʂ 声母之后近似 ʅ，在其他声母后是 u。
4. 韵母 y 在 tɕ、tɕ'、ɕ、z 后面带有摩擦，但不是 ɥ。
5. a 单做韵母时偏央，介于 a、ʌ 之间。

(三) 声调：3个

阴平	˧	44	高开飞　粗三边
阳平上	˥	53	穷寒鹅　局白熟　古水粉　五老有
去声	˨	213	盖大病　抱近厚　得七　黑　月六药

说明：

1. 阴平是一个次高平调，记作44。
2. 阳平上是一个高降调，记作53。
3. 去声是一个曲折调，多数是从次低起调降至最低，有时起调略高；调尾一般较起调略高。记作213。

六　敦煌（河东）方言音系

(一) 声母：26个，包括零声母

p	帮保布八	pʻ	旁朋跑配	m	麻木满民	f	飞风夫分	v	魏武瓦问
t	多大短敦	tʻ	拖土抬汤	n	拿努南内			l	辣录落兰
ts	资杂找站	tsʻ	瓷错争找			s	苏丝筛杀		
tʂ	知直周抓	tʂʻ	吃持出扯			ʂ	失书山社	ʐ	日热认入
tɕ	鸡家尖精	tɕʻ	七掐千清	ȵ	年牛硬业	ɕ	西瞎闲休	ʑ	一鸭盐油
k	高贵根公	kʻ	考亏坑空	ŋ	我饿矮按	x	汉回洪湖		
∅	安央银云								

说明：

1. tʂ组声母的卷舌程度比北京话高；
2. n在洪音韵母及ŋ韵母前是普通的n，在细音是舌面鼻音ȵ，因为声韵搭配关系不完全相同，本文将其分为两个声母；
3. l声母在齐齿呼韵母前有明显的闪音色彩，在其他韵母前是常规的边音。
4. 送气音声母在低元音前有时带小舌压舌根形成的清颤音（或轻擦音）；在央或中元音前带舌根清擦音，在齐齿呼和撮口呼前与北京话一样，是与声母同部位的清擦音。

(二) 韵母，32个

ɿ	资比敌密	i	鸡齐西一	u	部目图努	y	吕居需雨
ʅ	知持实日						
ɚ	二儿耳而						
a	马大茶沙	ia	家恰虾亚	ua	抓刷瓜话		
ɛ	摆在盖害	iɛ	边检仙盐	uɛ	帅怪坏外	yɛ	捐劝选员
e	波德泽河	ei	别接列页	ue	多提国活	ye	绝缺学约
ɔ	包到烧高	iɔ	交桥消要				

续表

ei	杯梅内黑			uei	对罪水回		
ɤu	抖走狗奴	iɤu	九秋休由				
iæ̃	班丹甘韩			uæ̃	端砖关万		
ɔŋ	帮当张刚	iɔŋ	讲墙像样	uɔŋ	庄窗双王		
ɤŋ	本等跟恒	iɤ̃	冰秦进银	oŋ	东农公温	ioŋ	军穷训用

说明：
1. 韵母 i、y 发音带一定程度的齿化色彩，但不是 ɿ、ʮ，仍记作 i 和 y。
2. 韵母 u 在声母 f、v 在后是 ʋ，在 p、p'、m、k、k' 后是 w，在其他声母后是 u。
3. a 做韵母时偏央，介于与 A 之间。
4. 韵母 ɔɛ、iɔɛ 有时动程较小，但多数情况下动程明显。
5. 韵母 iæ̃ 在唇音声母后带有较弱的鼻尾，在其他声母后则基本没有鼻尾。uæ̃ 的情况类似。
6. 韵母 iɤ̃ 在唇音声母后主要元音较高，是 iɤ̃，在其他声母后则偏低，近似 iə̃。记作 iɤ̃。

（三）声调：3 个

平声	˩˧	213	高开飞　穷陈寒　笔七黑　百缺说　舌局药
上声	˥˧	53	古口好　五老有
去声	˦	44	近社厚　怕放病　树让用

说明：
1. 平声总体是一个曲折调，起调低，有时发音曲折度小，接近 13，记作 213。
2. 上声是一个高降调，记作 53。
3. 去声是一个次高平调，记作 44。

第二章

河西走廊方言的音韵特点及内部差异

第一节 河西走廊方言声母的特点及内部差异

一 声母的一般特点

河西走廊方言的声母总体表现出如下几个方面的特点（包括官话方言的一般特点）：

（1）古全浊声母全部清化，和绝大多数官话方言一样，清化后平声送气仄声不送气。

（2）不分尖团。

（3）微母字今读 v 声母。

（4）泥母、来母字的今读多数地方分得比较清楚，有些点有混读，分化条件与韵母的洪细有关。

（5）知章庄三组的今读一般分读［ts］、［tʂ］两组，但分读情况域内各地不尽相同。知章庄三组合口呼的字，临泽等地读［pf pf' f］、［kf kf' f］或［k k' f］。

（6）止摄日母字一般分读零声母和［ɣ］声母，其他韵摄字读卷舌声母。日母合口呼的字，甘州等地读［v］声母。

（7）北京话疑母、影母、喻母来源的零声母字走廊方言今读零声母或［ɣ］、［v］、［ʑ］声母，敦煌河东或读［ŋ］声母。

(8) 见系开口二等字声母多数已腭化为［tɕ］组,有的未腭化的字读［k］组,如蟹开二"秸"、江开二"耩、抗、港、虹、壳"等。有些字,包括敦煌河东方言在内,则有文白异读或新老异读,白读或老派读［k］组或［ts］组,文读或新派读［tɕ］组。走廊各地普遍有异读的字有:下吓(假二)、鞋(蟹二)、咸(咸二)、瞎(山二)、项巷(江二)、杏(梗二)等字,文读(新派)和白读(老派)声母分别为［ɕ］-［x］;芥戒街解(蟹二)、角(觉二)分别读［tɕ］-［k］;敲(效二)、腔(江二)分别读［tɕʻ］-［kʻ］。张掖的甘州、临泽等地方言中,蟹摄的"阶界介届"、江摄入声"觉"等字文读(新派)和白读(老派)声母分别为［tɕ］-［ts］;蟹摄的"蟹"文读(新派)和白读(老派)声母分别为［ɕ］-［s］。另外梗摄的"梗"甘州异读为［tɕ］-［k］,江摄的"饺"民勤等地异读为［tɕ］-［k］。

二 声母的内部差异

(一) 泥、来母字的今读

河西走廊方言中泥来二母字的今读表现为不混读和混读两大类。

不混读的有凉州、古浪、天祝、永昌、甘州、山丹、民乐、临泽、高台、肃南、肃州、敦煌、肃北等县区。泥来二母分得很清楚,来母字今读［l］,泥母字今读［n］或［ȵ］声母。就［n］、［ȵ］而言,洪音字读［n］,细音字读［ȵ］。

这些方言中有个别来母字混入泥母字。如泥母字"糯"上述各地方言均读l声母;泥母字"农""浓",除敦煌河东、肃北外走廊其他地方读来母。肃州、甘州、永昌,"脓"也读l声母。

个别地方有来母字混读为泥母字,但只有一个字,即"弄",敦煌河东、肃北、凉州等地读［n］声母。

此外,走廊各地方言除天祝、肃北、瓜州、民勤外,泥母字"女",读声母［m］。山丹、民乐、肃南、甘州、临泽、永昌等还有"尼"

"泥"等字，亦读声母[m]。

混读的有民勤、瓜州、金塔、玉门4个点。又表现为两种不同的情形。民勤、瓜州是一种情形。演化的规律是，泥来二母的字，凡韵母为洪音的，今读[l]声母；凡韵母为细音以及[ɿ]的，今读[ȵ]或[n]声母。因此在这两点方言中，"男＝蓝""怒＝路""你＝李""女＝吕"。

玉门、金塔是一种情形。演化的规律也和民勤、瓜州大体相当，与韵母读音的洪细有关，凡与洪音韵母相拼的声母均为[l]。但细音韵母中，凡今为齐齿呼的，均读[ȵ]声母，凡今为撮口呼的，仍然是[l]声母。因此，在这两个点的方言中，"男＝蓝""怒＝路""你＝李"，而"女"却不等于"吕"。也就是说，玉门、金塔方言中泥来二母混读的情况要少于民勤、瓜州。

河西走廊泥来母字读音举例如下：

	男	蓝	怒	路	你	李	浓	龙	女	吕
凉州	naŋ	laŋ	nu	lu	ȵi	li	luəŋ	luəŋ	mi	ly
甘州	naŋ	laŋ	nɤu	lu	ȵi	li	luŋ	luŋ	mi	ly
肃州	nā	lā	nu	lu	ȵi	li	luŋ	luŋ	mi	ly
敦煌	nãei	lãei	nɤu	lu	ȵɿ	li	loŋ	loŋ	mi	ly
民勤	lɛi	lɛi	lu	lu	ȵɿ	ȵɿ	loŋ	loŋ	ȵy	ȵy
瓜州	lan	lan	lu	lu	ȵɿ	ȵɿ	loŋ	loŋ	ȵy	ȵy
金塔	lā	lā	lu	lu	ȵi	ȵi	luŋ	luŋ	mi	ly
玉门	lan	lan	lu	lu	ȵi	ȵi	loŋ	loŋ	mi	ly

(二) 知章庄三组字的今读

河西走廊方言知章庄三组字的今读表现为为三种不同的类型。永昌、古浪、天祝为一类，可谓永昌型。凉州、民勤、肃州、金塔、玉门、瓜州、敦煌、肃北是一个类型，可谓凉州型。临泽、甘州、山丹、民乐、肃南、高台为一类，可谓临泽型。以下是三种类型的特点。

1. 永昌型

永昌型的特点是知章庄三组字绝大多数读［tʂ］组声母；少数字读［ts］组声母，且大多来自庄组。三地均读［ts］组声母的字，成规律的有：

庄组流摄开口三等字：邹搜馊飕骤瘦漱

庄组深摄开口三等字：森岑簪参（参差）

另有一些不成规律的例外字：滓（止开三庄）、缩（通摄三生）、洒（假开二生）、瑟（臻开三生）、篡（山合二初）、阻（遇合二庄）、豸（蟹开二庄）。

天祝读［ts］组声母的字相对多一些，除上面的例字外，还有曾摄开口三等字"测""侧""色"，梗摄开口二等字"策""册""责"等。

下面是永昌型各点读［ts］组声母的比较例字：

	豸	邹	簪	侧	责	测	策	册	所	色
永昌	tsʻɛ	tsəu	tsæ	tʂʻə	tʂə	tʂʻə	tʂʻə	tʂʻə	ʂuə	ʂə
古浪	tsʻɛ	tsou	tsæ	tʂʻɤ	tʂɤ	tʂʻɤ	tʂʻɤ	tʂʻɤ	ʂuə	ʂɤ
天祝	tsʻɛ	tsʏu	tsan	tʂʻɤ	tʂɤ	tʂʻɤ	tʂʻɤ	tʂʻɤ	ʂuə	ʂɤ

2. 凉州型

凉州型的特点是宕江摄的字，知章庄三组无论开合口均读［tʂ］组声母，其他韵摄的字因开合口、韵等的不同各有分化。总体说来，知章两组读［tʂ］组声母的字多，相对而言庄组字读［ts］组声母的字则多一些。古今声母的对应规律如下：

①章组止摄开口字，各地老派一般读［ts］，新派受普通话影响有些地方个别字有读［tʂ］组的；其余各摄字各地均读［tʂ］组。下面是各地老派止摄开口字读音的例字：

	纸	翅	施	是	脂	市	视	志	齿	时
凉州	tṣʅ	tsʻʅ	sʅ	sʅ	tṣʅ	sʅ	sʅ	tṣʻʅ	tṣʻʅ	sʅ
民勤	tṣʅ	tsʻʅ	sʅ	sʅ	tṣʅ	sʅ	sʅ	tṣʅ	tṣʻʅ	sʅ
肃州	tṣʅ	tsʻʅ	sʅ	sʅ	tṣʅ	sʅ	sʅ	tṣʅ	tṣʻʅ	sʅ
金塔	tṣʅ	tsʻʅ	sʅ	sʅ	tṣʅ	sʅ	sʅ	tṣʅ	tṣʻʅ	sʅ
玉门	tṣʅ	tsʻʅ	sʅ	sʅ	tṣʅ	sʅ	sʅ	tṣʅ	tṣʻʅ	sʅ
瓜州	tṣʅ	tsʻʅ	sʅ	sʅ	tṣʅ	sʅ	sʅ	tṣʅ	tṣʻʅ	sʅ
肃北	tṣʅ	tsʻʅ	sʅ	sʅ	tṣʅ	sʅ	sʅ	tṣʅ	tṣʻʅ	sʅ
敦煌	tṣʅ	tsʻʅ	sʅ	sʅ	tṣʅ	sʅ	sʅ	tṣʅ	tṣʻʅ	sʅ

②知组开口三等字、合口字、江摄开口二等字读［tʂ］组声母，只有除江摄外的开口二等字读［ts］组声母。下面是各点比较例字：

	开口二等				开口三等			合口三等		
	茶假	站蟹	撑梗	直江	展山	珍臻	贞梗	追蟹	转山	竹通
凉州	tsʻa	tsaŋ	tsʻəŋ	tʂʅ	tʂaŋ	tʂəŋ	tʂəŋ	tʂuei	tʂuaŋ	tʂu
民勤	tsʻa	tsɛi	tsʻɤŋ	tʂʅ	tʂɛi	tʂɤŋ	tʂɤŋ	tʂuei	tʂuɛi	tʂu
肃州	tsʻa	tsã	tsʻəŋ	tʂʅ	tʂã	tʂəŋ	tʂəŋ	tʂuei	tʂuæ̃	tʂu
金塔	tsʻa	tsã	tsʻɤŋ	tʂʅ	tʂã	tʂɤŋ	tʂɤŋ	tʂuei	tʂuã	tʂu
玉门	tsʻa	tsan	tsʻɤŋ	tʂʅ	tʂan	tʂɤŋ	tʂɤŋ	tʂuei	tʂuan	tʂu
瓜州	tsʻa	tsan	tsʻɤŋ	tʂʅ	tʂan	tʂɤŋ	tʂɤŋ	tʂuei	tʂuan	tʂu
肃北	tsʻa	tsan	tsʻəŋ	tʂʅ	tʂan	tʂəŋ	tʂəŋ	tʂuei	tʂuan	tʂu
敦煌	tsʻa	tsæi	tsʻɤŋ	tʂʅ	tʂæi	tʂɤŋ	tʂɤŋ	tʂuei	tʂuæi	tʂu

③庄组除宕、江摄外，开口二等字、开口三等字、通摄入声字读［ts］组；合口字、通摄舒声字读［tʂ］组。下面是开口二、三等以及通摄入声今读的例字：

	开口二等						开口三等			通入
	查假	梢效	蘸咸	柴蟹	扎山	生梗	师止	愁流	涩深	缩
凉州	tsʻa	sɔ	tsaŋ	tsʻɛ	tsa	səŋ	sʅ	tsʻəu	sə	suə
民勤	tsʻa	sɑo	tsɛi	tsʻɛi	tsa	sɤŋ	sʅ	tsʻɤu	sɤ	suə
肃州	tsʻa	sɔ	tsã	tsʻɛ	tsa	səŋ	sʅ	tsʻɤu	sɤ	suə

续表

	开口二等						开口三等				通入
金塔	tsʻa	sɔ	tsā	tsʻɜ	tsa	sɤŋ	sʅ	tsʻu	ɤ	sɤ	suə
玉门	tsa	sɔ	tsan	tsʻɜ	tsa	sɤŋ	sʅ	tsʻu	ɤ	sɤ	suə
瓜州	tsa	sɔ	tsan	tsʻɜ	tsa	sɤŋ	sʅ	tsʻu	ɤ	sɤ	suə
肃北	tsa	sɔ	tsan	tsʻɜ	tsa	sɤŋ	sʅ	tsʻu	ɤ	sɤ	suə
敦煌	tsa	tsʻɔ	tsæi	tsʻɛ	tsa	sɤŋ	sʅ	tsʻu	ə	sə	suə

3. 临泽型

临泽型的特点是知章庄三组今开口、齐齿、撮口三呼的字，和永昌型类似，绝大多数读 tʂ 组声母，个别字读 ts 组声母，这些字有"渌洒邹搜馊飕森簪参纂阻缩"等。今北京音合口呼的字，则分别又分化为 [pf pfʻ f]、[kf kfʻ f]、[k kʻ f]、[tʂ tʂʻ f] 几种类型。

临泽为一类，知章庄今合口呼读 [pf pfʻ f] 和 [k kʻ f]，规律是凡韵母为 [u] 和 [uə] 的，声母读 [pf] 组，是其他合口韵母的读 [k] 组。甘州为一类，知章庄今合口呼读 [kf kfʻ f] 和 [k kʻ f]，规律是凡韵母为 [u] 和 [uə] 的，声母读 [kf] 组，是其他合口韵母的读 [k] 组。民乐、高台、肃南为一类，知章庄今合口呼读 [k kʻ f]。山丹是一类，读 [tʂ tʂʻ f]。如下例：

	猪	桌	追	船	装	虫	书	说	睡	帅
临泽	pfu	pfuə	kuei	kʻuaŋ	kuaŋ	kʻuŋ	fu	fuə	fei	fɛe
甘州	kfu	kfuə	kuei	kʻuaŋ	kuaŋ	kʻuŋ	fu	fuə	fei	fɛ
民乐	ku	kuə	kuei	kʻæi	kuaŋ	kʻuŋ	fu	fuə	fei	fɛ
高台	ku	kuə	kuei	kʻuan	kuaŋ	kʻuŋ	fu	fuə	fei	ɛ
肃南	ku	kuə	kuei	kʻuan	kuaŋ	kʻoŋ	fu	fuə	fei	fɛ
山丹	tʂu	tʂuə	tʂuei	tʂʻæɛ	tʂuā	tʂʻuŋ	fu	fuə	fei	fɛe

（三）日母字的今读

河西走廊方言中，除止摄开口三等字和今北京音为合口呼的字外，其他韵摄的字均读卷舌声母。止摄开口三等字、今北京音合口呼的字的读音则分别表现为两大类。

止摄开口三等字有 [ɣ] 声母和零声母两类。凉州、民勤、古浪、永昌、甘州、山丹、民乐、临泽、高台、肃南、玉门读 [ɣ] 声母，其余各地读零声母。

今北京音合口呼的字，甘州、临泽、山丹、民乐、高台、肃南今读 [v] 声母，天祝有个别字读 [v] 声母，其余各地均读卷舌声母。例字如下：

	二	儿	如	入	软	弱	肉	惹	染
凉州	ɣʌ	ɣʌɣ	ʐu	ʐu	ʐuaŋ	ʐuə	ʐəu	ʐə	ʐaŋ
民勤	ɣɯ	ɣɯɣ	ʐu	ʐu	ʐuɛi	ʐuə	ʐɤu	ʐɤ	ʐɛi
古浪	ɣʌ	ɣʌɣ	ʐu	ʐu	ʐuæ	ʐuə	ʐou	ʐɤ	ʐæ
天祝	ɵa	ɵaɣ	vu	vu	ʐuan	ʐuə	ʐɤu	ʐɤ	ʐan
永昌	ɣɯ	ɣɯɣ	ʐu	ʐu	ʐuɜe	ʐuə	ʐəu	ʐə	ʐɜe
甘州	ɣə	ɣəɣ	vu	vu	vaŋ	vuə	nʐɤu	ʐɤ	ʐaŋ
临泽	ɣʌ	ɣʌɣ	vu	vu	vaŋ	vuə	ʐəu	ʐə	ʐaŋ
民乐	ɣʌ	ɣʌɣ	vu	vu	ṽæi	vuə	nʐɤu	ʐɤ	ʐæ̃i
高台	ɣɯ	ɣɯɣ	vu	vu	van	vuə	ʐɤu	ʐɤ	ʐan
肃南	ɣʌ	ɣʌ	vu	vu	vã	vuə	nʐɤu	ʐɤ	ʐã
山丹	ɣʌ	ɣʌɣ	vu	vu	vɜe	vuə	ʐəu	ʐɤ	ʐɜe
肃州	ɵə	ɵəɣ	ʐu	ʐu	ʐuã	ʐuə	nʐɤu	ʐɤ	ʐã
金塔	ɵə	ɵə	ʐu	ʐu	ʐuã	ʐuə	ʐɤu	ʐɤ	ʐã
玉门	ɣʌ	ɣʌɣ	ʐu	ʐu	ʐuan	ʐuə	ʐɤu	ʐɤ	ʐan
瓜州	ɵə	ɵə	ʐu	ʐu	ʐuan	ʐuə	ʐɤu	ʐɤ	ʐan
肃北	ɵɚ	ɵɚ	ʐu	ʐu	ʐuan	ʐuə	nʐɤu	ʐɤ	ʐan
敦煌	ɵɚ	ɵɚɣ	ʐu	ʐu	ʐuæi	ʐuə	ʐɤu	ʐə	ʐæi

（四）疑、影、喻母字的今读

疑母、影母、喻母字，北京话多读零声母。但在河西走廊方言里，这些字则分别读零声母、唇齿声母 [v]、舌根声母 [ɣ]、鼻音声母 [ŋ]（敦煌河东）等，分化条件与开合齐撮四呼有关，具体情况又有差异。

1. 凡今北京话开口呼字，敦煌河东话多读 [ŋ] 声母，其余各地读

零声母或 [ɣ] 声母；凡今北京话合口呼的字，今读 [v] 声母。例字如下：

	爱疑	艾影	熬疑	恩影	额影	鹅疑	唯喻	王喻	玩疑	碗影
凉州	øɤ	øɤ	øɔ	øəŋ	ɣɤ	ɣɤ	vei	vaŋ	vaŋ	vaŋ
民勤	øiɛ	øiɛ	øao	øxŋ	ɣɯ	øua	vii	vaŋ	vɛɤ	vɛɤ
古浪	øɤ	øɤ	øɔ	øəŋ	ɣɤ	ɣɤ	vei	vao	væ̃	væ̃
天祝	øɤ	øɤ	øɔ	øəŋ	ɣɤ	ɣɤ	vei	vɔŋ	van	van
永昌	øɛe	øɛe	øao	øɤ̃	ɣø	ɣø	vei	vaŋ	vɛe	vɛe
甘州	øɤ	øɤ	øɔ	øxŋ	ɣɤ	ɣɤ	vei	vaŋ	van	van
临泽	øɛe	øɛe	øao	øəŋ	ɣɤ	ɣɤ	vei	vaŋ	van	van
民乐	øɤ	øɤ	øɔɔ	øəŋ	ɣɤ	ɣɤ	vei	vaŋ	væi	væi
高台	øɤ	øɤ	øɔ	øəŋ	ɣɤ	ɣɤ	vei	vaŋ	van	van
肃南	øɤ	øɤ	øɔ	øəŋ	ɣɤ	ɣɤ	vei	vaŋ	vã	vã
山丹	øɛe	øɛe	øɔ	øəŋ	ɣɤ	ɣɤ	vei	vã	vɛe	vɛe
肃州	øɤ	øɤ	øɔ	øəŋ	ɣɤ	ɣɤ	vei	vɔŋ	vã	vã
金塔	øɤ	øɤ	øɔ	øxŋ	ɣɤ	ɣɤ	vei	vɔŋ	vã	vã
玉门	øɤ	øɤ	øɔɔ	øxŋ	ɣɤ	ɣɤ	vei	vaŋ	van	van
瓜州	øɤ	øɤ	øɔ	øxŋ	ɣɤ	øɤ	vei	vaŋ	van	van
肃北	øɤ	øɤ	øɔɔ	øəŋ	ɣɤ	ɣɤ	vei	vaŋ	van	van
敦煌	ŋɤ	ŋɤ	ŋɔɔ	ŋxŋ	ŋɤ	əŋ	vei	ŋɔŋ	væi	væi

2. 凡今齐齿、撮口呼字读零声母或 [ʑ] 声母，"咬硬业蔫（花蔫）"四字走廊许多地方读 [ȵ] 声母。另外，北京话读卷舌声母的喻母字"荣容蓉融"等，河西许多地方老派读零声母或 [ʑ] 声母，新派多读卷舌声母。例字如下：

	谊疑	椅影	鱼疑	余喻	盐喻	秧影	圆喻	云喻	硬疑	荣喻
凉州	øi	øi	øy	øy	øiaŋ	øiaŋ	øyaŋ	øyɤ̃	ȵiɤ̃	øyɤ̃
民勤	zi	zi	zy	zy	øil	øiaŋ	øye	øyŋ	ȵiŋ	øyŋ
古浪	zi	zi	zy	zy	ziɛ	ziao	øye	øyŋ	ȵiŋ	øyŋ
天祝	zi	zi	zy	zy	øiɛn	øiɔŋ	øyɛn	øyn	ȵin	zoŋ
永昌	zi	zi	zy	zy	øiø̃	øiaŋ	øyẽ	øyɤ̃	ȵiɤ̃	øyɤ̃

续表

	谊疑	椅影	鱼疑	余喻	盐喻	秧影	圆喻	云喻	硬疑	荣喻
甘州	ʑi	ʑi	ʑy	ʑy	Øiã	Øiã	Øyã	Øyŋ	ȵiŋ	Øyŋ
临泽	ʑi	ʑi	ʑy	ʑy	Øiã	Øiã	Øyã	ʑyŋ	ȵiŋ	ʑyŋ
民乐	ʑi	ʑi	ʑy	ʑy	Øiɛ̃	Øiã	ʑyɛ̃	Øyŋ	ȵiŋ	Øyŋ
高台	ʑi	ʑi	ʑy	ʑy	Øiɛ̃	Øiã	Øyɛ̃	Øyɤ̃	ȵiɤ̃	Øyɤ̃
肃南	ʑi	ʑi	ʑy	ʑy	ʑiɛ̃	Øiã	ʑyɛ̃	ʑyɤ̃	ȵiɤ̃	ʑyɤ̃
山丹	ʑi	ʑi	ʑy	ʑy	Øiẽ	Øiã	Øyẽ	Øyŋ	ȵiŋ	Øyŋ
肃州	ʑi	ʑi	ʑy	ʑy	ʑiɛ̃	ʑiɔ̃	ʑyɛ̃	Øyŋ	ȵiɐŋ	Øyŋ
金塔	ʑi	ʑi	ʑy	ʑy	ʑiã	ʑiɔ̃	ʑyã	ʑyŋ	ȵiɤŋ	ʑyŋ
玉门	ʑi	ʑi	ʑy	ʑy	Øiɛn	Øiã	Øyɛn	Øioŋ	ȵiŋ	ʑoŋ
瓜州	ʑi	ʑi	ʑy	ʑy	Øiɛ̃	Øiã	Øyɛ̃	Øyŋ	ȵiŋ	Øyŋ
肃北	ʑi	ʑi	ʑy	ʑy	Øiɛ̃	Øiã	Øyɛ̃	Øioŋ	ȵiɤ̃	Øioŋ
敦煌	ʑi	ʑi	ʑy	ʑy	ʑiɛ̃	ʑiɔ̃	ʑyɛ̃	ʑioŋ	ȵiɤ̃	ʑoŋ

第二节 河西走廊方言韵母的特点及内部差异

一 韵母的一般特点

河西走廊方言韵母有以下主要特点（包括官话方言的一般特点）：

（1）古入声已全部舒化。

（2）古咸深两摄全部并入山臻摄，没有［-m］尾韵。

（3）咸山摄阳声韵鼻韵尾大多脱落，读鼻化韵或开尾韵。有的与阴声韵合并，如民勤等；但多数仍是独立的韵母，与其他舒声来源的字不同。

（4）宕江摄阳声韵合流，多数为鼻尾［-ŋ］；个别鼻尾脱落，读阴声韵，如古浪。

（5）深臻曾梗通五摄韵母全面相混合并为洪、细两类四个韵母，如肃州为［əŋ iəŋ uŋ yŋ］，敦煌读［ɤŋ iɤ̃ oŋ ioŋ］。因此"针＝真＝蒸＝征""金＝斤＝荆""敦＝东""熏＝兄＝胸"。

（6）蟹摄开口一二等字、合口二等字以及效摄字元音韵尾多弱化或脱落。

(7) 果摄合口一等见组字、蟹止摄合口一等泥组字韵母，走廊多数方言带介音 [u]。这些字有果摄的"戈科棵颗课"，蟹摄的"雷儡内累"，止摄的"垒类泪"，等等，不同方言点此类字带介音的多少有差异。此外果摄开口一等见系字有些方言也带有介音 [u] 的。如"我"，多数地方如肃州、凉州、民勤等有 [uə]、[və]／[vɤ] 两读，甘州则有 [vuə]、[uə] 两读。民勤"哥歌可鹅蛾俄"韵母亦读 [uə]。

(8) 曾梗摄一二等入声韵今读较特殊，部分字有文白或新老异读。

二 韵母的内部差异

(一) 咸山摄阳声韵的今读

河西走廊方言里，咸山摄舒声字的今读表现为以下五类。

第一类，鼻尾脱落，有的与阴声韵合并，有的仍然独立成韵。属于这一类的有山丹、永昌、民勤。又表现为两种情况。山丹、民勤咸山摄鼻尾脱落后与蟹摄见系阴声韵合流。山丹洪音读 [ɛe uɛe]、细音读 [iẽ yẽ]；民勤洪音读 [ɛi uɛi]、细音读 [iᵢ ye]。永昌鼻尾脱落后洪音韵母与蟹摄开口一二等、合口二等韵母合流，细音韵母则依然独立成韵，洪音读 [ɛɜ uɛɜ]、细音读 [iẽ yẽ]。下面是咸山摄字与蟹摄字的比较例字：

	该 蟹开一	乖 蟹合二	介 蟹开二	胆 咸开一	敢 咸开一	尖 咸开三	盐 咸开三	散 山开一	酸 山合一	全 山合三
山丹	kɛe	kuɛe	tɕiẽ	tɛe	kɛe	tɕiẽ	ziẽ	sɛe	suɛe	tɕʰyẽ
民勤	kɛi	kuɛi	tɕiᵢ	tɛi	kɛi	tɕiᵢ	Øiᵢ	sɛi	suɛi	tɕʰye
永昌	kɛɜ	kuɛɜ	tɕiə	tɛɜ	kɛɜ	tɕiẽ	Øiẽ	sɛɜ	suɛɜ	tɕʰyẽ

第二类，鼻尾脱落，但均独立成韵。属于这一类的有肃州、金塔、敦煌、民乐、肃南、古浪。肃州、肃南读 [ã uã iẽ yẽ]；金塔读 [ã uã iã yã]；敦煌读 [æi uæi iɜ yɜ]；民乐读 [æi uæi iɜ yɜ]；古浪读 [æ uæ iɜ yɛ]。与蟹摄字的比较例字如下：

	该 蟹开一	乖 蟹合二	介 蟹开二	胆 咸开一	敢 咸开一	尖 咸开三	盐 咸开三	散 山开一	酸 山合一	全 山合三
肃州	kɛ	kuɛ	tɕiæ̃	tã	kã	tɕiẽ	ʑiẽ	sã	suã	tɕʻyẽ
金塔	kɛ	kɛɛ	tɕiæ̃	tã	kã	tɕiã	ʑiã	sã	suã	tɕʻyã
民乐	kɛ	kuɛ	tɕiə	tæ̃i	kæ̃i	tɕiẽ	ʑiẽ	sæ̃i	suæ̃i	tɕʻyẽ
肃南	kɛ	kuɛ	tɕiə	tã	kã	tɕiẽ	ʑiẽ	sã	suã	tɕʻyẽ
古浪	kɛ	kuɛ	tɕiə	tæ̃	kæ̃	tɕiẽ	ʑiẽ	sæ̃	suæ̃	tɕʻyẽ
敦煌	kɛ	kuɛ	tɕiə	tæ̃i	kæ̃i	tɕiẽ	ʑiẽ	sæ̃i	suæ̃i	tɕʻyẽ

第三类，洪音韵母保留鼻尾，细音韵母鼻尾弱化脱落但独立成韵。属于这一类的有瓜州、肃北、高台。分别读［an uan iẽ yẽ］。例字如下：

	该 蟹开一	乖 蟹合二	介 蟹开二	胆 咸开一	敢 咸开一	尖 咸开三	盐 咸开三	散 山开一	酸 山合一	全 山合三
瓜州	kɛ	kuɛ	tɕiə	tan	kan	tɕiẽ	øiẽ	san	suan	tɕʻyẽ
肃北	kɛ	kuɛ	tɕiə	tan	kan	tɕiẽ	øiẽ	san	suan	tɕʻyẽ
高台	kɛ	kuɛ	tɕiə	tan	kan	tɕiẽ	øiẽ	san	suan	tɕʻyẽ

第四类，无论洪音还是细音韵母均保留鼻尾，分别读［an uan iɛn yɛn］。属于这一类的有玉门、天祝。例字如下：

	该 蟹开一	乖 蟹合二	介 蟹开二	胆 咸开一	敢 咸开一	尖 咸开三	盐 咸开三	散 山开一	酸 山合一	全 山合三
玉门	kan	kuan	tɕiə	tan	kan	tɕiɛn	øiɛn	san	suɛn	tɕʻyɛn
天祝	kan	kuan	tɕiə	tan	kan	tɕiɛn	øiɛn	san	suɛn	tɕʻyɛn

第五类，咸山摄并入宕江摄。属于这一类的有凉州、甘州、临泽。凉州读［aŋ iaŋ uaŋ yaŋ］；甘州、临泽读［aŋ iaŋ uaŋ yaŋ］。例字如下：

	仓 宕开一	僵 宕开三	窗 江开二	敢 咸开一	尖 咸开三	盐 咸开三	散 山开一	酸 山合一	全 山合三
凉州	tsʻaŋ	tɕiaŋ	tʂuaŋ	kaŋ	tɕiaŋ	øiaŋ	saŋ	suaŋ	tɕʻyaŋ
甘州	tsʻaŋ	tɕiaŋ	kʻuaŋ	kaŋ	tɕiaŋ	øiaŋ	saŋ	suaŋ	tɕʻyaŋ
临泽	tsʻaŋ	tɕiaŋ	kʻuaŋ	kaŋ	tɕiaŋ	øiaŋ	saŋ	suaŋ	tɕʻyaŋ

(二) 宕江摄阳声韵的今读

河西走廊方言宕江摄阳声韵的今读，表现为以下三种不同类型。

第一类是保留后鼻尾，主要元音是 [ɔ] 或 [ɑ]。主要元音是 [ɔ] 的有肃州、金塔、敦煌、天祝；主要元音是 [ɑ] 的有玉门、瓜州、肃北、高台、肃南、民乐、永昌、民勤。例字如下：

	汤 宕开一	枪 宕开三	疮 宕开三	荒 宕合一	方 宕合三	窗 江开二	夯 江开二	讲 江开二
肃州	tʻɔŋ	tɕʻiɔŋ	tʂʻuɔŋ	xuɔŋ	fɔŋ	tʂʻuɔŋ	xɔŋ	tɕiɔŋ
金塔	tʻɔŋ	tɕʻiɔŋ	tʂʻuɔŋ	xuɔŋ	fɔŋ	tʂʻuɔŋ	xɔŋ	tɕiɔŋ
敦煌	tʻɔŋ	tɕʻiɔŋ	tʂʻuɔŋ	xuɔŋ	fɔŋ	tʂʻuɔŋ	xɔŋ	tɕiɔŋ
天祝	tʻɔŋ	tɕʻiɔŋ	tʂʻuɔŋ	xuɔŋ	fɔŋ	tʂʻuɔŋ	xɔŋ	tɕiɔŋ
玉门	tʻɑŋ	tɕʻiɑŋ	tʂʻuɑŋ	xuɑŋ	fɑŋ	tʂʻuɑŋ	xɑŋ	tɕiɑŋ
瓜州	tʻɑŋ	tɕʻiɑŋ	tʂʻuɑŋ	xuɑŋ	fɑŋ	tʂʻuɑŋ	xɑŋ	tɕiɑŋ
肃北	tʻɑŋ	tɕʻiɑŋ	tʂʻuɑŋ	xuɑŋ	fɑŋ	tʂʻuɑŋ	xɑŋ	tɕiɑŋ
高台	tʻɑŋ	tɕʻiɑŋ	tʂʻuɑŋ	xuɑŋ	fɑŋ	tʂʻuɑŋ	xɑŋ	tɕiɑŋ
肃南	tʻɑŋ	tɕʻiɑŋ	tʂʻuɑŋ	xuɑŋ	fɑŋ	tʂʻuɑŋ	xɑŋ	tɕiɑŋ
民乐	tʻɑŋ	tɕʻiɑŋ	tʂʻuɑŋ	xuɑŋ	fɑŋ	tʂʻuɑŋ	xɑŋ	tɕiɑŋ
永昌	tʻɑŋ	tɕʻiɑŋ	tʂʻuɑŋ	xuɑŋ	fɑŋ	tʂʻuɑŋ	xɑŋ	tɕiɑŋ
民勤	tʻɑŋ	tɕʻiɑŋ	tʂʻuɑŋ	xuɑŋ	fɑŋ	tʂʻuɑŋ	xɑŋ	tɕiɑŋ

第二类是鼻尾弱化脱落，但仍然独立成韵。属于这一类情况的有山丹、古浪。山丹今读 [ã iã uã]，古浪今读 [ao iao uao]。例字如下：

	汤 宕开一	枪 宕开三	疮 宕开三	荒 宕合一	方 宕合三	窗 江开二	夯 江开二	讲 江开二
山丹	tʻã	tɕʻiã	tʂʻuã	xuã	fã	tʂʻuã	xã	tɕiã
古浪	tʻao	tɕʻiao	tʂʻuao	xuao	fao	tʂʻuao	xao	tɕiao

第三类，宕江摄与咸山摄合流，读后鼻尾，主要元音是 a 或 ɑ。凉州主要元音是 ɑ，甘州、临泽主要元音是 a。例字见前述（一）第五类。

(三) 深臻曾梗通摄阳声韵的今读

河西走廊方言里来自深臻曾梗通五摄阳声韵的四个韵母的今读可概括为以下四大类型。

第一类，无论洪细，均带鼻尾［-ŋ］。这一类最多，分布范围最广。又表现为以下几种不同情况：甘州、临泽、民乐、山丹、瓜州、古浪、民勤读［əŋ/ɤŋ iŋ uŋ/oŋ yŋ］；肃州、金塔读［əŋ/ɤŋ iəŋ/iɤŋ uŋ yŋ］；玉门读［ɤŋ iŋ oŋ ioŋ］。

第二类，洪音韵母鼻尾是［-ŋ］，细音韵母鼻尾是［-n］。属于这一类的只有天祝，四个韵母的今读是［əŋ in oŋ yn］。

第三类，洪音韵母带鼻尾［-ŋ］，细音韵母全部或部分鼻尾弱化，弱化的读口鼻元音。高台、肃南、凉州细音韵母均鼻尾弱化。高台、肃南分别为［əŋ ĩɤ uŋ ỹɤ］，凉州读［əŋ ĩɤ uəŋ ỹɤ］。肃北、敦煌部分细音韵母鼻尾弱化，分别读［əŋ/ɤŋ ĩɤ oŋ ioŋ］。

第四类，无论洪细，鼻尾均弱化成口鼻元音。这一类只有永昌一地，四个韵母分别读［ɤ̃ ĩɤ ũɤ ỹɤ］。

下面是各点的例字：

	针 深开三	蒸 曾开三	津 臻开三	精 梗开三	婚 臻合一	轰 梗合二	烘 通合一	熏 臻合三	兄 梗合三	胸 通合三
甘州	tʂɤŋ	tʂɤŋ	tɕiŋ	tɕiŋ	xuŋ	xuŋ	xuŋ	ɕyŋ	ɕyŋ	ɕyŋ
临泽	tʂəŋ	tʂəŋ	tɕiŋ	tɕiŋ	xuŋ	xuŋ	xuŋ	ɕyŋ	ɕyŋ	ɕyŋ
民乐	tʂəŋ	tʂəŋ	tɕiŋ	tɕiŋ	xuŋ	xuŋ	xuŋ	ɕyŋ	ɕyŋ	ɕyŋ
山丹	tʂəŋ	tʂəŋ	tɕiŋ	tɕiŋ	xuŋ	xuŋ	xuŋ	ɕyŋ	ɕyŋ	ɕyŋ
瓜州	tʂɤŋ	tʂɤŋ	tɕiŋ	tɕiŋ	xoŋ	xoŋ	xoŋ	ɕyŋ	ɕyŋ	ɕyŋ
民勤	tʂɤŋ	tʂɤŋ	tɕiŋ	tɕiŋ	xoŋ	xoŋ	xoŋ	ɕyŋ	ɕyŋ	ɕyŋ
肃州	tʂəŋ	tʂəŋ	tɕiəŋ	tɕiəŋ	xuŋ	xuŋ	xuŋ	ɕyŋ	ɕyŋ	ɕyŋ
金塔	tʂɤŋ	tʂɤŋ	tɕiɤŋ	tɕiɤŋ	xuŋ	xuŋ	xuŋ	ɕyŋ	ɕyŋ	ɕyŋ
古浪	tʂəŋ	tʂəŋ	tɕiŋ	tɕiŋ	xoŋ	xoŋ	xoŋ	ɕyŋ	ɕyŋ	ɕyŋ
玉门	tʂɤŋ	tʂɤŋ	tɕiŋ	tɕiŋ	xoŋ	xoŋ	xoŋ	ɕioŋ	ɕioŋ	ɕioŋ
天祝	tʂəŋ	tʂəŋ	tɕin	tɕin	xuŋ	xuŋ	xuŋ	ɕyn	ɕyn	ɕyn
高台	tʂəŋ	tʂəŋ	tɕiɤ̃	tɕiɤ̃	xuŋ	xuŋ	xuŋ	ɕyɤ̃	ɕyɤ̃	ɕyɤ̃
肃南	tʂəŋ	tʂəŋ	tɕiɤ̃	tɕiɤ̃	xuŋ	xuŋ	xuŋ	ɕyɤ̃	ɕyɤ̃	ɕyɤ̃
凉州	tʂəŋ	tʂəŋ	tɕiɤ̃	tɕiɤ̃	xuəŋ	xuəŋ	xuəŋ	ɕyɤ̃	ɕyɤ̃	ɕyɤ̃
肃北	tʂəŋ	tʂəŋ	tɕiɤ̃	tɕiɤ̃	xoŋ	xoŋ	xoŋ	ɕioŋ	ɕioŋ	ɕioŋ
敦煌	tʂɤŋ	tʂɤŋ	tɕiɤ̃	tɕiɤ̃	xoŋ	xoŋ	xoŋ	ɕioŋ	ɕioŋ	ɕioŋ
永昌	tʂɤ̃	tʂɤ̃	tɕiɤ̃	tɕiɤ̃	xũɤ	xũɤ	xũɤ	ɕyɤ̃	ɕyɤ̃	ɕyɤ̃

(四) 蟹摄、效摄字的今读

1. 蟹摄字的今读

蟹摄开口一二等、合口二等见组北京音读 [ai] 和 [uai] 的字，河西走廊方言里韵母的今读，有以下几种不同的类型。

第一类，主要元音是 [ɛ]，元音韵尾脱落。这一类分布最广，包括凉州、古浪、天祝、甘州、民乐、肃南、高台、肃州、瓜州、金塔、玉门、敦煌、肃北。

第二类，主要元音是 [ɛ]，韵尾弱化为 [e]。属于这一类的有临泽、山丹、永昌。

第三类，主要元音是 [ɛ]，保留元音韵尾 [i]。属于这类情况的只有民勤。

下面是各点的例字：

	太 开一泰	菜 开一精	爱 开一影	牌 开二帮	柴 开二庄	歪 合二晓	怪 合二见	槐 合二晓
凉州	tʻɛ	tsʻɛ	ɵɛ	pʻɛ	tʂʻɛ	vɛ	kuɛ	xuɛ
古浪	tʻɛ	tsʻɛ	ɵɛ	pʻɛ	tʂʻɛ	vɛ	kuɛ	xuɛ
天祝	tʻɛ	tsʻɛ	ɵɛ	pʻɛ	tʂʻɛ	vɛ	kuɛ	xuɛ
甘州	tʻɛ	tsʻɛ	ɵɛ	pʻɛ	tʂʻɛ	vɛ	kuɛ	xuɛ
民乐	tʻɛ	tsʻɛ	ɵɛ	pʻɛ	tʂʻɛ	vɛ	kuɛ	xuɛ
肃南	tʻɛ	tsʻɛ	ɵɛ	pʻɛ	tʂʻɛ	vɛ	kuɛ	xuɛ
高台	tʻɛ	tsʻɛ	ɵɛ	pʻɛ	tʂʻɛ	vɛ	kuɛ	xuɛ
肃州	tʻɛ	tsʻɛ	ɵɛ	pʻɛ	tʂʻɛ	vɛ	kuɛ	xuɛ
瓜州	tʻɛ	tsʻɛ	ɵɛ	pʻɛ	tʂʻɛ	vɛ	kuɛ	xuɛ
玉门	tʻɛ	tsʻɛ	ɵɛ	pʻɛ	tʂʻɛ	vɛ	kuɛ	xuɛ
金塔	tʻɛ	tsʻɛ	ɵɛ	pʻɛ	tʂʻɛ	vɛ	kuɛ	xuɛ
肃北	tʻɛ	tsʻɛ	ɵɛ	pʻɛ	tʂʻɛ	vɛ	kuɛ	xuɛ
敦煌	tʻɛ	tsʻɛ	ŋɛ	pʻɛ	tʂʻɛ	vɛ	kuɛ	xuɛ
临泽	tʻɛe	tsʻɛe	ɵɛe	pʻɛe	tʂʻɛe	vɛe	kuɛe	xuɛe
山丹	tʻɛe	tsʻɛe	ɵɛe	pʻɛe	tʂʻɛe	vɛe	kuɛe	xuɛe
永昌	tʻɛe	tsʻɛe	ɵɛe	pʻɛe	tʂʻɛe	vɛe	kuɛe	xuɛe
民勤	tʻɛi	tsʻɛi	ɵɛi	pʻɛi	tʂʻɛi	vɛi	kuɛi	xuɛi

2. 效摄韵母的今读

河西走廊方言中，效摄韵母的今读表现为以下几类：

第一类，元音韵尾脱落，主要元音是［ɔ］。这一类分布范围广，肃州、金塔、甘州、肃南、凉州、古浪、天祝均属于这一类型。

第二类，保留元音韵尾，主要元音是［ɔ］。属于这一类的有民乐、山丹、肃北、玉门、敦煌、高台、瓜州。

第三类，保留元音韵尾，主要元音是［a］。属于这一类的有临泽、永昌、民勤。

下面是各点的例字：

	桃 开一端	糟 开一精	抄 开二庄	交 开二见	膘 开三帮	腰 开三影	刁 开四端	萧 开四精
肃州	tʻɔ	tsɔ	tʂʻɔ	tɕiɔ	piɔ	ziɔ	tiɔ	ɕiɔ
金塔	tʻɔ	tsɔ	tʂʻɔ	tɕiɔ	piɔ	ziɔ	tiɔ	ɕiɔ
甘州	tʻɔ	tsɔ	tʂʻɔ	tɕiɔ	piɔ	Øiɔ	tiɔ	ɕiɔ
肃南	tʻɔ	tsɔ	tʂʻɔ	tɕiɔ	piɔ	ziɔ	tiɔ	ɕiɔ
凉州	tʻɔ	tsɔ	tʂʻɔ	tɕiɔ	piɔ	Øiɔ	tiɔ	ɕiɔ
天祝	tʻɔ	tsɔ	tʂʻɔ	tɕiɔ	piɔ	Øiɔ	tiɔ	ɕiɔ
古浪	tʻɔ	tsɔ	tʂʻɔ	tɕiɔ	piɔ	ziɔ	tiɔ	ɕiɔ
民乐	tʻɔɔ	tsɔɔ	tʂʻɔɔ	tɕiɔɔ	piɔɔ	ziɔɔ	tiɔɔ	ɕiɔɔ
山丹	tʻɔɔ	tsɔɔ	tʂʻɔɔ	tɕiɔɔ	piɔɔ	ØiɔɔO	tiɔɔ	ɕiɔɔ
高台	tʻɔɔ	tsɔɔ	tʂʻɔɔ	tɕiɔɔ	piɔɔ	Øiɔɔ	tiɔɔ	ɕiɔɔ
玉门	tʻɔɔ	tsɔɔ	tʂʻɔɔ	tɕiɔɔ	piɔɔ	Øiɔɔ	tiɔɔ	ɕiɔɔ
瓜州	tʻɔɔ	tsɔɔ	tʂʻɔɔ	tɕiɔɔ	piɔɔ	Øiɔɔ	tiɔɔ	ɕiɔɔ
敦煌	tʻɔɔ	tsɔɔ	tʂʻɔɔ	tɕiɔɔ	piɔɔ	ziɔɔ	tiɔɔ	ɕiɔɔ
肃北	tʻɔɔ	tsɔɔ	tʂʻɔɔ	tɕiɔɔ	piɔɔ	Øiɔɔ	tiɔɔ	ɕiɔɔ
临泽	tʻao	tsao	tʂʻao	tɕiao	piao	ziao	tiao	ɕiao
永昌	tʻao	tsao	tʂʻao	tɕiao	piao	Øiao	tiao	ɕiao
民勤	tʻao	tsao	tʂʻao	tɕiao	piao	Øiao	tiao	ɕiao

（五）曾梗摄一二等入声字的今读

曾摄开口一等、梗摄开口二等的德、陌、麦三个入声韵，河西走廊各地方言大致因声母不同而有不同读音,并且一些字存在文白异读的现象。具体又表现为酒泉小片、张掖小片、武威小片和敦煌(河东)四大类型。

1. 敦煌(河东)

敦煌河东话德、陌、麦三个入声韵今读的特点是,见系声母的字多读 [ə],且基本没有文白异读;其他声母字多读 [ei],且文白异读多。具体情况如下(字后标号1的表示白读,标号2的表示文读,下同)。

[ei] 北墨默1,得1德1特1,肋1勒1,贼塞1,黑;百柏伯迫1拍1魄1白帛陌,拆泽1择1宅,窄1;掰麦脉,责1策册1　[ə] 默2得2德2特2,肋2勒2,则塞2,刻克;拍2迫2魄2,泽2,窄2,格客额赫吓;责2策册2,革隔　[a] 栅　[ɛ] 摘;核

2. 酒泉小片

酒泉小片德、陌、麦三个入声韵今读的特点是帮组的"北、百、百"等字读 [ei],三字多数有文白异读;其他声母字多读 [ɤ]／[uə] 等。

肃州:[ɤ] 北1墨默,得德特,勒肋,则塞,刻克黑;百1柏伯迫2拍2魄白1帛陌,拆泽择宅,窄,格客额吓,掰麦脉,摘责策册,革隔,核　[ei] 北2白2百2,贼　[i] 迫1拍1　[a] 栅

金塔:[ɤ] 北1墨默,得德特,勒肋,则塞,刻克黑;百1柏伯迫拍2魄白1帛陌,拆泽择宅,窄,格客额吓,掰麦脉,摘责策册,革隔,核　[ei] 北2白2百2,贼　[i] 拍1　[a] 栅

玉门:[ɤ] 得德特,勒肋,则塞,刻克黑;拆泽择宅,窄,格客额吓,摘责策册,革隔,核　[uə] 北1墨默;百1柏伯迫拍2魄白1帛陌;掰麦脉　[ei] 北2白2百2,贼　[iɛ] 拍1　[a] 栅

瓜州:[ɤ] 北1墨默,得德特,勒肋,则塞,刻克黑;百1柏伯迫拍2魄白1帛陌,拆泽择宅,窄,格客额赫吓,掰麦脉,摘责策册,革隔,核　[ei] 北2白2百2,贼　[iə] 拍1　[a] 栅

肃北：[ɤ] 墨默，得德特，勒肋，则塞，刻克；柏伯迫拍魄帛陌，拆泽择宅，窄，格客额赫嚇，掰麦脉，摘责策册，革隔，核　　[ei] 北白百；黑；贼　　[a] 栅

3. 张掖小片

张掖小片德、陌、麦三个入声韵今读的特点是帮组、端组、泥组的字多读 [iə] 或 [iɛ]，其他多读 [ə] / [ɤ] 或 [uə]。端组、泥组字多有文白异读。山丹个别读 [iə]。

甘州：[iə] 北墨默，得1德1特1，勒1肋1；百柏伯迫1拍1魄1白帛陌，掰麦脉　　[ə] 得2德2特2，勒2肋2，则塞，刻克黑；拆泽择宅，窄，格客额嚇；摘，责策册，革隔　　[uə] 拍2迫2魄2　　[ei] 贼　　[ɛ] 核　　[a] 栅

临泽：[iə] 北墨默，得1德1特1，勒1肋1；百柏伯迫1拍魄1白帛陌，掰麦脉　　[ə] 得2德2特2，勒2肋2，则塞，刻克黑；拆泽择宅，窄，格客额嚇；摘，责策册，革隔　　[uə] 迫2魄2　　[ɛ] 核　　[ei] 贼　　[a] 栅

高台：[iɛ] 北1墨默，得1德1特1，勒1肋1；百柏伯迫1拍魄1白帛陌，掰麦脉　　[ɤ] 得2德2特2，勒2肋2，则塞，刻克；拆泽择宅，窄，格客额嚇；摘，责策册，革隔，核　　[ei] 北2白2百2贼　　[uə] 迫2魄2　　[ɯ] 黑　　[a] 栅

民乐：[iə] 北墨默，得1德1特1，勒1肋1；百柏伯迫1拍魄1白帛陌，掰麦脉　　[ɤ] 得2德2特2，勒2肋2，则塞，刻克黑；拆泽择宅，窄，格客额嚇；摘，责策册，革隔，核　　[uə] 迫2魄2　　[ei] 贼　　[a] 栅

肃南：[iə] 北1墨默，得1德1特1，勒1肋1；百1柏伯迫1拍魄1白1帛陌，掰麦脉　　[ɤ] 得2德2特2，勒2肋2，则塞，刻克黑；拆泽择宅，窄，格客额嚇；摘，责策册，革隔，核　　[ei] 北2百2白2贼　　[uə] 迫2魄2　　[a] 栅

山丹：[iə] 得德，勒肋；迫1魄1拍1　　[ɤ] 特，则塞，刻克黑；拆泽择宅，窄，格客额嚇；摘，责策册，革隔，核　　[uə] 北墨默；百柏伯迫2拍2魄2白帛陌　　[ei] 贼　　[a] 栅

4. 武威小片

武威小片德、陌、麦三个入声韵今读的特点是多数读 [ə] 或 [ɤ] 或 [ɯ]，文白异读现象很少。

凉州：[ə] 北墨默，得德特，勒肋，则塞，刻克黑；百柏伯迫拍2魄白帛陌，拆泽择宅，窄，格客额赫嚇；掰麦脉，摘，责策册，革隔，核　　[ei] 贼　　[iɛ] 拍1　　[a] 栅

民勤：[ɤ] 北墨默，得德特，勒肋，则塞；百柏伯迫拍2魄白帛陌，拆泽择宅，窄；掰麦脉，摘，责策册　　[ɯ] 刻克黑，格客额赫嚇，革隔，核　　[ei] 贼　　[iɛ] 拍1　　[a] 栅

古浪：[ɤ] 北墨默，得德特，勒肋，则塞，刻克黑；百柏伯迫拍2魄白帛陌，拆泽择宅，窄，格客额赫嚇；掰麦脉，摘，责策册，革隔，核　　[ei] 贼　　[iə] 拍1　　[a] 栅

天祝：[ɤ] 北墨默，得德特，勒肋，则塞，刻克黑；百柏伯迫拍2魄白帛陌，拆泽择宅，窄，格客额赫嚇；掰麦脉，摘，责策册，革隔，核　　[ei] 贼　　[iə] 拍1　　[a] 栅

永昌：[ə] 北墨默，得德特，勒肋，则塞，刻克黑；百柏伯迫拍2魄白帛陌，拆泽择宅，窄，格客额赫嚇；掰麦脉，摘，责策册，革隔，核　　[ei] 贼　　[iə] 拍1　　[a] 栅

第三节　河西走廊方言声调的特点及内部差异

河西走廊方言声调的特点和内部差异主要表现在以下几个方面。

第一，从声调的类型看，河西走廊各地方言单字调有三声调和四声调两大类型。民勤、民乐为四个声调，其余各地均只有三个声调。可以

说，就整体而言，三个单字声调，是河西走廊汉语方言声调的一个基本特征。

第二，从古今调类的比较来看，敦煌河东话的三个单字调分别是平声、上声和去声。平声不分阴阳。古清声母和次浊声母上声今多读上声，古全浊声母上声今多读去声，古清声母、次浊声母和全浊声母入声字多读平声，有少数次浊声母入声字等读去声。

河西走廊其余各地方言属兰银官话，声调表现为三大类型。

民勤、民乐两地单字调分别是阴平、阳平、上声和去声。平声区分阴阳。古清声母上声、次浊声母上声今读上声，古全浊声母上声、古清声母入声、次浊声母入声字今多读去声，全浊声母入声今多读阳平。

凉州、古浪、天祝三地单字调分别是阴平上、阳平、去声。古清声母上声、次浊声母上声和阴平合流，其他古今声调对应关系与民勤、民乐同。

永昌、山丹、甘州、临泽、高台、肃南、肃州、金塔、玉门、瓜州、肃北等地单字调分别是阴平、阳平上、去声。古清声母上声、次浊声母上声与阳平合流，其他古今声调对应关系同民勤、民乐。

第三，从共时角度看，连读中声调变化频繁而复杂。表现在以下几个方面（具体请参看第三章）。

（1）就两字组来说，变调可以发生在前字，也可以发生在后字，也可以是前后字均发生变调。

（2）连读变调后产生的连读调值有类似北京话的轻声，但均有实在清晰的调值，不能仅以"即轻又短"或"不轻不短"概括。有的如21调，相较于一般的单字调可能稍短一些，却说不上是"轻"的；有的如22调，相较于如44这样的单字调，由于其发音较低，似乎是"轻"的，却说不上是"短"的。

（3）发生变调的词语范围较大。北京话里的轻声字组在走廊方言里一般多发生变调；北京话里的一般两字组，包括一些动宾关系的词语,走廊方言里也有许多要发生变调,敦煌河东话里如"汤水""绵羊""扬场""铲草""放羊"等词语均有变调发生。

(4) 变调的别义作用突出。如民勤方言里,一些词语变调方式不同,词语的意义不同。如"不好",若后字变调且连调式为"42+44",其意为"不方便、不满意"等;若后字变调且连调式为"42+21"则意为难受。再如甘州方言里,"烧酒"一词,连调为"44+44"义指白酒,是名词;连调式为"44+53"则义为酿酒,是动词。

(5) 连调模式的趋同归并明显。如民勤方言,据我们研究统计,其两字组四个单字调的理论组合有16种,加上变调,产生的连调方式共有32种,但实际有区别价值的连调模式只有16种。再如甘州方言,其单字调有三个,考虑到其阳平上的不同来源,将其源于古阳平的字和源于古上声的字分别考察,变调后两字组的连调方式同样有32种,但实际有区别价值的连调模式只有13种。

第四,河西走廊方言声调的共时音变反映了方言声调的历时演变的轨迹和特点。河西走廊的三声调方言,有的是平声不分阴阳,如敦煌河东话;有的是原上声归入阳平,如甘州话;有的是原上声归入阴平,如凉州话。但这些在单字中不区分或归并了的字调在两字组的连读中却表现出一定的规律性差异,即在互相做前后字或与其他声调配合时,连调方式不尽相同。这种差异往往在叠音词和后字为虚语素或语法词的两字组连调中表现得更加清楚。民勤、民乐虽然是四个声调,但在连读中,民勤的上声字在阴平、阳平、去声前的连读调与阴平表现出趋同的特点,民乐的上声字则在阴平、上声、去声前的连读调表现出与阳平趋同的特点。这个特点似乎也昭示着民勤方言的上声有与阴平归并合流的趋势,而民乐方言的上声则有与阳平归并合流的趋势,这种趋势又和其所在方言小片内其他县区方言声调的归并情况是大体一致的。

第三章

河西走廊方言两字组连读变调

第一节　河西走廊三声调方言两字组连读变调之一

河西走廊方言的兰银官话和中原官话,从单字调看,多数方言点是三个声调。三声调方言中,有些是古上声和古阴平合流,如凉州、古浪、天祝;有些是古上声与阳平合流,如甘州、肃州等;有的是平声不分阴阳,如敦煌河东。本节以凉州、古浪方言为例,归纳描写单字调为阴平上、阳平、去声的三字调方言两字组连调的方式以及变调的规律。

一　凉州方言两字组连读变调

(一) 凉州方言一般两字组连读变调

1. 凉州方言一般两字组连调模式及变调规律

凉州方言单字调有三个,分别是阴平上 33、阳平 13、去声 53。一般两字组的连调模式如表 3−1。

表 3-1　　　　　　　　凉州方言一般两字组连调模式

前字		后字 阴平上		阳平 13	去声 53
		古阴平 33	古上声 33		
阴平上 33	古阴平 33	33+13 33+53	33+13 33+53	33+53	= 13+53
	古上声 33	= 33+53 53+33	53+33 13+53	53+13 53+21	13+53 53+21
阳平 13		53+33 13+53	53+33 53+21 13+53	= 13+53 53+21	=
去声 53		= 55（53）+21	= 55（53）+21	= 55（53）+21	22+53 53（55）+21

从表 3-1 来看，凉州方言一般两字组连调模式有以下特点：

①古阴平与古阳平尽管在单字调中合流，但在连读中表现出了一定的差异。因此两字组的单字调组合实际有 16 种，而不是 9 种。

②16 种单字调组合形成的连调方式共有 33 种，其中有 7 种是原调连读，前后字均不变调；其他 26 种均发生了变调，其中 16 种前字变调，18 种后字变调。变调后产生的新的连读调值有 22、21、55 三种，其中 55 调实际是 21 调前的 53 调的变读，如"对方"，读 53+21 的调式，也可读 55+21 的调式。

③连调式之间的趋同合并明显。32 种连调方式实际只有 10 种不同的连调模式，分别是：33+53、33+13、13+53、33+33、53+33、53+13、13+13、53+21、55+21、22+53。

④作为前字，古阴平在古阴、古上、阳平前不变调；在去声前不变调，或变 13 调。古上声在古阴平前不变调或变 53 调，在古上声前变 53 或 13 调，在阳平前变 53 调，在去声前变 13 或 53 调。阳平在古阴平、古上声、阳平前不变调或变 53 调，在去声前不变调。去声在阴平上、阳平前不变调或变 55 调，在去声前不变调或变 22、55 调。

作为后字，古阴平在古阴平后变 53 调或 13 调，在古上声、阳平后不变调或变53调，在去上后不变调或变21调。古上声在古阴平后变13或53调，在古上声后不变调或变53调，在阳平后不变调或变53、21调，在去声后不变调或变21调。阳平在古阴平后变53调，在古上声后不变调或变21调，在阳平后不变调或变53、21调，在去声后不变调或变21调。去声在古阴平、阳平后不变调，在古上声、去声后不变调或变21调。

2. 凉州方言一般两字组连读变调举例

凉州方言一般两字组连读变调如表3-2：

表3-2　　　　　　　凉州方言一般两字组连读变调举例

前字阴上33	前字古阴33	古阴+古阴 33+33	花生 xuasəŋ 33+53	西瓜 ɕikua 33+53	朱砂 tṣusa 33+53	搬家 paŋtɕia 33+13
		古阴+古上 33+33	汤水 tʻaŋ ʂuei 33+53	甘草 kaŋtsʻɔ 33+53	牲口 səŋkʻəu 33+53	烧火 ʂoxuɛ 33+13
		古阴+阳 33+13	边墙 piaŋtɕʻiaŋ 33+13	猪毛 tṣumɔ 33+53	中学 tṣuaŋɕyɛ 33+53	开门 kʻɛməŋ 33+53
		古阴+去 33+53	亲戚 tɕʻiɤ̌tɕʻi 33+53	三月 saŋØyɛ 33+53	霜降 ʂuaŋtɕiaŋ 33+53	开会 kʻɛxuei 13+53
	前字古上33	古上+古阴 33+33	雨衣 ØyØi 33+33	水烟 ʂueiØian 33+33	眼睛 Øiaŋtɕiɤ̌ 33+33	赶车 kaŋtsʻə 53+33
		古上+古上 33+33	水土 ʂueitʻu 13+53	井水 tɕiɤ̌ ʂuei 13+53	滚水 kuaŋ ʂuei 13+53	铲草 tsʻaŋtsʻɔ 53+33
		古上+阳 33+13	口粮 kʻəuliaŋ 53+21	伙食 xuəʂɻ̩ 53+21	酒瓶 tɕiəupʻiɤ̌ 53+13	打贼 tatsei 53+13
		古上+去 33+53	韭菜 tɕiəutsʻɛ 53+21	板凳 paŋtəŋ 53+21	瓦罐 vakuaŋ 53+21	写字 ɕiɛtsɻ̩ 13+53
前字阳平13		阳+古阴 13+33	棉花 miaŋxua 13+53	别针 piɛtṣəŋ 13+53	人中 ʐəŋtṣuŋ 53+33	滑冰 xuapiɤ̌ 53+33
		阳+古上 13+33	石板 ʂɻ̩paŋ 53+21	糖水 tʻaŋ ʂuei 53+21	塘土 tʻaŋtʻu 13+53	罚款 fakʻuaŋ 53+33
		阳+阳 13+13	独食 tuʂɻ̩ 53+21	白糖 pətʻaŋ 13+53	粮食 liaŋʂɻ̩ 13+53	扬场 Øiaŋtsʻaŋ 13+13
		阳+去 13+53	白菜 pətsʻɛ 13+53	羊圈 Øiaŋtɕyaŋ 13+53	学费 ɕyɛfei 13+53	还愿 xuaŋØyan 13+53

续表

前字去声 53	去+古阴 53+33	大家 taɕia 55+21	铁丝 t'ɿsɿ 53+21	岳飞 Øyɛfei 53+33	冒烟 mɔθiaŋ 53+33	
	去+古上 53+33	谷雨 kuθy 55+21	木板 mupaŋ 53+33	对手 tuei ʂəu 53+21	上火 ʂɿŋxuɛ 53+33	
	去+阳 53+13	铁皮 t'iɛ p'i 53+13	价钱 tɕiatɕ'iaŋ 55+21	木楼 muləu 53+13	吃食 tʂʻɿsɿ 53+13	
	去+去 53+53	气力 tɕʻili 53+21	出纳 tʂʻuna 22+53	笑话 ɕiɔxua 55+21	落脚 luətɕyɛ 22+53	

（二）凉州方言重叠、带语缀（或语法词）的两字组连读变调

1. 凉州方言重叠、带语缀（或语法词）的两字组连调模式

凉州方言中，重叠、后字为语缀或语法词的两字组，其第二个字均需变调。变调与该字本调无关。具体是，在原调古阴平的字后变53调，在原调古上声的字后变21调，在阳平后变53调，在去声后变21调。作为前字，古阴平不变调，古上声变53（55）调，阳平不变调，去声不变调或变55调。

古阴平+：33+53

古上声+：53（55）+21

阳　平+：13+53

去　声+：55（53）+21

2. 凉州方言重叠、带语缀（或语法词）的两字组连读变调举例

凉州方言重叠、带语缀（或语法词）的两字组连读变调举例见表3-3。

表3-3　凉州方言两字组重叠、带语缀（或语法词）的两字组连读变调举例

"子"尾词						
	前字阴上	古阴+ 33+	包子 pɔtsɿ 33+53	刀子 tɔtsɿ 33+53	沙子 satsɿ 33+53	箱子 ɕiaŋtsɿ 33+53
		古上+ 33+	板子 paŋtsɿ 53+21	影子 Øiɤ̃tsɿ 53+21	椅子 Øitsɿ 53+21	老子 lɔtsɿ 53+21
	前字阳平	阳+ 13+	盒子 xətsɿ 13+53	蚊子 vəŋtsɿ 13+53	笛子 titsɿ 13+53	盘子 p'aŋtsɿ 13+53
	前字去声	去+ 53+	架子 tɕiatsɿ 55+21	辣子 latsɿ 55+21	筷子 k'uɛtsɿ 55+21	样子 Øiaŋtsɿ 55+21

续表

后字"了"	前字阴上	古阴+33+	多了 tuəliɔ 33+53	高了 kɔliɔ 33+53	香了 ɕiaŋliɔ 33+53	飞了 feiliɔ 33+53
		古上+33+	好了 xɔliɔ 53+21	老了 lɔliɔ 53+21	小了 ɕiɔliɔ 53+21	走了 tsəuliɔ 53+21
	前字阳平	阳+13+	读了 tuliɔ 13+53	红了 xuəŋliɔ 13+53	拔了 paliɔ 13+53	来了 lɛliɔ 13+53
	前字去声	去+53+	热了 ʐəliɔ 55+21	吃了 tʂʰʅliɔ 55+21	对了 tueiliɔ 55+21	错了 tsʰuəliɔ 55+21
后字"的"	前字阴上	古阴+33+	多的 tuəti 33+53	高的 kɔti 33+53	香的 ɕiaŋti 33+53	飞的 feiti 33+53
		古上+33+	好的 xɔti 53+21	老的 lɔti 53+21	小的 ɕiɔti 53+21	走的 tsəuti 53+21
	前字阳平	阳+13+	读的 tuti 13+53	红的 xuəŋti 13+53	拔的 pati 13+53	来的 lɛti 13+53
	前字去声	去+53+	热的 ʐəti 55+21	吃的 tʂʰʅti 55+21	对的 tueiti 55+21	错的 tsʰuəti 55+21
重叠词	前字阴上	古阴+古阴 33+33	包包 pɔpɔ 33+53	杯杯 peipei 33+53	坡坡 pʰəpʰə 33+53	沙沙 sasa 33+53
		古上+古上 33+33	碗碗 vaŋvaŋ 53+21	本本 pəŋpəŋ 53+21	板板 paŋpaŋ 53+21	桶桶 tʰuəŋtʰuəŋ 53+21
	前字阳平	阳+阳 13+13	盘盘 pʰaŋpʰaŋ 13+53	盆盆 pʰəŋpʰəŋ 13+53	瓶瓶 pʰiỹpʰiỹ 13+53	盒盒 xəxə 13+53
	前字去声	去+去 53+53	架架 tɕiatɕia 55+21	洞洞 tuəŋtuəŋ 55+21	罐罐 kuaŋkuaŋ 55+21	袋袋 tɛtɛ 55+21

二 古浪方言两字组连读变调

(一) 古浪方言一般两字组的连读变调

1. 古浪方言一般两字组连调模式及变调规律

古浪方言单字调有三个，分别是阴平上44、阳平53、去声31。一般两字组的连调模式如表3-4：

表 3-4　　　　　　　　古浪方言一般两字组连调模式

前字 \ 后字		阴平上 44		阳平 53	去声 31
		古阴平 44	古上声 44		
阴平上 44	古阴平 44	=	=	=	= 44 + 44
	古上声 44	=	53 + 44 55 + 42	22 + 53	= 22 + 53
阳平 53		= 55 (35) + 42	= 55 (35) + 42	= 55 (35) + 42	= 55 (35) + 42
去声 31		= 31 + 13 31 + 21	= 31 + 21	= 31 + 21	13 + 31 31 + 13

从表 3-4 来看，古浪方言一般两字组连调模式及变调规律有以下几点：

①古阴平与古阳平尽管在单字调中合流，但在连读中表现出了一定的差异。因此两字组的单字调组合实际有 16 种，而不是 9 种。

②16 种单字调组合形成的连调方式共有 28 种，其中有 13 种是原调连读，前后字均不变调；其他 15 种均发生了变调，其中 9 种前字变调，12 种后字变调。变调后产生的新的连读调值有 55（有时读 35 调）、22、42、13、21 五种。

③连调式之间的趋同合并明显。28 种连调方式实际只有 13 种不同的连调模式，分别是：44 + 44、44 + 53、44 + 31、22 + 53、53 + 44、53 + 53、55 + 42、31 + 44、31 + 53、53 + 31、31 + 13、13 + 31、31 + 21。

④作为前字，古阴平概不变调；古上声在古阴平前不变调，在古上声前变 53 调或 55 调，在阳平前变 22 调，在去声前不变调或变 22 调。阳平做前字不变调或变 55 调；去声做前字不变调或变 13 调。

作为后字，古阴平在古阴平、古上声后不变调，在阳平后不变调或变 42 调，在去声后不变调或变 13、21 调；古上声在古阴平后不变调，在古上声后不变调或变 42 调，在阳平后不变调或变 42 调，在去声后不变调或变 21 调；阳平在阴平上后不变调，在阳平后不变调或变 42 调，在去声后不变调或变 21 调；去声在古阴平后不变调或变 44 调，在古上声后不变调或变53调，在阳平后不变调或变42调，在去声后不变调或变13调。

2. 古浪方言一般两字组连读变调举例

古浪方言一般两字组连读变调举例如表3-5。

表3-5　　　　　　古浪方言一般两字组连读变调举例

前字阴上44	前字古阴44	古阴+古阴 44+44	花生 xuaʂəŋ 44+44	西瓜 ɕikua 44+44	朱砂 tʂuʂa 44+44	搬家 pætɕia 44+44
		古阴+古上 44+44	汤水 tʻaoʂuei 44+44	甘草 kætsʻɔ 44+44	牲口 ʂəŋkʻou 44+44	烧火 ʂəuxuə 44+44
		古阴+阳 44+53	边墙 pietɕʻiao 44+53	猪毛 tʂumɔ 44+53	中学 tʂoŋɕyə 44+53	开门 kʻɛməŋ 44+53
		古阴+去 44+31	亲戚 tɕʻiŋtɕʻi 44+44	三月 sæøyə 44+44	霜降 ʂuaotɕiao 44+31	开会 kʻɛxuei 44+31
	前字古上44	古上+古阴 44+44	雨衣 ʐyzi 44+44	水烟 ʂueiziə 44+44	眼睛 ziɛtɕiŋ 44+44	赶车 kætʂʻɤ 44+44
		古上+古上 44+44	水土 ʂueitʻu 53+44	井水 tɕiŋʂuei 55+42	滚水 koŋʂuei 55+42	铲草 tʂʻæʂɔ 53+44
		古上+阳 44+53	口粮 kʻouliao 22+53	伙食 xuəʂʅ 22+53	酒瓶 tɕioupʻiŋ 22+53	打贼 tatsei 22+53
		古上+去 44+31	韭菜 tɕioutsʻɛ 22+53	板凳 pætəŋ 22+53	瓦罐 vakuæ 22+53	写字 ɕiətsʅ 44+31
前字阳平53		阳+古阴 53+44	棉花 miɛxua 55+42	别针 piətʂəŋ 55+42	人中 zəŋtʂoŋ 55+42	滑冰 xuapiŋ 53+44
		阳+古上 53+44	石板 ʂʅpæ 53+44	糖水 tʻaoʂuei 55+42	塘土 tʻaotʻu 55+42	罚款 fakʻuæ 53+44
		阳+阳 53+53	独食 tuʂʅ 55+42	白糖 pɤtʻao 55+53	粮食 liaoʂʅ 55+21	扬场 ziaotʂʻao 53+53
		阳+去 53+31	白菜 pɤtsʻɛ 55+42	羊圈 ziaotɕyɛ 55+42	学费 ɕyəfei 53+31	还愿 xuæøyɛ 53+31
前字去声31		去+古阴 31+44	大家 tatɕia 31+21	铁丝 tʻiɛsʅ 31+13	岳飞 øyəfei 31+44	冒烟 mɔziɛ 31+44
		去+古上 31+44	谷雨 kuʐy 31+21	木板 mupæ 31+44	对手 tueiʂou 31+44	上火 ʂɔuxuə 31+44
		去+阳 31+53	铁皮 tʻiəpʻi 31+53	价钱 tɕiatɕʻiɛ 31+21	木楼 mulou 31+53	吃食 tʂʻʅʂʅ 31+53
		去+去 31+31	气力 tɕʻili 13+31	出纳 tʂʻuna 13+31	笑话 ɕioxua 31+13	落脚 luətɕyə 13+31

（二）古浪方言重叠、带语缀（或语法词）的两字组连读变调

1. 古浪方言重叠、带语缀（或语法词）的两字组的连调模式

古浪方言中，重叠、后字为语缀或语法词的两字组，其第二个字均须变调，且与该字的本调无关。具体是，在原调古阴平的字后读44调，在原调古上声的字后读53调，在阳平后读42调，在去声后变13调或21调。作为前字，古阴平、去声不变调；古上声变22调；阳平变55（35）调。具体概括如下：

阴平 +：44 + 44

古上 +：22 + 53

古阳 +：55（35）+ 42

去声 +：31 + 13（21）

2. 古浪方言重叠、带语缀（或语法词）的两字组连读变调举例

古浪方言重叠、带语缀（或语法词）的两字组连读变调举例如表3-6。

表3-6 古浪方言重叠、带语缀（或语法词）的两字组连读变调举例

"子"尾词	前字阴上	古阴 + 44 +	包子 pɔtsʅ 44 + 44	刀子 tɔtsʅ 44 + 44	沙子 ʂatsʅ 44 + 44	箱子 ɕiɑotsʅ 44 + 44
		古上 + 44 +	板子 pætsʅ 22 + 53	影子 ziŋtsʅ 22 + 53	椅子 zitsʅ 22 + 53	老子 lɔtsʅ 22 + 53
	前字阳平	阳 + 53 +	盒子 xɤtsʅ 55 + 42	蚊子 vəŋtsʅ 55 + 42	笛子 titsʅ 55 + 42	盘子 pˈætsʅ 55 + 42
	前字去声	去 + 31 +	架子 tɕiatsʅ 31 + 21	辣子 latsʅ 31 + 21	筷子 kʰuatsʅ 31 + 21	样子 ziɑotsʅ 31 + 13
后字"了"	前字阴上	古阴 + 44 +	多了 tuəliɔ 44 + 44	高了 kɔliɔ 44 + 44	香了 ɕiɑoliɔ 44 + 44	飞了 feiliɔ 44 + 44
		古上 + 44 +	好了 xɔliɔ 22 + 53	老了 lɔliɔ 22 + 53	小了 ɕiɔliɔ 22 + 53	走了 tsouliɔ 22 + 53
	前字阳平	阳 + 53 +	读了 tuliɔ 55 + 42	红了 xoŋliɔ 55 + 42	拔了 paliɔ 55 + 42	来了 lɛliɔ 55 + 42
	前字去声	去 + 31 +	热了 zɤliɔ 31 + 21	吃了 tsʰʅliɔ 31 + 21	对了 tueiliɔ 31 + 13	错了 tsʰuəliɔ 31 + 13

续表

后字"的"	前字阴上	古阴+44 +	多的 tuəti 44 + 44	高的 kɔti 44 + 44	香的 ɕiɑoti 44 + 44	飞的 feiti 44 + 44
		古上+44 +	好的 xɔti 22 + 53	老的 lɔti 22 + 53	小的 ɕiɔti 22 + 53	走的 tsouti 22 + 53
	前字阳平	阳+53 +	读的 tuti 55 + 42	红的 xoŋti 55 + 42	拔的 pati 55 + 42	来的 lɛti 55 + 42
	前字去声	去+31 +	热的 zɤti 31 + 13	吃的 tʂʻʅti 31 + 13	对的 tueiti 31 + 13	错的 tsʻuəti 31 + 21
重叠词	前字阴上	古阴+古阴 44+44	包包 pɔpɔ 44 + 44	杯杯 peipei 44 + 44	坡坡 pʻɤpʻɤ 44 + 44	沙沙 ʂaʂa 44 + 44
		古上+古上 44+44	碗碗 væ̃væ̃ 22 + 53	本本 pəŋpəŋ 22 + 53	板板 pæpæ 22 + 53	桶桶 tʻoŋʻoŋ 22 + 53
	前字阳平	阳+阳 53+53	盘盘 pʻæpʻæ 35 + 42	盆盆 pʻəŋˌpʻəŋ 55 + 42	瓶瓶 pʻiŋpʻiŋ 35 + 42	盒盒 xɤxɤ 55 + 42
	前字去声	去+去 31+31	架架 tɕiatɕia 31 + 21	洞洞 toŋtoŋ 31 + 13	罐罐 kuækuæ 31 + 13	袋袋 tɛtɛ 31 + 21

第二节 河西走廊三声调方言两字组连读变调之二

甘州、山丹、肃南、高台、临泽、肃州、金塔、玉门、瓜州、肃北以及永昌等方言也是三个声调。这些方言的三个声调分别是阴平、阳平上和去声。本节以甘州、肃州方言为例，归纳描写其两字组连调的方式以及变调的规律。

一 甘州方言两字组连读变调

(一) 甘州方言一般两字组的连读变调

1. 甘州方言一般两字组的连调模式及变调规律

甘州方言单字调有三个，分别是阴平44、阳平上53、去声31。一般两字组的连调模式如表3-7。

表 3-7　　　　　　　　甘州方言一般两字组的连调模式

前字 \ 后字		阴平 44	阳平上 53		去声 31
			古阳平 53	古上声 53	
阴平 44		=	= 44+44	= 44+44	= 44+44
阳平上 53	古阳平 53	= 55（35）+42	= 55（35）+42	= 55（35）+42	= 55（35）+42
	古上声 53	= 44+44	22+53 22+44	= 55（35）+42	= 22+44
去声 31		= 31+21	= 31+21	= 31+21	13+31 31+21

从表 3-7 来看，甘州方言一般两字组连调模式及变调规律有以下几点：

①古阳平与古上声尽管在单字调中合流，但在连读中表现出了一定的差异。因此两字组的单字调组合实际有 16 种，而不是 9 种。

②16 种单字调组合形成的连调方式共有 31 种，其中有 14 种是原调连读，前后字均不变调；其他 17 种均发生了变调，其中 10 种前字变调，14 种后字变调。变调后产生的新调值有 55（35）、42、22、13、21 五种。

③连调式之间的趋同合并明显。31 种连调方式实际只有 13 种不同的连调模式，分别是：44+44、44+53、44+31、53+44、53+53、55（35）+42、53+31、22+53、22+44、31+44、31+53、13+31、31+21。

④作为前字，阴平概不变调；古阳平不变调或变 55（35）调；古上声在阴平前不变调或变 44 调，在古阳平前变 22 调，在古上声前不变调或变 55（35）调，在去声前不变调或变 22 调；去声在其他声调前不变调，在去声前不变调或变 13 调。

作为后字，阴平在阴平、古上声后不变调，在古阳平后不变调或变 42 调，在去声后不变调或变 21 调；古阳平在阴平后不变调或变 44 调，在古阳平后不变调或变 42 调，在古上声后不变调或变 44 调，在去声后不变调或变 21 调；古上声在阴平、古阳平后连调情况同古阳平，在古上声后不变调或变 42 调，在去声后不变调或变 21 调；去声在阴平后不变调或变 44 调，在古阳平后或变 42 调，在古上声后不变调或变 44 调，在去声后不变调或变 21 调。

2. 甘州方言一般两字组连读变调举例

甘州方言一般两字组连读变调举例见表 3 – 8。

表 3 – 8　　　　　　　甘州方言一般两字组连读变调举例

前字阴平 44		阴 + 阴 44 + 44	花生 xuaʂɤŋ 44 + 44	西瓜 ɕikua 44 + 44	朱砂 kfuʂ a 44 + 44	搬家 paŋtɕia 44 + 44
		阴 + 古阳 44 + 53	边墙 piaŋtɕʻiaŋ 44 + 44	猪毛 kfumɔ 44 + 44	中学 kuŋɕya 44 + 44	开门 kʻɛmɤŋ 44 + 53
		阴 + 古上 44 + 53	汤水 tʻaŋfei 44 + 44	甘草 kaŋtsʻɔ 44 + 44	牲口 ʂŋkʻɤu 44 + 44	烧火 ʂɤxua 44 + 53
		阴 + 去 44 + 31	亲戚 tɕʻiŋtɕʻi 44 + 44	三月 saŋøyə 44 + 44	霜降 faŋtɕiaŋ 44 + 44	开会 kʻɛxuei 44 + 31
前字阳上 53	古阳平 53	古阳 + 阴 53 + 44	棉花 miaŋxua 55 + 42	别针 piətʂɤŋ 55 + 42	人中 zɤŋkuŋ 55 + 42	滑冰 xuapiŋ 53 + 44
		古阳 + 古阳 53 + 53	独食 tuʂʅ 55 + 42	白糖 piətʻaŋ 55 + 42	粮食 liaŋʂʅ 55 + 42	扬场 øiaŋtsʻaŋ 53 + 53
		古阳 + 古上 53 + 53	石板 ʂʅpaŋ 53 + 53	糖水 tʻaŋfei 53 + 53	塘土 tʻaŋtʻu 53 + 53	罚款 fakʻuaŋ 53 + 53
		古阳 + 去 53 + 31	白菜 piətsʻɛ 55 + 42	羊圈 øiaŋtɕyaŋ 55 + 42	学费 ɕyəfei 53 + 31	还愿 xuaŋøyaŋ 53 + 31
	古上声 53	古上 + 阴 53 + 44	雨衣 zyzi 53 + 44	水烟 feiøiaŋ 44 + 44	眼睛 øiaŋtɕiŋ 44 + 44	赶车 kaŋtsʻə 53 + 44
		古上 + 古阳 53 + 53	口粮 kʻɤuliaŋ 22 + 44	伙食 xuəʂʅ 22 + 44	酒瓶 tɕiɤupʻiŋ 22 + 53	打贼 tatsei 22 + 53
		古上 + 古上 53 + 53	水土 feitʻu 53 + 53	井水 tɕiŋfei 55 + 42	滚水 kuŋfei 55 + 42	铲草 tsʻaŋtsʻɔ 53 + 53
		古上 + 去 53 + 31	韭菜 tɕiɤutsʻɛ 22 + 44	板凳 paŋtɤŋ 22 + 44	瓦罐 vakuaŋ 22 + 44	写字 ɕiətsʅ 53 + 31
前字去声 31		去 + 阴 31 + 44	大家 tatɕia 31 + 21	铁丝 tʻiəsʅ 31 + 21	岳飞 øyəfei 31 + 44	冒烟 mɔøiaŋ 31 + 44
		去 + 古阳 31 + 53	铁皮 tʻiəpʻi 31 + 53	价钱 tɕiatɕʻiaŋ 31 + 21	木楼 mulɤu 31 + 53	吃食 tsʻʅʂʅ 31 + 53
		去 + 古上 31 + 53	谷雨 kfuzy 31 + 21	木板 mupaŋ 31 + 53	对手 tueiʂɤu 31 + 21	上火 ʂaŋxua 31 + 53
		去 + 去 31 + 31	气力 tɕʻili 31 + 21	出纳 kfʻuna 13 + 31	笑话 ɕioxua 31 + 21	落脚 luətɕya 13 + 31

(二) 甘州方言重叠、带语缀（或语法词）的两字组连读变调

1. 甘州方言重叠、带语缀（或语法词）的两字组的连调模式

甘州方言中，重叠、后字为带语缀（或语法词）的两字组连调模式相同。其第二个字均须变调，且与该字的本调无关。具体是，在原调阴平的字后变44调，在原调古阳平的字后变42调，在原调古上声的字后变44调，在原调去声的字后变21调。作为前字，阴平、去声不变调；古阳平变55（35）调，古上声变22调。具体概括如下：

阴　＋：44＋44

古阳＋：55（35）＋42

古上＋：22＋44

去　＋：31＋21

2. 甘州方言重叠、带语缀（或语法词）的两字组连读变调举例

甘州方言重叠、带语缀（或语法词）的两字组连读变调举例见表3–9。

表3–9　甘州方言重叠、带语缀（或语法词）的两字组连读变调举例

"子"尾词	前字阴平	阴＋ 44＋	包子 pɔtsʅ 44＋44	刀子 tɔtsʅ 44＋44	沙子 ʂatsʅ 44＋44	箱子 ɕiaŋtsʅ 44＋44
	前字阳上	古阳＋ 53＋	盒子 xətsʅ 55＋42	蚊子 vɤŋtsʅ 55＋42	笛子 titsʅ 55＋42	盘子 pʻantsʅ 55＋42
		古上＋ 53＋	板子 paŋtsʅ 22＋44	影子 Øiŋtsʅ 22＋44	椅子 zitsʅ 22＋44	老子 lɔtsʅ 22＋44
	前字去声	去＋ 31＋	架子 tɕiatsʅ 31＋21	辣子 latsʅ 31＋21	筷子 kʻuətsʅ 31＋21	样子 Øiaŋtsʅ 31＋21
后字"了"	前字阴平	阴＋ 44＋	多了 tuəliɔ 44＋44	高了 kɔliɔ 44＋44	香了 ɕiaŋliɔ 44＋44	飞了 feiliɔ 44＋44
	前字阳上	古阳＋ 53＋	读了 tuliɔ 55＋42	红了 xuŋliɔ 55＋42	拔了 paliɔ 55＋42	来了 lɛliɔ 55＋42
		古上＋ 53＋	好了 xɔliɔ 22＋44	老了 lɔliɔ 22＋44	小了 ɕiɔliɔ 22＋44	走了 tsɤuliɔ 22＋44
	前字去声	去＋ 31＋	热了 zəliɔ 31＋21	吃了 tʂʻʅliɔ 31＋21	对了 tueiliɔ 31＋21	错了 tsʻɔliɔ 31＋21

续表

后字"的"						
	前字阴平	阴+44+	多的 tuətiə 44+44	高的 kɔtiə 44+44	香的 ɕiaŋtiə 44+44	飞的 feitiə 44+44
	前字阳上	古阳+53+	读的 tutiə 55+42	红的 xuŋtiə 55+42	拔的 patiə 55+42	来的 lɛtiə 55+42
		古上+53+	好的 xɔtiə 22+44	老的 lɔtiə 22+44	小的 ɕiɔtiə 22+44	走的 tsɤutiə 22+44
	前字去声	去+31+	热的 ʐətiə 31+21	吃的 tʂʻitiə 31+21	对的 tueitiə 31+21	错的 tsʻuətiə 31+21

重叠词						
	前字阴平	阴+阴 44+44	包包 pɔpɔ 44+44	杯杯 peipei 44+44	坡坡 pʻəpʻə 44+44	沙沙 ʂaʂa 44+44
	前字阳上	古阳+古阳 53+53	盘盘 pʻaŋpʻaŋ 55+42	盆盆 pʻɤŋpʻɤŋ 55+42	瓶瓶 pʻiŋpʻiŋ 55+42	盒盒 xəxə 55+42
		古上+古上 53+53	碗碗 vaŋvaŋ 22+44	本本 pɤŋpɤŋ 22+44	板板 paŋpaŋ 22+44	桶桶 tʻuŋtʻuŋ 22+44
	前字去声	去+去 31+31	架架 tɕiatɕia 31+21	洞洞 tuŋtuŋ 31+21	罐罐 kuaŋkuaŋ 31+21	袋袋 tɛtɛ 31+21

二 肃州方言两字组连读变调

(一) 肃州方言一般两字组连读变调

1. 肃州方言一般两字组的连调模式及变调规律

肃州方言单字调有三个,分别是阴平44、阳平上53、去声214。一般两字组的连调模式如表3-10。

表3-10　　　　肃州方言一般两字组的连调模式

前字 \ 后字		阴平44	阳平上53		去声214
			古阳平53	古上声53	
阴平44		=	= 44+44	= 44+44	44+21 44+44
阳平上53	古阳平53	= 55(35)+42	= 55(35)+42	= 55(35)+42	= 53+21
	古上声53	= 44+44 22+53	22+53	= 55(35)+42	53+21 22+53
去声214		22+44 31+21 31+13	22+53 31+13	22+53 31+13	13+214 31+21 31+13

从表3–10来看，肃州方言一般两字组连调模式及变调规律有以下几点：

①古阳平与古上声尽管在单字调中合流，但在连读中表现出了一定的差异。因此两字组的单字调组合实际有16种，而不是9种。

②16种单字调组合形成的连调方式共有33种，其中有9种是原调连读，前后字均不变调；其他24种均发生了变调，其中18种前字变调，18种后字变调。变调后产生的新连读调值有55（35）、42、22、13、21、31六种。

③连调式之间的趋同合并明显。33种连调方式实际只有13种不同的连调模式，分别是：44 + 44、44 + 53、44 + 21、53 + 44、53 + 53、53 +214、53 +21、55 +42、22 +53、22 +44、31 + 13、13 +214、31 +21。

④作为前字，阴平概不变调；古阳平不变调或变55调（有时是35调）；古上声在阴平前不变调或变44调或22调，在古阳平前变22调，在古上声前不变调或变55调，在去声前不变调或变22调；去声在阴平、在阳平上前变22、31调，在去声前变13或31调。

作为后字，阴平在阴平后不变调，在古阳平后不变调或变42调，在古上声后不变调或变53调，在去声后不变调或变13、21调；古阳平在阴平后不变调或变44调，在古阳平后不变调或变42调，在古上声后不变调，在去声后不变调或变13调；古上声在阴平、古阳平、去声后连调同古阳平，在古上声后不变调或变42调；去声在阴平后不变调或变44、21调，在古阳平后不变调或变21调，在古上声后变53、21调，在去声后不变调或变13、21等调。

2. 肃州方言一般两字组连读变调举例

肃州方言一般两字组连读变调举例如表3–11。

表 3-11　　　　　　　肃州方言一般两字组连读变调举例

前字阴平 44		阴+阴 44+44	花生 xuasəŋ 44+44	西瓜 ɕikua 44+44	朱砂 tʂusa 44+44	搬家 patɕia 44+44
		阴+古阳 44+53	边墙 piɛ̃tɕʰiɔŋ 44+53	猪毛 tʂumɔ 44+53	中学 tʂuŋɕyɔ 44+44	开门 kʰɛməŋ 44+53
		阴+古上 44+53	汤水 tʰɔŋʂuei 44+53	甘草 katsʰɔ 44+44	牲口 səŋkʰʁu 44+44	烧火 ʂɔxuɔ 44+53
		阴+去 44+214	亲戚 tɕʰiəŋtɕʰi 44+44	三月 sãøyɔ 44+44	霜降 ʂuɔŋtɕiɔŋ 44+44	开会 kʰɛxuei 44+21
前字阳上 53	古阳平 53	阳+阴 53+44	棉花 miɛ̃xua 55+42	别针 piætʂəŋ 55+42	人中 zəŋtʂuŋ 55+42	滑冰 xuapiəŋ 53+44
		古阳+古阳 53+53	独食 tuʂʅ 53+53	白糖 peitʰɔŋ 53+53	粮食 liɔŋʂʅ 55+42	扬场 ziɔŋtɕʰɔŋ 53+53
		古阳+古上 53+53	石板 ʂʅpã 53+53	糖水 tʰɔŋʂuei 55+42	塘土 tʰɔŋtʰu 53+53	罚款 fakʰuã 53+53
		古阳+去 53+214	白菜 peitsʰɛ 55+42	羊圈 ziɔŋtɕyɛ̃ 55+42	学费 ɕyɔfei 53+21	还愿 xuãøyɛ̃ 53+214
	古上声 53	古上+阴 53+44	雨衣 zyzi 53+44	水烟 ʂueiziɛ̃ 44+44	眼睛 ziɛ̃tɕiəŋ 22+53	赶车 katsʰɤ 53+44
		古上+古阳 53+53	口粮 kʰʁuliɔŋ 22+53	伙食 xuɔʂʅ 22+53	酒瓶 tɕiʁupʰiəŋ 22+53	打贼 tatsei 22+53
		古上+古上 53+53	水土 ʂueitʰu 55+42	井水 tɕiəŋʂuei 55+42	滚水 kuŋʂuei 55+42	铲草 tsʰãtsʰɔ 53+53
		古上+去 53+214	韭菜 tɕiʁutsʰɛ 22+53	板凳 pãtəŋ 22+53	瓦罐 vakuã 22+53	写字 ɕiætsʅ 53+21
前字去声 214		去+阴 214+44	大家 tatɕia 31+21	铁丝 tʰiæsʅ 31+13	岳飞 øyɔfei 22+44	冒烟 mɔziɛ̃ 22+44
		去+古阳 214+53	铁皮 tʰiæpʰi 22+53	价钱 tɕiatɕʰiɛ̃ 31+13	木楼 muʁu 22+53	吃食 tʂʰʅʂʅ 22+53
		去+古上 214+53	谷雨 kuzy 214+53	木板 mupã 22+53	对手 tueiʂʁu 31+13	上火 ʂɔŋxuɔ 22+53
		去+去 214+214	气力 tɕʰili 31+21	出纳 tʂʰuna 13+21	笑话 ɕiɔxua 31+13	落脚 luɔtɕyɔ 13+214

（二）肃州方言重叠、带语缀（或语法词）的两字组连读变调

1. 肃州方言重叠、带语缀（或语法词）的两字组的连调模式

肃州方言中，重叠、后字为语缀（或语法词）的两字组连调模式

相同。其第二个字均须变调，且与该字的本调无关。具体是，在原调阴平的字后变 44 调，在原调古阳平的字后变 42 调，在原调古上声的字后变 53 调，在原调去声的字后变 13 调。作为前字，阴平不变调，古阳平变 55（35）调，古上声变 22 调，去声变 31 调。具体概括如下：

阴平+：44+44

古阳+：55（35）+42

古上+：22+53

去声+：31+13

2. 肃州方言重叠、带语缀（或语法词）的两字组连读变调举例

肃州方言重叠、带语缀（或语法词）的两字组连读变调举例如表 3-12。

表 3-12　肃州方言重叠、带语缀（或语法词）的两字组连读变调举例

"子"尾词	前字阴平	阴+ 44+	包子 pɔtsʅ 44+44	刀子 tɔtsʅ 44+44	沙子 satsʅ 44+44	箱子 ɕiɔŋtsʅ 44+44
	前字阳上	古阳+ 53+	盒子 xɤtsʅ 55+42	蚊子 vəŋtsʅ 55+42	笛子 titsʅ 55+42	盘子 p'ātsʅ 55+42
		古上+ 53+	板子 pātsʅ 22+53	影子 ziəŋtsʅ 22+53	椅子 zitsʅ 22+53	老子 lɔtsʅ 22+53
	前字去声	去+ 214+	架子 tɕiatsʅ 31+13	辣子 latsʅ 31+13	筷子 k'uɛtsʅ 31+13	样子 ziɔŋtsʅ 31+13
后字"了"	前字阴平	阴+ 44+	多了 tuəla 44+44	高了 kɔla 44+44	香了 ɕiɔŋla 44+44	飞了 feila 44+44
	前字阳上	古阳+ 53+	读了 tula 55+42	红了 xuŋla 55+42	拔了 pala 55+42	来了 lɛla 55+42
		古上+ 53+	好了 xɔla 22+53	老了 lɔla 22+53	小了 ɕiɔla 22+53	走了 tsɤula 22+53
	前字去声	去+ 214+	热了 zɤla 31+13	吃了 tʂ'ʅla 31+13	对了 tueila 31+13	错了 ts'uəla 31+13
后字"的"	前字阴平	阴+ 44+	多的 tuəti 44+44	高的 kɔti 44+44	香的 ɕiɔŋti 44+44	飞的 feiti 44+44
	前字阳上	古阳+ 53+	读的 tuti 55+42	红的 xuŋti 55+42	拔的 pati 55+42	来的 lɛti 55+42
		古上+ 53+	好的 xɔti 22+53	老的 lɔti 22+53	小的 ɕiɔti 22+53	走的 tsɤuti 22+53
	前字去声	去+ 214+	热的 zɤti 31+13	吃的 tʂ'ʅti 31+13	对的 tueiti 31+13	错的 ts'uəti 31+13

续表

重叠词	前字阴平	阴+阴 44+44	包包 popo 44+44	杯杯 peipei 44+44	坡坡 pʻɤpʻɤ 44+44	沙沙 sasa 44+44
	前字阳上	古阳+古阳 53+53	盘盘 pʻāpʻā 55+42	盆盆 pʻə̄ŋpʻə̄ŋ 55+42	瓶瓶 pʻiə̄ŋpʻiə̄ŋ 55+42	盒盒 xɤxɤ 55+42
	前字阳上	古上+古上 53+53	碗碗 vāvā 22+53	本本 pəŋpəŋ 22+53	板板 pāpā 22+53	桶桶 tʻuŋtʻuŋ 22+53
	前字去声	去+去 214+214	架架 tɕiatɕia 31+13	洞洞 tuŋtuŋ 31+13	罐罐 kuākuā 31+13	袋袋 tɛtɛ 31+13

第三节 河西走廊三声调方言两字组连读变调之三暨敦煌河东方言两字组连读变调

一 敦煌河东话一般两字组的连读变调

(一) 敦煌河东话一般两字组的连调模式及变调规律

敦煌河东话中,平声不分阴阳,古入声归入平声,三个单字调分别是平声213、上声53、去声44。但是在连读中,古阴平以及来源于清入、次浊入的字和来源于古阳平、全浊入的字有一定的差异。其一般两字组的连调模式如表3-13。

表3-13 敦煌河东话一般两字组的连调模式

前字 \ 后字		平声213		上声53	去声44
		古阴213	古阳213		
平声213	古阴213	24+213 22+53	22+24	22+53 22+24	22+44
	古阳213	24+213 22+53	24+24 22+53	22+53	22+44
上声53		= 53+21	53+24 53+21	22+53	= 53+21
去声44		= 44+21	44+24 44+21	=	= 44+21

从表 3-13 来看，敦煌河东方言一般两字组连调模式有以下特点：

1. 古阴平（包括古清入、次浊入）与古阳平（包括古阳平、古全浊入）尽管在单字调中合流，但在连读中表现出了一定的差异。因此两字组的单字调组合实际有 16 种，而不是 9 种。

2. 16 种单字调组合形成的连调方式共有 26 种，其中有 5 种是原调连读，前后字均不变调；其他 21 种均发生了变调，其中 13 种前字变调，14 种后字变调。变调后产生的新的连读调值有 22、24、21 三种。

3. 连调式之间的趋同合并明显。26 种连调方式实际只有 14 种不同的连调模式，分别是：24+213、22+53、53+213、53+21、44+213、44+21、22+24、24+24、53+24、44+24、44+53、22+44、53+44、44+44。

4. 作为前字，平声均要变调，而且古阴平和古阳平变调情况大体一致，在平声前变 24 调或 22 调，在上声、去声前变 22 调。上声在平声、去声前不变调，在上声前变 22 调。去声概不变调。

作为后字，古阴平（包括清入、次浊入）在平声后不变调或变 53 调，在上声、去声后不变调或变 21 调。古阳平（包括全浊入）在古阴平后一般变 24 调，在古阳平后变 24 调或 53 调，在上声、去声后变 24 调或 21 调。上声在古阴平后不变调或变 24 调，在古阳平、上声、去声后不变调。去声在平声后不变调，在上声、去声后不变调或变 21 调。

（二）敦煌河东话一般两字组连读变调举例

敦煌河东话一般两字组连读变调举例如表 3-14。

表 3-14　　　　　　　　　敦煌方言一般两字组连读变调举例

前字平声 213	前字古阴 213	古阴+古阴 213+213	花生 xuasɤŋ 22+53	铁丝 tʻɿsɿ 22+53	岳飞 Øyəfei 24+213	落脚 luətɕya 24+213
		古阴+古阳 213+213	边墙 pieʨʻiɔŋ 22+24	猪毛 tṣumɔ 22+24	中学 tṣoŋɕya 22+24	开门 kʻɛmɤŋ 22+24
		古阴+上 213+53	汤水 tʻɔŋ ʂuei 22+53	甘草 kæitsʻɔ 22+53	牲口 sɤŋkʻɤu 22+24	烧火 ʂɔxuɔ 22+53
		古阴+去 213+42	针线 tsɤŋɕiɛ 22+44	绿豆 liɣutɤu 22+44	尺寸 tṣʻɿtsʻoŋ 22+44	开会 kʻɛxuei 22+44
	前字古阳 213	古阳+古阴 213+213	十天 ʂɿtʻiɛ 22+53	牛肉 niɤuzɤu 22+53	抬脚 tʻɛtɕya 24+213	滑冰 xuapiɤ̃ 24+213
		古阳+古阳 213+213	独食 tu ʂɿ 24+24	绵羊 miɛziɔŋ 24+24	敌人 tɿzɤŋ 22+53	扬场 ziɔŋtṣʻoŋ 24+24
		古阳+上 213+213	石板 ʂɿpæi 22+53	糖水 tʻɔŋ ʂuei 22+53	塘土 tʻɔŋtʻu 22+53	罚款 fakʻæi 22+53
		古阳+去 213+44	白菜 peitsʻɛ 22+44	羊圈 ziɔŋtɕyɛ 22+44	学费 ɕyəfei 22+44	还愿 xuæiØyɛ 22+44
前字上声 53		上+古阴 53+213	雨衣 zyzi 53+21	小雪 ɕiɔɕya 53+21	小麦 ɕiɔmei 53+213	赶车 kæitsʻə 53+213
		上+古阳 53+213	口粮 kʻɤuliɔŋ 53+21	伙食 ɣuɤ ʂɿ 53+21	酒瓶 tɕiɤupʻiɤ̃ 53+24	锁门 suəmɤŋ 53+24
		上+上 53+53	水土 ʂueitʻu 22+53	井水 tɕiɤ̃ ʂuei 22+53	滚水 koŋ ʂuei 22+53	铲草 tṣʻæitsʻɔ 22+53
		上+去 53+44	韭菜 tɕiɤutsʻɛ 53+21	板凳 pæitɤŋ 53+21	瓦罐 vakuæi 53+44	写字 ɕiətsɿ 53+44
前字去声 44		去+古阴 44+213	大家 tatɕia 44+21	炸药 tsazya 44+21	上药 ʂɔŋzya 44+213	冒烟 mɔziɛ 44+213
		去+古阳 44+213	价钱 tɕiatɕʻiɛ 44+21	叫驴 tɕiɔoly 44+21	太平 tʻɛpʻiɤ̃ 44+21	放羊 foŋziɔŋ 44+24
		去+上 44+53	半碗 peivæi 44+53	露水 lu ʂuei 44+53	对手 tueiʂɤu 44+53	上火 ʂɔŋxuɔ 44+53
		去+去 44+44	气力 tɕʻili 44+21	背后 peixɤu 44+21	笑话 ɕiɔxua 44+21	下蛋 ɕiatæi 44+44

二 敦煌河东话重叠、带语缀（或语法词）的两字组连读变调

（一）敦煌河东话重叠、带语缀（或语法词）的两字组连调模式

敦煌河东话重叠的两字组和带语缀（或语法词）的两字组的连调模式相同。前字为平声的字，因其来源不同，同样表现出了一定的差异。原调为古阴平（包括阴入、次浊入）的，前字读22调，后字读24调。前字为古阳平的（包括全浊入）的，前字读22调，后字读53调。前字为上声的，前字读53调，后字读21调。前字为去声的，前字读44调，后字读21调。具体连调模式如下：

古阴+：22+24

古阳+：22+53

上声+：53+21

去声+：44+21

（二）敦煌河东话重叠、带语缀（或语法词）两字组连读变调举例

敦煌河东话重叠、带语缀（或语法词）的两字组连调举例如表3-15。

表3-15　敦煌河东话重叠、带语缀（或语法词）两字组连调举例

"子"尾词	前字平声	古阴+ 213+	包子 pɔɔz 22+24	鸽子 kəz 22+24	辣子 laz 22+24	叶子 ziɤz 22+24
		古阳+ 213+	盒子 xəz 22+53	蚊子 vɤŋz 22+53	笛子 tɿz 22+53	盘子 pæiz 22+53
	前字上声	上+ 53+	板子 pæiz 53+21	影子 ziɤz 53+21	椅子 ziz 53+21	老子 lɔɔz 53+21
	前字去声	去+ 44+	架子 tɕiaz 44+21	棍子 koŋz 44+21	筷子 kʻɿʐz 44+21	样子 ziɔŋz 44+21
后字"了"	前字平声	古阴+ 213+	多了 tuəla 22+24	黑了 xeila 22+24	热了 ʐəla 22+24	飞了 feila 22+24
		古阳+ 213+	读了 tula 22+53	红了 xoŋla 22+53	拔了 pala 22+53	来了 lɛla 22+53
	前字上声	上+ 53+	好了 xɔɔla 53+21	老了 lɔɔla 53+21	小了 ɕiɔla 53+21	走了 tsʉula 53+21
	前字去声	去+ 44+	大了 tala 44+21	烂了 læila 44+21	对了 tueila 44+21	错了 tsʻuəla 44+21

续表

后字"的"	前字平声	古阴 + 213 +	多的 tuɤŋ 22 + 24	黑的 xeiŋ 22 + 24	热的 ʐɤŋ 22 + 24	飞的 feiŋ 22 + 24	
		古阳 + 213 +	读的 tuŋ 22 + 53	红的 xoŋŋ 22 + 53	拔的 paŋ 22 + 53	来的 lɛŋ 22 + 53	
	前字上声	上 + 53 +	好的 xɔŋ 53 + 21	老的 lɔŋ 53 + 21	小的 ɕiɔŋ 53 + 21	走的 tsɤuŋ 53 + 21	
	前字去声	去 + 44 +	大的 taŋ 44 + 21	烂的 læiŋ 44 + 21	对的 tueiŋ 44 + 21	错的 tsʻuɤŋ 44 + 21	
重叠词	前字平声	古阴 + 古阴 213 + 213	包包 pɔopɔo 22 + 24	杯杯 peipei 22 + 24	坡坡 pʻəpʻə 22 + 24	沙沙 sasa 22 + 24	
		古阳 + 古阳 213 + 213	盘盘 pʻæipʻæi 22 + 53	盆盆 pʻɤŋpʻɤŋ 22 + 53	瓶瓶 pʻiŋpʻiŋ 22 + 53	盒盒 xəxə 22 + 53	
	前字上声	上 + 上 53 + 53	碗碗 væivæi 53 + 21	本本 pɤŋpɤŋ 53 + 21	板板 pæipæi 53 + 21	桶桶 tʻoŋtʻoŋ 53 + 21	
	前字去声	去 + 去 44 + 44	架架 tɕiatɕia 44 + 21	洞洞 toŋtoŋ 44 + 21	罐罐 kuæikuæi 44 + 21	袋袋 tɛtɛ 44 + 21	

第四节 河西走廊四声调方言两字组连读变调

河西走廊兰银官话中,地处武威片的民勤县和地处张掖片的民乐县的方言的单字调有4个,分别为阴平、阳平、上声和去声。本节对这两个方言点的两字组的变调情况进行描写归纳。

一 民乐方言两字组连读变调

(一)民乐方言一般两字组的连读变调

1. 民乐方言一般两字组的连调模式及变调规律

民乐方言四个单字调分别是阴平44、阳平53、上声213、去声42。一般两字组的连调模式如表3-16。

表 3-16　　　　　　　　民乐方言一般两字组连调模式

前字＼后字	阴平 44	阳平 53	上声 213	去声 42
阴平 44	＝ 24＋44	＝ 24＋44	24＋213 24＋44 44＋44	44＋44 24＋42
阳平 53	53＋24 55（35）＋42	＝ 55（35）＋42	53＋53 55（35）＋42	＝ 55（35）＋42
上声 213	53＋44 24＋44	22＋53 22＋44	53＋213 55（35）＋42	53＋42 22＋44
去声 42	＝ 42＋21	＝ 42＋21	42＋44 42＋21	24＋42 42＋21

从表 3-16 来看，民乐方言一般两字组连调模式及变调规律有以下几点：

①民乐方言 16 种单字调组合形成的连调方式共有 33 种，其中有 6 种是原调连读，前后字均不变调；其他 27 种均发生了变调，其中 18 种前字变调，17 种后字变调。变调后产生的新的连读调值有 55（35）、24、22、21 四种。

②连调式之间的趋同合并明显。33 种连调方式实际只有 16 种不同的连调模式，分别是：24＋44、44＋44、24＋213、44＋53、24＋42、53＋24、55（35）＋42、53＋53、53＋42、53＋44、22＋53、22＋44、53＋213、42＋44、42＋53、42＋21。

③作为前字，阴平不变调，或变 24 调；阳平不变调，或变 55（35）调；上声均要变调，在阴平前变 53 调或 24 调，在阳平前变 22 调，在上声前变 53 或 55（35）调，在去声前变 53 或变 22 调；去声在阴平、阳平、上声前不变调，在去声前不变调或变 24 调。

作为后字，阴平在阴平后不变调，在阳平后变调 24 调或 42 调，在上声后不变调，在去声后不变调或变 21 调。阳平在阴平后不变调或变 44 调，在阳平后不变调或变 42 调，在上声后不变调或变 44 调，在去声后不变调或变 21 调；上声在阴平后不变调或变 44 调，在阳平后变 53

调或42调，在上声后不变调或变42调，在去声后变44调或21调；去声在阴平后不变调或变44调，在阳平后不变调，在上声后不变调或变44调，在去声后不变调或变21调。

2. 民乐方言一般两字组连读变调举例

民乐方言一般两字组连读变调举例如表3-17。

表3-17　　　　　　民乐方言一般两字组的连读变调举例

前字阴平44	阴+阴 44+44	花生 xuaʂəŋ 44+44	西瓜 ɕikua 44+44	朱砂 kuʂa 24+44	搬家 pæitɕia 24+44
	阴+阳 44+53	边墙 piɛtɕiaŋ 24+44	猪毛 kumɔo 24+44	中学 kuŋɕyɛ 24+44	开门 kʻɛməŋ 44+53
	阴+上 44+213	汤水 tʻɑŋfei 44+44	甘草 kæitsʻɔo 24+44	牲口 ʂəŋkʻəu 24+44	烧火 ʂɔoxuɛ 24+213
	阴+去 44+42	亲戚 tɕʻintɕʻi 44+44	三月 sæizyɛ 24+44	霜降 faŋtɕiaŋ 24+44	开会 kʻɛxuei 44+42
前字阳平53	阳+阴 53+44	棉花 miɛxua 55+42	别针 piətʂəŋ 55+42	人中 zəŋkuŋ 53+24	滑冰 xuapiŋ 53+24
	阳+阳 53+53	独食 tuʂʅ 55+42	白糖 piətʻɑŋ 53+53	粮食 liaŋʂʅ 55+42	扬场 øiɑŋʂʻɑŋ 53+53
	阳+上 53+213	石板 ʂʅpæi 53+53	糖水 tʻɑŋfei 53+53	塘土 tʻɑŋtʻu 55+42	罚款 fakʻæi 53+53
	阳+去 53+42	白菜 piətsʻɛ 55+42	羊圈 øiaŋtɕyɛ 55+42	学费 ɕyəfei 53+42	还愿 xuæiøyɛ 53+42
前字上声213	上+阴 213+44	雨衣 zyzi 24+44	水烟 feiøiɛ 24+44	眼睛 øiɛtɕiŋ 24+44	赶车 kæitsʻɤ 24+44
	上+阳 213+53	口粮 kʻəuliaŋ 22+44	伙食 xuaʂʅ 22+44	酒瓶 tɕiəupʻiŋ 22+44	打贼 tatsei 22+53
	上+上 213+213	水土 feitʻu 55+42	井水 tɕiŋfei 55+42	滚水 kuŋfei 55+42	铲草 tsʻæitsʻɔo 53+213
	上+去 213+42	韭菜 tɕiəutsʻɛ 22+44	板凳 pæitəŋ 22+44	瓦罐 vakuæi 22+44	写字 ɕiətsʅ 53+42
前字去声42	去+阴 42+44	大家 tatɕia 42+21	铁丝 tʻiəʂʅ 42+44	岳飞 zyəfei 42+44	冒烟 mɔoøiɛ 42+44
	去+阳 42+53	铁皮 tʻiəpʻi 42+53	价钱 tɕiatɕʻiɛ 42+21	木楼 muləu 42+53	吃食 tʂʻʅʂʅ 42+53
	去+上 42+213	谷雨 kuzy 42+21	木板 mupæi 42+44	对手 tueiʂəu 42+21	上火 ʂɑŋxua 42+44
	去+去 42+42	气力 tɕʻili 42+42	出纳 kʻuna 42+21	笑话 ɕiɔoxua 42+21	落脚 luatɕyɛ 24+42

(二) 民乐方言重叠、带语缀（或语法词）的两字组连读变调

1. 民乐方言重叠、带语缀（或语法词）的两字组的连调模式

民乐方言中重叠两字组和带语缀（或语法词）两字组的连调模式相同。前字与后字声调处在联动的状态。后字无论其原调是什么均要变调，具体是在原字阴平、上声后变44调，在原字阳平后变42调，在原字去声后变21调。就前字而言，阴平不变调或变24调，前字阳平变55（35）调，前字上声变22调，前字去声不变调。具体如下：

阴+：24（44）+44

阳+：55（35）+42

上+：22+44

去+：42+21

2. 民乐重叠、带语缀（或语法词）的两字组连读变调举例

民乐重叠、带语缀（或语法词）的两字组连读变调举例如表3-18。

表3-18　民乐重叠、带语缀（或语法词）的两字组连读变调举例

"子"尾词	阴+ 44+	包子 pɔotsʅ 24+44	刀子 tɔotsʅ 44+44	沙子 ʂatsʅ 24+44	箱子 ɕiaŋtsʅ 24+44
	阳+ 53+	盒子 xɤtsʅ 55+42	蚊子 vəŋtsʅ 55+42	笛子 titsʅ 55+42	盘子 pæitsʅ 55+42
	上+ 213+	板子 pæitsʅ 22+44	影子 Øiŋtsʅ 22+44	椅子 zitsʅ 22+44	老子 lɔotsʅ 22+44
	去+ 42+	架子 tɕiatsʅ 42+21	辣子 latsʅ 42+21	筷子 kʻuæitsʅ 42+21	样子 Øiaŋtsʅ 42+21
后字"了"	阴+ 44+	多了 tuəliɔ 24+44	高了 kɔoliɔ 24+44	香了 ɕiaŋliɔ 24+44	飞了 feiliɔ 44+44
	阳+ 53+	读了 tuliɔ 55+42	红了 xuŋliɔ 55+42	拔了 paliɔ 55+42	来了 lɛliɔ 55+42
	上+ 213+	好了 xɔoliɔ 22+44	老了 lɔoliɔ 22+44	小了 ɕiɔoliɔ 22+44	走了 tsəuliɔ 22+44
	去+ 42+	热了 zɤliɔ 42+21	吃了 tʂʻʅliɔ 42+21	对了 tueiliɔ 42+21	错了 tsʻuəliɔ 42+21

续表

后字"的"	阴+44+	多的 tuɑti 24+44	高的 kɑoti 24+44	香的 ɕiɑŋti 24+44	飞的 feiti 44+44
	阳+53+	读的 tuti 55+42	红的 xuŋti 55+42	拔的 pati 55+42	来的 lɛti 55+42
	上+213+	好的 xɔoti 22+44	老的 lɔoti 22+44	小的 ɕiɔoti 22+44	走的 tsəuti 22+44
	去+42+	热的 zʅti 42+21	吃的 tʂʻʅti 42+21	对的 tueiti 42+21	错的 tsʻuɑti 42+21
重叠词	阴+阴 44+44	包包 pɔopɔo 24+44	杯杯 peipei 44+44	坡坡 pʻɤpʻɤ 24+44	沙沙 ʂɑʂɑ 24+44
	阳+阳 53+53	盘盘 pʻæipæi 55+42	盆盆 pʻəŋpəŋ 55+42	瓶瓶 pʻiŋpiŋ 55+42	盒盒 xɤxɤ 55+42
	上+上 213+213	碗碗 væivæi 22+44	本本 pəŋpəŋ 22+44	板板 pæipæi 22+44	桶桶 tʻuŋtʻuŋ 22+44
	去+去 42+42	架架 tɕiatɕia 42+21	洞洞 tuŋtuŋ 42+21	罐罐 kuæikuæi 42+21	袋袋 tɤtɤ 42+21

二 民勤方言两字组连读变调

（一）民勤方言一般两字组连读变调

1. 民勤方言一般两字组连调模式及变调规律

民勤方言四个单字调分别是阴平44、阳平53、上声214、去声42。一般两字组的连调模式如表3-19。

表3-19　　　　民勤方言一般两字组连调模式

前字＼后字	阴平44	阳平53	上声214	去声42
阴平44	= 44+21	= 44+21	= 44+21	= 44+21
阳平53	= 55+42	= 55+42	= 55+42	= 22+53
上声214	44+44 44+21	44+53 22+53	53+214 55+42	44+42 22+44
去声42	= 42+21	= 42+21	42+44 42+21	22+42 42+21

从表 3-19 来看，民勤方言一般两字组连调模式及变调规律有以下几点：

①16 种单字调组合后形成的连调方式共有 32 种，其中有 10 种是原调连读，前后字均不变调；其他 22 种均发生了变调，其中 13 种前字变调，16 种后字变调。变调后产生的新调值有 55、22、21 三种。

②连调式之间的趋同合并明显。32 种连调方式实际只有 16 种不同的连调模式，分别是：44+44、44+53、44+214、44+42、53+44、53+53、53+214、53+42、42+44、42+53、44+21、55+42、22+53、22+44、22+42、42+21。

③作为前字，阴平概不变调；阳平不变调或变 55、22 调；上声均须变调，在阴平前变 44 调，在阳平前变 44、22 调，在上声前变 53 或 55 调，在去声前变 44 或变 22 调；去声在阴平、阳平、上声前不变调，在去声前不变调或变 22 调。

作为后字，阴平在阴平、上声、去声后不变调或变 21 调，在阳平后不变调或变 42 调；阳平在阴平、去声后不变调或变 21 调，在阳平后不变调或变 42 调，在上声后不变调；上声在阴平后不变调或变 21 调，在阳平、上声后不变调或变 42 调，在去声后变 44、21 调；去声在阴平后不变调或变 21 调，在阳平后不变调或变 53 调，在上声后不变调或变 44 调，在去声后不变调或变 21 调。

2. 民勤方言一般两字组连读变调举例

民勤方言一般两字组连读变调举例如表 3-20。

表 3-20　　　　　　民勤方言一般两字组连读变调举例

前字阴平44	阴+阴 44+44	花生 xuasɤŋ 44+21	西瓜 ɕikua 44+21	朱砂 tʂusa 44+44	搬家 peitɕia 44+44
	阴+阳 44+53	边墙 pitɕʰiaŋ 44+21	猪毛 tʂumao 44+21	中学 tʂoŋɕye 44+21	开门 kʰɛimɤŋ 44+53
	阴+上 44+214	汤水 tʰaŋʂuei 44+21	甘草 kɛitsʰao 44+21	牲口 sɤŋkʰɤu 44+21	烧火 ʂɤoxuɛ 44+214
	阴+去 44+42	亲戚 tɕʰintɕʰi 44+21	三月 sɛiθyɛ 44+21	霜降 ʂuaŋtɕiaŋ 44+42	开会 kʰɛixuei 44+42

续表

前字阳平53	阳+阴 53+44	棉花 miɪxua 55+42	别针 piɛtʂɤŋ 55+42	人中 ʐɤŋtsoŋ 55+42	滑冰 xuapiŋ 53+44
	阳+阳 53+53	独食 tu ʂʅ 55+42	白糖 pɤt'aŋ 53+53	粮食 ȵiaŋ ʂʅ 55+42	扬场 θiaŋtʂ'aŋ 53+53
	阳+上 53+214	石板 ʂʅpɛi 55+42	糖水 t'aŋ ʂuei 53+214	塘土 t'aŋt'u 55+42	罚款 fak'ɛi 53+214
	阳+去 53+42	白菜 pɤts'ɛi 22+53	羊圈 θiaŋtɕyɛ 22+53	学费 ɕyɛfii 53+42	还愿 xuɛiθye 53+42
前字上声214	上+阴 214+44	雨衣 zyzi 44+21	水烟 ʂueiθiɪ 44+44	眼睛 θiɪtɕiŋ 44+21	赶车 kɛitʂ'ɤ 44+44
	上+阳 214+53	口粮 k'ɤunȵiaŋ 22+53	伙食 xuɤ ʂʅ 22+53	酒瓶 tɕiɤup'iŋ 22+53	打贼 tatsi 44+53
	上+上 214+214	水土 ʂueit'u 55+42	井水 tɕiŋ ʂuei 55+42	滚水 koŋ ʂuei 55+42	铲草 tʂ'ɛits'ao 53+214
	上+去 214+42	韭菜 tɕiɤuts'ɛi 22+44	板凳 pɛitɤŋ 22+44	瓦罐 vakuɛi 22+44	写字 ɕiɛtsʅ 44+42
前字去声42	去+阴 42+44	大家 tatɕia 42+21	铁丝 t'iɛsʅ 42+44	岳飞 θyɛfii 42+44	冒烟 maoθiɪ 42+44
	去+阳 42+53	铁皮 t'iɛp'i 42+53	价钱 tɕiatɕ'iɪ 42+21	木楼 mulɤu 42+53	吃食 tʂ'ʅ ʂʅ 42+53
	去+上 42+214	谷雨 kuzy 42+21	木板 mupɛi 42+44	对手 tuei ʂɤu 42+21	上火 ʂaŋxuɤ 42+44
	去+去 42+42	气力 tɕ'iiŋ 42+21	出纳 tʂ'ula 22+42	笑话 ɕiaoxua 42+21	落脚 luɤtɕyɛ 22+42

(二) 民勤方言重叠、带语缀（或语法词）的两字组连读变调

1. 民勤方言重叠、带语缀（或语法词）的两字组连调模式

民勤方言中重叠两字组和带语缀（或语法词）的两字组的连调模式基本相同，但略有差异。具体是，原调前字为阴平、上声、去声的重叠字组、带缀（或语法词）两字组连调模式相同，其中前字阴平、去声不变调，前字上声变22调；后字在阴平、去声后变21调，在上声后变44调。前字为阳平者，重叠两字组前字变55调，后字变42调；带缀两字组则前字变22调，后字变53调。两类两字组的连调模式具体如下：

叠音两字组　　　　　　　带语缀（或语法词）两字组

阴平+：44+21　　　　　阴平+：44+21

阳平+：55+42　　　　　阳平+：22+53

上声+：22+44　　　　　上声+：22+44

去声+：42+21　　　　　去声+：42+21

2. 民勤方言重叠、带语缀（或语法词）两字组连读变调举例

民勤方言重叠、带语缀（或语法词）的两字组连读变调举例如表 3-21。

表 3-21　民勤方言重叠、带语缀（或语法词）两字组连读变调举例

"子"尾词	阴+ 44+	包子 paoz 44+21	刀子 taoz 44+21	沙子 saz 44+21	箱子 ɕiaŋz 44+21
	阳+ 53+	盒子 xuəz 22+53	蚊子 vɤŋz 22+53	笛子 tsʅz 22+53	盘子 pɛiz 22+53
	上+ 214+	板子 pɛiz 22+44	影子 ɵiŋz 22+44	椅子 ziz 22+44	老子 laoz 22+44
	去+ 42+	架子 tɕiaz 42+21	辣子 laz 42+21	筷子 kʻuɛiz 42+21	样子 ɵiaŋz 42+21
后字"了"	阴+ 44+	多了 tuəla 44+21	高了 kaola 44+21	香了 ɕiaŋla 44+21	飞了 fiila 44+21
	阳+ 53+	读了 tula 22+53	红了 xoŋla 22+53	拔了 pala 22+53	来了 lɛila 22+53
	上+ 214+	好了 xaola 22+44	老了 laola 22+44	小了 ɕiaola 22+44	走了 tsɤula 22+44
	去+ 42+	热了 zɤla 42+21	吃了 tʂʻʅla 42+21	对了 tuɛila 42+21	错了 tsʻuəla 42+21
后字"的"	阴+ 44+	多的 tuəta 44+21	高的 kaota 44+21	香的 ɕiaŋta 44+21	飞的 fiita 44+21
	阳+ 53+	读的 tuta 22+53	红的 xoŋta 22+53	拔的 pata 22+53	来的 lɛita 22+53
	上+ 214+	好的 xaota 22+44	老的 laota 22+44	小的 ɕiaota 22+44	走的 tsɤuta 22+44
	去+ 42+	热的 zɤta 42+21	吃的 tʂʻʅta 42+21	对的 tuɛita 42+21	错的 tsʻuəta 42+21

续表

重叠词	阴+阴 44+44	包包 pɑopɑo 44+21	杯杯 piɪpiɪ 44+21	坡坡 pʻɤpʻɤ 44+21	沙沙 sɑsɑ 44+21
	阳+阳 53+53	盘盘 pʻɛipʻɛi 55+42	盆盆 pʻɤŋpʻɤŋ 55+42	瓶瓶 pʻiŋpʻiŋ 55+42	盒盒 xuəxuə 55+42
	上+上 214+214	碗碗 vɛivɛi	本本 pɤŋpɤŋ 22+44	板板 pɛipɛi 22+44	桶桶 tʻoŋtʻoŋ 22+44
	去+去 42+42	架架 tɕiɑtɕiɑ 42+21	洞洞 toŋtoŋ 42+21	罐罐 kuɛikuɛi 42+21	袋袋 tɛitɛi 42+21

第四章

凉州、甘州、肃州、敦煌(河东)方言同音字汇

本章列出河西走廊方言最具代表性的凉州、甘州、肃州、敦煌四个点的方言同音字汇。字汇据调查所用"汉语方言自动处理系统"3800个单字录音转写整理。按照各点方言声母、韵母、声调的次序排列。用字尽量使用规范简化字,没有简化字的用繁体字;简化后归并为同音字,但作为单字不便区别来源的字也用繁体字。其出现的场合有必要作出提示的字或者简化中有归并的字,则以小字在其后注释说明。文白异读者在字后注"文读"或"白读"。意义相同而有多个读音的注明"又读"。

第一节 凉州方言同音字汇

ɿ

ts [˧] 紫支枝肢纸资姿咨指指挥止址趾之芝兹滋姊子梓脂旨 [˩] 只只有自字滓至痔指指头志恁

tsʻ [˧] 疵差参差痴嗤 [˩] 此雌翅瓷慈磁迟辞词祠齿 [˩] 刺赐匙次伺饲嗣

s [˧] 斯厮撕施私司丝思师狮尸诗屎使史驶始死 [˩] 时 [˩] 是氏视嗜士仕柿事试市恃侍四肆巳祀寺氏

ɿ

tʂ　[˧] 知蜘　[˩] 侄直值值钱　[˥] 智稚置治滞制执秩质织职植值值日只一只鸡汁掷炙

tʂʻ　[˩] 池驰侘耻持赤斥　[˥] 尺吃饬

ʂ　[˩] 十什拾实食射射过来石　[˥] 世势誓逝湿失室蚀识式饰适释

ʐ　[˩] 扔白读。丢掉：把书扔的屋里了　[˥] 日

ɤ

ɤ　[˧] 尔耳　[˩] 儿而　[˥] 二贰贰心

i

p　[˧] 蓖彼比秕　[˩] 鼻　[˥] 蔽弊币毙闭箅陛被被子鄙备笔必毕弼逼碧壁璧

pʻ　[˧] 批披譬譬如避　[˩] 皮疲脾丕琵　[˥] 避匹庇痹麻痹屁僻劈

m　[˧] 米女　[˩] 迷谜糜弥瀰竹瀰子眉媚　[˥] 靡秘密蜜觅縻拴：牲口縻的地里

t　[˧] 低底抵　[˩] 笛敌帝递狄嫡　[˥] 地的的确弟第滴

tʻ　[˧] 梯　[˩] 体题蹄提堤　[˥] 踢剔替剃屉涕

l　[˧] 李里礼理　[˩] 犁黎离离别篱梨厘狸鲤　[˥] 例厉励丽隶璃离离得近荔吏立笠粒栗力历利痢

tɕ　[˧] 鸡稽机饥肌几茶几、几个基挤　[˩] 急级及极籍藉　[˥] 祭际济荠剂计继系系鞋带髻寄技妓冀纪己记忌既集辑疾吉即鲫绩脊迹事迹寂击激季积

tɕʻ　[˧] 妻畦欺膝乞栖岂启起　[˩] 齐脐奇骑企祁其棋期旗祈　[˥] 砌契器弃气汽缉缉鞋口泣七漆乞戚去白读

ȵ　[˧] 你　[˩] 泥尼倪　[˥] 腻匿溺拟逆

ɕ　[˧] 西栖犀溪奚兮携牺嬉熙稀希悉昔洗喜　[˩] 席席子、主席　[˥] 细系关系戏习袭吸息熄媳惜锡析徙

第四章 凉州、甘州、肃州、敦煌(河东)方言同音字汇

ø	[˧] 医衣依椅以已尾白读。尾巴 [˨] 艺宜仪倚移夷姨肄疑异饴亿忆抑译胰疫役 [˥] 瞖目瞖缢蚁谊义议易意矣毅揖乙一逸翼益亦译	

u

p	[˧] 补捕怖 [˥] 布部簿步不卜
p'	[˧] 铺铺设蒲菩谱普朴 [˨] 脯醭葡 [˥] 铺店铺赴扑仆瀑堡堡子
m	[˧] 母拇谋某 [˨] 模模子亩馍 [˥] 暮幕慕墓木没没有、没人目牧穆
f	[˧] 夫肤麸府腑俯斧腐 [˨] 敷俘孵抚符扶芙辅佛伏栿负浮 [˥] 付赋讣父附缚福幅复腹覆蝠服否副富傅妇
v	[˧] 吾乌污巫诬五午伍侮武舞鹉捂 [˨] 吴蜈梧戊 [˥] 悟误坞恶憎恶无雾务屋沃
t	[˧] 笃堵赌肚猪肚子督 [˨] 都都城独读毒犊 [˥] 妒杜肚肚子度渡镀
t'	[˧] 突突然土吐吐痰 [˨] 图屠途涂 [˥] 兔突秃唾唾沫
n	[˧] 努 [˨] 奴 [˥] 怒
l	[˧] 卤 [˨] 卢芦鲁房庐戮掳 [˥] 路赂露鹭鹿禄六白读陆绿录
ts	[˧] 租祖 [˨] 组阻卒兵卒 [˥] 做白读。做饭足足够
ts'	[˧] 粗 [˨] 觑 [˥] 醋猝族促
s	[˧] 苏酥 [˥] 素嗉诉塑速肃俗粟
tʂ	[˧] 猪蛛株珠朱硃拄主煮诸 [˨] 轴 [˥] 著箸苎助驻住柱注蛀铸竹筑逐祝嘱烛触帚术白术
tʂ'	[˧] 初楚 [˨] 除储褚厨雏锄暑鼠 [˥] 础出畜畜牲处相处、处理
ʂ	[˧] 书舒枢输输赢殊束梳蔬数数钱 [˨] 熟赎署蜀 [˥] 庶恕署薯数数字竖树叔属述术
ʐ	[˧] 乳孺 [˨] 儒汝辱 [˥] 如入褥
k	[˧] 姑牯孤箍古鼓估股 [˥] 故锢锢露雇顾骨谷固穀穀子

k'	[ㄐ] 枯窟苦 [ㄚ] 库裤哭酷	
x	[ㄐ] 呼乎忽虎 [ㄚ] 胡葫湖壶狐核杏核许酒核 [ㄚ] 户互护斛瓠	

y

l	[ㄐ] 吕旅 [ㄚ] 驴 [ㄚ] 虑滤缕屡挦律率履
tç	[ㄐ] 居车车马炮举拘驹俱据掬 [ㄚ] 锯锯木头局 [ㄚ] 锯锯子巨拒距聚矩句具惧橘剧剧烈菊
tç'	[ㄐ] 蛆趋区区别驱瞿黢黑黢黢屈曲曲折取娶麹酒麹 [ㄚ] 渠区地区 [ㄚ] 去文读趣曲歌曲
ç	[ㄐ] 徐虚嘘须许 [ㄚ] 序绪叙絮需续戌恤畜畜牧婿女婿蓄储蓄
ø	[ㄐ] 淤愚迂雨宇语 [ㄚ] 鱼于姓于盂余馀虞娱榆愉禹 [ㄚ] 御与誉预豫遇裕羽芋愈喻域郁育玉狱欲浴
p	[ㄐ] 巴疤扒把把守 [ㄚ] 爸爸爸，父亲的弟弟拔 [ㄚ] 霸罢把把子坝粿粿地八
p'	[ㄐ] 帕织物稀疏 [ㄚ] 爬琶耙耙子杷枇杷 [ㄚ] 怕帕手帕
m	[ㄐ] 妈马码码子 [ㄚ] 麻蟆蛤蟆码摞：码起来 [ㄚ] 骂抹抹布
f	[ㄚ] 乏伐筏罚 [ㄚ] 法发头发、发展
v	[ㄐ] 蛙洼瓦 [ㄚ] 挖袜
t	[ㄐ] 褡耷打 [ㄚ] 达 [ㄚ] 大答搭
t'	[ㄐ] 他 [ㄚ] 踏沓一沓纸 [ㄚ] 拓拓本塔榻塌溻獭
n	[ㄐ] 哪 [ㄚ] 拿 [ㄚ] 纳捺那
l	[ㄐ] 拉 [ㄚ] 腊蜡辣落白读
ts	[ㄐ] 楂山楂渣 [ㄚ] 杂闸炸油炸铡铡刀 [ㄚ] 诈榨榨油炸炸弹乍劄眨札扎捆扎栅栅栏
ts'	[ㄐ] 叉杈权把差差别 [ㄚ] 茶苴查察察看 [ㄚ] 岔岔路插擦
s	[ㄐ] 洒傻沙纱 [ㄚ] 撒撒手萨菩萨厦厦房杀
k	[ㄚ] 尬尴尬揢用刀割

第四章 凉州、甘州、肃州、敦煌(河东)方言同音字汇

x	[˧]	下白读。下来瞎白读
ø	[˦]	阿 [˥˩] 阿阿伯子

ia

tɕ	[˦]	家加嘉假真假佳 [˥˩] 假放假价架驾贾嫁痂夹甲胛肩胛挟
tɕʻ	[˦]	搭搭住 [˥˩] 恰掐洽
ɕ	[˦]	虾鱼虾 [˧] 霞狭峡匣辖 [˥˩] 夏吓吓一跳下文读。下降瞎文读
ø	[˦]	鸦丫桠雅哑 [˧] 牙芽伢衙砑碾压：东西砑坏了 [˥˩] 亚鸭押压轧轧花

ua

tʂ	[˦]	抓髽爪文读。爪子
ʐ	[˧]	挼皱、揉
k	[˦]	瓜寡剐 [˥˩] 刮刮风挂卦聒耳聒子
kʻ	[˦]	夸侉垮 [˥˩] 跨
x	[˦]	花 [˧] 华中华铧划划船滑猾 [˥˩] 化划计划桦画话

ə

p	[˦]	波菠玻钵泊驳簸簸一簸、簸箕剥剥削 [˥˩] 白帛跛博薄帛钵脖
	[˥˩]	薄薄荷拨钹百佰北柏伯大伯子掰饽面饽剥剥皮
pʻ	[˦]	颇坡迫泼泼辣 [˧] 婆 [˥˩] 破剖剖开泼泼水魄拍文读
m	[˦]	摸摹摹仿抹 [˧] 魔摩磨磨刀膜模模范 [˥˩] 磨石磨末沫墨默麦脉莫寞没沉没陌
v	[˦]	窝倭我又读 [˧] 蹉握 [˥˩] 卧饿恶恶心物勿
t	[˥˩]	得德
tʻ	[˥˩]	特
n	[˧]	挪 [˥˩] 诺
l	[˥˩]	乐肋勒
ts	[˧]	泽择 [˥˩] 责则宅窄摘

ts'	[˦] 测侧拆册厕册策
s	[˦] 涩塞色啬虱
tʂ	[˧] 遮 [˩] 蛰惊蛰 [˦] 者蔗哲蜇辙浙折折断褶皱褶摺摺叠
tʂ'	[˧] 车扯 [˦] 彻撤
ʂ	[˧] 奢佘赊捨 [˩] 蛇折断了舌 [˦] 射麝舍社设摄涉
ʐ	[˧] 惹 [˦] 热
k	[˧] 哥歌戈给 [˦] 个鸽割葛各阁搁胳胳膊格革隔角白读。牛角
k'	[˧] 可窠科文读棵白读颗文读 [˦] 磕渴刻时刻、刻划克客壳课文读
x	[˧] 和和气河何荷蛤癞蛤蟆合盒吓核审核 [˦] 贺荷薄荷喝禾鹤黑
ɣ	[˧] 阿阿胶 [˩] 鹅蛾娥讹额鄂扼 [˦] 恶善恶、恶索

uə

t	[˧] 朵多躲 [˩] 夺铎 [˦] 驮驮子剁垛掇拾掇
t'	[˧] 拖托託妥椭 [˩] 驼驮驮起来舵 [˦] 脱
l	[˩] 啰罗锣箩骡螺胴 [˦] 裸糯撂落文读烙络骆酪乐快乐
ts	[˧] 撮左佐 [˩] 凿昨 [˦] 坐座作做文读
ts'	[˧] 搓 [˩] 痤 [˦] 锉错措
s	[˧] 梭唆蓑索绳索缩缩水锁琐琐碎
tʂ	[˩] 镯浊酌着着气、睡着 [˦] 卓桌啄拙捉
tʂ'	[˩] 戳绰焯
ʂ	[˧] 所派出所 [˩] 勺朔 [˦] 说
ʐ	[˦] 若弱
k	[˧] 锅过菜炒过了果裹馃 [˦] 过郭国
k'	[˧] 科白读棵白读颗白读 [˦] 课白读括阔廓扩
x	[˧] 豁豁口劐用刀子劐开火伙 [˩] 和和面活 [˦] 货祸霍藿获或惑
ø	[˧] 我又读

第四章 凉州、甘州、肃州、敦煌(河东)方言同音字汇

ɛ

p	[˦] 摆 [˧] 稗败拜	
p'	[˨] 牌排 [˧] 派	
m	[˦] 买 [˨] 埋 [˧] 卖迈	
v	[˦] 歪 [˧] 外	
t	[˦] 呆 [˧] 戴带代袋贷待胎_{白读}怠殆大_{大夫}	
t'	[˦] 胎_{文读}苔_{舌苔} [˨] 台抬 [˧] 态太泰	
n	[˦] 乃奶 [˧] 耐奈	
l	[˦] 擦 [˨] 来 [˧] 赖癞	
ts	[˦] 灾栽宰载_{年载}斋 [˧] 再载_{载重}在债塞	
ts'	[˦] 猜彩採豺钗差_{出差} [˨] 才材财裁柴 [˧] 菜蔡	
s	[˦] 腮鳃筛 [˧] 赛晒	
k	[˦] 该街秸秸麦秆子改解_{白读。解开} [˧] 溉概丐芥_{芥末}戒_{白读}盖	
k'	[˦] 开揩凯楷 [˧] 慨_{感慨}	
x	[˦] 海 [˨] 孩亥鞋_{白读}还_{还有} [˧] 害骇	
Ø	[˦] 哀埃挨矮 [˨] 挨_{挨打}崖 [˧] 碍艾爱蔼隘	

iɛ

p	[˨] 别_{区别、离别} [˧] 鳖憋
p'	[˧] 撇_{撇捺}拍_{白读}
m	[˧] 篾灭_{消灭}
t	[˦] 爹 [˨] 叠蝶碟谍 [˧] 跌
t'	[˧] 帖贴铁
l	[˧] 猎列烈裂劣
tɕ	[˦] 皆阶姐解_{文读} [˨] 劫杰截捷 [˧] 借褯介届戒_{文读}械揭节结洁接

tɕ'	[˧] 笡笡坡子 衔茄挶 [˥] 且怯切妾窃妾砌	
ŋ̩	[˧] 苶弱小、神情萎靡 [˥] 聂镊蹑业捏孽	
ɕ	[˧] 些写 [˧] 斜邪谐胁协鞋文读 [˥] 泻卸谢懈泄歇蝎楔楔子屑血流血	
ø	[˧] 也野 [˧] 爷 [˥] 夜叶页拽噎液腋	

uɛ

tʂ	[˥] 拽
tʂ'	[˧] 揣
ʂ	[˧] 衰摔 [˥] 帅率率领蟀
k	[˧] 乖枴 [˥] 怪
k'	[˥] 块快会会计侩
x	[˧] 怀槐淮 [˥] 坏

yɛ

l	[˥] 略掠
tɕ	[˧] 绝掘倔倔强橛决诀爵嚼厥 [˥] 懯脾气懯脚镢镢头角文读觉
tɕ'	[˧] 瘸 [˥] 缺雀文读鹊却确推
ɕ	[˧] 靴穴 [˧] 学 [˥] 薛雪血血液削
ø	[˥] 悦阅哕越曰月虐疟约乐音乐钥岳药跃文读

ɔ

p	[˧] 褒包胞保堡城堡宝饱 [˥] 报抱菢菢鸡娃子豹爆雹暴
p'	[˧] 脬跑泡量词 [˧] 袍抛刨以手或工具挖 [˥] 泡泡茶炮
m	[˧] 毛茅猫矛 [˥] 冒帽卯貌茂贸
t	[˧] 刀叨岛倒打倒 [˥] 祷到倒倒水道稻盗导
t'	[˧] 滔掏讨乞讨 [˧] 淘逃桃萄陶涛 [˥] 套
n	[˧] 恼脑 [˧] 铙挠 [˥] 闹

l	[˧] 唠捞捞了一把老 [˦] 劳牢捞捞东西醪痨 [˥] 涝
ts	[˧] 遭糟早枣澡找爪文读。鸡爪风 [˦] 罩笊笊篱蚤躁灶皂造
tsʻ	[˧] 操操作草抄抄写钞钞票巢炒吵 [˦] 曹槽 [˥] 躁糙粗糙
s	[˧] 臊骚梢捎捎带稍潲扫扫地嫂 [˥] 扫扫帚
tʂ	[˧] 朝朝气招昭沼沼气 [˦] 着着祸 [˥] 赵兆召照诏
tʂʻ	[˧] 超 [˦] 朝朝代潮
ʂ	[˧] 烧少多少 [˦] 绍 [˥] 少少年邵
ʐ	[˧] 扰绕围绕 [˦] 饶 [˥] 绕绕线
k	[˧] 高膏糕羔稿告哄骗 [˦] 搞 [˥] 告膏膏油
kʻ	[˧] 敲白读。击打考烤 [˥] 靠犒
x	[˧] 蒿薅薅草好好坏 [˦] 豪壕毫号叫 [˥] 耗好喜好号号码浩郝
ø	[˧] 袄熬熬时间 [˦] 熬 [˥] 傲鏊懊懊悔、懊恼奥坳

ci

p	[˧] 膘标表表现、手表彪镖
pʻ	[˧] 飘漂漂浮瓢 [˦] 嫖 [˥] 漂漂亮、漂洗票
m	[˧] 渺藐 [˦] 苗描秒 [˥] 庙妙
t	[˧] 刁貂雕 [˦] 鸟男根 [˥] 钓吊掉调音调
tʻ	[˧] 挑挑水、挑事 [˦] 条调调和 [˥] 跳藋灰藋耀
l	[˧] 燎了了结疗 [˦] 聊辽撩寮 [˥] 廖缭缝瞭望料垇
tɕ	[˧] 交郊胶教教书焦蕉椒醮打醮噍牛倒噍骄娇矫浇缴狡绞搅剿侥幸饺 [˥] 教教育校较窖觉睡觉酵白读。酵子头轿叫
tɕʻ	[˧] 敲文读悄巧雀白读 [˦] 瞧樵乔侨桥荞 [˥] 缲缲边俏窍
ȵ	[˧] 鸟 [˥] 尿
ɕ	[˧] 浒消宵霄硝销嚣萧箫屑不屑小晓 [˥] 笑孝效校学校酵文读。发酵鞘

∅	[˧] 夭妖邀腰要要求幺吆咬肴杳 [˧˥] 肴摇谣姚窑尧 [˥˧] 勒鞋勒要重要跃白读耀鹞	

ei

p	[˧] 杯碑卑悲 [˥˧] 贝辈背脊背、背诵倍焙焙干臂手臂
p'	[˧] 胚坯 [˧˥] 培陪赔裴 [˥˧] 沛配佩辔辔头
m	[˧] 每美 [˧˥] 梅煤媒 [˥˧] 妹枚昧寐
f	[˧] 非飞妃 [˧˥] 匪肥 [˥˧] 废肺吠费翡翡翠痱
v	[˧] 危桅微威围围脖煨尾文读伟苇菱委 [˧˥] 违伪唯维唯围周围 [˥˧] 卫未味慰畏胃谓为位喂魏纬
n	[˥˧] 内
ts	[˧˥] 贼

uei

t	[˧] 堆 [˧˥] 对碰上 [˥˧] 对
t'	[˧] 推腿 [˥˧] 退蜕蜕皮
l	[˧] 儡垒累积累 [˧˥] 雷 [˥˧] 累劳累类泪
ts	[˧] 嘴 [˥˧] 醉罪最
ts'	[˧] 崔催 [˥˧] 脆翠粹
s	[˧] 虽尿 [˧˥] 随髓绥遂 [˥˧] 碎岁隧穗
tʂ	[˧] 追锥 [˥˧] 缀赘坠
tʂ'	[˧] 吹炊 [˥˧] 垂锤捶
ʂ	[˧] 水 [˧˥] 谁 [˥˧] 税睡瑞
ʐ	[˥˧] 芮蕊锐
k	[˧] 圭闺规鬼龟轨归诡 [˥˧] 桂跪坠癸柜贵
k'	[˧] 盔亏 [˧˥] 魁奎窥葵迨 [˥˧] 溃愧傀
x	[˧] 恢灰麾挥辉徽毁悔 [˧˥] 回茴 [˥˧] 贿晦汇会开会绘讳慧惠秽

əu

t	[˧] 兜斗升斗抖陡 [˧˩] 斗战斗 豆逗		
t'	[˧] 偷敨 [˧˩] 头投 [˩] 透		
l	[˧] 搂搂取、搂抱 [˧˩] 楼耬篓炉 [˩] 漏陋露露出来		
ts	[˧] 邹走 [˩] 奏皱骤绉		
ts'	[˧] 瞅搊搊起来 [˧˩] 愁 [˩] 凑		
s	[˧] 叟搜馊飕风声 [˩] 嗽漱瘦		
tʂ	[˧] 周舟州洲肘掫拿举粥 [˩] 昼纣昼咒		
tʂ'	[˧] 抽丑 [˧˩] 绸稠筹仇酬 [˩] 臭		
ʂ	[˧] 收手首守 [˩] 兽受寿授售		
ʐ	[˧˩] 柔揉 [˩] 肉		
k	[˧] 勾钩沟狗苟 [˩] 够縠往上縠构购		
k'	[˧] 抠眍口 [˧˩] 扣器皿朝下放置 [˩] 叩寇扣纽扣		
x	[˧] 吼 [˧˩] 候喉猴瘊 [˩] 候后厚候		
ø	[˧] 欧瓯偶藕殴 [˩] 沤怄呕		

iəu

t	[˧] 丢
l	[˧] 柳 [˧˩] 流刘留榴硫琉 [˩] 溜馏六文读
tɕ	[˧] 揪鬏阄鸠纠纠缠灸究酒九久韭 [˩] 就救臼舅咎旧柩
tɕ'	[˧] 秋秋天鞦囚丘球 [˧˩] 求仇 [˩] 糗俅呆傻
ȵ	[˧] 纽扭 [˧˩] 牛 [˩] 谬
ɕ	[˧] 修羞休 [˩] 秀绣宿星宿锈袖朽嗅莠
ø	[˧] 尤优游犹悠幽有友 [˧˩] 邮尤尤其由油 [˩] 右祐幼酉诱釉鼬

ɑŋ

p	[˧] 班斑颁扳般搬帮邦板版榜绑 [˧˥] 棒 [˥˧] 扮瓣办伴拌半绊谤傍	
p'	[˧] 攀潘胖肿 [˧˥] 爿盘滂旁螃庞 [˥˧] 盼襻判叛胖	
m	[˧] 茫满莽蟒 [˧˥] 蛮瞒馒忙芒盲虻 [˥˧] 慢漫幔	
f	[˧] 潘翻番几番反凡帆方肪芳纺 [˧˥] 烦繁妨仿仿效、仿佛访房防 [˥˧] 贩饭范犯泛放	
v	[˧] 豌剜湾弯汪一汪水丸碗晚挽网枉往 [˧˥] 完玩游玩顽顽皮亡芒麦芒王 [˥˧] 腕蔓藤蔓万忘妄望旺	
t	[˧] 耽担担任丹单当当时胆掸鸡毛掸子党 [˧˥] 担挑担淡诞旦但弹子弹挡阻当当作荡宕	
t'	[˧] 贪坍坍塌滩摊汤烫用火烧：烫猪毛毯躺 [˧˥] 谭潭谈痰坦平坦檀坛弹弹琴堂棠螳唐糖搪塘 [˥˧] 探炭叹烫趟	
n	[˧] 囊浪费：囊工暖攮 [˧˥] 南男难困难 [˥˧] 难患难	
l	[˧] 懒 [˧˥] 溇溇菜蓝篮揽览兰拦栏榄缆郎廊狼 [˥˧] 滥烂朗浪	
ts	[˧] 簪脏肮脏赃赃物攒积攒斩 [˧˥] 溅赞葬藏西藏脏肝脏暂暂时站站立、车站盏栈蘸	
ts'	[˧] 参餐仓苍惨搀铲产搀 [˧˥] 蚕惭残藏隐藏馋 [˥˧] 灿绽散开	
s	[˧] 三桑丧婚丧散松散伞嗓搡杉衫珊山删 [˥˧] 散散架、分散丧丧失	
tʂ	[˧] 沾粘瞻占占卜氈张章樟展长生长涨涨水掌 [˥˧] 占占住战颤仗丈杖帐账胀障瘴绽	
tʂ'	[˧] 昌菖厂 [˧˥] 蟾缠禅蝉长长短肠场常尝偿赔偿 [˥˧] 畅唱倡	
ʂ	[˧] 羶扇商伤裳闪陕赏晌晌午 [˥˧] 单姓禅禅让钐疝善扇扇子膳尚上上山	
ʐ	[˧] 冉染燃攘嚷 [˧˥] 然穰瓤 [˥˧] 酿白读。酿皮子让壤	
k	[˧] 甘柑泔橄尴尴尬干干湿肝竿杆秆冈岗位置刚纲钢缸感敢撼糠 [˥˧] 干干事钢钢刀杠港虹白读	

k'　　[˧] 堪龛勘看看守刊康糠慷慷慨腔白读砍坎 [˨] 抗航 [˥] 看炕

x　　[˧] 憨酣鼾夯喊罕稀罕 [˨] 含函咸文读寒韩行行列杭 [˥] 撼憾旱汉汗焊焊铁壶翰项白读。脖项巷白读。巷子

ø　　[˧] 庵安鞍昂肮揞 [˥] 暗岸按案

iɑŋ

p　　[˧] 鞭编边蝙贬扁匾 [˥] 辩辨辩变便方便遍

p'　　[˧] 篇偏 [˨] 便便宜 [˥] 片骗欺骗、骗马

m　　[˧] 面粉末免勉娩 [˨] 眠绵棉 [˥] 缅渑面面粉

t　　[˧] 掂颠点典 [˥] 店电奠佃垫殿

t'　　[˧] 添天舔腆 [˨] 甜田填偿还 [˥] 掭掭笔

l　　[˧] 敛敛财脸两 [˨] 廉镰簾连联怜莲良凉粮量称量梁粱 [˥] 殓敛练炼恋量数量亮谅辆

tɕ　　[˧] 监尖兼搛艰间奸煎肩坚笺将浆浆水姜疆礓僵薑缰江豇减碱检俭简捡剪茧蒋奖讲 [˥] 鉴监舰渐剑束间间断谏涧铜践件溅箭贱饯犍犍子建键健腱见荐推荐犟酱桨将大将匠降

tɕ'　　[˧] 鹐嵌签籖钳谦歼歼灭迁乾虔千牵铅枪羌腔文读浅遣潜抢 [˨] 钱饯饯行前墙详祥强强盛,勉强 [˥] 欠歉

ȵ　　[˧] 蔫没有精神娘娘娘:未婚的女性长辈年碾辇撵撚撚碎 [˨] 黏拈娘爹娘 [˥] 念酿文读

ɕ　　[˧] 仙鲜文读癣文读涎掀先相互相箱厢湘襄镶香乡险显想响 [˨] 咸白读嫌闲贤弦享降投降 [˥] 馅文读陷限苋线羡献宪现县象像橡相相貌向项文读巷文读

ø　　[˧] 淹炎腌蔫不新鲜焉心不在焉筵烟沿燕姓央秧殃眼演养痒魇 [˨] 岩掩盐阎簷言严俨颜延延安谚研仰羊洋杨扬阳疡 [˥] 验厌艳酽雁晏堰砚咽宴燕燕子样

uɑŋ

t　　[˧] 端短 [˥] 断断绝,决断锻段缎

t'	[˧] 团	
l	[˧] 鸾卵 [˥] 乱	
ts	[˧] 钻 [˥] 钻钻子攥攥住篡	
ts'	[˧] 汆 [˧] 攒攒坟 [˥] 窜篡	
s	[˧] 酸 [˥] 算蒜	
tʂ	[˧] 专砖庄装装车桩转转学 [˥] 撰转转弯篆赚传传记壮状噇口噇：吃饭好，不挑食撞装装棉袄	
tʂ'	[˧] 川穿疮窗喘闯 [˧] 传传达椽船床 [˥] 串创撞又读	
ʂ	[˧] 闩拴栓霜孀双爽 [˥] 涮双双生	
ʐ	[˧] 软阮	
k	[˧] 官棺鳏关冠衣冠光管馆广 [˥] 贯灌罐冠冠军观道观惯桄逛	
k'	[˧] 宽匡眶筐款 [˧] 狂 [˥] 旷况	
x	[˧] 欢荒慌缓谎 [˧] 桓还还原环黄簧锁簧蝗皇 [˥] 换唤焕幻患宦晃晃眼	

yɑŋ

tɕ	[˧] 捐娟卷 [˥] 圈猪圈眷卷卷子绢倦券	
tɕ'	[˧] 圈圆圈 [˧] 全泉拳权颧犬 [˥] 劝	
ɕ	[˧] 宣轩喧鲜白读选癣白读 [˧] 旋旋风玄悬 [˥] 旋旋做楦眩馅白读。馅子	
ø	[˧] 冤渊远 [˧] 圆员缘元园原源袁辕援 [˥] 院愿怨	

əŋ

p	[˧] 奔挖奔子跑锛崩本 [˥] 奔笨迸	
p'	[˧] 喷喷水烹捧 [˧] 盆朋彭膨棚蓬篷 [˥] 喷喷嚏	
m	[˧] 懵 [˧] 门猛萌盟蒙 [˥] 闷孟梦	
f	[˧] 分纷芬风枫疯丰封峰蜂锋粉讽 [˧] 焚坟冯逢缝缝衣服 [˥] 愤忿粪奋份凤缝一条缝奉俸	

v	[˧] 温瘟翁吻刎稳 [˩] 文纹蚊闻 [˥] 问
t	[˧] 登灯等镫马镫 [˩] 扽瞪凳邓澄澄清
tʻ	[˧] 熥 [˩] 腾誊疼藤
n	[˩] 能 [˥] 嫩文读
l	[˧] 冷 [˩] 楞
ts	[˧] 曾姓增憎争睁筝 [˥] 赠锃光亮
tsʻ	[˧] 参参差岑曾曾经撑 [˩] 层 [˥] 蹭衬掌椅子掌樽垫塞;桌子不平,把腿樽给下
s	[˧] 参人参森生牲笙甥省省长、节省 [˥] 渗
tʂ	[˧] 针斟珍榛臻真征征求蒸贞侦正正月枕诊疹整完整 [˩] 整治:整人 [˥] 镇阵振震证症正政郑
tʂʻ	[˧] 称称呼伸白读。把腿伸开逞逞能 [˩] 沉陈尘娠辰晨臣澄惩橙拯承丞程成诚城盛盛饭 [˥] 趁称相称秤乘
ʂ	[˧] 深身申伸文读升声沈审婶 [˩] 神慎绳 [˥] 葚甚肾剩胜胜任、胜败圣盛兴盛
ʐ	[˧] 扔文读 [˩] 壬任姓人仁忍仍 [˥] 任责任纫缝纫纴刃认韧
k	[˧] 跟根更更换、五更粳白读。粳米庚羹耕埂梗哽耿 [˥] 更更加
kʻ	[˧] 坑恳垦啃老鼠啃肯
x	[˧] 亨 [˩] 痕很恒衡 [˥] 恨杏白读横横竖
ø	[˧] 恩

iɤ̃

p	[˧] 宾彬槟冰兵禀丙秉柄饼 [˥] 殡鬓病并合并、并立
pʻ	[˧] 姘姘头拼拼合品 [˩] 贫频凭平坪评聘瓶屏 [˥] 拼拼命
m	[˧] 敏抿悯皿 [˩] 闽民名明鸣铭 [˥] 命
t	[˧] 丁疔钉钉子顶鼎 [˥] 钉钉住订定锭
tʻ	[˧] 听庭亭蜓 [˩] 廷挺挺好停艇 [˥] 停等

l	[˦] 拎领岭 [˧˥] 林淋临檩邻磷凌陵菱灵翎零铃伶 [˥˩] 赁吝令另	
tɕ	[˦] 今金禁襟津巾斤筋更文读。五更茎粳文读京惊荆精睛晶经经过、经线锦侭紧谨境警井景 [˥˩] 浸禁进晋尽仅劲有劲、劲敌近敬竟镜竞静靖净颈径	
tɕ'	[˦] 侵钦亲卿清轻青蜻顷请 [˧˥] 寝琴擒禽秦勤芹擎情晴倾 [˥˩] 吣胡吣：胡说 亲亲家庆磬	
ȵ	[˧˥] 凝宁安宁 [˥˩] 硬宁宁可佞	
ɕ	[˦] 心辛新薪欣兴兴旺星腥馨醒 [˧˥] 寻白读荸挑荸行行为、品行形型邢 [˥˩] 信讯白读杏文读兴高兴幸性姓	
ø	[˦] 吟音阴荫因姻洇淫饮殷应应当、应对鹰老鹰莺鹦樱英婴缨盈颖引隐影 [˧˥] 银寅尹蝇迎赢营茔萤 [˥˩] 饮窨印应映	

uen

t	[˦] 敦敦厚墩蹲东冬懂董 [˥˩] 顿囤钝遁盾冻栋动洞	
t'	[˦] 通屯吞桶捅统 [˧˥] 豚臀同铜桐筒童瞳 [˥˩] 褪饨馄饨痛	
n	[˦] 齉 [˧˥] 脓 [˥˩] 弄	
l	[˧˥] 隆隆重农浓笼聋拢垄龙陇仑昆仑伦轮文读 [˥˩] 论文读。议论嫩白读	
ts	[˦] 尊遵棕鬃宗踪总 [˥˩] 俊粽综纵纵横、放纵怂凇恿	
ts'	[˦] 皴聪葱匆囱从从容 [˧˥] 存丛从跟从 [˥˩] 忖寸村	
s	[˦] 孙松松树、放松嵩损笋榫 [˥˩] 送宋颂诵讼	
tʂ	[˦] 忠中中间终盅钟准冢种种子肿 [˥˩] 中射中仲众种种树重轻重	
tʂ'	[˦] 椿春崇铳舂充冲冲锋蠢宠 [˧˥] 唇纯醇虫重重复 [˥˩] 冲酒冲的很烈	
ʂ	[˥˩] 顺舜	
ʐ	[˧˥] 戎绒茸氄荣文读容文读融文读蓉文读熔文读 [˥˩] 润闰冗	
k	[˦] 公蚣工功攻弓躬宫恭供供不起滚 [˥˩] 棍贡巩汞拱供供养共	

k'	[˧] 昆坤空空虚捆孔 [˥] 困控空空却	
x	[˧] 昏婚烘哄哄骗轰掏掏出去荤 [˥] 魂馄馄饨红洪宏鸿虹文读 [˥] 浑混相混讧横横巴拉	

yɤ

l	[˧] 轮白读 [˥] 论议论
tɕ	[˧] 均钧君军迥 [˥] 俊郡菌窘
tɕ'	[˧] 群裙穷琼
ɕ	[˧] 熏薰勋兄胸凶 [˧] 旬荀循巡熊雄寻文读 [˥] 迅殉训讯文读逊
ø	[˧] 雍雝施肥臃拥庸 [˧] 匀允云荣白读融白读永泳咏甬勇涌容白读熔白读蓉白读 [˥] 熨运

第二节 甘州方言同音字汇

ɿ

ts	[˧] 资姿咨兹滋 [˥] 紫姊子梓 [˥] 自字渍
ts'	[˧] 疵 [˥] 此雌瓷慈磁辞词祠 [˥] 刺赐次伺饲嗣
s	[˧] 斯厮撕私司丝思 [˥] 死 [˥] 四肆巳祀寺厕茅厕

ʅ

tʂ	[˧] 知蜘支枝肢脂之芝汁 [˥] 纸指止址徵直值值钱 [˥] 智只稚旨指指头至痔置治趾志痣滞制执汁秩质织职植值值日掷炙
tʂ'	[˧] 痴嗤 [˥] 池驰侈翅迟耻持齿饬赤斥 [˥] 匙尺吃
ʂ	[˧] 施师狮尸诗 [˥] 屎使史驶始时十什拾实誓食射射过来石 [˥] 是氏视嗜士仕柿事试市恃侍世势誓逝失湿实室蚀识式饰适释
ʐ	[˥] 扔白读。丢掉：把书扔的屋里了 [˥] 日

i

| p | [˥] 蓖 [˩] 比秕鼻彼 [˥] 蔽弊币毙闭算陛被鄙备笔必毕弼逼碧壁 |

p' [˥] 批披譬 [˩] 皮疲脾丕琵枇枇杷 [˥] 避匹庇痹麻痹屁辟僻劈

m [˩] 迷米谜糜弥眉媚女泥白读 獼 竹 獼子 [˥] 靡秘密蜜觅縻拴：牲口縻的地里

t [˥] 低 [˩] 底抵笛敌帝递狄嫡 [˥] 地的 的确 弟第滴

t' [˥] 梯 [˩] 体题蹄提堤 [˥] 踢剔替剃屉涕

l [˩] 犁黎礼离 离别 篱梨厘狸李里鲤理 [˥] 例厉励丽隶璃离 离的近 荔吏立笠粒栗力历利痢

tɕ [˥] 鸡稽机饥肌几 茶几 基 [˩] 挤几 几个 急级及极籍 [˥] 祭际济荠剂计继系 系鞋带 髻寄技妓冀纪己记忌既集辑疾吉即鲫绩脊迹 事迹 藉 狼藉 寂击激季积

tɕ' [˥] 妻畦欺膝乞栖 [˩] 齐脐启奇骑企祈起其棋期旗岂祈 [˥] 砌契器弃气汽缉 缉鞋口 泣七漆戚

ȵ [˩] 泥 文读 尼你倪 文读 [˥] 腻匿溺拟逆

ɕ [˥] 西栖犀溪奚兮分携牺嬉熙稀希悉昔夕 [˩] 洗喜玺席 席子、主席 [˥] 细系 关系 戏习袭吸息熄媳惜锡析徙

z̩ [˥] 医衣依 [˩] 艺倪白读宜仪椅倚移夷姨肄疑以已异饴乙亿忆抑译胰疫役尾白读。尾巴 [˥] 瞖目瞖缢蚁谊义议易意矣毅挹一逸翼益亦译

u

p [˩] 补捕 [˥] 布怖部簿步不卜

p' [˥] 铺 铺设 蒲菩 [˩] 谱普脯醭朴葡 [˥] 铺 店铺 赴扑仆瀑堡 堡子

m [˩] 模 模子 谋亩某母拇馍 [˥] 暮幕慕墓木没 没有、没人 目牧穆

f	[˧] 书舒夫肤麸枢输_{输赢}殊束梳蔬 [˩] 府腑俯斧敷俘孵抚符扶芙腐辅数_{数钱}佛伏栿熟赎署负浮 [˩] 庶恕署薯付赋讣父附数_{数字}竖树缚福幅复腹覆蝠服叔属否副富傅述术输_{运输}妇	
v	[˧] 吾乌污巫诬 [˩] 吴蜈梧五午伍汝侮武舞鹉儒乳擩戊辱 [˩] 悟误坞恶_{憎恶}如入无雾务物勿屋沃褥	
t	[˧] 笃 [˩] 都_{都城、都是}堵赌肚_{猪肚子}独读毒犊督 [˩] 妒杜肚_{肚子}度渡镀	
t'	[˧] 突_{突然} [˩] 土吐_{吐痰}图屠途涂 [˩] 兔突_{冲突}秃唾_{唾沫}	
l	[˩] 卢芦鲁虏澛庐录戮掳 [˩] 路赂露鹭鹿禄六_{白读}陆绿录	
ts	[˧] 租 [˩] 祖组阻卒_{兵卒}足_{足下} [˩] 做_{白读。做饭}足_{足够}	
ts'	[˧] 粗 [˩] 麁 [˩] 醋猝族促	
s	[˧] 苏酥 [˩] 素嗉诉塑速肃_{文读}俗_{文读}粟	
kf	[˧] 姑孤牯箍猪蛛株珠朱硃诸 [˩] 古估鼓拄主轴煮 [˩] 股故锢_{锢露}雇顾著箸苎助驻住柱注蛀铸骨术_{白术}谷竹筑逐祝嘱烛触固帚榖_{榖子}	
kf'	[˧] 枯初窟 [˩] 苦除储褚楚锄暑鼠厨雏酷处_{处理} [˩] 库裤础出哭酷畜_{畜牲}处_{相处}	
x	[˧] 呼乎忽 [˩] 虎浒胡葫湖壶狐核_{杏核} [˩] 户互护斛瓠	

y

l	[˩] 驴吕 [˩] 旅虑滤缕屡捋律率履	
tɕ	[˧] 居车_{车马炮}举拘驹俱 [˩] 据锯_{锯木头}巨掬局 [˩] 据锯_{锯子}拒距聚矩句具惧橘剧_{剧烈}菊	
tɕ'	[˧] 蛆趋区_{区域}驱瞿黢_{黑黢黢}屈曲_{曲折} [˩] 渠取娶 [˩] 去_{文读}趣麴_{酒麴}曲_{歌曲}	
ɕ	[˧] 徐虚嘘须 [˩] 许 [˩] 序绪叙絮需续戌恤肃_{白读}俗_{白读}畜_{畜牧}蓄储蓄婿_{女婿}	

ʑ	[˧] 淤愚迂 [˩] 鱼于_姓盂余馀虞娱榆愉雨禹宇语 [˩] 御与誉预豫遇裕羽芋愈喻域郁育玉狱欲浴	

a

p	[˧] 巴疤 [˩] 把_{把守}爸_{爸爸：父亲的弟弟}拔 [˩] 霸罢把_{把子}坝粑粑_地八
pʻ	[˧] 帕_{织物稀疏} [˩] 爬琶杷_{杷子}杷_{枇杷} [˩] 怕帕_{手帕}
m	[˧] 妈 [˩] 麻蟆马码_{码起来} [˩] 骂抹_{抹布}
f	[˩] 乏耍伐筏罚 [˩] 法发_{头发、发展}刷
v	[˧] 蛙洼 [˩] 挼_{皱、揉}瓦 [˩] 挖袜
t	[˧] 褡耷 [˩] 达打 [˩] 大答搭
tʻ	[˧] 他 [˩] 踏沓_{一沓纸} [˩] 拓_{拓本}塔榻塌溻獭
n	[˧] 拿哪 [˩] 纳捺那
l	[˧] 拉 [˩] 腊蜡辣落_{白读}
ts	[˩] 杂
tsʻ	[˩] 擦
s	[˩] 洒 [˩] 撒_{撒手}萨_{菩萨}
tʂ	[˧] 楂_{山楂}渣 [˩] 闸炸_{油炸}铡_{铡刀}札扎_{捆扎}栅_{栅栏} [˩] 诈榨_{榨油}炸_{炸弹}乍劄_{针劄子}眨
tʂʻ	[˧] 叉权_{权把}差_{差别} [˩] 茶茬查察 [˩] 岔_{岔路}插
ʂ	[˧] 沙纱 [˩] 傻 [˩] 厦_{厦房}杀
k	[˧] 尬尴_{尴尬}揢_{用刀割}
x	[˩] 下_{白读。下来}瞎_{白读}
ø	[˧] 阿 [˩] 阿_{阿伯子}

ia

tɕ	[˧] 家加嘉佳 [˩] 假_{真假}贾 [˩] 假_{放假}价架驾嫁痂夹甲胛_{肩胛}挟

第四章 凉州、甘州、肃州、敦煌(河东)方言同音字汇

tɕ'	[˥] 搭搭住 [˩] 恰掐洽
ɕ	[˥] 虾鱼虾 [˩] 霞狭峡匣辖 [˩] 夏吓吓一跳下文读。下降瞎文读
ø	[˥] 鸦丫桠 [˩] 牙芽伢衙雅哑砑碾压;东西砑坏了 [˩] 亚鸭押压轧轧花

ua

k	[˥] 瓜抓髽 [˩] 寡爪文读。鸡爪子剐 [˩] 刮刮风挂卦聒耳聒子
k'	[˥] 夸 [˩] 侉垮 [˩] 跨
x	[˥] 花 [˩] 华中华铧划划船滑猾 [˩] 化划计划桦画话

ə

t	[˩] 得文读德文读
t'	[˩] 特文读
l	[˩] 肋文读勒文读
s	[˩] 瑟
tʂ	[˥] 遮 [˩] 泽择 [˩] 者蔗蛰惊蛰哲蜇辙浙折折断责则宅窄摘褶皱纹摺摺叠
tʂ'	[˥] 车 [˩] 扯 [˩] 彻撤测侧拆册厕又册策
ʂ	[˥] 奢佘赊 [˩] 蛇折断了舌捨 [˩] 射麝舍社涩设塞色啬摄涉虱
ʐ	[˩] 惹 [˩] 热
k	[˥] 哥歌戈 [˩] 给 [˩] 个鸽割葛各阁搁胳胳膊格革隔角白读。牛角
k'	[˥] 科文读棵文读颗文读 [˩] 磕渴刻时刻、刻划克客课文读壳去白读
x	[˩] 和和气河何荷蛤癞蛤蟆合盒吓核审核 [˩] 贺荷薄荷喝禾鹤黑
ɣ	[˥] 阿阿胶鹅 [˩] 蛾娥讹儿尔耳额鄂扼 [˩] 饿二贰贰心而恶善恶、恶索(垃圾)

iə

| p | [˩] 别区别、离别白帛 [˩] 鳖憋掰百佰北柏伯大伯子 |

pʻ	[˥˩]	撇撇捺迫白读魄白读拍白读骗欺骗、骗马
m	[˥˩]	篾墨默麦脉号脉灭文读
t	[˥] 爹 [˥˩]	叠蝶碟谍 [˥˩] 跌得白读德白读
tʻ	[˥˩]	帖贴铁特白读
l	[˥˩]	猎列烈裂劣肋白读勒白读
tɕ	[˥] 皆文读阶文读 [˥˩]	姐解文读劫杰截捷 [˥˩] 借褯介文读界文读届文读戒文读械芥文读揭节结洁接
tɕʻ	[˥˩]	苴苴坡衔茄掮 [˥˩] 且怯切妾窃妾砌
ȵ	[˥˩]	苶弱小、神情萎靡 [˥˩] 聂镊蹑业苶捏孽虐疟灭白读。火灭了
ɕ	[˥˩]	些 [˥˩] 写斜邪谐胁协鞋文读 [˥˩] 泻卸谢懈泄歇蝎楔楔子屑血流血蟹文读
ø	[˥˩]	爷也野 [˥˩] 夜叶页拽噎液腋

uə

p	[˥]	波菠玻钵泊驳剥剥削钵 [˥˩] 跛簸簸一簸、簸箕博薄帛脖 [˥˩] 薄薄荷剥剥皮拨饽饽面饽
pʻ	[˥]	颇坡迫文读泼泼辣 [˥˩] 婆 [˥˩] 破剖剖开泼泼水魄文读拍文读
m	[˥]	摸摹摹仿模模范 [˥˩] 魔摩磨磨刀抹涂抹膜 [˥˩] 磨石磨末沫莫寞没沉没陌陌生
f	[˥˩]	勺芍朔所派出所 [˥˩] 说
v	[˥]	窝倭 [˥˩] 我又读踒握 [˥˩] 卧饿恶恶心若弱
t	[˥]	多 [˥˩] 躲夺铎朵 [˥˩] 驮驮子剁垛掇拾掇
tʻ	[˥]	拖托 [˥˩] 驼驮驮起来舵妥椭 [˥˩] 脱
n	[˥˩]	挪 [˥˩] 诺
l	[˥]	啰 [˥˩] 罗锣箩骡螺脶 [˥˩] 裸糯摞落文读烙络骆酪乐快乐
ts	[˥]	撮 [˥˩] 左佐凿 [˥˩] 坐座作做文读觉白读
tsʻ	[˥]	搓 [˥˩] 矬 [˥˩] 锉错措

s	[˧] 梭唆蓑索绳索缩缩水 [˯] 锁琐琐碎	
kf	[˧] 锅过菜炒过了 [˯] 果裹倮着着气、睡着镯浊 [˯] 过酹郭卓桌啄拙捉国	
kf'	[˧] 科白读棵白读颗白读 [˯] 颗白读 [˯] 课白读括阔绰焯廓扩戳	
x	[˧] 豁豁口劐用刀子劐开 [˯] 和和面火伙活 [˯] 货祸霍藿获或惑	
∅	[˯] 我又读	

yə

l	[˯] 略掠
tɕ	[˯] 绝掘倔倔强橛决诀爵嚼觉文读。知觉 [˯] 厥橛橛脾气、橛脚镢镢头角文读
tɕ'	[˯] 瘸 [˯] 缺雀文读鹊却确搉
ɕ	[˧] 靴穴 [˯] 学 [˯] 薛雪血血液削
∅	[˯] 悦阅哕越曰月约乐音乐钥岳药

ɛ

p	[˧] 摆 [˯] 稗败拜
p'	[˧] 牌排 [˯] 派
m	[˧] 买埋 [˯] 卖迈
f	[˧] 衰摔 [˯] 帅率率领蟀
v	[˧] 歪 [˯] 外
t	[˧] 呆 [˯] 戴带代袋贷待怠殆胎白读。补胎大大夫
t'	[˧] 胎文读。车胎苔舌苔 [˯] 台抬 [˯] 态太泰
n	[˧] 乃奶 [˯] 耐奈
l	[˧] 来攋 [˯] 赖癞
ts	[˧] 灾栽皆白读阶白读 [˯] 宰载年载崽 [˯] 再载载重在介白读界白读届白读
ts'	[˧] 猜豺 [˯] 彩採才材财裁 [˯] 菜蔡

s	[˧] 腮鳃 [˥] 赛蟹白读
tʂ	[˧] 斋 [˥] 债寨
tʂ'	[˧] 钗差出差 [˥] 柴
ʂ	[˧] 筛 [˥] 晒
k	[˧] 该街白读 [˥] 改秸麦秸子解白读。解开 [˥] 溉概丐芥白读。芥末戒白读。戒指盖
k'	[˧] 开揩 [˥] 凯楷 [˥] 慨感慨
x	[˥] 孩海亥鞋白读骇还还有 [˥] 害
ø	[˧] 哀埃挨 [˥] 矮挨挨打崖 [˥] 碍艾爱蔼隘

uɛ

k	[˧] 乖 [˥] 拐 [˥] 怪拽
k'	[˧] 揣 [˥] 块快会会计侩
x	[˧] 怀槐淮 [˥] 坏

ɔ

p	[˧] 褒包胞 [˥] 保宝饱堡城堡 [˥] 报抱菢菢小鸡豹爆雹冰雹刨暴
p'	[˧] 脬泡量词剖剖析 [˥] 袍抛跑刨以手或工具挖 [˥] 泡泡茶炮
m	[˥] 毛茅猫矛 [˥] 冒帽卯貌茂贸
t	[˧] 刀叨 [˥] 岛倒打倒 [˥] 祷到倒倒水道稻盗导
t'	[˧] 掏滔 [˥] 淘讨逃桃涛萄陶 [˥] 套
n	[˥] 恼脑铙挠 [˥] 闹
l	[˧] 唠捞捞了一把 [˥] 劳牢捞打捞老醪磅 [˥] 涝
ts	[˧] 遭糟 [˥] 早枣澡 [˥] 蚤躁灶皂造
ts'	[˧] 操操作 [˥] 草曹槽 [˥] 躁糙粗糙
s	[˧] 臊骚 [˥] 扫扫地嫂 [˥] 扫扫帚

第四章 凉州、甘州、肃州、敦煌(河东)方言同音字汇

tʂ　　［˧］朝朝气招昭沼沼气［˩］找爪鸡爪风着碰上、遭遇［˥］罩笊笊篱赵兆召照诏

tʂʻ　　［˧］抄抄写钞钞票超巢［˩］炒吵朝朝代潮

ʂ　　［˧］梢梢捎带稍潲烧［˩］少多少绍［˥］少少年邵

ʐ　　［˩］饶扰绕围绕［˥］绕绕线

k　　［˧］高膏糕羔［˩］稿搞告哄［˥］告告诉膏膏油

kʻ　　［˧］敲白读。击打［˩］考烤［˥］靠犒

x　　［˧］蒿薅薅草［˩］好好坏豪壕毫号号叫郝［˥］耗好喜好号号码浩

ø　　［˧］熬熬时间［˩］熬袄［˥］傲鏊懊懊悔、懊恼奥坳

ɔi

p　　［˧］膘标彪镖［˩］表表现、手表

pʻ　　［˧］飘漂漂浮瓢［˩］嫖［˥］漂漂亮、漂洗票

m　　［˧］苗描［˩］秒渺藐［˥］庙妙

t　　［˧］刁貂雕［˩］鸟［˥］钓吊掉调音调

tʻ　　［˧］挑挑水［˩］条挑挑事调调和［˥］跳藋灰藋糶

l　　［˩］燎聊辽撩寥疗缭缝了了结［˥］廖瞭望料炝

tɕ　　［˧］交郊胶教教书焦蕉椒醮打醮噍牛倒噍骄娇矫浇［˩］狡绞搅剿侥侥幸饺缴［˥］教教育校较窖觉睡觉酵白读。酵头轿叫

tɕʻ　　［˧］敲文读悄［˩］瞧樵乔侨桥荞巧雀白读［˥］缲缲边俏鞘窍

ȵ　　［˩］鸟［˥］尿

ɕ　　［˧］淆消宵霄硝销嚣萧箫屑不屑［˩］小晓［˥］笑孝效校学校酵文读。发酵鞘

ø　　［˧］夭妖邀腰要要求幺吆［˩］咬肴摇谣姚窑舀尧杳［˥］靿鞋靿要重要跃耀鹞

ei

p　　［˧］杯碑卑悲［˩］贝辈背脊背、背诵倍焙焙干臂手臂子

p'	[˧] 胚坯 [˩] 培陪赔裴 [˩] 沛配佩辔辔头
m	[˧] 梅煤媒每美 [˩] 妹枚昧寐
f	[˧] 非飞妃 [˩] 匪肥谁水 [˩] 废肺吠税费翡翡翠税睡痱
v	[˧] 危桅微威围围脖 [˩] 煨尾文读违伟苇伪萎委唯维惟围包围
	[˩] 卫芮未味慰畏胃谓蕊瑞锐为位喂魏纬
n	[˩] 内
ts	[˩] 贼

uei

t	[˧] 堆 [˩] 对遭遇 [˩] 对
t'	[˧] 推 [˩] 腿 [˩] 退蜕蜕皮
l	[˩] 雷儡垒累积累 [˩] 累劳累类泪
ts	[˧] 嘴 [˩] 醉罪最
ts'	[˧] 崔催 [˩] 脆翠粹
s	[˧] 虽尿 [˩] 随髓绥遂 [˩] 碎岁隧穗
k	[˧] 圭闺规追锥龟轨归 [˩] 诡鬼癸 [˩] 缀赘桂跪坠柜贵
k'	[˧] 盔吹炊亏 [˩] 魁奎垂窥锤捶葵逵傀 [˩] 溃愧
x	[˧] 恢灰麾挥辉徽 [˩] 悔回苘毁 [˩] 贿晦汇会开会绘讳慧惠秽

ɤu

t	[˧] 兜 [˩] 斗升斗抖陡 [˩] 斗战斗豆逗
t'	[˧] 偷 [˩] 敨头投 [˩] 透
n	[˩] 奴努 [˩] 怒
l	[˧] 搂搂取 [˩] 楼耧篓搂搂抱炉 [˩] 漏陋露露出来
ts	[˧] 邹 [˩] 走 [˩] 奏
ts'	[˩] 凑

s	[˧] 叟搜馊飕风声 [˩] 嗾漱瘦
tʂ	[˧] 周舟州洲粥 [˩] 肘搊搊上旗子拿举 [˩] 昼纣昼皱骤咒绉
tʂʻ	[˧] 抽搊搊起来 [˩] 丑绸稠筹揪愁仇酬 [˩] 臭
ʂ	[˧] 收 [˩] 手首守 [˩] 兽受寿授售
zˌ	[˩] 柔揉 [˩] 肉
k	[˧] 勾钩沟 [˩] 狗苟 [˩] 够彀往上彀构购
kʻ	[˧] 抠眍 [˩] 口扣器皿朝下放置 [˩] 叩寇扣纽扣
x	[˧] 吼 [˩] 候喉猴瘊 [˩] 侯后厚候
ø	[˧] 欧瓯 [˩] 偶藕殴 [˩] 沤怄呕

iɤu

t	[˧] 丢
l	[˩] 流刘留榴硫琉柳 [˩] 溜馏六文读
tɕ	[˧] 揪鬏阄鸠纠纠缠灸究 [˩] 酒九久韭 [˩] 就救臼舅咎旧柩
tɕʻ	[˧] 秋秋天鞦囚丘球 [˩] 求仇 [˩] 糗俅呆傻
nˌ	[˩] 纽扭牛 [˩] 谬
ɕ	[˧] 修羞休 [˩] 秀绣宿星宿锈袖朽嗅莠
ø	[˧] 尤优游犹悠幽 [˩] 邮尤尤其有友由油 [˩] 右祐幼酉诱釉鼬

aŋ

p	[˧] 班斑颁扳般搬帮邦 [˩] 板版榜绑棒 [˩] 扮瓣办伴拌半绊谤傍
pʻ	[˧] 攀潘胖肿 [˩] 爿盘滂旁螃庞 [˩] 盼襻判叛胖
m	[˧] 牤 [˩] 蛮瞒馒满忙芒莽蟒盲虻 [˩] 慢漫幔
f	[˧] 闩拴潘翻番儿番凡帆霜孀方肪芳双 [˩] 反烦繁爽妨仿仿效、仿佛纺访房防 [˩] 栓涮贩饭范犯泛双双生放

v	[˧] 豌剜湾弯汪—汪水阮 [˩] 完丸碗玩游玩顽顽皮软晚挽亡芒麦芒网辋王枉往 [˥] 腕蔓藤蔓万忘妄望旺	
t	[˧] 耽担担任丹单当当时 [˩] 胆掸鸡毛掸子党 [˥] 担挑担淡诞旦但弹子弹挡阻挡当当作荡宕	
t'	[˧] 贪坍圻塌滩摊汤烫用火烧：烫猪毛 [˩] 谭潭毯谈痰坦平坦檀坛弹弹琴躺堂棠螳唐糖搪塘 [˥] 探炭叹烫趟	
n	[˧] 囊浪费：囊工 [˩] 南男暖难困难攮 [˥] 难患难	
l	[˩] 溇溇菜蓝篮揽懒览榄缆兰拦栏郎廊狼 [˥] 滥烂朗浪	
ts	[˧] 簪脏肮脏赃赃物 [˩] 攒积攒 [˥] 溅赞葬藏西藏脏肝脏	
ts'	[˧] 参餐仓苍 [˩] 惨蚕惭残藏隐藏 [˥] 灿绽开裂	
s	[˧] 三桑丧婚丧 [˩] 散松散伞嗓操 [˥] 散散架、分散丧丧失	
tʂ	[˧] 沾粘瞻占占卜甑张章樟 [˩] 斩展长生长涨涨水掌 [˥] 暂暂时站站立、车站蘸占占住绽盏栈战颤仗丈杖帐账胀障瘴	
tʂ'	[˧] 逸搀昌菖 [˩] 蟾馋铲产缠禅坐禅蝉长长短肠场厂常尝偿赔偿 [˥] 畅唱倡	
ʂ	[˧] 杉衫珊山删羶扇商伤裳 [˩] 闪陕赏晌晌午单姓 [˥] 钐疝善扇扇子膳尚上禅禅让	
ʐ	[˩] 冉染燃然穰瓤壤攘嚷 [˥] 酿白读。酿皮子让	
k	[˧] 甘柑泔橄尴干干湿肝竿杆冈岗岗位刚纲钢缸 [˩] 感敢秆擀耩 [˥] 干干事钢钢刀杠港虹白读	
k'	[˧] 堪龛勘看看守刊康糠慷慷慨腔白读 [˩] 砍坎抗航 [˥] 看炕	
x	[˧] 憨鼾酣夯 [˩] 含函喊咸白读寒韩罕稀罕行行列杭 [˥] 撼憾旱汉汗焊焊铁壶翰项白读。脖项巷白读。巷子上又读。拿上	
∅	[˧] 庵安鞍昂肮 [˩] 揞 [˥] 暗岸按案	

iaŋ

p	[˧] 鞭编边蝙 [˩] 贬扁匾 [˥] 辫辩辫变便方便遍	
p'	[˧] 篇偏 [˩] 便便宜 [˥] 片骗欺骗、骗马	

m	[˧] 面面粉末 [˩] 绵棉免勉娩眠 [˨] 缅渑面面粉
t	[˧] 掂颠 [˩] 点典 [˨] 店电奠佃垫殿
t'	[˧] 添添置天填 [˩] 舔腆甜田填偿还 [˨] 掭掭笔
l	[˩] 敛敛财脸两廉镰帘连联怜莲良凉粮量称量梁粱 [˨] 殓练炼恋量数量亮谅辆
tɕ	[˧] 监尖兼搛艰间奸煎肩坚笺将浆浆水姜疆礓僵薑缰江豇 [˩] 减碱检俭简捡剪茧蒋奖讲 [˨] 鉴监舰渐剑束间间断谏涧铜践件溅箭贱饯犍犍子建键健腱见荐推荐犟酱桨将大将匠降
tɕ'	[˧] 鹐嵌签籤钳谦歼歼灭迁乾虔千牵铅枪羌腔文读 [˩] 潜浅钱遣派遣前抢墙详祥强强盛、勉强 [˨] 欠歉
ȵ	[˧] 蔫没有精神娘娘娘：未婚的女性长辈年 [˩] 黏拈碾辇年撵撚撚碎娘爹娘 [˨] 念酿文读
ɕ	[˧] 仙鲜涎掀先相互相箱厢湘襄镶香乡 [˩] 咸文读险嫌闲贤弦显想响享降投降 [˨] 馅文读陷限苋线羡献宪现县象像橡相相貌向项文读巷文读
ø	[˧] 淹炎腌蔫不新鲜焉心不在焉筵烟沿燕姓央秧殃 [˩] 岩掩盐阎簷言严俨眼颜延延安演谚研仰羊洋痒杨扬阳养疡魇 [˨] 验厌艳酽雁晏堰砚咽宴燕燕子样

uaŋ

t	[˧] 端 [˩] 短 [˨] 断断绝、决断锻段缎
t'	[˩] 团
l	[˧] 弯 [˩] 卵 [˨] 乱
ts	[˧] 钻 [˨] 钻钻子攥攥住纂
ts'	[˧] 氽 [˩] 攒攒坟 [˨] 窜篡
s	[˧] 酸 [˩] 算蒜

k	[˧] 官棺鳏关专砖冠衣冠庄装装车光桩 [˩] 管馆转转学广 [˩] 贯灌罐冠冠军观道观撰惯转转弯篆传传记壮状桄逛噇口噇：吃饭好，不挑食撞装装棉袄	
k'	[˧] 宽川穿疮匡眶筐窗 [˩] 款传传达橡喘船闯床狂 [˩] 串创旷况撞又读	
x	[˧] 欢荒慌 [˩] 桓缓还还原环谎黄簧锁簧蝗皇 [˩] 换唤焕幻患宦晃晃眼	

yaŋ

tɕ	[˧] 捐娟 [˩] 卷 [˩] 圈猪圈眷卷卷子绢倦券
tɕ'	[˧] 圈圆圈 [˩] 全泉拳权颧犬 [˩] 劝
ɕ	[˧] 宣轩喧癣鲜新鲜 [˩] 选旋旋风玄悬 [˩] 旋旋做楦眩馅白读。馅子
ø	[˧] 冤渊 [˩] 圆员缘元园原源袁辕援远 [˩] 院愿怨宛

ɤŋ

p	[˧] 奔挖奔子跑锛崩 [˩] 本 [˩] 奔笨迸
p'	[˧] 喷喷水烹 [˩] 盆朋彭膨棚蓬篷捧 [˩] 喷喷嚏
m	[˧] 懵 [˩] 门猛萌盟蒙 [˩] 闷孟梦
f	[˧] 分纷芬风枫疯丰封峰蜂锋 [˩] 焚坟粉讽冯逢缝缝衣服 [˩] 顺舜愤忿粪奋份凤缝一条缝奉俸
v	[˧] 温瘟翁 [˩] 稳文纹蚊闻吻刎戎绒茸氄 [˩] 润闰问甕冗
t	[˧] 登灯镫马镫 [˩] 等 [˩] 扽瞪凳邓澄澄清
t'	[˧] 熥 [˩] 腾誊疼藤
n	[˩] 能 [˩] 嫩文读
l	[˩] 楞冷
ts	[˧] 曾姓增憎 [˩] 赠锃光亮
ts'	[˧] 参参差岑曾曾经 [˩] 层 [˩] 蹭
s	[˧] 森僧

第四章 凉州、甘州、肃州、敦煌(河东)方言同音字汇

tʂ　　[˧] 针斟珍榛臻真征征求蒸争睁筝贞侦正正月 [˥] 枕诊疹整整人
　　　[˩] 镇阵振震证症正政郑

tʂ'　　[˧] 称称呼撑伸白读。把腿伸开 [˥] 沉陈尘娠辰晨臣澄惩橙拯承丞
　　　逞逞能程成诚城盛盛饭 [˩] 趁衬称相称秤乘掌椅子掌樘垫塞：桌子不
　　　平，把腿樘给下

ʂ　　[˧] 参人参深身申伸文读升生牲笙甥声 [˥] 沈审婶神慎绳省省
　　　长、节省 [˩] 渗葚甚肾剩胜胜任、胜败圣盛兴盛

ʐ　　[˧] 扔文读 [˥] 壬任姓人仁忍仍 [˩] 任责任纫缝纫刃认韧

k　　[˧] 跟根更更换、五更粳白读。粳米庚羹耕 [˥] 埂梗哽耿 [˩] 更
　　　更加

k'　　[˧] 坑 [˥] 恳垦啃老鼠啃肯

x　　[˧] 亨 [˥] 痕很恒衡 [˩] 恨杏白读横横竖

ø　　[˧] 恩

iŋ

p　　[˧] 宾彬槟冰兵 [˥] 禀丙秉柄饼 [˩] 殡鬓病并合并、并立

p'　　[˧] 姘姘头拼拼合 [˥] 品贫频凭平坪评聘瓶屏 [˩] 拼拼命

m　　[˥] 闽民敏抿悯皿名明鸣铭 [˩] 命

t　　[˧] 丁疔钉钉子 [˥] 顶鼎 [˩] 钉钉住订定锭

t'　　[˧] 听厅庭亭蜓 [˥] 廷停挺挺好艇 [˩] 停等

l　　[˥] 林淋临檩邻磷凌陵菱领岭灵零铃翎伶拎 [˩] 赁斉令另

tɕ　　[˧] 今金禁襟津巾斤筋更文读,五更茎京惊荆精睛晶经经过、经线
　　　粳文读 [˥] 锦侭紧谨境警井景 [˩] 浸禁进晋尽仅劲有劲、劲敌近
　　　敬竟镜竞静靖净颈径

tɕ'　　[˧] 侵钦亲卿清轻青蜻倾 [˥] 寝琴擒禽秦勤芹擎请情晴顷 [˩]
　　　吣胡吣：胡说 亲亲家庆磬

ŋ　　[˥] 凝宁安宁 [˩] 硬宁宁可佞

ç	[˧] 心辛新薪欣兴兴旺星腥馨 [˩] 寻白读艹挑艹行行为、品行醒形型邢 [˩] 信讯白读兴高兴幸性姓	
ø	[˧] 吟音阴荫因姻洇淫饮殷应应当鹰老鹰莺鹦樱英婴缨盈颖银寅引隐尹蝇影迎赢营茔萤饮 [˩] 饮饮马窨印应映	

uŋ

t	[˧] 敦敦厚墩蹲东冬 [˩] 懂董 [˩] 顿囤钝遁盾冻栋动洞
t'	[˧] 通吞 [˩] 屯豚臀桶捅同铜桐筒童瞳统 [˩] 褪饨馄饨痛
n	[˧] 齉 [˩] 弄嫩白读
l	[˩] 隆隆重农脓浓笼聋拢垄龙陇仑文读伦文读抡文读轮文读 [˩] 论文读
ts	[˧] 尊遵棕鬃宗踪 [˩] 总 [˩] 俊粽综纵纵横、放纵怂怂恿
ts'	[˧] 村皴聪葱匆囱从从容 [˩] 存丛从跟从 [˩] 忖寸
s	[˧] 孙松松树、放松嵩 [˩] 损笋榫 [˩] 逊送宋颂诵讼
k	[˧] 公蚣工功攻忠中中间终弓躬宫盅钟恭供供不起 [˩] 滚准冢种种子肿 [˩] 棍贡汞中射中仲众种种树重轻重拱供供养共巩
k'	[˧] 昆坤春椿空空虚崇铳舂充冲 [˩] 捆蠢唇纯醇虫孔宠重重复 [˩] 困控空空缺冲酒冲的很烈
x	[˧] 昏婚烘哄闹哄轰搐搐出去荤 [˩] 魂馄馄饨红洪宏鸿弘虹文读哄哄骗 [˩] 浑混相混讧横横巴拉

yŋ

l	[˩] 仑白读。昆仑伦白读轮白读抡白读 [˩] 论白读
tç	[˧] 均钧君军 [˩] 迥 [˩] 俊郡菌窘
tç'	[˩] 群裙穷琼
ç	[˧] 熏薰勋兄胸凶 [˩] 旬荀循巡熊雄寻文读 [˩] 迅殉训讯文读逊
ø	[˧] 雍雍施肥臃拥庸 [˩] 匀允云荣永泳咏融甬勇涌容熔蓉 [˩] 熨运晕韵孕用

第三节　肃州方言同音字汇

ɿ

ts　[˧] 支枝肢资姿咨脂兹滋之芝　[˨˩] 紫纸只只有姊旨指子梓止址趾　[˥˧] 自至字痔志痣滓指指头

tsʻ　[˧] 疵差参差痴嗤　[˨˩] 此雌翅瓷迟慈磁辞词祠齿　[˥˧] 刺赐匙次伺饲嗣

s　[˧] 斯厮撕施私师狮尸司丝思使史驶诗　[˨˩] 时死屎始　[˥˧] 是四肆示矢视嗜巳似祀寺士仕柿事试市恃厕茅厕氏

ʅ

tʂ　[˧] 知蜘　[˨˩] 侄直值值钱　[˥˧] 滞制智治致稚雉置汁执秩质织职植殖值值日掷炙

tʂʻ　[˨˩] 池驰侈持耻赤斥　[˥˧] 尺吃饬

ʂ　[˨˩] 十什拾实蚀食射射过来石　[˥˧] 世势誓逝湿失室识式饰适释

ʐ　[˨˩] 扔白读。丢掉：把书扔的屋里了　[˥˧] 日

ə

ɣ　[˨˩] 尔耳儿　[˥˧] 二贰贰心而

i

p　[˨˩] 鼻彼比秕　[˥˧] 被被子、被迫鄙备箅笔必毕弼逼碧璧壁敝蔽弊币毙闭算陛

pʻ　[˧] 披譬譬如批　[˨˩] 皮疲脾丕琵枇枇杷　[˥˧] 避庇痹麻痹屁匹僻辟劈

m　[˨˩] 糜弥彌竹彌子眉媚楣迷谜米女　[˥˧] 靡泌泌密蜜縻栓：牲口縻的地里觅

t　[˧] 低　[˨˩] 底抵嫡笛敌狄　[˥˧] 帝弟第递地的的确滴

t‘ [˦] 梯 [˨˦] 体啼题蹄提堤 [˨˩˦] 替剃屉涕踢剔

l [˨˦] 犁黎礼离离别篱璃玻璃梨厘狸李里理鲤笠粒 [˨˩˦] 例厉励丽隶离离的近荔利痢吏立栗力历

tɕ [˦] 鸡稽饥肌几茶几基机讥戟 [˨˦] 挤技妓纪已几几个急及极籍藉 [˨˩˦] 祭际济荠剂计继系系鞋带髻寄冀记忌既集辑疾吉季级疾即鲫积脊迹事迹绩寂击激

tɕ‘ [˦] 妻欺乞膝畦 [˨˦] 齐脐启企奇骑岐祁鳍起其棋期旗岂祈 [˨˩˦] 砌契器弃气汽缉缉鞋口泣七漆戚去白读

ȵ [˨˦] 泥尼你倪 [˨˩˦] 腻匿溺逆拟

ɕ [˦] 西栖犀溪奚兮牺嬉熙稀希悉膝昔夕 [˨˦] 洗喜席席子、主席携玺 [˨˩˦] 细系关系、联系戏习袭吸息熄媳惜锡析徙

ʑ [˦] 医衣依 [˨˦] 艺宜仪蚁移倚椅夷姨疑矣饴以已异毅遗尾白读。尾巴乙忆抑亿翼译易交易役疫 [˨˩˦] 瞖目瞖缢谊义议易难易肆意揖逸一益亦

u

p [˨˦] 补捕 [˨˩˦] 布怖步部簿不卜

p‘ [˦] 铺铺设朴 [˨˦] 谱普浦蒲菩脯胸脯葡 [˨˩˦] 铺店铺赴扑仆醭醭子瀑堡堡子

m [˨˦] 模模子母拇牡谋亩某馍 [˨˩˦] 暮幕慕墓没没有、没人木目牧穆

f [˦] 夫肤麸 [˨˦] 敷俘孵符扶芙府腐腑俯抚斧浮佛缚伏栿服服气辅 [˨˩˦] 付赋傅讣附否负妇副富复复兴福幅蝠腹覆父服

v [˦] 巫诬乌污 [˨˦] 侮武舞鹉吾吴蜈梧戊五午伍 [˨˩˦] 无雾务悟误坞恶憎恶屋沃

t [˦] 笃督 [˨˦] 都都城、都是堵赌肚猪肚子独读毒犊 [˨˩˦] 妬杜肚肚子度渡镀

t‘ [˦] 突突然 [˨˦] 土吐吐痰图屠途涂 [˨˩˦] 兔唾唾沫秃突冲突

n [˨˦] 奴努 [˨˩˦] 怒

l	[˧] 卢芦鲁虏卤庐 [˩] 路赂露鹭鹿禄六_{白读}陆绿录	
ts	[˧] 租 [˩] 祖组阻足_{脚足}卒_{兵卒} [˩] 做_{白读。做饭}足_{足够}	
tsʻ	[˧] 粗 [˩] 觑 [˩] 醋族促猝	
s	[˧] 苏酥 [˩] 素嗦诉塑速肃俗粟	
tʂ	[˧] 猪诸蛛株诛珠朱铢 [˩] 煮拄主轴 [˩] 著苎箸助驻住柱注蛀铸术_{白术}竹筑逐祝嘱烛触鼒	
tʂʻ	[˧] 初 [˩] 除储褚楚锄处_{处理}鼠暑厨雏 [˩] 础处_{相处}杵出畜_{畜牲}	
ʂ	[˧] 梳疏疏_{疏远}蔬书舒枢输_{输赢}殊束 [˩] 熟赎署数_{数钱} [˩] 庶恕署部署薯数_{数字}输_{运输}戍竖树述叔术淑属	
ʐ	[˩] 汝儒乳擩辱 [˩] 如入褥	
k	[˧] 姑孤菇 [˩] 古鼓估_{估计}股 [˩] 故固锢_{锢露}雇顾骨谷_{山谷}穀谷子	
kʻ	[˧] 枯窟 [˩] 苦 [˩] 库裤酷哭	
x	[˧] 呼乎忽 [˩] 虎浒胡葫湖壶狐核_{杏核} [˩] 户互护斛瓠	

y

l	[˩] 驴吕旅 [˩] 虑滤缕屡捋律率履	
tɕ	[˧] 居车_{车马炮}拘驹俱 [˩] 举锯_{锯木头}局 [˩] 据锯_{锯子}巨拒矩距句具惧掬菊橘聚剧_{剧烈}	
tɕʻ	[˧] 蛆驱趋曲_{曲折}黢_{黑黢黢}屈区_{区别} [˩] 渠瞿取娶区_{区域} [˩] 去_{文读}麯_{酒麯}曲_{歌曲}趣	
ɕ	[˧] 徐虚嘘须吁 [˩] 许 [˩] 序绪叙絮戌恤需续婿_{女婿}畜_{畜牧}蓄储蓄	
ʑ	[˧] 淤愚迂 [˩] 鱼渔语余馀虞娱于_{姓于}盂榆愉雨宇禹羽 [˩] 御与誉预豫遇寓芋愈裕喻域郁育玉狱欲浴	

a

p　　[˧] 巴疤 [˥] 把把守爸爸：父亲的弟弟拔 [˩] 霸把把子坝糌糌地罢八

p'　　[˧] 帕织物稀疏 [˥] 爬琶杷枇杷耙耙子 [˩] 怕帕手帕

m　　[˧] 妈 [˥] 麻蟆癞蛤蟆马码号码、码起来 [˩] 骂抹抹布

f　　[˥] 乏伐筏罚 [˩] 法发头发、发展

v　　[˧] 蛙洼 [˥] 瓦娃 [˩] 袜挖

t　　[˧] 褡耷 [˥] 达打 [˩] 大答搭

t'　　[˧] 他 [˥] 踏沓一沓纸 [˩] 塔榻塌溻拓拓本獭

n　　[˥] 拿哪 [˩] 那纳捺

l　　[˧] 拉 [˩] 腊蜡辣癞落白读

ts　　[˧] 楂山楂渣 [˥] 杂闸炸油炸铡铡刀札 [˩] 诈榨榨油炸炸弹乍劄针劄子眨扎捆扎栅栅栏

ts'　　[˧] 叉杈枝杈差差别 [˥] 茶茬查察察看 [˩] 岔岔路插擦

s　　[˧] 沙纱 [˥] 洒傻 [˩] 厦厦房撒撒手萨菩萨杀

k　　[˥] 尬尴尬揢用刀割

x　　[˩] 下白读。下来瞎白读

ø　　[˧] 阿 [˩] 阿阿伯子

ia

tɕ　　[˧] 家加嘉佳 [˥] 假真假贾 [˩] 假放假价架驾嫁痂夹甲胛肩胛挟

tɕ'　　[˧] 掐掐住 [˩] 恰掐洽

ɕ　　[˧] 虾鱼虾 [˥] 霞狭峡匣辖 [˩] 夏吓吓一跳下文读。下降瞎文读

ʐ　　[˧] 鸦丫桠 [˥] 牙芽伢衙雅哑砑碾压：东西砑坏了 [˩] 亚鸭押压轧轧花 ua

tʂ　　[˧] 抓髽 [˩] 爪文读。鸡爪子

ʐ	[˧] 挼搓揉、难受	
k	[˧] 瓜 [˥] 寡剐 [˩] 刮刮风挂卦聒耳聒子	
k'	[˧] 夸 [˥] 侉垮 [˩] 跨	
x	[˧] 花 [˥] 华中华铧划划船滑猾 [˩] 化划计划桦画话	

ɤ

p	[˧] 波波玻钵泊驳剥剥削 [˥] 簸簸一簸、簸箕白读帛跛博薄钵脖 [˩] 薄薄荷拨钹百白读北白读柏伯大伯子掰饽面馞剥剥皮
p'	[˧] 颇坡迫泼泼辣 [˥] 婆 [˩] 破剖剖开泼泼水魄拍文读
m	[˧] 摸摹摹仿模模范 [˥] 魔摩磨磨刀膜抹涂抹 [˩] 磨石磨末沫墨默麦脉莫寞没沉没陌陌生
v	[˧] 窝倭 [˥] 踒握我又读 [˩] 卧饿恶恶心物勿
t	[˩] 得德
t'	[˩] 特
l	[˩] 乐肋勒
ts	[˥] 泽择 [˩] 责则宅窄摘
ts'	[˩] 测侧拆册厕册策厕
s	[˩] 涩塞色啬虱
tʂ	[˧] 遮 [˥] 蛰惊蛰 [˩] 者蔗哲蜇辙浙折折断褶皱纹摺摺叠
tʂ'	[˧] 车 [˥] 扯 [˩] 彻撤
ʂ	[˧] 奢佘赊 [˥] 蛇折断了舌捨舍弃舍 [˩] 射麝社设摄涉
ʐ	[˥] 惹 [˩] 热
k	[˧] 哥歌戈 [˥] 给 [˩] 个鸽割葛各阁搁胳胳膊格革隔角白读。牛角
k'	[˧] 可窠科文读棵文读 [˥] 颗文读 [˩] 磕渴刻时刻、刻划克客壳课文读
x	[˥] 和和气河何荷蛤癞蛤蟆合盒嚇核审核 [˩] 贺荷薄荷喝禾鹤黑

| ɣ | | [˧] 阿阿胶 [˩] 鹅蛾娥讹额鄂扼 [˨] 恶善恶、恶索（垃圾） |

i

p	[˩] 别区别、离别 [˨] 鳖憋
p'	[˨] 撇撇捺拍白读
m	[˨] 篾灭
t	[˧] 爹 [˩] 叠蝶碟谍 [˨] 跌
t'	[˨] 帖贴铁
l	[˨] 猎列烈裂劣
tɕ	[˧] 皆阶街文读 [˩] 姐解文读劫杰截捷 [˨] 借褯介届戒械芥文读揭节结洁接
tɕ'	[˩] 苴苴坡子衔茄掮 [˨] 且怯切妾窃砌
ȵ	[˩] 荼弱小 [˨] 聂镊蹑业捏孽虐疟
ɕ	[˨] 斜邪谐胁协些写鞋文读 [˨] 泻卸谢懈泄歇蝎楔楔子屑血流血
z	[˩] 爷也野 [˨] 夜叶页拽噎液腋

uə

t	[˧] 多 [˩] 躲朵夺铎 [˨] 驮驮子剁垛掇拾掇
t'	[˧] 拖托 [˩] 驼驮驮起来舵妥椭 [˨] 脱
n	[˩] 挪 [˨] 诺
l	[˧] 啰 [˩] 罗锣箩骡螺脶 [˨] 裸糯摞落文读烙络骆酪乐快乐
ts	[˧] 撮佐 [˩] 凿昨左 [˨] 坐座作做文读
ts'	[˧] 搓 [˩] 矬 [˨] 锉错措
s	[˧] 梭唆蓑索绳索缩缩水 [˩] 锁琐琐碎
tʂ	[˩] 镯浊酌着着气、睡着 [˨] 卓桌啄拙捉
tʂ'	[˨] 戳绰焯
ʂ	[˩] 勺芍朔所派出所 [˨] 说

第四章 凉州、甘州、肃州、敦煌(河东)方言同音字汇

z̩ [˧] 若弱

k [˥] 锅过菜炒过了 [˥˩] 果裹馃 [˧] 过郭国

k' [˥] 科白读棵白读颗白读 [˥˩] 颗颗颗子：小疙瘩 [˧] 课白读括阔廓扩

x [˥] 豁豁口劐用刀子劐开 [˥˩] 和和面活火伙 [˧] 货祸霍藿获或惑

ø [˥˩] 我又读

yə

l [˧] 略掠

tɕ [˥˩] 绝掘倔倔强橛决诀爵嚼 [˧] 厥蹶蹶脾气、蹶脚镢镢头角文读觉知觉

tɕ' [˥˩] 瘸 [˧] 缺雀文读鹊文读却确榷

ɕ [˥] 靴穴 [˥˩] 学 [˧] 薛雪血血液削

ø [˧] 悦阅哕越曰月虐疟约乐音乐钥岳药跃文读

ɛ

p [˥˩] 摆 [˧] 稗败拜

p' [˥˩] 牌排 [˧] 派

m [˥˩] 埋买 [˧] 卖迈

v [˥] 歪 [˧] 外

t [˥] 呆 [˧] 戴胎白读。补胎带代袋贷待怠殆大大夫

t' [˥] 胎文读。轮胎苔舌苔 [˥˩] 台抬 [˧] 态太泰

n [˥˩] 乃奶 [˧] 耐奈

l [˥˩] 来獭 [˧] 赖癞

ts [˥] 灾栽斋 [˥˩] 宰载年载 [˧] 再载载重在债寨

ts' [˥] 猜豺钗差出差 [˥˩] 才材财彩採裁柴 [˧] 菜蔡

s [˥] 腮鳃筛 [˧] 赛晒

| k | [˧] 该街白读 [˥] 秸麦秆子改解白读。解开 [˩] 溉概丐芥白读。芥末戒盖 |

| k' | [˧] 开揩 [˥] 凯楷 [˩] 慨感慨 |

| x | [˥] 孩亥海鞋白读骇还还有 [˩] 害 |

| ø | [˧] 哀埃挨 [˥] 挨挨打崖矮 [˩] 碍艾爱蔼隘 |

uɛ

| tʂ | [˩] 拽 |

| tʂ' | [˧] 揣 |

| ʂ | [˧] 衰摔 [˩] 帅率率领蟀 |

| k | [˧] 乖 [˥] 拐 [˩] 怪 |

| k' | [˩] 块快会会计侩 |

| x | [˥] 怀槐淮 [˩] 坏 |

ɔ

| p | [˧] 襃包胞 [˥] 保宝堡城堡饱 [˩] 报抱暴菢菢小鸡豹爆雹冰雹鲍 |

| p' | [˧] 泡量词 [˥] 袍跑抛刨以手或工具挖 [˩] 泡泡茶炮 |

| m | [˥] 毛茅猫矛 [˩] 冒帽卯貌茂贸 |

| t | [˧] 刀叨 [˥] 岛倒打倒导 [˩] 祷到倒水道稻盗 |

| t' | [˧] 掏滔 [˥] 讨乞讨淘逃桃萄涛陶 [˩] 套 |

| n | [˥] 恼脑铙挠 [˩] 闹 |

| l | [˧] 唠捞捞了一把 [˥] 老劳牢捞打捞 [˩] 涝 |

| ts | [˧] 遭糟 [˥] 早枣澡蚤找爪白读。鸡爪风 [˩] 躁灶皂造罩笊笊篱 |

| ts' | [˧] 操操作抄抄写钞钞票巢 [˥] 草炒吵曹槽 [˩] 糙粗糙 |

| s | [˧] 臊骚梢捎捎带稍潲 [˥] 扫扫地嫂 [˩] 扫扫帚 |

| tʂ | [˧] 朝朝气招昭沼沼气 [˥] 着着祸 [˩] 赵兆召照诏 |

| tʂ' | [˧] 超 [˥] 朝朝代潮 |

第四章 凉州、甘州、肃州、敦煌(河东)方言同音字汇

ʂ　　[˧] 烧 [˥] 少多少绍 [˦] 少少年邵

ʐ　　[˥] 饶扰绕围绕 [˦] 绕绕线

k　　[˧] 高膏糕羔 [˥] 稿告哄搞 [˦] 告膏膏油

k'　　[˧] 敲白读。击打 [˥] 考烤 [˦] 靠犒

x　　[˧] 蒿薅薅草 [˥] 好好坏豪壕毫号号叫 [˦] 耗好喜好号号码浩郝

ø　　[˧] 熬熬时间 [˥] 熬袄 [˦] 傲鏊懊懊悔、懊恼奥坳

iɔ

p　　[˧] 膘标彪镖 [˦] 表表现、手表

p'　　[˧] 飘漂漂浮瓢 [˥] 嫖 [˦] 漂漂亮、漂洗票

m　　[˧] 苗描秒渺 [˦] 庙妙貌

t　　[˧] 刁貂雕 [˦] 钓吊掉调音调

t'　　[˧] 挑挑水 [˥] 条挑挑事调调和 [˦] 跳藋灰藋耀

l　　[˧] 聊辽燎了了结撩寥疗 [˦] 廖姓缭缝疗瞭望料尥

tɕ　　[˧] 交郊胶教教书焦蕉椒醮打醮瞧牛倒瞧骄娇矫浇 [˥] 狡绞铰搅剿缴侥佼幸饺 [˦] 教教育校校对较酵白读。酵头子窖觉睡觉轿叫

tɕ'　　[˧] 敲文读锹悄 [˥] 巧瞧樵乔侨桥荞雀白读 [˦] 缲缲边俏窍

ȵ　　[˥] 鸟 [˦] 尿

ɕ　　[˧] 淆消宵霄硝销嚣萧箫 [˥] 小晓屑不屑 [˦] 孝效校学校酵文读。发酵笑鞘

z　　[˧] 妖邀腰要要求夭幺吆 [˥] 咬肴摇谣姚窑肴尧杳 [˦] 勒鞋勒要重要跃白读耀鹞

ei

p　　[˧] 杯碑卑悲背背东西 [˥] 白文读 [˦] 贝辈背脊背、背诵倍焙焙干臂臂膀百文读北文读

p'　　[˧] 胚坯 [˥] 培陪赔裴 [˦] 沛配佩辔辔头

m　　[˦] 梅煤媒每美 [˦] 枚妹味寐

f	[˥] 非飞 [˧˩] 吠妃匪肥 [˨˦] 废肺痱费翡翡翠
v	[˥] 微危威围围脖桅 [˧˩] 尾文读煨卫萎花萎为作为委惟维唯违伟苇围包围 [˨˦] 未味伪为为啥位喂慰畏胃谓魏纬
ts	[˧˩] 贼

uei

t	[˥] 堆 [˧˩] 对碰上 [˨˦] 对
t'	[˥] 推 [˧˩] 腿 [˨˦] 退蜕蜕皮
n	[˨˦] 内
l	[˧˩] 儡垒累积累雷 [˨˦] 累劳累类泪
ts	[˧˩] 嘴 [˨˦] 最醉罪
ts'	[˥] 崔催 [˨˦] 脆翠粹
s	[˥] 虽尿 [˧˩] 随髓绥遂 [˨˦] 碎岁隧穗
tʂ	[˥] 追锥 [˨˦] 缀赘坠
tʂ'	[˥] 吹炊 [˧˩] 垂锤捶
ʂ	[˧˩] 谁水 [˨˦] 税睡
ʐ	[˨˦] 芮蕊锐瑞
k	[˥] 圭规龟轨归 [˧˩] 诡鬼癸 [˨˦] 桂围跪柜贵刿
k'	[˥] 盔亏 [˧˩] 魁奎窥葵逵傀 [˨˦] 溃愧
x	[˥] 恢灰麾挥辉徽 [˧˩] 回茴毁悔晦 [˨˦] 会开会绘慧惠秽讳汇贿

ɤu

t	[˥] 兜 [˧˩] 斗升斗抖陡 [˨˦] 斗战斗豆逗
t'	[˥] 偷 [˧˩] 敨头投 [˨˦] 透
l	[˥] 搂搂取 [˧˩] 楼髅篓炉搂搂抱 [˨˦] 漏陋露露出来
ts	[˥] 邹 [˧˩] 走 [˨˦] 奏皱骤绉

第四章 凉州、甘州、肃州、敦煌(河东)方言同音字汇

ts'	[˧] 掫掫起来 [˥] 瞅愁 [˨] 凑
s	[˧] 叟搜馊飕风声 [˨] 嗽漱瘦
tʂ	[˧] 周舟州洲粥 [˥] 肘搊搊上旗子拿举 [˨] 昼纣昼咒
tʂ'	[˧] 抽 [˥] 丑绸稠筹仇酬 [˨] 臭
ʂ	[˧] 收 [˥] 手首守 [˨] 兽受寿授售
ʐ	[˥] 柔揉 [˨] 肉
k	[˧] 勾钩沟 [˥] 狗苟 [˨] 够彀往上彀构购
k'	[˧] 抠眍 [˥] 扣器皿朝下放置口寇 [˨] 叩扣扣子
x	[˧] 吼 [˥] 候喉猴瘊 [˨] 侯后厚候
ø	[˧] 欧瓯 [˥] 偶藕殴 [˨] 沤怄呕

iɤu

t	[˧] 丢
l	[˥] 流刘留榴硫琉柳 [˨] 溜馏六文读
tɕ	[˧] 揪鬏阄鸠纠纠缠灸究 [˥] 酒九久韭 [˨] 就救臼舅咎旧柩
tɕ'	[˧] 秋秋天鞦囚丘球 [˥] 求仇 [˨] 糗俅㹺
ŋ̩	[˥] 牛纽扭 [˨] 谬
ɕ	[˧] 修羞休 [˥] 朽 [˨] 秀绣宿星宿锈袖嗅莠
z	[˧] 优游犹悠幽 [˥] 有友邮尤尤其由油 [˨] 右祐幼西诱釉鼬
p	[˧] 班斑颁扳般搬 [˥] 板版 [˨] 扮瓣办伴拌半绊
p'	[˧] 攀潘 [˥] 爿盘 [˨] 盼襻判叛
m	[˥] 蛮满螨馒 [˨] 慢漫幔
f	[˧] 藩翻番几番 [˥] 反烦繁凡帆 [˨] 贩饭范犯泛
v	[˧] 豌剜湾弯 [˥] 晚挽丸完玩游玩碗顽顽皮 [˨] 蔓藤蔓万腕弯绕远
t	[˧] 耽担担任丹单 [˥] 胆掸鸡毛掸子 [˨] 担挑担淡旦诞但蛋弹子弹

t'	[˧] 贪坍坍塌滩摊 [˨] 谭潭谈痰毯坦檀坛弹弹琴 [˩] 探炭叹
n	[˨] 南男难困难 [˩] 难患难
l	[˨] 漤漤菜蓝篮榄览揽兰拦栏懒 [˩] 滥缆烂
ts	[˧] 簪 [˨] 攒积攒斩 [˩] 站站立、车站溅赞蘸盏栈錾錾花暂暂时
ts'	[˧] 参餐搀 [˨] 蚕惨惭残谗馋铲产 [˩] 灿绽裂开
s	[˧] 三珊杉衫山删 [˨] 散松散伞 [˩] 散散架、分散
tʂ	[˧] 沾粘毡瞻占占卜 [˨] 展 [˩] 占占住战颤绽
tʂ'	[˨] 蟾缠禅蝉
ʂ	[˧] 羶扇 [˨] 闪陕 [˩] 钐疝善扇扇子膳单单姓禅禅让
ʐ	[˧] 冉 [˨] 染然燃
k	[˧] 甘柑泔橄尴尴尬干干湿、干亲肝竿杆 [˨] 感敢秆赶擀 [˩] 干干事
k'	[˧] 堪龛勘看看守刊 [˨] 砍坎 [˩] 看
x	[˧] 憨酣鼾 [˨] 含函喊咸盐多,白读罕稀罕寒韩 [˩] 撼憾旱汉汗焊焊铁壶翰
ø	[˧] 庵安鞍 [˨] 揞 [˩] 暗岸按案

iɜ̃

p	[˧] 鞭编边蝙 [˨] 贬扁匾 [˩] 辫辨辩变便方便遍
p'	[˧] 篇偏 [˨] 便便宜 [˩] 片骗欺骗、骗马
m	[˧] 面粉末 [˨] 绵棉免勉娩眠 [˩] 缅渑面面粉
t	[˧] 掂颠 [˨] 点典 [˩] 店簟电奠佃垫殿
t'	[˧] 添添加天填 [˨] 舔甜腆田填偿还 [˩] 掭掭笔
l	[˨] 廉镰簾敛连联怜莲 [˩] 敛收敛殓脸练炼恋
tɕ	[˧] 监尖兼搛艰间奸煎笺肩坚 [˨] 减碱检俭简柬捡剪茧 [˩] 鉴监国子监舰渐剑间间断谏涧锏溅箭贱践件犍犍子建键健腱荐推荐见

第四章 凉州、甘州、肃州、敦煌(河东)方言同音字汇

tɕ' [˧] 鹐嵌歼歼灭签箋乾虔千牵谦铅迁 [˥] 浅钳潜钱遣前 [˩] 欠饯歉

ŋ̩ [˧] 蔫没有精神 [˥] 黏鲇鲇鱼拈碾辇年撵撚撚碎 [˩] 念

ç [˧] 仙鲜涎掀先杴 [˥] 咸文读险闲贤弦显嫌 [˩] 馅文读陷限苋线羡献宪现县

z̩ [˧] 淹炎腌蔫不新鲜焉心不在焉沿燕姓烟 [˥] 岩掩掩饰魇盐阎簷严俨眼颜谚延延安筵演言研 [˩] 验厌艳焰釅雁晏堰砚咽宴燕燕子

uã

t [˧] 端 [˥] 短 [˩] 断断绝、决断锻段缎

t' [˥] 团

l [˧] 鸾 [˥] 卵 [˩] 乱

n [˥] 暖

ts [˧] 钻 [˩] 钻钻子纂攥攥住

ts' [˧] 氽 [˥] 攒攒坟 [˩] 窜篡

s [˧] 酸 [˩] 算蒜

tʂ [˧] 专砖 [˥] 转转学 [˩] 撰转转弯篆传传记赚

tʂ' [˧] 川穿 [˥] 传传达椽船喘 [˩] 串

ʂ [˧] 闩拴栓 [˩] 涮

ʐ̩ [˥] 软阮

k [˧] 官棺观参观冠衣冠鳏关 [˥] 管馆 [˩] 贯灌罐冠冠军观道观惯

k' [˧] 宽 [˥] 款

x [˧] 欢 [˥] 缓桓还还原环 [˩] 换唤焕幻患宦

yɛ̃

tɕ [˧] 捐娟绢 [˥] 卷 [˩] 圈猪圈倦眷卷卷子券

tɕ' [˧] 圈圆圈 [˥] 全泉拳权颧犬 [˩] 劝

ç [˧] 宣 [˥] 选旋旋风玄悬轩癣 [˩] 旋旋做楦眩馅白读

ø	[˧] 冤渊 [˧˩] 圆员缘元原源园袁辕援宛远 [˩] 院愿怨	

uŋ

p	[˧] 帮邦 [˧˩] 榜绑 [˩] 谤傍棒蚌
pʻ	[˧] 胖肿 [˧˩] 滂旁螃庞 [˩] 胖
m	[˧] 茫 [˧˩] 忙芒莽蟒盲虻
f	[˧] 方肪芳 [˧˩] 仿仿效、仿佛妨妨害纺访房防 [˩] 放
v	[˧] 汪一汪水 [˧˩] 亡芒麦芒网辋王枉往 [˩] 忘妄望旺
t	[˧] 当当时 [˧˩] 党 [˩] 当当作挡阻挡荡宕
tʻ	[˧] 汤烫用火烧：烫猪毛 [˧˩] 躺倘堂棠螳唐糖塘 [˩] 烫趟
n	[˧] 囊浪费；囊工 [˧˩] 曩攮
l	[˧˩] 郎廊狼螂 [˩] 朗浪
ts	[˧] 脏肮脏赃赃物 [˩] 葬藏西藏脏肝脏
tsʻ	[˧] 仓苍 [˧˩] 藏隐藏
s	[˧] 桑丧婚丧 [˧˩] 嗓搡 [˩] 丧丧失
tʂ	[˧] 张章樟 [˧˩] 长生长涨涨水掌 [˩] 仗丈杖帐账胀障瘴
tʂʻ	[˧] 昌菖 [˧˩] 长长短肠场厂常尝偿赔偿 [˩] 畅唱倡
ʂ	[˧] 商伤裳 [˧˩] 赏晌晌午 [˩] 尚上
ʐ	[˧˩] 穰瓤攘嚷 [˩] 让酿白读。酿皮子壤
k	[˧] 冈刚纲钢缸 [˧˩] 耩岗岗位 [˩] 钢钢刀杠港虹白读
kʻ	[˧] 康糠慷慨腔白读 [˧˩] 扛抗航 [˩] 炕
x	[˧] 夯 [˧˩] 行行列杭 [˩] 项白读。脖项巷白读。巷子
ø	[˧] 昂肮

iɔŋ

l	[˧˩] 良凉粮量称量梁粱两斤两、两个 [˩] 量数量亮谅辆

第四章 凉州、甘州、肃州、敦煌(河东)方言同音字汇

tɕ   [˧] 将浆浆水姜疆礓僵薑缰江豇 [˥] 蒋奖讲桨 [˨] 犟酱将大将匠降下降

tɕ'   [˧] 枪羌腔文读 [˥] 抢墙详祥强强盛、勉强

ȵ   [˧] 娘娘娘：未婚的女性长辈年 [˥] 娘爹娘 [˨] 酿文读

ɕ   [˧] 相互相箱厢湘襄镶香乡 [˥] 享降投降想响 [˨] 象像橡相相貌向项文读巷文读

ʑ   [˧] 央秧殃 [˥] 养仰羊洋痒杨扬阳疡 [˨] 样

uɑŋ

tʂ   [˧] 庄装装车桩 [˨] 壮状噇口噇：吃饭好，不挑食撞装装棉袄

tʂ'   [˧] 疮窗 [˥] 床闯 [˨] 创撞又读

ʂ   [˧] 霜孀双 [˥] 爽 [˨] 双双生

k   [˧] 光 [˥] 广 [˨] 桄逛

k'   [˧] 匡眶筐 [˥] 狂 [˨] 旷况

x   [˧] 荒慌 [˥] 谎黄簧锁簧蝗皇 [˨] 晃晃眼

əŋ

p   [˧] 奔挖奔子跑锛崩 [˥] 本 [˨] 奔笨迸

p'   [˧] 喷喷水烹 [˥] 盆朋彭膨棚蓬篷捧 [˨] 喷喷嚏

m   [˧] 懵 [˥] 门猛萌盟蒙 [˨] 闷孟梦

f   [˧] 分纷芬风枫疯丰封峰蜂锋 [˥] 粉焚坟冯逢缝缝衣服 [˨] 粪奋愤忿份讽凤缝一条缝奉俸

v   [˧] 温瘟翁甕吻刎 [˥] 稳文纹蚊闻 [˨] 问

t   [˧] 登灯 [˥] 等 [˨] 扽凳镫马镫瞪邓澄澄清

t'   [˧] 熥 [˥] 腾誊疼藤

n   [˥] 能 [˨] 嫩

l   [˥] 楞冷

ts   [˧] 曾姓增憎争睁筝 [˨] 赠锃光亮

tsʻ	[˧] 参参差岑曾曾经撑 [ˇ] 层 [ˋ] 衬蹭掌椅子掌榫垫塞：桌子不平，把腿榫给下	
s	[˧] 参人参森僧生牲笙甥 [ˇ] 省省长、节省 [ˋ] 渗	
tʂ	[˧] 针斟珍榛臻真征征求蒸正正月贞侦 [ˇ] 枕诊疹整治：整人 [ˋ] 镇阵振震证症郑正政	
tʂʻ	[˧] 伸白读称称呼 [ˇ] 沉陈尘娠辰晨臣澄惩橙拯承丞逞逞能呈程成诚城盛盛饭 [ˋ] 趁称相称秤乘	
ʂ	[˧] 深身申伸文读升声 [ˋ] 沈审婶神绳 [ˋ] 葚甚肾慎剩胜胜任、胜败圣盛兴盛	
ʐ	[˧] 扔文读 [ˇ] 壬任姓人仁忍仍 [ˋ] 任责任纫缝纫刃认韧	
k	[˧] 跟根更白读。五更粳白读。粳米庚羹耕 [ˇ] 埂梗哽耿 [ˋ] 更更加	
kʻ	[˧] 坑 [ˇ] 肯恳垦啃老鼠啃	
x	[˧] 亨 [ˇ] 痕很恒衡 [ˋ] 恨杏杏子横横竖	
ø	[˧] 恩	

iəŋ

p	[˧] 宾彬槟冰兵 [ˇ] 禀丙饼秉柄 [ˋ] 殡鬓病并合并、并立	
pʻ	[˧] 姘姘头拼拼合 [ˇ] 品贫频凭平坪评聘瓶屏 [ˋ] 拼拼命	
m	[ˇ] 闽民敏悯皿明鸣名铭抿 [ˋ] 命	
t	[˧] 丁疔钉钉子 [ˇ] 顶鼎 [ˋ] 钉钉住订定锭	
tʻ	[˧] 听听话、听任厅 [ˇ] 廷庭蜓挺挺好亭停艇 [ˋ] 停等	
l	[ˇ] 林淋临檩邻磷鳞凌陵菱拎领岭灵翎零铃伶 [ˋ] 吝另令	
tɕ	[˧] 津今金禁襟巾斤筋茎更文读。五更京惊荆鲸粳文读。粳米精睛晶经经过、经线 [ˇ] 锦伈紧谨境景警井 [ˋ] 浸禁妗进晋尽劲有劲、劲敌仅近竞颈静靖净径敬竟镜	
tɕʻ	[˧] 钦亲卿轻清青蜻倾 [ˇ] 侵寝琴擒禽秦勤芹擎请情晴顷 [ˋ] 吣胡吣：胡说亲亲家庆磬	

第四章 凉州、甘州、肃州、敦煌(河东)方言同音字汇

ȵ [˧] 凝宁安宁 [˨] 硬宁宁可佞赁

ç [˧] 心辛新薪欣兴兴旺星腥馨 [˨] 寻白读芔挑芔行行为、品行省反省醒形型邢 [˨] 信讯白读兴高兴幸性姓杏文读

ʑ [˧] 吟音阴荫淫因姻洇殷应应当鹰老鹰莺鹦樱婴缨盈颖英 [˨] 饮饮酒银隐寅引迎赢影营茔萤蝇尹 [˨] 饮饮马窨印应应对映

uŋ

t [˧] 敦敦厚墩蹲东冬 [˨] 懂董 [˨] 顿囤盾冻栋动洞钝遁

t' [˧] 通吞 [˨] 屯豚臀桶捅同铜桐筒童瞳统 [˨] 褪饨馄饨痛

n [˧] 黁 [˨] 弄

l [˨] 隆隆重农脓浓笼聋拢垄龙陇仑昆仑伦文读沦抡文读轮文读 [˨] 论文读。议论、论语

ts [˧] 尊遵棕鬃宗踪 [˨] 总 [˨] 俊粽综纵纵横、放纵怂悚恿

ts' [˧] 村皴聪葱匆囱从从容 [˨] 存丛从跟从 [˨] 寸忖

s [˧] 孙松松树、放松嵩 [˨] 损笋榫 [˨] 送宋颂诵讼

tʂ [˧] 忠中中间终盅钟锺 [˨] 准冢种种子肿 [˨] 中射中仲众重轻重种种树

tʂ' [˧] 春充舂铳冲冲锋椿 [˨] 蠢唇纯醇虫崇宠重重复 [˨] 冲烈: 酒冲的很

ʂ [˨] 顺舜

ʐ [˨] 戎绒茸氄熔蓉文读融文读荣文读容文读 [˨] 润闰冗

k [˧] 公蚣工功攻弓躬宫恭供供不起 [˨] 滚 [˨] 棍贡汞巩拱供供养共

k' [˧] 昆坤空空虚 [˨] 捆孔恐 [˨] 困控空空缺

x [˧] 昏婚烘哄闹哄哄轰搹搹出去荤 [˨] 魂馄馄饨哄哄骗红洪宏弘鸿虹文读 [˨] 浑混相混讧横不正

yŋ

l [˨] 抡白读伦白读轮白读 [˨] 论白读

tɕ	[˧] 均钧君军 [˧˥] 窘菌俊迥郡	
tɕʻ	[˧˥] 群裙穷琼	
ɕ	[˧] 熏薰勋兄胸凶 [˧˥] 旬荀循巡熊雄寻文读 [˥˧] 迅殉训讯文读逊	
ø	[˧] 雍壅㙷肥臃拥庸 [˧˥] 匀允云荣白读永泳咏融白读甬勇涌容白读蓉白读 [˥˧] 熨运晕韵孕用	

第四节　敦煌(河东)方言同音字汇

ㄧ

p	[˧˥] 蓖鼻笔必毕弼逼碧壁璧 [˥˧] 陛彼比秕 [˧] 蔽敝弊币毙闭算被鄙备
pʻ	[˧˥] 批皮疲脾披丕琵枇枇杷匹僻辟劈 [˥˧] 避 [˧] 屁庇痹麻痹
m	[˧˥] 糜糜子弥猕迷谜 [˥˧] 米靡女白读 [˧] 蜜密
t	[˧˥] 低的的确滴嫡笛敌狄 [˥˧] 底抵 [˧] 帝弟第递地
tʻ	[˧˥] 堤梯题蹄提啼踢剔 [˥˧] 体 [˧] 替剃屉涕
n	[˧˥] 泥尼倪匿逆溺 [˥˧] 你拟 [˧] 腻
l	[˧˥] 犁黎离离别篱璃梨厘狸立笠粒力历栗 [˥˧] 李里礼理鲤 [˧] 例厉励丽隶离离得近利痢吏荔
ts	[˧˥] 支枝肢资姿咨脂兹滋辎之芝 [˥˧] 紫纸只只有姊旨指子梓滓止址趾 [˧] 自至字痔指指头志痣
tsʻ	[˧˥] 雌疵差参差瓷迟慈磁辞词祠痴嗤 [˥˧] 此齿 [˧] 刺赐翅次伺饲嗣
s	[˧˥] 斯厮撕施匙私师狮尸司丝思诗时 [˥˧] 死屎使史驶始 [˧] 是氏四肆矢示　视嗜似巳祀寺士仕柿事试市恃侍

第四章　凉州、甘州、肃州、敦煌(河东)方言同音字汇

ɿ

tʂ	[˦] 知蜘执汁侄秩质直值值钱织职植掷炙 [˧] 滞制智雉致稚置只一只鸡治
tʂʻ	[˦] 池驰侈饬赤斥尺吃持 [˩] 耻
ʂ	[˦] 湿十什拾实失室蚀识式适释石饰誓食射射过来 [˧] 世势逝
ʐ	[˧] 日

ɚ

ø　[˦] 儿而 [˩] 尔耳饵 [˧] 二贰贰心

i

tɕ	[˦] 鸡稽机饥肌基几几乎集辑急级及疾吉即鲫极积脊迹事迹籍藉绩寂击激 [˩] 挤荠几几个纪己 [˧] 祭际济剂计继系系鞋带髻寄技妓冀记忌既季
tɕʻ	[˦] 妻齐脐奇骑岐祁欺其棋期旗祈缉缉鞋口泣七漆膝乞戚畦栖 [˩] 启企起杞岂 [˧] 砌契器弃气汽去白读
ɕ	[˦] 西栖犀溪奚分玺徙牺嬉熙稀希吸悉息熄媳昔惜锡析习袭 [˩] 喜洗席席子、主席 [˧] 细系关系戏携
ʑ	[˦] 宜仪移伊夷姨疑医饴衣依揖一逸抑翼益亦译易交易疫役 [˩] 蚁椅倚乙以已尾白读。尾巴 [˧] 艺肆瞖日瞖缢谊义议易难易意矣异毅忆亿

u

p	[˦] 不卜占卜 [˩] 补 [˧] 布部簿怖步
pʻ	[˦] 铺铺设蒲菩醅扑瀑仆朴脯葡 [˩] 谱普 [˧] 铺店铺捕堡
m	[˦] 模模子摹谋馍木目牧穆幕 [˩] 亩某母牡拇 [˧] 暮慕墓没没有
f	[˦] 夫肤麸敷俘浮孵符扶芙佛缚福幅蝠复腹覆伏袱服 [˩] 府腑俯斧辅腐否抚 [˧] 付赋傅父附副富负妇赴讣

v	[ㄩ] 吾吴蜈梧乌污无巫诬屋沃 [ㄚ] 五午伍坞侮武舞鹉 [ㄧ] 悟误恶憎恶雾务戊	
t	[ㄩ] 都都城、都是笃独读毒犊督 [ㄚ] 堵赌肚猪肚子 [ㄧ] 妒杜肚肚子度渡镀	
t'	[ㄩ] 图屠途涂徒突突然 [ㄚ] 土吐吐痰 [ㄧ] 兔突秃唾唾沫	
l	[ㄩ] 卢芦庐陆禄绿文读录鹿六白读 [ㄚ] 鲁橹房卤 [ㄧ] 路赂露鹭	
ts	[ㄩ] 租族卒兵卒足足够 [ㄚ] 祖组阻 [ㄧ] 做白读	
ts'	[ㄩ] 粗猝促 [ㄧ] 醋	
s	[ㄩ] 苏酥肃俗粟速 [ㄧ] 素嗉诉塑	
tʂ	[ㄩ] 猪诸蛛株珠朱硃术白术竹筑逐轴祝嘱烛触 [ㄚ] 煮拄主 [ㄧ] 著苎箸助驻住柱注蛀铸帚	
tʂ'	[ㄩ] 除储初锄厨雏出畜畜牲 [ㄚ] 褚楚础处处理暑鼠杵 [ㄧ] 处相处	
ʂ	[ㄩ] 梳疏蔬书舒枢输输赢殊叔熟束属述术 [ㄚ] 数数钱赎 [ㄧ] 庶恕署专署薯数数字戍输运输竖树	
ʐ	[ㄩ] 如儒褥辱入 [ㄚ] 汝乳擩	
k	[ㄩ] 姑孤箍骨谷山谷穀谷子 [ㄚ] 古鼓估股 [ㄧ] 故锢锢露雇固顾	
k'	[ㄩ] 枯窟哭酷 [ㄚ] 苦 [ㄧ] 库裤	
x	[ㄩ] 呼胡葫湖壶乎忽核合核狐 [ㄚ] 虎浒 [ㄧ] 户互护瓠斛	

y

l	[ㄩ] 驴律率抒 [ㄚ] 吕旅缕 [ㄧ] 虑滤屡	
tɕ	[ㄩ] 居车车马炮拘驹俱锯锯木头橘局菊掬剧剧烈 [ㄚ] 举矩 [ㄧ] 拒巨距聚据句锯锯子具惧	
tɕ'	[ㄩ] 渠蛆趋区区域驱瞿曲歌曲、曲折曲酒曲黢黑黢黢屈 [ㄚ] 取娶 [ㄧ] 去文读趣	
ɲ	[ㄚ] 女文读	

第四章 凉州、甘州、肃州、敦煌(河东)方言同音字汇

ç　　[˧] 虚嘘徐须必须、胡须吁需畜畜牧蓄储蓄戍恤 [˥] 许 [˦] 序婿女婿绪叙絮续

z　　[˧] 鱼渔淤余馀愚虞娱迂于姓于盂榆愉逾狱玉郁育域欲浴 [˥] 语与雨宇羽禹愈 [˦] 御誉预豫遇寓芋裕喻

a

p　　[˧] 巴笆疤八拔爸爸：父亲的弟弟 [˥] 把把守 [˦] 霸罢把把子坝耙耙地

p'　　[˧] 爬琶杷耙耙子 [˦] 怕帕织物稀疏帕手帕

m　　[˧] 妈麻蟆抹抹布 [˥] 马码号码 [˦] 骂

f　　[˧] 乏伐筏罚法发头发、发展

v　　[˧] 蛙洼挖袜 [˥] 瓦

t　　[˧] 答搭达 [˥] 打 [˦] 大

t'　　[˧] 他踏沓一沓纸拓拓本塔榻塌溻獭

n　　[˧] 拿纳捺 [˥] 哪 [˦] 那

l　　[˧] 拉腊蜡辣

ts　　[˧] 楂山楂渣杂劄针劄子眨闸炸油炸铡铡刀札扎捆扎栅栅栏 [˦] 诈榨榨油炸炸弹乍

ts'　　[˧] 茶搽叉杈枝杈差差别茬查调查插擦察察看 [˦] 岔岔路

s　　[˧] 沙纱撒撒手萨菩萨杀 [˥] 洒傻 [˦] 厦厦房

k　　[˧] 尬尴尬搞用刀割

ŋ　　[˦] 阿阿伯子

x　　[˧] 蛤蛤蟆瞎白读 [˦] 下白读。下来吓白读

ia

tɕ　　[˧] 家加痂嘉佳夹甲胛肩胛挟 [˥] 假真假贾 [˦] 假放假价架驾嫁稼

tɕ'　　[˧] 恰掐洽 [˦] 搭搭住

| ɕ | [˧] 虾霞瑕侠狭峡匣辖瞎_{文读} [˥] 夏吓_{文读。吓一跳}下_{文读。下降}暇 |
| ʐ | [˧] 牙芽伢衙鸦丫桠鸭押压轧_{轧花} [˥] 雅哑 [˦] 砑碾压：东西砑坏了亚 |

ua

tʂ	[˧] 抓髽 [˥] 爪_{文读。爪子}
ʂ	[˧] 刷 [˥] 耍
ʐ	[˧] 挼_{皱、揉}
k	[˧] 瓜聒_{耳聒子} [˥] 寡剐 [˦] 刮_{刮风}挂卦
k'	[˧] 夸 [˥] 侉垮 [˦] 跨
x	[˧] 花华_{中华}铧划_{划船}滑猾 [˦] 化华_{华山}桦画话划_{计划}

ɛ

p	[˥] 摆 [˦] 稗败拜
p'	[˧] 牌排 [˦] 派
m	[˧] 埋 [˥] 买 [˦] 卖迈
v	[˧] 歪 [˦] 外
t	[˧] 呆 [˦] 戴带代袋贷待殆大_{大夫}
t'	[˧] 胎苔_{舌苔}台抬 [˦] 态太泰
n	[˥] 乃奶 [˦] 耐奈
l	[˧] 来 [˥] 嬾 [˦] 赖癞
ts	[˧] 灾栽斋宅摘 [˥] 宰载_{年载} [˦] 再载_{载重}在债寨
ts'	[˧] 猜豺钗差_{出差}才材财裁柴拆_{文读} [˥] 彩採睬 [˦] 菜蔡
s	[˧] 腮鳃筛 [˦] 赛晒塞
k	[˧] 该街_{白读} [˥] 解_{白读}改秸_{麦秸子} [˦] 溉概丐芥_{白读}盖
k'	[˧] 开揩 [˥] 凯楷 [˦] 慨感慨咳_{咳嗽}
ŋ	[˧] 哀埃挨_{挨打}崖 [˥] 矮 [˦] 碍艾爱蔼隘

第四章 凉州、甘州、肃州、敦煌(河东)方言同音字汇

x	[˩] 孩鞋白读还有核审核 [˥] 海 [˦] 害亥骇

iɛ

p	[˩] 鞭编边蝙 [˥] 贬扁匾 [˦] 辨辩变便方便遍辫
p'	[˩] 篇偏便便宜 [˥] 片一片 [˦] 骗骗马、欺骗片片片子：细碎的小块
m	[˩] 绵棉面粉末眠 [˥] 免勉娩 [˦] 面面粉、脸面缅渑
t	[˩] 掂簟颠 [˥] 点典 [˦] 店电奠佃垫殿
t'	[˩] 添甜天田填偿还 [˥] 舔腆 [˦] 捵捵笔
l	[˩] 连联廉镰簾怜莲 [˥] 敛敛财 [˦] 殓敛收敛练炼恋
tɕ	[˩] 监尖兼搛艰间奸煎溅箭犍犍子肩坚笺 [˥] 减碱检渐俭简捡柬剪茧 [˦] 鉴监舰剑间间断谏涧锏件践贱饯建键健腱荐推荐见
tɕ'	[˩] 鹐嵌歼歼灭签籖钳谦乾虔捐迁钱千前牵铅 [˥] 遣派浅潜 [˦] 欠歉
ȵ	[˩] 拈鲇年黏蔫没有精神 [˥] 碾辇眼撵撚撚碎脸 [˦] 念砚酽
ɕ	[˩] 咸文读衔枕嫌仙掀先贤弦闲涎鲜鲜明 [˥] 险显 [˦] 馅馅子陷限苋羡献宪现县线
ʑ	[˩] 岩淹掩掩门炎盐阎簷腌严颜蔫不新鲜焉心不在焉延延安筵言研燕姓烟沿燕燕子咽 [˥] 掩掩饰魇俨演 [˦] 验谚厌艳焰雁晏堰宴

uɛ

tʂ	[˦] 拽
tʂ'	[˩] 揣
ʂ	[˩] 衰摔率率领蟀 [˦] 帅
k	[˩] 乖 [˥] 拐 [˦] 怪
k'	[˦] 块快会会计侩
x	[˩] 怀槐淮 [˦] 坏

yɛ

tɕ	[˩] 捐娟 [˥] 卷 [˦] 圈猪圈眷卷卷子绢倦

·149·

tɕ'	[˧] 圈圆圈拳权颧全泉 [˥] 犬 [˦] 劝券
ɕ	[˧] 喧玄悬轩宣旋旋风鲜新鲜 [˥] 选癣 [˦] 楦眩旋旋做
ø	[˧] 圆员元原源缘冤袁辕援园渊 [˥] 远 [˦] 院怨愿宛

ə

p	[˧] 波菠玻钵帛拨擘饽脖饽面饽博泊停泊薄剥剥削 [˥] 簸簸一簸、簸箕跛 [˦] 薄薄荷驳剥剥皮
p'	[˧] 颇坡婆泼泼水拍文读迫文读魄文读 [˥] 剖剖开 [˦] 破泼泼辣
m	[˧] 魔摩磨磨刀馍模模范模模仿莫寞膜摸末沫陌陌生默文读 [˥] 抹 [˦] 莫磨石磨没沉没
v	[˧] 窝倭蹾物勿握 [˦] 卧
t	[˧] 得文读德文读
t'	[˧] 特文读
l	[˧] 肋文读勒文读
ts	[˧] 泽文读择则窄文读责文读
ts'	[˧] 测侧厕册文读策
s	[˧] 涩瑟虱塞文读色文读啬
tʂ	[˧] 遮蔗褶皱纹摺摺叠浙辙折折断蛰惊蛰哲蜇 [˥] 者
tʂ'	[˧] 车彻撤 [˥] 扯
ʂ	[˧] 蛇佘赊摄涉折断了舌设奢 [˥] 捨 [˦] 射麝舍社
ʐ	[˧] 热 [˥] 惹
k	[˧] 哥歌戈各阁搁胳胳膊割葛鸽格革隔角白读。牛角 [˦] 个
k'	[˧] 寐科文读棵文读磕壳克客刻时刻、刻刻渴 [˥] 可颗文读 [˦] 课文读
ŋ	[˧] 阿阿胶鹅蛾俄鄂讹额扼 [˥] 我 [˦] 饿恶善恶、恶心
x	[˧] 河何荷和和气鹤喝禾合盒 [˦] 贺荷薄荷

第四章 凉州、甘州、肃州、敦煌(河东)方言同音字汇

iə

p	[˧] 别区别、离别鳖憋
p'	[˧] 撇撇捺
m	[˧] 篾灭消灭
t	[˧] 爹叠蝶碟谍 [˥] 跌
t'	[˧] 帖贴铁
l	[˧] 猎列烈裂劣
tɕ	[˧] 皆阶揭节结洁接劫杰截捷 [˩] 姐解文读 [˥] 借褯芥文读介届届戒械
tɕ'	[˧] 茄笡笡坡衔挶怯文读。胆怯切妾 [˩] 且 [˥] 窃砌
ȵ	[˧] 茶弱小聂镊躡业捏孼灭白读。火灭了
ɕ	[˧] 斜鞋文读邪谐屑木屑血流血泄楔楔子胁协歇蝎 [˩] 写 [˥] 些懈谢泻卸蟹
ʑ	[˧] 爷叶页拽噎液腋 [˩] 也野 [˥] 夜

uə

t	[˧] 多垛掇拾掇夺铎 [˩] 朵躲 [˥] 驮驮子剁惰
t'	[˧] 拖驼驮驮起来脱托 [˩] 舵妥椭 [˥] 唾唾液
n	[˧] 挪诺
l	[˧] 啰罗锣箩骡螺脶落烙络骆酪乐快乐 [˥] 糯摞裸
ts	[˧] 撮凿 [˩] 左佐 [˥] 坐座做文读作
ts'	[˧] 搓错 [˩] 脞 [˥] 锉措
s	[˧] 梭唆簑索绳索缩缩水 [˩] 锁琐所派出所
tʂ	[˧] 镯浊酌着着气、睡着卓啄拙捉桌
tʂ'	[˧] 戳绰焯
ʂ	[˧] 说勺朔

z̧	[˧] 若弱
k	[˧] 锅过菜炒过了郭国 [˥] 果裹裸 [˦] 过
k'	[˧] 科白读棵白读颗白读。一颗心括阔廓扩 [˦] 课白读
x	[˧] 豁豁口活劐用刀子劐开或惑和和面货祸获 [˥] 火伙 [˦] 霍藿

yə

l	[˧] 略掠
tɕ	[˧] 绝掘倔倔强橛决诀爵嚼厥懠懠脾气、懠脚镢镢头角文读觉
tɕ'	[˧] 瘸缺却确榷怯白读 [˥] 雀文读鹊文读
ɕ	[˧] 靴穴学薛雪血血液 [˦] 削
ø	[˧] 悦阅哕越曰月虐疟约乐音乐钥岳药跃

ɔo

p	[˧] 褒包胞 [˥] 保宝堡城堡饱 [˦] 报抱菢菢小鸡豹爆雹冰雹暴鲍
p'	[˧] 泡量词袍抛刨以手或足挖土等 [˥] 跑 [˦] 泡泡茶炮
m	[˧] 毛茅猫矛 [˥] 卯 [˦] 冒帽貌茂贸
t	[˧] 刀叨 [˥] 导岛倒打倒 [˦] 祷到倒倒水道稻盗
t'	[˧] 掏涛淘逃桃萄陶 [˥] 讨乞讨 [˦] 套
n	[˧] 铙挠 [˥] 恼脑 [˦] 闹
l	[˧] 唠捞捞了一把劳牢醪 [˥] 老 [˦] 涝耢
ts	[˧] 遭糟 [˥] 早枣澡找蚤爪白读。鸡爪风 [˦] 罩笊笊篱躁灶皂造
ts'	[˧] 操操作抄抄写钞钞票巢曹槽 [˥] 草騲炒吵 [˦] 糙粗糙
s	[˧] 臊骚梢捎捎带稍潲 [˥] 扫扫地嫂 [˦] 扫扫帚
tʂ	[˧] 朝朝气招昭着碰上、遭遇 [˥] 赵兆召照诏沼沼气
tʂ'	[˧] 超朝朝代潮
ʂ	[˧] 烧绍 [˥] 少多少 [˦] 少少年邵
ʐ	[˧] 饶 [˥] 扰 [˦] 绕绕线、围绕

k	[˨] 高膏糕羔 [˧] 搞稿告哄 [˦] 告膏膏油	
k'	[˨] 敲白读。击打 [˧] 考烤 [˦] 靠犒	
ŋ	[˨] 熬坳 [˧] 袄 [˦] 傲鳌懊懊悔、懊恼奥	
x	[˨] 蒿薅~草豪壕毫号号叫郝 [˧] 好好坏 [˦] 耗好喜好号号码浩	

iɔ

p	[˨] 膘标彪镖 [˧] 表表现、手表
p'	[˨] 飘漂漂浮瓢嫖 [˧] 漂漂亮、漂洗票
m	[˨] 苗描 [˧] 秒渺藐 [˦] 庙妙
t	[˨] 刁貂雕 [˦] 钓吊掉调音调
t'	[˨] 条调调和挑挑水 [˧] 挑挑事 [˦] 跳薡灰薡耀
l	[˨] 聊辽撩寥缭缝疗 [˧] 燎了了结 [˦] 瞭望料尥
tɕ	[˨] 交郊胶教教书焦蕉椒醮打醮噍牛倒噍骄娇矫浇 [˧] 缴狡绞搅剿侥傲幸饺 [˦] 教教育校较窖觉睡觉酵白读。酵头子轿叫
tɕ'	[˨] 敲文读悄瞧樵乔侨桥荞缲缲边 [˧] 巧鹊白读雀白读 [˦] 俏窍
ȵ	[˧] 鸟咬白读 [˦] 尿
ɕ	[˨] 淆消宵霄硝销嚣萧箫屑木屑 [˧] 小晓 [˦] 笑孝效校学校鞘酵文读。发酵
z	[˨] 妖邀腰要要求幺吆肴摇谣姚窑尧 [˧] 舀杳咬文读 [˦] 勒鞋勒要重要耀鹞

ei

p	[˨] 杯碑卑悲北百柏伯白帛擘 [˦] 贝辈背脊背、背诵
p'	[˨] 胚坯培陪赔裴迫白读拍白读魄白读 [˦] 沛配倍佩焙焙干綪臂手臂
m	[˨] 梅煤媒眉楣墨默白读麦脉 [˧] 每美 [˦] 妹昧媚寐枚
f	[˨] 非飞妃肥匪 [˦] 废肺吠费翡翡翠痱

| v | [˧] 桅煨卫微萎危为作为惟维违威围围脖 [˥] 委尾文读伟苇伪
[˦] 喂为为啥唯位魏慰畏谓胃纬未味 |

t　[˧] 得白读德白读

t　[˧] 特白读

n　[˦] 内

l　[˧] 肋白读勒白读

ts　[˧] 泽白读贼窄白读责白读

ts'　[˧] 拆白读册白读策

s　[˧] 谁 [˦] 塞白读瑟涩啬色白读虱

k　[˥] 给

x　[˧] 黑

uei

t　[˧] 堆 [˥] 对碰上 [˦] 对

t'　[˧] 推 [˥] 腿 [˦] 退蜕蜕皮

l　[˧] 雷儡 [˥] 垒累积累 [˦] 累劳累类泪

ts　[˥] 嘴 [˦] 醉罪最

ts'　[˧] 崔催 [˦] 脆翠粹

s　[˧] 虽尿随髓遂隧绥 [˥] 碎岁穗

tʂ　[˧] 追锥 [˦] 缀赘坠

tʂ'　[˧] 吹炊垂锤捶

ʂ　[˥] 水 [˦] 税睡

ʐ　[˧] 芮锐 [˥] 蕊 [˦] 瑞

k　[˧] 圭闺规龟归轨 [˥] 诡癸鬼 [˦] 桂跪柜贵

k'　[˧] 盔亏魁奎窥葵迤 [˥] 傀 [˦] 溃愧

第四章 凉州、甘州、肃州、敦煌（河东）方言同音字汇

x　　[˧] 恢灰麾回茴挥辉徽 [˥] 毁贿梅 [˦] 晦会开会绘讳慧惠秽汇

ɣu

t　　[˧] 兜 [˥] 斗升斗抖陡 [˦] 斗战斗豆逗

t'　　[˧] 偷头投 [˥] 敨 [˦] 透

n　　[˧] 奴 [˥] 努 [˦] 怒

l　　[˧] 楼搂搂取耧篓炉 [˥] 搂搂抱 [˦] 漏陋露露出来

ts　　[˧] 邹 [˥] 走 [˦] 奏皱骤

ts'　　[˧] 搊搊起来 [˦] 凑

s　　[˧] 搜馊飕风声 [˥] 叟 [˦] 嗽漱瘦

tʂ　　[˧] 周舟州洲粥 [˥] 肘揪揪上旗子拿举 [˦] 昼咒纣

tʂ'　　[˧] 抽绸稠筹愁仇酬 [˥] 丑瞅 [˦] 臭

ʂ　　[˧] 收 [˥] 手首守 [˦] 兽受寿授售

ʐ　　[˧] 柔揉 [˦] 肉

k　　[˧] 勾钩沟 [˥] 狗苟 [˦] 够彀往上彀构购

k'　　[˧] 抠眍扣器皿朝下放置 [˥] 口 [˦] 叩寇扣纽扣

ŋ　　[˧] 欧瓯 [˥] 偶藕殴呕 [˦] 沤沤麻怄怄气

x　　[˧] 侯喉猴瘊吼 [˦] 候后厚候

iɣu

t　　[˧] 丢

l　　[˧] 流刘留榴硫琉绿白读 [˥] 柳 [˦] 溜馏六文读

tɕ　　[˧] 揪鬏阄鸠纠纠缠 [˥] 酒九久灸韭 [˦] 就救白舅咎旧柩究

tɕ'　　[˧] 秋鞦囚丘球求仇 [˥] 糗俅

ȵ　　[˧] 牛 [˥] 纽扭 [˦] 谬

ɕ　　[˧] 修羞休 [˥] 朽 [˦] 秀绣锈袖莠

ʐ	[˨] 优游犹悠幽邮尤尤其由油 [˥] 有友酉 [˦] 右祐幼诱釉鼬

æ̃i

p	[˨] 班斑颁扳般搬 [˥] 板版 [˦] 扮瓣办伴拌半绊
pʻ	[˨] 攀潘爿盘 [˦] 盼襻判叛
m	[˨] 蛮瞒馒蔓蔓菁 [˥] 满 [˦] 慢漫幔
f	[˨] 藩翻番儿番凡帆烦繁 [˥] 反 [˦] 贩饭范犯泛
v	[˨] 豌剜湾弯丸完玩游玩顽顽皮 [˥] 碗晚挽 [˦] 腕蔓藤蔓万
t	[˨] 耽担担任丹单 [˥] 胆掸鸡毛掸子 [˦] 担挑担淡诞旦但蛋弹子弹
tʻ	[˨] 贪谭潭坍坍塌谈痰滩摊檀坛弹弹琴 [˥] 毯坦平坦 [˦] 探炭叹
n	[˨] 南男难困难 [˦] 难患难
l	[˨] 漤㜑菜蓝篮兰拦栏 [˥] 览榄揽懒缆 [˦] 滥烂
ts	[˨] 簪 [˥] 斩攒积攒 [˦] 暂暂时錾錾花溅赞栈盏站站立、车站蘸
tsʻ	[˨] 参蚕惭谗馋搀餐残 [˥] 惨铲产 [˦] 灿绽
s	[˨] 三杉衫珊山删 [˥] 散松散伞 [˦] 散散架、分散
tʂ	[˨] 毡沾粘瞻占占卜 [˥] 展 [˦] 战颤占占住
tʂʻ	[˨] 缠禅蝉蟾
ʂ	[˨] 羶搧 [˥] 闪陕 [˦] 钐疝善扇扇子、单姓禅禅让膳
ʐ	[˨] 燃然 [˥] 冉染
k	[˨] 干干湿、干亲肝竿尴甘柑泔 [˥] 擀赶杆感敢橄 [˦] 干干事
kʻ	[˨] 看看守刊堪龛勘 [˥] 砍坎 [˦] 看
ŋ	[˨] 安鞍庵 [˥] 揞 [˦] 岸按案暗
x	[˨] 鼾寒韩咸白读憨含函 [˥] 罕稀罕喊 [˦] 汉汗焊焊铁壶翰撼憾旱

第四章　凉州、甘州、肃州、敦煌(河东)方言同音字汇

uæ̃i

t	[˧]	端	[˨]	短	[˥]	断_{断绝}锻段缎	
t'	[˧]	团					
n	[˨]	暖					
l	[˧]	鸾	[˨]	卵	[˥]	乱	
ts	[˧]	钻	[˨]	纂攥_{攥住}	[˥]	钻_{钻子}	
ts'	[˧]	汆	[˨]	攒	[˥]	窜篡	
s	[˧]	酸	[˥]	算蒜			
tʂ	[˧]	专砖	[˨]	转_{转学}	[˥]	转_{转弯}撰篆传_{传记}	
tʂ'	[˧]	传_{传达}椽川穿船	[˨]	喘	[˥]	串	
ʂ	[˧]	闩拴栓	[˥]	涮			
ʐ	[˨]	阮软					
k	[˧]	官棺观_{参观}鳏冠_{衣冠}关	[˨]	管馆	[˥]	贯灌罐冠_{冠军}观_{道观}惯	
k'	[˧]	宽	[˨]	款			
x	[˧]	欢桓还_{还原}环	[˨]	缓	[˥]	换唤焕幻患宦	

ɔŋ

p	[˧]	帮邦梆	[˨]	榜绑	[˥]	谤傍棒_{棒槌}	
p'	[˧]	滂旁螃胖_{肿胀}庞	[˥]	胖			
m	[˧]	茫忙芒盲虻	[˨]	莽蟒			
f	[˧]	方肪芳妨_{妨害}房防访	[˨]	仿_{仿效、仿佛}纺	[˥]	放	
v	[˧]	亡芒_{麦芒}汪_{一汪水}王枉	[˨]	网辋往	[˥]	忘妄望旺	
t	[˧]	当_{当时}	[˨]	党挡_{阻挡}	[˥]	当_{当作}荡宕	
t'	[˧]	汤烫_{用火烧：烫猪毛}堂棠螳唐糖塘	[˨]	躺倘	[˥]	烫趟	
n	[˧]	囊_{浪费：囊工}	[˨]	攮曩			
l	[˧]	郎廊螂狼	[˥]	朗浪			

ts	[˧] 脏肮脏赃赃物 [˥] 葬藏西藏脏肝脏
ts'	[˧] 仓苍藏隐藏
s	[˩] 桑丧婚丧 [˥] 嗓搡 [˥] 丧丧失
tʂ	[˧] 张章樟障障碍 [˥] 长生长涨涨水掌 [˥] 仗丈杖帐账胀瘴
tʂ'	[˧] 昌菖常尝偿赔偿长长短肠 [˥] 厂场球场 [˥] 畅唱倡
ʂ	[˧] 商伤裳 [˥] 赏晌晌午 [˥] 上上山尚
ʐ	[˧] 穰瓤 [˥] 攘嚷 [˥] 让壤
k	[˧] 冈岗岗位刚纲钢缸 [˥] 耩港 [˥] 钢钢刀杠虹又
k'	[˧] 康糠扛抗腔白读。腔子慷 [˥] 炕
ŋ	[˥] 昂肮
x	[˧] 夯行行列杭航 [˥] 项白读。脖项巷白读。巷子上又读。拿上

iɔŋ

l	[˧] 良凉粮量称量梁粱 [˥] 两 [˥] 量数量亮谅辆
tɕ	[˧] 将浆浆水姜疆礓僵薑缰江豇 [˥] 蒋奖讲桨 [˥] 酱将大将匠降犟
tɕ'	[˧] 枪墙详祥羌腔文读强强盛 [˥] 抢强勉强
ȵ	[˧] 娘爹娘 [˥] 酿
ɕ	[˧] 相互相箱厢湘襄镶香乡 [˥] 享想响饷降投降 [˥] 相相貌象像橡向项文读巷文读
ʑ	[˧] 央秧殃羊洋杨扬阳疡 [˥] 仰养痒 [˥] 样

uɔŋ

tʂ	[˧] 庄装装车桩 [˥] 壮装装棉袄噇口噇：吃饭好，不挑食撞状
tʂ'	[˧] 疮床窗 [˥] 闯 [˥] 创
ʂ	[˧] 霜孀双 [˥] 爽 [˥] 双双生
k	[˧] 光 [˥] 广桄 [˥] 逛

第四章　凉州、甘州、肃州、敦煌（河东）方言同音字汇

k' 　[˨] 匡眶筐狂 [˧] 旷况诓欺骗

x 　[˨] 荒慌黄簧锁簧蝗皇 [˦] 谎 [˧] 晃晃眼

ɤŋ

p 　[˨] 奔挖奔子跑锛崩 [˦] 本 [˧] 奔笨迸

p' 　[˨] 喷喷水盆朋烹彭膨棚蓬篷 [˦] 捧 [˧] 喷喷嚏

m 　[˨] 门萌盟蒙蒙住懵 [˦] 猛蒙蒙古 [˧] 闷孟梦

f 　[˨] 分芬纷焚坟风枫疯丰冯封峰蜂锋逢缝缝衣服 [˦] 粉讽 [˧] 粪奋愤忿份凤奉俸缝一条缝

v 　[˨] 文纹蚊闻吻刎翁甕温瘟 [˦] 稳 [˧] 问

t 　[˨] 登灯镫马镫 [˦] 等 [˧] 凳邓澄澄清瞪扽

t' 　[˨] 熥腾誊疼藤

n 　[˨] 能脓白读 [˧] 嫩文读

l 　[˨] 楞 [˦] 冷

ts 　[˨] 曾姓曾争睁筝 [˧] 赠锃光亮锃

ts' 　[˨] 曾曾经层撑参参差岑 [˧] 蹭掌椅子掌橕垫塞：桌子不平，把腿橕给下衬

s 　[˨] 僧生牲笙甥参人参森 [˦] 省省长、节省 [˧] 渗

tʂ 　[˨] 针斟珍榛臻真征征求贞侦正正月蒸 [˦] 枕诊疹整治：整人 [˧] 镇阵振震证症郑正政

tʂ' 　[˨] 伸白读，把腿伸开称称呼呈程沉陈尘娠辰晨臣澄惩橙承丞成诚城盛盛饭 [˦] 逞逞能拯 [˧] 趁称相称秤乘

ʂ 　[˨] 深神身申伸文读绳升剩胜胜任声 [˦] 沈审婶 [˧] 葚甚肾慎剩胜胜败圣盛兴盛

ʐ 　[˨] 壬任姓人仁扔仍文读 [˦] 忍 [˧] 任责任纫缝纫刃认韧

k 　[˨] 跟根更更换、五更粳粳米庚羹耕 [˦] 埂梗哽耿 [˧] 更更加

k' 　[˨] 坑 [˦] 恳垦啃老鼠啃肯

| ŋ | [˧] 恩 |
| x | [˧] 亨痕很很好恒衡 [˩] 很 [˥] 恨杏白读。杏子 |

iɤ̃

p	[˧] 宾彬槟冰兵殡 [˩] 禀丙秉饼柄 [˥] 鬓病并合并、并立
p'	[˧] 贫频凭平坪评姘姘头拼拼合瓶屏萍 [˩] 品 [˥] 聘拼拼命
m	[˧] 闽民明鸣名铭 [˩] 敏抿悯皿 [˥] 命
t	[˧] 丁疔钉钉子 [˩] 顶鼎 [˥] 钉钉住订定锭
t'	[˧] 听厅亭停廷庭蜓艇 [˩] 挺挺好 [˥] 停等
l	[˧] 林淋临邻磷鳞凌陵菱灵翎零铃伶拎 [˩] 檩领岭 [˥] 赁吝令另
tɕ	[˧] 今金禁襟津巾斤筋茎京惊荆鲸精睛晶经经过颈 [˩] 锦侭紧谨境警景井 [˥] 浸禁妗进晋尽仅劲有劲、劲敌近竞静靖净径经经线敬竟镜
tɕ'	[˧] 侵钦琴擒禽亲秦勤芹卿擎清情晴轻青蜻顷倾 [˩] 寝请 [˥] 吣胡吣：胡说亲亲家庆磬
ȵ	[˧] 凝宁安宁 [˥] 硬宁宁可佞
ɕ	[˧] 心寻白读辛新薪欣兴兴旺行行为、品行星腥馨形型邢 [˩] 省反省醒 [˥] 信讯莘挑莘兴高兴幸性姓杏文读
ʑ	[˧] 吟音阴荫淫银因姻洇寅殷应应当鹰老鹰蝇莺鹦樱迎英婴缨赢盈营茔萤 [˩] 引饮隐颖影尹 [˥] 饮饮马窨印应应对映

oŋ

t	[˧] 敦敦厚墩蹲东冬 [˩] 懂董 [˥] 顿囤盾钝遁沌冻栋动洞
t'	[˧] 屯饨馄饨豚臀通吞同铜桐童瞳 [˩] 筒桶捅统 [˥] 褪痛
n	[˧] 农浓脓文读 [˩] 弄齉嫩白读
l	[˧] 论论语仑文读。昆仑伦文读轮文读抡文读笼聋隆隆重龙 [˩] 拢垄陇 [˥] 论文读。议论

ts	[˦] 尊遵棕鬃宗踪 [˧˩] 总 [˥] 粽综纵纵横、放纵怂怂恿
ts'	[˦] 村存皴聪葱囱丛从跟从、从容匆 [˧] 寸忖
s	[˦] 孙松松树、轻松嵩 [˧˩] 损笋榫 [˧] 送宋颂诵讼
tʂ	[˦] 忠中中间终盅钟锺 [˧˩] 准冢肿种种子 [˧] 中射中仲众重轻重种种树
tʂ'	[˦] 春唇纯醇椿虫崇充重重复舂冲冲锋 [˧˩] 蠢宠 [˧] 铳冲烈：酒冲得很
ʂ	[˧] 顺舜
zʐ	[˦] 戎绒茸氄仍白读荣文读融文读容文读 [˧˩] 冗 [˧] 润闰
k	[˦] 公蚣工功攻弓躬宫恭供供不起 [˧˩] 滚拱 [˧] 棍贡供供养共汞
k'	[˦] 昆坤空空虚 [˧˩] 捆孔恐巩 [˧] 困控空空缺
x	[˦] 昏婚魂馄馄饨弘烘哄闹哄哄红洪宏鸿虹轰掏掏出去荤 [˧˩] 哄哄骗 [˧] 浑混相混讧横

ioŋ

l	[˦] 仑白读伦白读轮白读抡白读 [˧] 论白读
tɕ	[˦] 均钧君军 [˧] 俊郡菌窘迥
tɕ'	[˦] 群裙穷琼
ɕ	[˦] 寻文读熏薰勋兄胸凶旬荀循巡熊雄 [˧] 逊迅殉训讯
ø	[˦] 云匀荣白读融白读雍壅施肥臃拥庸容白读熔蓉 [˧˩] 允永泳咏甬勇涌 [˧] 熨运晕孕韵用

第五章

河西走廊方言基本词汇的内部比较

一、本章就河西走廊方言中430个基本词汇进行初步的内部比较。430个词汇条目以中国社会科学院语言所创新项目"中国重点方言区域示范性调查研究"设计的词汇调查条目为基础,结合河西走廊方言的区域特点而有所增减。词条涉及有关天文、时令、地理类的词语41个,有关房舍、用具、衣物类的词语35个,有关称谓类的词语20个,有关病患类的词语20个,有关亲属类的词语36个,有关人身体类的词语51个,有关动物类词语34个,有关植物类词语28个,有关饮食类的词语18个,普通名词11个,有关行为动作类词语31个,形容词30个,有关时间的名词20个,方位名词12个,有关数量的词语19个,代词23个。

二、比较点选择了17个方言调查点中的4个,分别是兰银官话河西片武威小片的凉州点、张掖小片的甘州点、酒泉小片的肃州点,还有方言区属为中原官话秦陇片的敦煌河东点。调查中我们对这些词语均进行了录音。一些词语都是多种形式并存,但在比较中,考虑到篇幅、制表的简洁,每一条只列出了当地最常用的说法。比如"女儿"一词,河西走廊各地有"女儿""丫头""姑娘""女娃娃""丫头子""姑娘子"的说法,但凉州一般场合多用"姑娘",而甘州、肃州、敦煌则多用"丫头"。

三、从总体看，四个方言点关于 430 个词汇的说法，词形完全相同的有 200 个，占总数的 46.5%；词根相同而词缀不同或语素是否有重叠不同的有 21 个，占总数的 4.8%。两者相加共 221 个，达到 51.3%，显示了河西走廊区域方言词汇总体的一致性。

四个方言点中，仅三个点词形完全相同或词根完全相同的，凉州、甘州、肃州三地共有 54 个，凉州、甘州、敦煌有 25 个，甘州、肃州、敦煌有 14 个，凉州、肃州、敦煌有 7 个。这在一定程度上也反映了河西走廊方言之间的差异性。凉州、甘州、肃州作为兰银官话，相互之间在词汇的一致性上更强，加上前述四点均同的各项，三点相同的词汇有 275 个，相同的比例达到了 64%。而敦煌河东方言作为一个被兰银官话包围着的中原官话方言岛，在词汇方面与凉、甘、肃各点之间的差异也是明显的。

四个点中仅两个点相同的，凉州、甘州有 21 个，甘州、肃州有 28 个，凉州、甘州有 21 个，凉州、肃州有 19 个，凉州、敦煌有 21 个，甘州、敦煌有 16 个，肃州、敦煌有 21 个。加上前述四点相同和三点相同的词语，甘州、凉州相同的词语共有 321 个，相同的比例达到了 74.6%，甘州、肃州相同者共有 317 个，相同比例达到了 73.7%，凉州、肃州相同者共有 301 个，相同比例达到了 70%。凉州、敦煌相同者有 290 个，相同比例达到了 67%，甘州、敦煌相同者共有 276 个，相同比例达到了 64%，肃州、敦煌相同者共有 263 个，相同比例达到了 61%。这在一定程度上又透露出河西走廊各地历史人文关系的特殊性和方言之间交流互动的复杂性。

从词语的类别看，有关亲属、饮食、动植物、普通名词、代词、形容词的词语一致性较高，均达到了 60% 以上，有关身体、数量的词语次之，一致性在 50% 以上，有关天文、时令、地理、称谓、行为动作的词语的一致性在 40% 以上，一致性最低的是有关时间、方位的词语，只有 28%。

四、河西走廊方言词汇的内部比较

河西走廊方言词汇的内部比较见表 5-1

表 5-1　　　　　　　河西走廊方言词汇的内部比较

序号	词目	凉州	甘州	肃州	敦煌
001 天文	太阳	日头 ʐʅ˩ tʻɤu˩	日头 ʐʅ˩ tʻuɤ˩	日头 ʐʅ˩ tʻɤu˩	日头 ʐʅ˩ tɤu˩
002 天文	月亮	øyɤ˩ liaŋ˩	øyɤ˩ liaŋ˩	øyɤ˩ ɕiɔ˩	øyɤ˩ ɕiɔ˩
003 天文	星星	宿宿 ɕiəŋ˩ ɕiəu˩	星宿 ɕiŋ˩ ɕiu˩	星宿 ɕiəŋ˩ ɕiu˩	星星 ɕiɤ˩ ɕiɤ˩
004 天文	打雷	ta˩ luei˩	ta˩ luei˩	ta˩ luei˩	ta˩ luei˩
005 天文	打闪	闪电 ʂaŋ˩ tiaŋ˩	闪电 ʂaŋ˩ tiaŋ˩	闪电 ʂã˩ tiẽ˩	打闪 ta˩ sæ̃˩
006 天文	下雨	ɕia˩ øy˩	ɕia˩ zy˩	ɕia˩ zy˩	ɕia˩ zy˩
007 天文	下雪	ɕia˩ ɕyɛ˩	ɕia˩ ɕyɤ˩	ɕia˩ ɕyɤ˩	ɕia˩ ɕyɤ˩
008 天文	雪化了	雪化了 ɕyɛ˩ xua˩ li˩	雪化了 ɕyɤ˩ xua˩ li˩	雪化了 ɕyɤ˩ xua˩ la˩	雪化了 ɕyɤ˩ xua˩ la˩
009 天文	结冰了	冻冰 tuŋ˩ piŋ˩	冻冰了 tuŋ˩ piŋ˩ li˩	冻冰了 tuŋ˩ piŋ˩ la˩	结冰了 tɕiɤ˩ piʅ˩ la˩
010 天文	冰雹	冷子 ləŋ˩ tsʅ˩	冰雹 piŋ˩ pɔ˩	冰雹 piəŋ˩ pɔ˩	冰雹 piʅ˩ pɔ˩
011 天文	虹	虹 kaŋ˩	虹 kaŋ˩	虹 kɔŋ˩	虹 xoŋ˩
012 天文	刮风	刮风 kua˩ fəŋ˩	刮风 kua˩ fəŋ˩	刮风 kua˩ fəŋ˩	刮风 kua˩ fɤŋ˩
013 天文	雾	雾 vu˩	雾 vu˩	雾 vu˩	雾 vu˩
014 时令	端阳	端午节 tuaŋ˩ vu˩ tɕiɛ˩	五月端午 vu˩ øyɤ˩ tuaŋ˩ vu˩	端午节 tuã˩ vu˩ tɕiɛ˩	端午 tuæ̃˩ vu˩
015 时令	中元节	七月十五 tɕʻi˩ øyɤ˩ ʂʅ˩ vu˩	七月十五 tɕʻi˩ øyɤ˩ ʂʅ˩ vu˩	七月十五 tɕʻi˩ øyɤ˩ ʂʅ˩ vu˩	七月十五 tɕʻi˩ øyɤ˩ ʂʅ˩ vu˩
016 时令	中秋	八月十五 pa˩ øyɤ˩ ʂʅ˩ vu˩	八月十五 pa˩ øyɤ˩ ʂʅ˩ vu˩	八月十五 pa˩ øyɤ˩ ʂʅ˩ vu˩	八月十五 pa˩ øyɤ˩ ʂʅ˩ vu˩

续表

序号	词目	凉州	甘州	肃州	敦煌
017 时令	除夕	三十日 saŋ˧ ʂʅ˧˥ ʐʅ˥˩	三十黑了 saŋ˧ ʂʅ˧ xɤ˥˩ liə˥˩	大年三十 ta˥˩ ȵiẽ˧˥ sã˧ ʂʅ˧˥	大年三十 ta˥˩ ȵiæ̃˧˥ sæi˧ ʂʅ˥˩
018 时令	大年初一	初一日 tʂʰu˧ Ø˧ ʐʅ˥˩	大年初一 ta˥˩ ȵiẽ˧ kʰu˧ zi˥˩	大年初一 ta˥˩ ȵiẽ˧ tʂʰu˧ zi˥˩	大年初一 ta˥˩ ȵiæ̃˧ tʂʰu˧ zi˥˩
019 地理	山坡	山坡子 saŋ˧ pʰo˧ tsʅ˥˩	山坡 ʂaŋ˧ pʰo˧	山坡 sã˧ pʰɤ˧	山坡 sæi˧ pʰə˧
020 地理	山沟	山沟 saŋ˧ kou˧	山沟 ʂaŋ˧ kɤu˧	山沟 sã˧ kɤu˧	山沟 sæi˧ kɤu˧
021 地理	小水沟	水沟子 ʂuei˧ kou˧ tsʅ˥˩	沟沟子 kɤu˧ kɤu˧ tsʅ˥˩	水沟子 ʂuei˧ kɤu˧ tsʅ˥˩	小水沟 ɕio˧ ʂuei˧ kɤu˧
022 地理	河	河 xɤ˧˥	河 xɤ˧˥	河 xɤ˧˥	河 xɤ˧˥
023 地理	发大水	发洪水 fa˧ xuŋ˧˥ ʂuei˥˩	发洪水 fa˧ xuŋ˧˥ fei˥˩	发山水 fa˧ sã˧ ʂuei˥˩	发大水 fa˧ ta˥˩ ʂuei˥˩
024 地理	湖	湖 xu˧˥	湖 xu˧˥	海子 xɜ˥˩ tsʅ˥˩	湖 xu˧˥
025 地理	灰尘	灰 xuei˧	灰土 xuei˧ tʰu˥˩	塘土 tʰaŋ˧˥ tʰu˥˩	灰尘 xuei˧ tʂʰəŋ˧˥
026 地理	石头	石头 ʂʅ˧ tʰu˧˥	石头 ʂʅ˧ tʰu˧˥	石牛 ʂʅ˧ ȵiəu˧˥	石头 ʂʅ˧ tʰu˧˥
027 地理	鹅卵石	石娃子 ʂʅ˧ va˧ tsʅ˥˩	石头蛋子 ʂʅ˧ tʰu˧ taŋ˥˩ tsʅ˥˩	鹅卵石 ɤ˧˥ luã˥˩ ʂʅ˥˩	驴卵石 ly˧˥ luæi˥˩ ʂʅ˥˩
028 地理	沙子	沙子 sa˧ tsʅ˥˩	沙子 ʂa˧ tsʅ˥˩	沙子 sa˧ tsʅ˥˩	沙子 sa˧ zʅ˧˥
029 地理	石灰	白灰 pə˧ xuei˧	白灰 piɛ˧ xuei˧	石灰 ʂʅ˧ xuei˧	灰 xuei˧
030 地理	泥土	泥 ȵi˧˥	泥土 ȵi˧ tʰu˥˩	泥土 ȵi˧ tʰu˥˩	泥 ȵi˧˥
031 地理	凉水	冰水 piŋ˧ ʂuei˥˩	凉水 liaŋ˧ fei˥˩	凉水 liaŋ˧ ʂuei˥˩	凉水 liaŋ˧ ʂuei˥˩
032 地理	热水	开水 kʰɜ˧ ʂuei˥˩	烫水 tʰaŋ˥˩ fei˥˩	热水 ʐɤ˧ ʂuei˥˩	热水 ʐə˧ ʂuei˥˩
033 地理	温水	温水 vəŋ˧ ʂuei˥˩	温水 vɤ˧ fei˥˩	温水 vəŋ˧ ʂuei˥˩	温水 vɤ˧ ʂuei˥˩
034 地理	煤	炭 tʰaŋ˥˩	砟子 tʂa˧ tsʅ˥˩	煤 mei˧˥	煤 mei˧˥

续表

序号	词目	凉州	甘州	肃州	敦煌
035 地理	煤油	煤油 mei˦ ueiθ˨	火油 xuɪθ˦	火油 xuɪθ˦	煤油 mei˦ niz˦ eux˨
036 地理	木炭	木炭 mu˨ tʻaŋ˨	木炭 mu˨ tʻaŋ˨	炭 tʻã˨	炭 tʻæi˨
037 地理	铁块	铁 tʻɿ˨	铁块 tʻɿ˨ kʻei˨	铁疙瘩 tʻæ˨ ta˨	铁 tʻɿ˨
038 地理	锡	锡 ɕi˨	锡 ɕi˨	锡 ɕi˨	锡 ɕi˨
039 地理	磁石	吸铁 ɕi˨ tʻɿ˨	吸铁 ɕi˨ tʻɿ˨	吸铁 ɕi˨ tʻæ˨	磁铁 tsʻɿ˦ tʻɿ˨
040 地理	乡村	乡里 ɕiaŋ˦ li˨	乡里 ɕiaŋ˦ li˨	乡里 ɕioŋ˦ li˨	农村 non˦ tsʻuŋ˨
041 地理	胡同	巷子 xaŋ˨ tsɿ˦	巷子 xaŋ˨ tsɿ˦	巷子 xaŋ˨ tsɿ˦	巷道 xoŋ˨ tou˦
042 房舍（全所）	房子	房子 faŋ˦ tsɿ˦	房子 faŋ˦ tsɿ˦	房子 foŋ˦ tsɿ˦	房子 foŋ˦ tsɿ˦
043 房舍（单间）	屋子	屋 vu˨	屋子 vu˨ tsɿ˦	屋子 vu˨ tsɿ˦	屋子 vu˨ tsɿ˦
044 房舍	正房	上房 şaŋ˨ faŋ˦	堂屋 tʻaŋ˦ vu˨	堂屋 tʻaŋ˦ vu˨	上房 şoŋ˨ foŋ˦
045 房舍	厢房	厦房 sa˨ faŋ˦	厦房 şa˨ faŋ˦	书房 şu˦ faŋ˦	厦房 sa˦ foŋ˦
046 房舍	窗户	窗子 tşʻuaŋ˦ tsɿ˦	窗子 kʻuaŋ˦ tsɿ˦	窗子 tşʻuoŋ˦ tsɿ˦	窗户 tşʻuo˦ şɿ˦
047 房舍	门坎儿	门槛 məŋ˦ kʻaŋ˨	门槛 məŋ˦ kʻaŋ˨	门槛 məŋ˦ kʻaŋ˨	门槛 məŋ˦ kʻæi˨
048 房舍	厕所	茅房 mɔ˦ faŋ˦	茅圈 mɔ˦ tɕyaŋ˦	茅圈 mɔ˦ tɕyɛ̃˦	厕所 tsʻə˨ sɿ˨
049 房舍	厨房	伙房 xuɪ˨ faŋ˦	伙房 xuɪ˨ faŋ˦	伙房 xuɪ˨ faŋ˦	厨房 tşʻu˦ faŋ˦
050 房舍	烟囱	烟洞 θian˦ tʻuŋ˨	烟洞 θian˦ tʻuŋ˨	烟洞 ziẽ˦ tuŋ˨	烟洞 ziɛ˦ tʻoŋ˨
051 称谓	男人	男人 naŋ˦ ŋə˨	男人 naŋ˦ ʐə˨	男人 nã˦ ʐə˨	男人 næi˦ ʐə˨
052 称谓	女人	女人 mi˦ ŋə˨	女人 mi˦ ʐə˨	婆姨 pʻɔ˦ zi˨	女人 ny˦ ʐə˨

续表

序号	词目	凉州	甘州	肃州	敦煌
053 称谓	小孩	娃娃 va˦ va˧	娃娃 va˧ va˧	娃娃 va˦ va˧	娃娃 va˦ va˧
054 称谓	男孩	娃子 va˦ tsʅ˧	娃子 va˧ tsʅ˧	娃子 va˦ tsʅ˧	娃子 va˦ tsʅ˧
055 称谓	女孩	丫头子 øia˦ tʰɤu˧ tsʅ˧	丫头 øia˧ tʰɤu˧	丫头 zia˦ tʰɤu˧	丫头 zia˦ tʰɤu˧
056 称谓	婴儿	月娃娃 øye˦ va˧ ɣø˧	月娃子 øya˧ va˧ tsʅ˧	月娃娃 øye˦ va˧ va˧	尕娃娃 ka˦ va˧ va˧
057 称谓	老头子	老汉 lɔ˦ xɑŋ˧	老汉 lɔ˧ xan˧	老汉 lɔ˦ xã˧	老汉 lɔo˦ xæ̃˧
058 称谓	老太婆	老婆子 lɔ˦ pʰɤ˧ tsʅ˧	老婆子 lɔ˧ pʰɤ˧ tsʅ˧	老婆子 lɔ˦ pʰɤ˧ tsʅ˧	老婆子 lɔo˦ pʰɤ˧ zʅ˧
059 称谓	单身汉	光棍汉 kaŋ˦ kuaŋ˧ xɑŋ˧	光棍汉 kuaŋ˧ kuŋ˧ xan˧	光棍汉 kuɔŋ˦ kuŋ˧ xã˧	单身汉 tæi˦ ʂə̃˧ xæ̃˧
060 称谓	老姑娘（老处女）	老姑娘 lɔ˦ ku˧ ȵiɑŋ˧	老丫头 lɔ˧ øia˧ tʰɤu˧	老丫头 lɔ˦ zia˧ tʰɤu˧	老姑娘 lɔo˦ ku˧ ȵiɑŋ˧
061 称谓	医生	大夫 tɛ˧ fu˧	大夫 tɛ˧ fu˧	大夫 tɛ˦ fu˧	大夫 tɛ˧ fu˧
062 称谓	理发的	待诏 tɛ˦ tsɔ˧	待诏 tɛ˧ tsɔ˧	待诏 tɛ˦ tsɔ˧	理发的 lʅ˧ fa˦ tʅ˧
063 称谓	屠户	屠行 tʰu˧ xɑŋ˧	屠家 tʰu˧ tɕia˧	杀猪的 sa˦ tʂu˧ tiʔ˧	宰猪的 tsɛ˦ tʂu˧ tiʔ˧
064 称谓	厨子	厨子 tʂʰu˧ tsʅ˧	厨子 kfʰu˧ tsʅ˧	大师傅 ta˦ tʂʅ˧ fu˧	厨子 tʂʰu˧ tsʅ˧
065 称谓	和尚	和尚 xɤ˧ ʂɑŋ˧	和尚 xuɤ˧ ʂan˧	出家人 tʂʰu˦ tɕia˧ ʐə̃˧	和尚 xɤ˧ ʂɑŋ˧
066 称谓	尼姑	姑姑子 ku˦ ku˧ tsʅ˧	尼姑子 ȵi˧ kfu˧ tsʅ˧	尼姑 ȵi˦ ku˧	尼姑 ȵi˧ ku˧
067 称谓	道士	道士 tɔ˦ tʂʅ˧	道士 tɔ˧ tʂʅ˧	道士 tɔ˦ tsʅ˧	道士 tɔo˦ tsʅ˧
068 称谓	吝啬鬼	小气鬼 çiɔ˦ tɕʰi˧ kuei˧	啬皮鬼 ʂə˧ pʰi˧ kuei˧	小气鬼 çiɔ˦ tɕʰi˧ kuei˧	小气鬼 çiɔ˦ tɕʰi˧ kuei˧
069 称谓	乞丐	要着吃的 øiɔ˦ tʂʅ˧ tʂʰʅ˧ tiʔ˧	抄化子 tʂʰɔ˧ xua˧ tsʅ˧	抄化子 tʂʰɔ˦ xua˧ tsʅ˧	要吃的 ziɔ˦ tʂʰʅ˧ tiʔ˧

续表

序号	词目	凉州	甘州	肃州	敦煌
070 称谓	扒手	包儿手 pɔ˧ɣɻ˧ʂueɪ˥˩	贼娃子 tseɪ˧ va˩ tsʅ˥˩	三只手 sã˧ tʂʅ˧ ʂuɤ˥˩	贼娃子 tseɪ˧ va˩ tsʅ˥˩
071 亲属	父亲（面称）	爹 tiɛ˧	爹 tiɛ˧	爹爹 tiæ˧ tiæ˧	大 ta˩
072 亲属	母亲（面称）	妈 mɑ˧	妈 mɑ˧	妈妈 mɑ˧ mɑ˧	妈妈 mɑ˧ mɑ˧
073 亲属	公公（夫之父，引称）	公公 kuəŋ˧ kuəŋ˧	公公 kuŋ˧ kuŋ˧	公公 kuŋ˧ kuŋ˧	公公 koŋ˧ koŋ˧
074 亲属	婆婆（夫之母，引称）	婆婆 pʻe˩ pʻe˩	婆婆 pʻeŋ˩ pʻeŋ˩	婆婆 pʻɤ˩ pʻɤ˩	婆婆 pʻe˩ pʻe˩
075 亲属	继父（引称）	后爹 xɤu˥˩ tiɛ˧	后老子 xɤu˥˩ lɔ˥˩ tsʅ˩	后老子 xɤu˥˩ lɔ˥˩ tsʅ˩	后老子 xɤu˥˩ lɔ˥˩ tsʅ˩
076 亲属	继母（引称）	后娘 xɤu˥˩ ȵiŋ˩	后妈 xɤu˥˩ mɑ˧	后娘 xɤu˥˩ ȵiŋ˩	后妈 xɤu˥˩ mɑ˧
077 亲属	祖父（面称）	爷爷 ʑie˩ ʑie˩	爷爷 ʑie˩ ʑie˩	爷爷 ziæ˩ ziæ˩	爷爷 zie˩ zie˩
078 亲属	祖母（面称）	奶奶 ne˥˩ ɳɜu˩	奶奶 ne˧ ɳɜu˧	奶奶 ne˧ ɳɜu˧	奶奶 ne˧ ɳɜu˩
079 亲属	外祖父（面称）	爷爷 ʑie˩ ʑie˩	爷爷 ʑie˩ ʑie˩	爷爷 ziæ˩ ziæ˩	爷爷 zie˩ zie˩
080 亲属	外祖母（面称）	奶奶 ne˥˩ ɳɜu˩	奶奶 ne˧ ɳɜu˧	奶奶 ve˧ ɳɜu˩	奶奶 ne˥˩ ɳɜu˩
081 亲属	兄（引称）	哥哥 ke˧ kɤ˥˩	哥哥 kɤ˧ kɤ˧	哥哥 kɤ˧ kɤ˧	哥哥 kɤ˧ kɤ˧
082 亲属	弟（引称）	兄弟 ɕyɤ̃˧ ti˥˩	兄弟 ɕyŋ˧ ti˧	兄弟 ɕyŋ˧ ti˧	弟弟 ti˥˩ ti˩
083 亲属	姐（引称）	姐姐 tɕie˥˩ tɕie˩	姐姐 tɕie˧ tɕie˧	姐姐 tɕiæ˧ tɕiæ˧	姐 tɕei˥˩
084 亲属	妹（引称）	妹子 mei˥˩ tsʅ˩	妹子 mei˥˩ tsʅ˩	妹子 mei˥˩ tsʅ˩	妹子 mei˧ z˩
085 亲属	伯父（引称）	大老子 ta˩ lɔ˥˩ tsʅ˩	大老 ta˩ lɔ˥˩	大老 ta˩ lɔ˥˩	大老 ta˧ lɔ˥˩

续表

序号	词目	凉州	甘州	肃州	敦煌
086 亲属	伯母（引称）	大妈子 ta˥ ma˥ tsʅ˩	大妈 ta˥ ma˩	大娘 ta˥ ɲiŋ˩	大妈 ta˥ ma˩
087 亲属	叔父（引称）	爸爸 pa˥ pa˩	爸爸 pa˥ pa˩	爸爸 pa˥ pa˩	爸爸 pa˥ pa˩
088 亲属	叔母（引称）	婶婶 ʂə̃˥ ʂə̃˩	婶婶 ʂə̃˥ ʂə̃˩	婶婶 ʂə̃˥ ʂə̃˩	婶婶 ʂə̃˥ ʂə̃˩
089 亲属	儿子（引称）	娃子 va˥ tsʅ˩	娃子 va˥ tsʅ˩	娃子 va˥ tsʅ˩	儿子 ɚ˧ tsʅ˩
090 亲属	儿媳（引称）	媳妇子 ɕi˥ fu˥ tsʅ˩	媳妇子 ɕi˥ fu˥ tsʅ˩	儿媳妇 ɤɚ˥ ɕi˥ fu˩	儿媳妇 ɚ˧ ɕi˥ fu˩
091 亲属	女儿（引称）	姑娘 ku˥ ɲiŋ˩	丫头 øia˥ tʰu˩	丫头 zia˥ tʰu˩	丫头 zia˥ tʰu˩
092 亲属	女婿（引称）	女婿 mi˩ ɕy˩	女婿 mi˩ ɕy˩	女婿 mi˩ ɕy˩	女婿 ŋy˩ ɕy˩
093 亲属	舅（引称）	舅舅 tɕiɤ˥ tɕiɤ˩	舅舅 tɕiɤ˩ tɕiɤ˩	舅舅 tɕiɤ˩ tɕiɤ˩	舅舅 tɕiɤ˩ tɕiɤ˩
094 亲属	舅母（引称）	舅母 tɕiɤ˩ mu˩	舅母 tɕiɤ˩ mu˩	舅母 tɕiɤ˩ mu˩	舅母 tɕiɤ˩ mu˩
095 亲属	姑（引称）	姑妈 ku˥ ma˥	姑妈妈 kfu˩ ma˥ ma˥	姑妈 ku˥ ku˥	姑姑 ku˥ ku˩
096 亲属	姨（引称）	姨妈 zi˩ ma˩	姨妈妈 zi˩ ma˥ ma˥	姨姨 zi˥ zi˩	姨姨 zi˥ zi˩
097 亲属	弟兄（总称，引称）	弟兄们 ti˩ ɕyŋ˥ məŋ˩	弟兄们 ti˩ ɕyŋ˥ ŋɤ˩	弟兄们 ti˩ ɕyŋ˥ məŋ˩	兄弟 ɕioŋ˥ ti˩
098 亲属	姊妹（总称，引称）	姊妹们 tsʅ˥ mei˥ məŋ˩	姊妹们 tsʅ˥ mei˥ ŋɤ˩	姊妹们 tsʅ˥ mei˥ məŋ˩	姊妹 tsʅ˥ mei˩
099 亲属	夫（引称）	掌柜子 tʂaŋ˩ kuei˥ ti˩	男人 naŋ˩ ʐə̃˩	掌柜子 tʂɔ˩ kuei˥ tsʅ˩	掌柜的 tʂoŋ˩ kuei˥ ti˩
100 亲属	妻（引称）	媳妇子 ɕi˥ fu˥ tsʅ˩	老婆子 lɔ˩ pʰo˩ tsʅ˩	女人 mi˩ ʐə̃˩	老婆 lɔ˩ pʰo˩
101 亲属	（男子）娶媳妇	娶媳妇子 tɕʰy˩ ɕi˥ fu˥ tsʅ˩	娶媳妇子 tɕʰy˩ ɕi˥ fu˥ tsʅ˩	娶媳妇 tɕʰy˩ ɕi˥ fu˩	娶媳妇 tɕʰy˩ ɕi˥ fu˩
102 亲属	（女子）出嫁	嫁人 tɕia˩ ʐə̃˩	出嫁 kfʰu˥ tɕia˩	出嫁 tʂʰu˥ tɕia˥	出嫁 tʂʰu˥ tɕia˩

续表

序号	词目	凉州	甘州	肃州	敦煌
103 亲属	连襟	挑担 tʰɔ˧ tɕi˥ tʰ	挑担 tʰɑɪ˧ tɕi˥	挑担 tʰɔ˧ tɕi˥ tʰ	挑担 tʰiɔ˧ tɕi˥
104 亲属	亲家	亲家 tɕʰĩ˥ tɕia˥	亲家 tɕʰiŋ˩ tɕia˥	亲家 tɕʰiŋ˩ tɕia˥	亲家 tɕʰiɤ̃˩ tɕia˥
105 亲属	娘家	娘家 ȵiaŋ˥ tɕia˩	娘家 ȵiaŋ˩ tɕia˥	娘家 ȵiɤ̃˩ tɕia˩	娘家 ȵiaŋ˩ tɕia˩
106 亲属	婆家	婆家 pʰɤ˩ tɕia˥ pʰ	婆家 pʰɤ˩ tɕia˥ pʰ	婆家 pʰɤ˩ tɕia˥ pʰ	婆家 pʰɤ˩ tɕia˩ pʰ
107 身体	头	头 tʰəu˩	头 tʰɤ˩	头 tʰɤ˩	头 tʰɤ˩
108 身体	脸	脸 liaŋ˧	脸 liaŋ˥	脸 liẽ˥	脸 lie˥
109 身体	额	天门盖 tʰiaŋ˧ məŋ˩ kai˥ tʰ	天门盖 tʰiaŋ˧ mu˩ kɤ˥ tʰ	天门盖 tʰiẽ˧ məŋ˩ kɤ˥	额 ŋɤ˩
110 身体	后脑勺	脑勺子 nɤ˧ ʂʐ˩ ts˩	后脑勺子 xɤu˩ nɤ˧ ʂɤ˩ tsʐ˥	后脑勺 xɤu˩ nɤ˧ ʂɤ˥	后脑勺 xɤu˩ nɤ˧ ʂoʔ˥
111 身体	鼻子	鼻子 pi˩ tsʐ˥	鼻子 pi˩ tsʐ˥	鼻子 pi˩ tsʐ˩	鼻子 pi˩ zʐ˥
112 身体	鼻涕	鼻子 pi˩ tsʐ˥	鼻子 pi˩ tsʐ˥	鼻涕 pi˩ tʰi˥	鼻子 pi˩ zʐ˥
113 身体	眼睛	眼睛 øiaŋ˧ tɕiŋ˥	眼睛 øiaŋ˥ tɕiŋ˩	眼睛 ziẽ˩ tɕiŋ˥	眼睛 ȵiaɪ˩ tɕiɤ̃˩
114 身体	眼泪	眼泪 øiaŋ˧ luei˥	眼泪 øiaŋ˩ luei˥	眼泪 ziẽ˩ luei˥	眼泪 ȵiaɪ˥ luei˩
115 身体	眼珠儿	眼珠子 øiaŋ˧ tʂu˩ tsʐ˥	眼珠子 øiaŋ˩ kfu˩ tsʐ˥	眼珠子 ziẽ˩ tʂu˩ tsʐ˩	眼珠子 ȵiaɪ˩ zʐ˩ tʂʐ˩
116 身体	耳朵	耳朵 ɤ˥ tuɤ˩	耳𦗒子 ɤ˥ kua˩ tsʐ˩	耳朵 ɤ˥ tɤ˩	耳朵 ɤ˥ θɤ˩ tuɤ˩
117 身体	耳屎	耳丁 ɤ˧ tiɤ˥	耳索 ɤ˥ suɤ˩	耳胶屎 ɤ˥ tɕiɔ˩ tɕɤ˩	耳屎 θɤ˥ ʂʐ˩ θɤ˩
118 身体	酒窝	酒窝 tɕiou˧ eʔ˥ niɕʐ	酒窝 tɕiɣ˥ euʔ˥	酒窝 tɕiɣ˥ ʔuɤ˥	酒窝 tɕiɤu˧ eʔ˩
119 身体	嘴	嘴 tsuei˧	嘴 tsuei˥	嘴 tsuei˩	嘴 tsuei˥
120 身体	嘴唇	嘴唇子 tsuei˧ tɕʰuŋ˩ tsʐ˥	嘴唇子 tsuei˧ kʰuŋ˩ tsʐ˥	嘴唇 tsuei˩ tʂʰuŋ˩	嘴唇 tsuei˥ tʂʰoŋ˩

续表

序号	词目	凉州	甘州	肃州	敦煌
121 身体	牙齿	牙 ɕiɑ˧	牙 ɕiɑ˧	牙 ʑia˧	牙齿 ʑia˧ tʂʅ˥
122 身体	舌头	舌头 ʂə˥ tʰue˧	舌头 ʂə˥ tʰuɤ˧	舌头 ʂɤ˥ tʰuɤ˧	舌头 ʂə˥ tʰuɤ˧
123 身体	大舌头（口齿不清）	大舌头 ta˩ ʂə˥ tʰue˧	大舌头 ta˩ ʂə˥ tʰuɤ˧	大舌头 ta˩ ʂɤ˥ tʰuɤ˧	大舌头 ta˩ ʂə˥ tʰuɤ˧
124 身体	口水	颔水 xɑŋ˧ ʂuei˥	颔水 xɑŋ˧ fei˧	颔水 xã˧ ʂuei˥	颔水 xæ̃˧ ʂuei˥
125 身体	脖子	脖子 pə˥ tsʅ˧	脖子 pə˥ tsʅ˧	脖子 pɤ˥ tsʅ˧	脖子 pə˥ tsʅ˧
126 身体	下巴	下巴子 xɑ˩ pa˧ tsʅ˧	下巴子 xa˩ pa˧ tsʅ˧	下巴子 xa˩ pa˧ tsʅ˧	下巴 xa˩ pa˧
127 身体	手臂	胳膊 kə˧ pə˥	胳膊 kə˧ puə˥	胳膊 kɤ˧ pɤ˥	胳膊 kə˧ pei˥
128 身体	手掌	巴掌 pa˧ tsɑŋ˥	手掌子 ʂu˥ tsɑŋ˧ tsʅ˧	手掌子 ʂu˥ tsɑŋ˧ tsʅ˧	手掌 ʂu˥ tsɑŋ˥
129 身体	手背	手背子 ʂəu˥ pei˩ tsʅ˧	手背子 ʂu˥ pei˩ tsʅ˧	手背 ʂu˥ pei˩	手背 ʂu˥ pei˩
130 身体	手心	手心 ʂəu˥ ɕĩ˧	手心 ʂu˥ ɕĩ˧	手心 ʂu˥ ɕiɑ̃˧	手心 ʂu˥ ɕĩ˧
131 身体	左手	左手 tsue˥ ʂəu˥	左手 tsue˥ ʂu˥	左手 tsue˥ ʂu˥	左手 tsue˥ ʂu˥
132 身体	右手	右手 ɕiəu˩ ʂəu˥	右手 ɕiu˩ ʂu˥	右手 ʑiu˩ ʂu˥	右手 ʑiu˩ ʂu˥
133 身体	手指	指头 tsʅ˥ tʰue˧	指头 tsʅ˥ tʰu˧	指头 tsʅ˥ tʰu˧	手指头 ʂu˥ tsʅ˥ tʰu˧
134 身体	大拇指	大拇指头 ta˩ mu˥ tsʅ˥ tʰue˧	大拇指 ta˩ mu˥ tsʅ˥	大拇指 ta˩ mu˥ tsʅ˥	大拇指头 ta˩ mu˥ tsʅ˥ tʰu˧
135 身体	食指	二拇指头 ər˩ mu˥ tsʅ˥ tʰu˧	二拇指 ər˩ mu˥ tsʅ˥	食指 ʂʅ˥ tsʅ˥	食指 ʂʅ˥ tsʅ˥
136 身体	中指	中指 tsuŋ˧ tsʅ˥	中指 kuŋ˧ tsʅ˥	中指 tsuŋ˧ tsʅ˥	中指 tsuŋ˧ tsʅ˥
137 身体	无名指	无名指 vu˧ miŋ˧ tsʅ˥	无名指 vu˧ miŋ˧ tsʅ˥	四拇指 sʅ˩ mu˥ tsʅ˥	无名指 vu˧ miŋ˧ tsʅ˥

续表

序号	词目	凉州	甘州	肃州	敦煌
138 身体	小指	小指头 ɕiɔ˧ tʂʅ˥ tʻue˩	小拇指 ɕiɔ˧ mu˧ tʂʅ˥	小拇尕尕 ɕiɔ˧ mu˧ ka˧ ka˩	尕拇尕尕 ka˧ mu˧ ka˧ ka˩
139 身体	指甲	指甲 tʂʅ˥ tɕia˩	指甲 tɕi˧ tɕia˩	指甲 tʂʅ˥ tɕia˩	指甲 tʂʅ˧ tɕia˩
140 身体 (圆形的指纹)	斗	箩儿 luə˧ ɤu˩	箩儿 luə˧ ɤ˩	箩儿 luə˧ ɤu˩	斗 tɤu˩
141 身体 (簸箕形的指纹)	箕	簸箕 pə˥ tɕi˩	簸箕 puə˧ tɕʻi˩	簸箕 pə˥ tɕi˩	簸箕 pə˧ tɕi˩
142 身体	腰	腰 øiɔ˧	腰节骨 øi˧ tɕie˧ kfu˩	腰 ziɔ˧	腰 ziɔ˩
143 身体	胸脯	胸腔子 ɕyɤ̃˧ kʻɑŋ˧ tsʅ˩	胸脯子 ɕyŋ˧ pʻu˧ tsʅ˩	胸腔 ɕyŋ˧ kʻuŋ˧	腔子 kʻuŋ˧ tsʅ˩
144 身体	肋骨	肋巴 lə˧ pa˩	肋巴 liə˥ pa˩	肋巴 lɤ˧ pa˩	肋巴 lei˧ pa˩
145 身体	乳房	妞妞 ȵiɤu˧ ȵiɤu˩	妞妞 ȵixiu˧ ȵixiu˩	妞妞 ȵixiu˧ ȵixiu˩	蛋蛋 tæi˧ tæi˩
146 身体	乳汁	奶 ȵɜ˧	奶水 ȵɜ˧ fei˩	奶 ȵɜ˧	奶 ȵɜ˧
147 身体	肚子	肚子 tu˥ tsʅ˩	肚子 tu˥ tsʅ˩	肚子 tu˥ tsʅ˩	肚子 tu˥ zʅ˩
148 身体	肚脐	肚母脐 tu˥ mu˧ tɕʻi˩	肚母脐子 tu˥ mu˧ tɕʻi˧ tsʅ˩	肚母脐子 tu˥ mu˧ tɕʻi˧ tsʅ˩	肚脐眼 tu˥ tɕi˧ ȵiɜ˩
149 身体	屁股	沟子 kəu˧ tsʅ˩	沟子 kɤu˧ tsʅ˩	沟子 kɤu˧ tsʅ˩	沟子 kɤu˧ zʅ˩
150 身体	大腿	大腿 ta˥ tʻuei˩	大腿 ta˥ tʻuei˩	大腿 ta˥ tʻuei˩	大腿 ta˧ tuei˩
151 身体	腿肚子	腿肚子 tʻuei˧ tu˥ tsʅ˩	腿肚子 tʻuei˧ tu˥ tsʅ˩	腿肚子 tʻuei˧ tu˥ tsʅ˩	腿肚子 tʻuei˧ tu˥ zʅ˩
152 身体	膝盖	髆肋盖子 pə˧ lə˧ kɜ˥ tsʅ˩	髆肋盖 puə˧ ʒɤ˧ kɜ˩	髆肋盖 pɤ˧ ɕi˧ kɜ˩	髆膝盖 pə˧ ɕi˧ kɜ˩
153 身体	脚掌	前脚掌 tɕʻiæ̃˧ tɕiɔ˧ tʂɑ̃˩	脚底板 tɕyæ˧ ti˧ paŋ˩	脚掌子 tɕyæ˧ tʂuŋ˧ tsʅ˩	脚掌 tɕyæ˧ tʂuŋ˩

续表

序号	词目	凉州	甘州	肃州	敦煌
154 身体	脚跟	脚后跟 tɕye˧ nɤ˧ ɣy˩	脚后跟 tɕyaˇ xu˧ ɣy˩	脚巴骨 tɕya˧ pa˧ ku˩	脚后跟 tɕya˧ nɤ˧ ɣy˩
155 身体	脚背	脚面 tɕyẽ˧ miaŋ˩	脚面子 tɕyaˇ miaŋ˩	脚面骨 tʂyaˇ miẽˇ ku˩	脚背 tɕya˧ pei˩
156 身体	脚心	脚心 tɕyɤ˧ ɕiɤ˩	脚心 tɕyaˇ ɕiŋ˧	脚掌子 tʂyaˇ tʂɔŋ˧ tsɿ˩	脚心 tɕya˧ ɕiɤ˩
157 身体	打赤脚	精脚片子 tɕiɤ˧ tɕyɤ˧ p'iaŋ˧ tsɿ˩	赤脚板子 tʂ'ˇ tɕya˧ paŋ˧ tsɿ˩	精脚板 tɕiɤŋ˧ tɕya˧ pã˩	精脚片子 tɕ'iɤ˧ tɕya˧ pˇiˇ tsɿ˩
158 病疾	病了	病下了 piɤˇ xa˧ ci˩	病了 piŋˇ ci˩	不乖了 pu˧ kuɤˇ la˩	病了 piɤˇ la˩
159 病疾	病轻了	好些了 xɔ˧ ɕiɤ˧ lio˩	病轻了 piŋˇ tɕˇiŋ˧ ci˩	好些了 xɔ˧ ɕiæ˧ la˩	病好了 piɤˇ xɔ˧ la˩
160 病疾	病好了	好了 xɔ˧ ci˩	病好了 piŋˇ xɔ˧ ci˩	乖了 kuɤˇ la˩	病好了 piɤˇ xɔ˧ la˩
161 病疾	感冒	凉下 liaŋ˧ xa˩	着凉了 kfuɤ˧ liaŋ˧ ci˩	凉下 liɔŋˇ xa˩	感冒 kæˇ mɔ˩
162 病疾	发烧	发烧 faˇ ʂɔ˧	发烧 faˇ ʂɔ˧	发烧 faˇ ʂɔ˧	发烧 faˇ ʂɔ˧
163 病疾	咳嗽	咳嗽 k'ɤ˧ sɤ˩	咳嗽 k'ɤˇ nɤ˩	咳嗽 k'aˇ nɤ˩	咳嗽 k'ɤ˧ nɤ˩
164 病疾	拉肚子	跑肚子 pɔˇ tu˧ tsɿ˩	刺肚子 laˇ tuˇ tsɿ˩	跑肚子 p'ɔˇ tu˧ tsɿ˩	刺肚子 laˇ tu˧ tsɿ˩
165 病疾	打摆子	冷热病 lɤŋˇ ʐɤˇ piɤˇ	打摆子 taˇ pɤ˧ tsɿ˩	打摆浪 taˇ pɤˇ lɔŋˇ	打摆子 taˇ pɤ˧ tsɿ˩
166 病疾	瞎子	瞎子 xaˇ tsɿ˩	瞎子 xaˇ tsɿ˩	瞎子 xaˇ tsɿ˩	瞎子 xa˧ tsɿ˩
167 病疾	一只眼儿	独眼龙 tu˧ Øiaŋˇʐuŋˇ	独眼龙 tuˇØiaŋˇluŋˇ	独眼龙 tu˧ ziɤˇ luŋˇ	独眼龙 tu˧ ɕiŋ˧ lɔŋˇ
168 病疾	瘫痪者	瘫痪 t'aŋ˧ xuaŋˇ	瘫子 t'aŋ˧ tsɿ˩	软掉了 zuã˧ tio˧ la˩	偏瘫 p'iɤ˧ t'æˇ
169 病疾	聋子	聋子 luɤŋˇ tsɿ˩	聋子 luŋˇ tsɿ˩	聋子 luŋ˧ tsɿ˩	聋子 lɔŋˇ tsɿ˩
170 病疾	哑巴	哑子 Øia˧ tsɿ˩	哑巴 Øia˧ pa˩	哑巴 zia˧ pa˩	哑巴 zia˧ pa˩

续表

序号	词目	凉州	甘州	肃州	敦煌
171 病疾	结巴	结嗑子 tɕia˧ kʻɤ˧ tʂɿ˩	结嗑子 tʂʅ˧ kʻei˧ tʂʅ˩	舌吃嘴 ʂʅ˩ tʂʻʅ˧ suei˧	结嗑子 tɕiɤ˧ kʻɤ˧ tʂʅ˩
172 病疾	傻子	苕子 ʂɔ˧ tʂɿ˩	苕子 ʂɔ˧ tʂʅ˩	苕子 ʂɔ˧ tʂʅ˩	苕子 ʂɔ˧ tʂʅ˩
173 病疾	左撇子	左胯子 tsuo˩ kʻua˧ tʂɿ˩	左胯子 tsuo˩ kua˧ tʂʅ˩	左抓子 tsuo˩ tʂua˧ tʂʅ˩	左撇子 tsuo˩ pʻiɤ˧ tʂʅ˩
174 病疾	瘸子	瘸子 tɕʻyɤ˧ tʂɿ˩	瘸子 tɕʻyɤ˧ tʂʅ˩	拐子 kuʌ˧ tʂʅ˩	瘸子 tɕʻyɤ˧ tʂʅ˩
175 病疾	驼背	背罗锅 pei˧ luo˧ kəu˧	背锅子 pei˧ kfuo˧ tʂʅ˩	背罗锅 pei˧ luo˧ kuo˧	驼背 tʻuo˧ pei˧
176 病疾	死了（中性的说法）	死掉了 ʂɿ˧ tiɔ˩ lɤ˩	死掉了 ʂʅ˧ tiɔ˩ lɤ˩	断气了 tuã˩ tɕʻi˧ la˩	死了 ʂʅ˧ lɤ˩
177 病疾	看病	看病 kʻaŋ˧ piŋ˩	看病 kʻaŋ˧ piŋ˩	看病 kʻã˧ piŋ˩	看病 kʻæi˧ piŋ˩
178 衣物	衣服	衣裳 øi˧ ʂaŋ˩	衣裳 zi˧ ʂaŋ˩	衣裳 zi˧ ʂɔŋ˩	衣裳 zi˧ ʂɔŋ˩
179 衣物	裤子	裤子 kʻu˧ tʂɿ˩	裤子 kfʻu˧ tʂʅ˩	裤子 kʻu˧ tʂʅ˩	裤子 kʻu˧ tʂʅ˩
180 衣物	尿布	尿褯子 ȵiɔ˧ tɕiɤ˩ tʂɿ˩	尿布子 ȵiɔ˧ pu˧ tʂʅ˩	尿褯子 ȵiɔ˧ tɕʻiæ˧ tʂʅ˩	尿布子 ȵiɔ˧ pu˧ tʂʅ˩
181 用具	毛巾	毛巾 mɔ˧ tɕiŋ˧	手巾子 ʂəu˧ tɕiŋ˧ tʂʅ˩	擦脸的 tsʻa˧ liẽ˧ ti˧	毛巾 mɔ˧ tɕiŋ˧
182 用具	肥皂	胰子 zi˧ tʂɿ˩	胰子 zi˧ tʂʅ˩	胰子 zi˧ tʂʅ˩	肥皂 fei˧ tsɔ˩
183 用具	洗脸水	洗脸水 ɕi˧ liaŋ˧ suei˧	洗脸水 ɕi˧ liaŋ˧ fei˧	洗脸水 ɕi˧ liẽ˧ ʂuei˧	洗脸水 ɕi˧ liɛ˧ ʂuei˧
184 用具	凳子	板凳子 paŋ˧ təi˧ tʂɿ˩	板凳 paŋ˧ tɤŋ˧	板凳 pã˧ təŋ˧	板凳 pæi˧ tɤŋ˩
185 用具	桌子	桌子 tʂuə˧ tʂɿ˩	桌子 kfuə˧ tʂʅ˩	桌子 tʂuo˧ tʂʅ˩	桌子 tʂuo˧ tʂʅ˩
186 用具	抽屉	抽屉 tʂʻəu˧ tʻi˧	抽匣子 tʂʻu˧ ɕia˧ tʂʅ˩	抽匣 tʂʻu˧ ɕia˧	抽屉 tʂʻu˧ tʻi˧
187 用具	图章	章子 tʂaŋ˧ tʂɿ˩	名章 miŋ˧ tʂaŋ˧	名章子 miaŋ˧ tʂɔŋ˧ tʂʅ˩	章 tʂɔŋ˧

续表

序号	词目	凉州	甘州	肃州	敦煌
188 用具	糨糊	糨子 tɕiaŋ˧ tsʅ˩	糨糊子 ˧ xuˇ tsʅ˩	糨糊 tɕiaŋˇ ˩ xuˇ	糨糊 tɕiaŋ˩ ˧ xuˇ
189 用具	火柴	洋火 Øiaŋ˧ euxˇ	洋火 ˧ euxˇ Øiaŋ	洋火 ziɕˇ euxˇ	火柴 xu˧ ʂʅ˧
190 用具	抹布	抹布 maˇ pu˩	抹布 maˇ pu˩	擦桌布 ˇ pu euŋˇ ts'ʅ	抹布 ma˧ pu˩
191 用具	水瓢	勺 ʂuɛˇ	勺头 fuɛˇ t'xuˇ	马勺 maˇ ʂɛuˇ	勺 ʂɛuˇ
192 用具	饭勺	勺子 ʂɛuˇ tsʅ˩	饭勺子 faŋˇ fuɛˇ tsʅ˩	铁勺 t'iæˇ ʂɛuˇ	勺 ʂɛuˇ
193 用具	调羹	勺勺子 ʂuɛˇ ʂɛuˇ tsʅ˩	勺勺子 fuɛ˧ fuɛˇ tsʅ˩	调羹子 t'iɛ˧ kɛŋˇ tsʅ˩	调羹子 t'z˧ kɤˇ oɕi˩
194 用具	筷子	筷子 k'uɛ˧ tsʅ˩	筷子 k'uɛ˧ auˇ tsʅ˩	筷子 k'uɛ˧ tsʅ˩	筷子 k'uɛ˧ z˩
195 用具	箩筐（挑或抬的大筐）	筐 k'uaŋ˧	筐子 k'uaŋ˧ tsʅ˩	筐子 k'uɑŋ˧ tsʅ˩	箩筐 luɛˇ k'uɑŋ˧
196 用具	篮子（手提的）	篮篮子 laŋˇ laŋˇ tsʅ˩	提篮子 t'iˇ laŋˇ tsʅ˩	提篮 t'iˇ lãˇ	蓝蓝子 læiˇ læiˇ z˩
197 用具	簸箕	簸箕 pəˇ tɕiə	簸箕 puaˇ tɕieŋ	簸箕 pɤˇ tɕi˧	簸箕 pəˇ tɕi˩
198 用具	扫帚	扫帚 sɔˇ tʂu˩	扫把 sɔˇ paˇ	扫把 sɔˇ paˇ	扫帚 sɔɔˇ tʂ'u˩
199 用具	锤子	锤子 tʂ'ueiˇ tsʅ˩	钉锤子 tiŋ˧ k'ueiˇ tsʅ˩	榔头 lɔŋˇ t'xuˇ	锤子 tʂ'ueiˇ z˩
200 用具	绳子	绳子 ʂəŋˇ tsʅ˩	绳子 ʂəŋˇ tsʅ˩	绳子 ʂəŋˇ tsʅ˩	绳子 ʂəŋˇ z˩
201 用具	自行车	车子 tʂ'eˇ tsʅ˩	车子 tʂ'eˇ tsʅ˩	自行车 tsʅˇ ɕiŋˇ tɕieŋˇ tsʅ	自行车 tsʅˇ eˇ ɕiˇ tɕi˩
202 用具	轮子	轮子 luæˇ kuŋ˧ tsʅ˩	轮子 lyŋˇ tsʅ˩	车轱辘 tʂ'xˇ kuˇ luˇ	轮子 loŋ˧ z˩
203 用具	伞	雨伞 zyˇ saŋˇ	伞 saŋˇ	伞 sãˇ	雨伞 zyˇ sæiˇ

续表

序号	词目	凉州	甘州	肃州	敦煌
204 饮食	早饭	早饭 tsɔ˥ fɑŋ˨	早饭 tsɔ˥ fɑŋ˥	早饭 tsɔ˥ fã˧	早饭 tsɔ˧ fiæ̃˥
205 饮食	午饭	晌午饭 ʂɑŋ˨ vu˥ fɑŋ˨	午饭 vu˥ fɑŋ˥	晌午饭 ʂɑŋ˥ vu˥ fã˧	午饭 wu˥ fiæ̃˧
206 饮食	晚饭	黑饭 xɤ˧ fɑŋ˨	后响饭 xɤu˥ ʂɑŋ˥ fɑŋ˧	黑饭 xɤ˧ fã˧	晚饭 væ̃˥ fiæ̃˧
207 饮食	大米饭	米饭 mi˥ fɑŋ˨	白米饭 pie˧ mi˥ fɑŋ˧	大米饭 ta˥ mi˥ fã˧	大米饭 ta˥ mi˧ fiæ̃˧
208 饮食	麵条儿	面条子 miæ̃˥ tçi˧ tsɿ˩	面条子 miæ̃˥ tçi˥ tsɿ˧	面条子 miæ̃˥ çi˧ tsɿ˧	面条 mie˥ çi˧
209 饮食	麵粉	面 miæ̃˥	面 miæ̃˥	面 miɤ˧	面 mie˧
210 饮食	馒头	馍馍 mu˩ mu˥	馍馍 mu˧ mu˥	馍馍 mu˧ mu˥	馍馍 mu˧ em˥
211 饮食	包子	包子 pɔ˧ tsɿ˥	包子 pɔ˧ tsɿ˥	包子 pɔ˧ tsɿ˥	包子 pɔ˧ tsɿ˥
212 饮食	馄饨	馄饨 xuŋ˩ t'uŋ˧	馄饨 xuŋ˧ t'uŋ˥	馄饨 xuŋ˧ t'uŋ˥	馄饨 xoŋ˧ t'oŋ˥
213 饮食	饺子	饺子 tçiɔ˥ tsɿ˧	饺子 tçiɔ˥ tsɿ˧	饺子 tçiɔ˥ tsɿ˧	饺子 tçiɔ˥ tsɿ˧
214 饮食	粉条儿	片粉 p'iæ̃˧ fəŋ˥	粉条子 fəŋ˧ tçi˥ tsɿ˧	粉条子 fəŋ˧ tçi˧ tsɿ˥	粉条子 fəŋ˧ tçi˧ tsɿ˥
215 饮食	菜（饭菜的菜）	菜 ts'ɛ˥	菜 ts'ɛ˥	菜 ts'ɛ˥	菜 ts'ɛ˧
216 饮食	醋	醋 ts'u˥	醋 ts'u˥	醋 ts'u˥	醋 ts'u˧
217 饮食	酱油	酱油 tçiɑŋ˥ øu˩	酱油 tçiɑŋ˥ øu˧	酱油 tçiɑŋ˧ iɤu˧	酱油 tçiɑŋ˧ iɤu˧
218 饮食	香油	香油 çiɑŋ˧ øu˩	香油 çiɑŋ˧ øu˧	香油 çiɑŋ˧ iɤu˧	香油 çiɑŋ˧ iɤu˧
219 饮食	猪油	大油 ta˥ øu˩	大油 ta˥ øu˧	大油 ta˥ iɤu˧	猪油 tʂu˧ iɤu˧
220 饮食	盐	盐末子 øiæ̃˧ em˥ tsɿ˧	盐末子 øiæ̃˧ em˥ tsɿ˧	盐 ziɤ˧	盐 zie˥

续表

序号	词目	凉州	甘州	肃州	敦煌
221 饮食	白酒	酒 tɕieu˧	烧酒 ʂɔ˧ tɕiəu˧	烧酒 ʂɔ˧ tɕiəu˧	白酒 pei˧ tɕiəu˧
222 动物	公猪	牙猪 øia˧ tʂu˧	牙猪 øia˧ kfu˧	牙猪 zia˧ tʂu˧	脚猪 tɕye˧ tʂu˧
223 动物	母猪	母猪 mu˧ tʂu˧	母猪 mu˧ kfu˧	母猪 mu˧ tʂu˧	母猪 mu˧ tʂu˧
224 动物	公牛	脖牛 pʻei˧ ȵiəu˧	脖牛 pʻɔ˧ ȵiəu˧	脖牛 pʻɔ˧ ȵiəu˧	脖牛 pʻɔ˧ ȵiəu˧
225 动物	母牛	乳牛 zu˧ ȵiəu˧	乳牛 vu˧ ȵiəu˧	乳牛 zu˧ ȵiəu˧	母牛 mu˧ ȵiəu˧
226 动物	公马	儿马 ɣɤ˧ ma˧	儿马 ɣə˧ ma˧	儿马 ɣə˧ ma˧	公马 koŋ˧ ma˧
227 动物	母马	骒马 kʻuə˧ ma˧	骒马 kʻuə˧ ma˧	骒马 kʻuə˧ ma˧	母马 mu˧ ma˧
228 动物	公驴	叫驴 tɕiɔ˧ ly˧	叫驴 tɕiɔ˧ ly˧	叫驴 tɕiɔ˧ ly˧	叫驴 tɕiɔ˧ ly˧
229 动物	母驴	草驴 tsʻɔ˧ ly˧	草驴 tsʻɔ˧ ly˧	草驴 tsʻɔ˧ ly˧	草驴 tsʻɔ˧ ly˧
230 动物	公狗	牙狗 øia˧ kəu˧	牙狗 øia˧ kɤu˧	牙狗 zia˧ kɤu˧	公狗 koŋ˧ kɤu˧
231 动物	母狗	母狗 mu˧ kəu˧	母狗 mu˧ kɤu˧	母狗 mu˧ kɤu˧	母狗 mu˧ kɤu˧
232 动物	公猫	公猫 kuəŋ˧ mɔ˧	公猫儿 kuŋ˧ mɔ˧	公猫 kuŋ˧ mɔ˧	公猫 koŋ˧ mɔ˧
233 动物	母猫	母猫 mu˧ mɔ˧	母猫儿 mu˧ mɔ˧	母猫 mu˧ mɔ˧	母猫儿 mu˧ mɔ˧
234 动物	公鸡	公鸡 kuəŋ˧ tɕi˧	公鸡 kuŋ˧ tɕi˧	公鸡 kuŋ˧ tɕi˧	公鸡 koŋ˧ tɕi˧
235 动物	母鸡	母鸡 mu˧ tɕi˧	母鸡 mu˧ tɕi˧	蛋鸡 ta˧ tɕi˧	母鸡 mu˧ tɕi˧
236 动物	麻雀	雀娃子 tɕʻyɤ˧ va˧ tsɿ˧	雀娃子 tɕʻyɤ˧ va˧ tsɿ˧	雀儿 tɕʻyɤ˧	雀娃儿 tɕʻyɔ˧ va˧ ɹ˧
237 动物	大雁	大雁 ta˧ øiaŋ˧	大雁 ta˧ øiaŋ˧	长脖雁 tʂʻɤ˧ pɤ˧ ziɤ˧	大雁 ta˧ ziɤ˧
238 动物	燕子	燕子 øiaŋ˧ tsɿ˧	燕子 øiaŋ˧ tsɿ˧	燕子 ziɤ˧ tsɿ˧	燕子 ziɤ˧ zɿ˧

续表

序号	词目	凉州	甘州	肃州	敦煌
239 动物	乌鸦	老鸹 lɔˇ ua˥	黑老鸹 xəˇ lɑˇ uaˉ	黑老鸹 xauˉ lɔˇ uaˇ	老鸹 lɔˇ ua˥
240 动物	老虎	老虎 lɔˇ xuˇ	老虎 lɔˇ xuˇ	老虎 lɔˇ xuˇ	老虎 lɔˇ xuˇ
241 动物	狼	狼 laŋ˥	狼 laŋˇ	狼 lɔŋˇ	狼 lɔŋ˥
242 动物	猴子	猴子 xɤˇ tsɿ˥	猴子 xɤˇ tsɿˉ	猴子 xɤˇ tsɿˉ	猴子 xɤˇ tsɿˇ
243 动物	蛇	蛇 ʂəˇ	蛇 ʂəˇ	蛇 ʂɤˇ	蛇 ʂəˇ
244 动物	老鼠	老鼠 lɔˇ tsʰuˇ	老鼠 lɔˇ kfuˇ	老鼠 lɔˇ tʂʰuˇ	老鼠 lɔˇ tsʰuˇ
245 动物	蝙蝠	列别虎 lieˇ pieˇ xuˉ	列别凤 liɛˇ piæˇ ŋɤŋˉ	列别虎 lɤˇ piæ˥ xuˇ	蝙蝠 pʰ˙iɜˇ fuˉ
246 动物	蚯蚓	蛐 tɕʰyˉ	蛐蟮 tɕʰyˇ ɕiaŋˉ	蛐蟮 tɕʰyˇ ʂãˉ	蚯蚓 tɕʰiuˇ ziɣˇ
247 动物	蚂蚁	蚂蚁 ma˥ iɵˇ	蚂蚁 maˇ ziˇ	蚂蚁 maˇ ziˇ	蚂蚁 maˉ ziˇ
248 动物	蜂	蜜蜂子 miˇ fəŋˉ tsɿˉ	蜜蜂 miˇ ŋɤŋˉ	蜜蜂 miˇ ŋɤŋˉ	蜜蜂 m̩ˇ ŋɤŋˉ
249 动物	蜻蜓	蜻蜓 tɕʰi˥ tʰi˥	蜻蜓 tɕʰiŋˇ tʰiŋˉ	蜻蜓 tɕʰiəŋˇ tiəŋˉ	蜻蜓 tɕʰi˥ tʰi˥
250 动物	苍蝇	苍蝇 tsʰaŋˇ iɵˇ	苍蝇 tsʰaŋˇ iŋˉ	苍蝇 tsʰɿˇ ɤɕˉ	苍蝇 tsʰɿˇ ɤɕˉ
251 动物	蚊子	蚊子 vəŋˇ tsɿˇ	蚊子 vəŋˉ tsɿˇ	蚊子 vəŋˉ tsɿˇ	蚊子 vəŋˉ tsɿˇ
252 动物	跳蚤	圪蚤 kəˇ tsɔˉ	圪蚤 kəˇ tsɔˉ	圪蚤 kɤ˥ tsɔˇ	跳蚤 tʰiɔˇ tsɔˇ
253 动物	虱子	虱子 sɿˇ tsɿˉ	虱子 ʂɿˇ ʂɿˇ	虱子 sɿ˥ tsɿˇ	虱子 seiˉ zɿˇ
254 动物	蝴蝶	蝴蝶 xuˇ tieˇ	叶帖子 ɵiɜˇ tʰeiˇ tsɿˉ	扑腾罗儿 pʰuˇ tʰɤŋˉ lɔˇ ɣɵˉ	灯罗子 təŋˇ luɜˉ tsɿˇ
255 动物	蜘蛛	蛛蛛 tʂuˉ tʂuˉ	蛛蛛 kfuˉ kfuˉ	蛛蛛 tʂuˉ tʂuˉ	蜘蛛 tʂɿˉ tʂuˉ
256 植物	麦子	麦子 məˇ tsɿˉ	麦子 mieˇ tsɿˉ	麦子 mɤˇ tsɿˉ	麦子 meiˉ zɿˇ

续表

序号	词目	凉州	甘州	肃州	敦煌
257 植物	小麦	小麦 ɕiɔˇ mɤ˩	小麦 ɕi˧ eim˩	小麦 ɕi˧ ɤm˩	小麦 ɕiɔˇ mei˩
258 植物	大麦	大麦 ta˥ mɤ˩	大麦 ta˥ eim˩	连皮 liɛ˩ pʻi˧	大麦 ta˥ mei˩
259 植物	燕麦	燕麦 øiaŋ˥ mɤ˩	燕麦 øiɛ˥ mim˩	燕麦 ziɤ˥ mɤ˩	燕麦 ziɛ˥ mei˩
260 植物	大米	大米 ta˥ mi˩	大米 ta˥ mi˩	大米 ta˥ mi˩	大米 ta˧ pɯˇ
261 植物	小米儿	小米 ɕiɔˇ mi˩	小米 ɕiɔ˧ mi˩	小米 ɕiɔˇ mi˩	小米 ɕiɔˇ pɯ˩
262 植物	玉米	西麦 ɕi˧ mɤ˩	苞谷 pɔ˧ kfu˩	苞谷 pɔ˧ ku˩	苞米 pɔ˧ pɯ˩
263 植物	高粱	高粱 kɔ˧ liaŋˇ	高粱 kɔ˧ liaŋ˧	高粱 kɔ˧ liaŋˇ	高粱 kɔɔ˧ liaŋˇ
264 植物	大豆	黄豆 xuaŋ˩ tɤu˥	黄豆 xua˩ tɤˇ	黄豆 xua˩ tɤuˇ	黄豆 xua˩ tɯuˇ
265 植物	蚕豆	大豆 ta˥ tɤu˩	大豆 ta˥ tɤˇ	花豆子 xua˧ tɤu˥ tsɿ˩	大豆 ta˥ tɯu˩
266 植物	豌豆	大豆子 ta˥ tɤu˧ tsɿ˩	豌豆 vaŋ˧ tɤˇ	豌豆 vã˧ tɤuˇ	豌豆 vã˧ tɯuˇ
267 植物	向日葵	葵花 kʻuei˩ xuaˇ	葵花 kʻuei˩ xuaˇ	葵花 kʻuei˩ xuaˇ	葵花 kʻuei˩ xuaˇ
268 植物	洋葱	薤葱 ɕiaŋ˧ tsʻuŋ˧	洋葱 øiaŋ˩ tsʻuŋ˧	薤骨都 sɤ˥ ku˧ tu˧	薤骨都 tɕiɔ˧ ku˧ tu˧
269 植物	蒜	蒜 suaŋˇ	蒜 suaŋˇ	大蒜 ta˥ suãˇ	蒜 suæˇ
270 植物	菠菜	菠菜 pɤ˧ tsʻɤˇ	菠菜 pə˧ tsʻɛ˧	菠菜 pɤ˧ tsʻɤˇ	菠菜 pə˧ tsʻɛˇ
271 植物	白菜	白菜 pə˥ tsʻɤˇ	白菜 piə˥ tsʻɛˇ	白菜 pei˥ tsʻɤˇ	白菜 pei˧ tsʻɛˇ
272 植物	柿子	柿子 sɿ˥ tsɿ˩	柿子 sɿˇ tsɿ˩	柿子 sɿ˥ tsɿ˩	柿子 sɿ˥ z̩˩
273 植物	西红柿	洋柿子 øiaŋ˩ sɿˇ tsɿ˩	洋柿子 øiaŋ˩ sɿˇ tsɿ˩	洋柿子 ziaŋ˩ sɿˇ tsɿ˩	西红柿 ɕi˧ xoŋ˩ sɿˇ
274 植物	茄子	茄子 tɕʻai˩ tsɿˇ	茄子 tɕʻei˩ tsɿˇ	茄子 tɕʻæi˩ tsɿˇ	茄子 tɕʻei˩ z̩ˇ

续表

序号	词目	凉州	甘州	肃州	敦煌
275 植物	胡萝卜	胡萝卜 xu˦ luə˨ pu˨	胡萝卜 xu˧ luə˦ pu˨	胡萝卜 xu˨ luə˨ pu˨	胡萝卜 xu˦ luə˧ pu˦
276 植物	马铃薯	山药 saŋ˦ ʐyø˨	山药 ʂaŋ˧ ʐyø˦ ʂ	山药 sã˨ ʐyø˧	洋芋 ziɔŋ˧ yz˦
277 植物	辣椒	辣子 la˦ tsɿ˥	辣子 la˨ tsɿ˧	辣子 la˨ tsɿ˧	辣子 la˧ z˨
278 植物	核桃	核头 xe˨ tʰɤ˦	核桃 xɤ˨ tʰɔ˧	核桃 xɤ˨ tʰɔ˧	核桃 xɤ˨ tʰɔ˦
279 植物	杏子	杏子 xeŋ˨ tsɿ˥	杏子 xəŋ˨ tsɿ˧	杏子 xəŋ˧ tsɿ˨	杏子 çiŋ˧ z˨
280 植物	薄荷	薄荷 pɤ˦ xe˨	薄荷 puə˦ xəŋ˧	薄荷 pɤ˨ xɤ˨	薄荷 pei˧ xe˨
281 植物	白兰瓜	白兰瓜 pə˦ laŋ˨ kua˧	白兰瓜 piə˧ laŋ˨ kua˧	白兰瓜 pei˨ lã˨ kua˧	白兰瓜 pei˧ læi˨ kua˨
282 植物	哈密瓜	哈密瓜 xa˨ mi˨ kua˨	哈密瓜 xa˧ mi˧ kua˧	哈密瓜 xa˨ mi˧ kua˧	哈密瓜 xa˨ mɿ˧ kua˨
283 植物	西瓜	西瓜 çi˧ kua˨	西瓜 çi˧ kua˧	西瓜 çi˧ kua˧	西瓜 çi˧ kua˨
284 普名	事情	事情 sɿ˨ tçʰiɤ˥	事情 sɿ˨ tsʰiŋ˨	事情 sɿ˨ tçʰiŋ˦	事情 sɿ˦ tsʰi˨
285 普名	东西	东西 tuŋ˧ çi˨	东西 tuŋ˧ çi˧	东西 tuŋ˧ çi˧	东西 toŋ˧ çi˨
286 普名	地方	地方 ti˦ faŋ˨	地方 ti˨ faŋ˨	地方 ti˨ faŋ˧	地方 tɿ˧ fɿ˨
287 普名	时候	时候 sɿ˨ ne˦	时候 ʂɿ˨ xu˨	时候 sɿ˦ xu˨	时候 sɿ˧ xu˦
288 普名	原因	原因 øyaŋ˧ ŋiø˨	原因 øyaŋ˧ øiŋ˨	原因 øyɤ˧ ŋeiz˨	原因 øyɤ˦ ŋiz˧
289 普名	声音	声音 ʂəŋ˧ øiø˨ ʂ	声音 ʂəŋ˧ øiŋ˨ ŋ	声音 ŋeiz˧ ŋeʂ˨	声音 ŋiz˦ ŋɤʂ˧
290 普名	味道	味道 vei˦ ɔ˨	味道 vei˨ ɔ˨	味道 vei˨ ɔ˨	味道 vei˧ oɔ˨
291 普名	气味	气味 tçʰi˦ vei˨	气味 tçʰi˨ vei˨	气味 tçʰi˨ vei˧	气味 tçʰi˧ vei˨
292 普名	颜色	颜色 øiaŋ˦ ʂe˨	颜色 øiŋ˧ ʂɤ˨	颜色 ziɛ˧ ʂɤ˨	颜色 ziɛ˧ sei˨

续表

序号	词目	凉州	甘州	肃州	敦煌
293 普名	相貌	摸样子 mu˦ ɕiaŋˊ tsɿ˩	摸样子 mu˥ ɕiaŋ˥ tsɿ˩	摸样子 mu˥ tsɿ˥ ʑiˊ	相貌 ɕioŋ˥ moˊ
294 普名	年龄	岁数 suei˦ ʂu˩	年龄 ȵiaŋ˥ liŋˊ	年纪 ȵiɛ̃˥ tɕi˩	年龄 ȵi˥ liˊ
295 代词	我	我 vəˊ	我 vuəˊ	我 vɤˊ	我 ŋəˊ
296 代词	我们（包括式）	我们 və˦ ȵəm˩	我们 vuə˥ ȵuˊ	我们 vɤ˥ ȵəm˩	我们 ŋɤ˥ ȵiˊ
297 代词	咱们（排除式）	我们 və˦ ȵəm˩	我们 vuə˥ ȵuˊ	我们 vɤ˥ ȵəm˩	咱们 tsa˥ ȵiˊ
298 代词	你	你 ȵiˊ	你 ȵiˊ	你 ȵiˊ	你 ȵiˊ
299 代词	你们	你们 ȵi˥ ȵəm˩	你们 ȵi˥ ȵuˊ	你们 ȵi˥ ȵəm˩	你们 ȵi˥ ȵiˊ
300 代词	他	家 tɕiaˊ	伢 ɕiaˊ	家 tɕiaˊ	他 tʰaˊ
301 代词	他们	家们 tɕia˥ ȵəm˩	伢们 ɕia˥ ȵuˊ	家们 tɕia˥ məm˩	他们 tʰa˥ ȵiˊ
302 代词	谁	谁 ʂueiˊ	谁 feiˊ	谁 ʂueiˊ	谁 seiˊ
303 代词	我的	我的 və˥ ti˩	我的 vuə˥ tiˊ	我的 vɤ˥ tiˊ	我的 ŋə˥ tiˊ
304 代词	你的	你的 ȵi˥ ti˩	你的 ȵi˥ tiˊ	你的 ȵi˥ tiˊ	你的 ȵi˥ tiˊ
305 代词	他的	家的 tɕia˥ ti˩	伢的 ɕia˥ tiˊ	家的 tɕia˥ tiˊ	他的 tʰa˥ tiˊ
306 代词	谁的	谁的 ʂuei˥ ti˩	谁的 fei˥ tiˊ	谁的 ʂuei˥ tiˊ	谁的 sei˥ tiˊ
307 代词	大家	大伙 ta˥ xuəˊ	大家 ta˥ tɕiaˊ	大家 ta˥ tɕiaˊ	大家 ta˥ tɕiaˊ
308 代词	这里	这些 tʂɿ˥ ɕiˊ	这些些 tʂə˥ ɕiˊ	这些 tʂʅ˥ ɕæˊ	这搭 tsʅ˥ taˊ
309 代词	那里	那些 na˥ ɕiˊ	那些些 na˥ ɕiˊ	那些 na˥ ɕæˊ	那搭 nɛ˥ taˊ

续表

序号	词目	凉州	甘州	肃州	敦煌
310 代词	哪里	哪些 na˅ɕia˩	哪些些 na˩ɕia˩ɕia˩	哪些 na˩ɕiæ˧	哪搭 na˩ta˧
311 代词	这个	这个 tṣɤ˩kə˩	这个 tṣɤ˅kə˩	这个 tṣɤ˅kɤ˧	这个 tṣɤ˩kə˩
312 代词	那个	那个 na˩kə˩	那个 na˅kə˩	那个 na˅kɤ˧	那个 nɜ˩kə˩
313 代词	哪个	哪个 na˅kə˩	哪个 na˩kə˧	哪个 na˩kɤ˧	哪个 na˩kə˧
314 代词	什么？	啥 sa˩	啥 ṣa˅	啥 sa˧	啥 sa˧
315 代词	为什么？	为啥 vei˩sa˩	为啥 vei˩ṣa˅	为啥 vei˩sa˧	为啥 vei˩sa˧
316 代词	怎么办？	咋办 tsa˩paŋ˩	咋办哩 tsa˩paŋ˅liə˩	咋办 tsa˩pā˧	咋办 tsa˩pæi˧
317 代词	做什么？	干啥 kaŋ˩sa˩	干啥 kaŋ˅ṣa˅	干啥 kā˩sa˧	做啥 tsu˩sa˧
318 数量	一个人	一个人 øi˩kə˩ʐəŋ˩	一个人 zi˅kə˩ʐəŋ˧	一个人 zi˅kɤ˩ʐəŋ˧	一个人 zi˩kə˩ʐəŋ˧
319 数量	一双鞋	一双鞋 øi˩ʂuan˩ɕɤ˅	一双鞋 zi˅faŋ˩ɕɤ˅	一双鞋 zi˅ʂuɔŋ˩ɕɤ˧	一双鞋 zi˩ʂuɔŋ˧ɕɤ˧
320 数量	一领席	一张席 øi˩tʂaŋ˩ɕi˩	一块席子 zi˅k'uai˩ɕi˩	一卷席子 zi˅tɕyɛ̄˩ɕi˩	一个席子 zi˩kə˩ɕi˩
321 数量	一床被	一床被 øi˩tʂʰuan˩pei˅	一床被儿 zi˅k'uan˩pi˩ɤ˅	一床被子 zi˅tʂʰuɔŋ˩pi˩ɿ˧	一个被子 zi˩kə˩pei˩ɿ˩
322 数量	一辆车	一挂车 øi˩kua˩ɛ'ɤ˩	一辆车 zi˅liaŋ˩ɛ'ɤ˩	一挂车 zi˅kua˅tʂ'ɤ˧	一辆车 zi˩liaŋ˩ɛ'ɤ˩
323 数量	一把刀	一把刀 øi˩pa˩ɛɔ˩	一把刀 zi˅pa˩ɛɔ˧	一把刀 zi˅pa˩ɛɔ˧	一把刀 zi˩pa˩ɛɔ˧
324 数量	一支笔	一支笔 øi˩tʂɿ˩pi˩	一支笔 zi˅tʂɿ˅pi˧	一根笔 zi˅kəŋ˩pi˩	一支笔 zi˩tʂɿ˧pi˩
325 数量	一块墨	一块墨 øi˩k'uɜ˩mə˩	一块墨 zi˅k'uɜ˩miə˩	一锭墨 zi˅tiəŋ˩mɤ˩	一块墨 zi˩k'uæi˩mei˧
326 数量	一头牛	一头牛 øi˩t'əɯ˩niɤ˅	一头牛 zi˅t'ɤɯ˩niɤɯ˧	一头牛 zi˩t'ɤɯ˩niɤɯ˧	一头牛 zi˩t'ɤɯ˩niɤɯ˧
327 数量	一口猪	一头猪 øi˩t'əɯ˩tʂu˧	一头猪 zi˅t'ɤɯ˩tʂu˧	一口猪 zi˩k'ɤɯ˩tʂu˧	一个猪 zi˩kə˩tʂu˧

第五章 河西走廊方言基本词汇的内部比较

续表

序号	词目	凉州	甘州	肃州	敦煌
328 数量	一只鸡	一只鸡 øi˧ tʂʅ˧ tɕi˩	一只鸡儿 i˧ tʂʅ˧ tɕiɤr˨˩	一个鸡 zi˨˩ kɤ˧ tɕi˩	一个鸡儿 zɿ˨˩ kɤ˧ tɕiɚ˩
329 数量	一条鱼	一条鱼 øi˧ tʰiɤ˩ y˨˩	一条鱼 zi˨˩ tɕiɤ˩ yz˨˩	一条鱼 zi˨˩ tʰiɤ˩ yz˨˩	一条鱼 zɿ˨˩ tʰiɤ˩ yz˨˩
330 数量	去一趟	去一趟 tɕʰi˧ øi˧ tʰɑŋ˨˩	去一趟 kʰi˨˩ zi˨˩ tʰɑŋ˨˩	去一回 tɕʰi˨˩ i˨˩ xuei˩	去一趟 tɕʰi˨˩ zi˨˩ tʰɑŋ˨˩
331 数量	打一下	打一顿 ta˧ øi˧ tuən˨˩	打一下 ta˧ zi˨˩ xa˨˩	打一下 ta˧ zi˨˩ xa˨˩	打一下 ta˧ zi˨˩ xa˨˩
332 数量	个把两个	一两个 øi˧ liɑŋ˧ kɤ˨˩	一两个 zi˨˩ liɑŋ˧ kɤ˨˩	一半个 zi˨˩ pɑ̃˨˩ kɤ˨˩	一个两个 zi˨˩ kɤ˨˩ liɑŋ˧ kɤ˨˩
333 数量	百把个	百来十个 pɛ˧ lɛ˩ ʂʅ˩ kɤ˨˩	百来十个 piɛ˧ lɛ˩ ʂʅ˩ kɤ˨˩	百把个 pei˧ pa˨˩ kɤ˨˩	一百多个 zi˨˩ pei˧ euŋ˩ kɤ˨˩
334 数量	里把路	一半里路 øi˧ pɑ̃˨˩ li˧ lu˨˩	一里多路 zi˨˩ li˧ tuo˩ lu˨˩	一里多路 zi˨˩ li˧ euŋ˩ lu˨˩	一里儿 zi˨˩ liɚ˧
335 数量	千把人	千来十个 tɕʰiɑŋ˧ lɛ˩ ʂʅ˩ kɤ˨˩	千把个人 tɕʰiɑŋ˧ pa˨˩ kɤ˨˩ zəŋ˨˩	千把人 tɕʰiɛ̃˧ pa˨˩ zəŋ˨˩	上千人 ʂɔŋ˨˩ tɕʰi˧ zəŋ˨˩
336 数量	一千左右	一千左右 øi˧ tɕʰiɑŋ˧ tsuɤ˧ niəu˨˩	一千左右 zi˨˩ tɕʰiɑŋ˧ tsuɤ˧ niəu˨˩	一千左右 zi˨˩ tɕʰiɛ̃˧ euŋ˩ yz˨˩ niu˨˩	一千左右 zi˨˩ tɕʰiɛ̃˧ euŋ˩ zɿ˨˩ niu˨˩
337 时间	今年	今年 tɕi˧ niŋ˩	今年 tɕiŋ˧ niŋ˩	今年 tɕiei˧ niŋ˩	今年 tɕi˧ niɛ̃˩
338 时间	明年	明年 miɛ̃˩ niŋ˨˩	明年 miŋ˩ niɑŋ˨˩	明年 miəŋ˩ niɤ˨˩	明年 mi˩ niɛ̃˨˩
339 时间	去年	年时个 niŋ˩ ʂʅ˩ kɤ˨˩	年时个 niɑŋ˩ ʂʅ˩ kɤ˨˩	年时 niɤ˩ ʂʅ˩	年时 niɛ̃˩ ʂʅ˩
340 时间	前年	前年 tɕʰiɑŋ˩ niŋ˨˩	前年 tɕʰiɑŋ˩ niŋ˨˩	前年 tɕʰiɛ̃˩ niɤ˨˩	前年 tɕʰiɛ̃˩ niɛ̃˨˩
341 时间	往年	往年 vɑŋ˧ niɑŋ˨˩	往年 vɑŋ˧ niɑŋ˨˩	往年 vɒŋ˧ niɤ˨˩	往年 vɒŋ˧ niɛ̃˨˩
342 时间	今日	今个 tɕiɤ˧ kɤ˨˩	今个子 tɕiŋ˧ kɤ˨˩ tsʅ˨˩	今个 tɕiei˧ kɤ˨˩	今天 tɕi˧ tʰiɛ̃˩
343 时间	明日	明个 miɛ̃˩ kɤ˨˩	明个子 miŋ˩ kɤ˨˩ tsʅ˨˩	明个 miəŋ˩ kɤ˨˩	明天 mi˩ tʰiɛ̃˩
344 时间	后日	后个 xəu˨˩ kɤ˨˩	后个子 xɤu˨˩ kɤ˨˩ tsʅ˨˩	后个 xɤu˨˩ kɤ˨˩	后天 xɤu˨˩ tʰiɛ̃˩

续表

序号	词目	凉州	甘州	肃州	敦煌
345 时间	大后日	大后个 ta˧ xɤu˧ kəʔ˥	外后个 vɛ˩ xɤu˩ kəʔ˥	大后个 ta˧ xɤu˧ kəʔ˥	大后天 ta˧ xɤu˧ tʰiə˩
346 时间	昨日	昨个 tsuə˧ kəʔ˥	夜个 ziæ˩ kəʔ˥	夜个 ziæ˩ kɤʔ˥	昨个 tsuə˧ kəʔ˥
347 时间	前日	前天 tɕʰiæ˧ tʰiæ˩	前那个 tɕʰiæ˧ na˩ kəʔ˥	前个 tɕʰiə˧ kɤʔ˥	前个 tɕʰiə˧ kəʔ˥
348 时间	大前日	大前天 ta˧ tɕʰiæ˧ tʰiæ˩	大前那 ta˧ tɕʰiæ˧ na˩	大前个 ta˧ tɕʰiə˧ kɤʔ˥	大前那个 ta˧ tɕʰiə˧ na˧ kəʔ˥
349 时间	上午	早上 tsɔ˧ ʂaŋ˩	上午 ʂaŋ˩ vu˩	盖早 kɛ˧ tsɔ˩	上午 ʂoŋ˩ vu˩
350 时间	下午	后响 xɤu˧ ʂaŋ˩	下午 ɕia˩ vu˩	后响 xɤu˩ ʂoŋ˩	后响 xɤu˧ ʂoŋ˩
351 时间	中午	响午 ʂaŋ˩ vu˩	中午 kuŋ˧ vu˩	响午 ʂoŋ˩ vu˩	中午 tʂoŋ˧ vu˩
352 时间	清晨	早晨 tsɔ˧ tʂʰə˩	盖早 kaŋ˩ tsɔ˩	麻亮子 ma˧ liaŋ˩ tsɨ˩	早晨 tsɔo˧ tʂʰə˩
353 时间	白天	一天 øi˧ tʰiæ˩	白天 piə˧ tʰiaŋ˩	白天 pei˧ tʰiə˩	大白天 ta˧ pei˧ tʰiə˩
354 时间	黄昏	天快黑了 tʰiæ˧ kʰuə˧ xəʔ˥ ciʔ˥	后响 xɤu˩ ʂaŋ˩	眨麻子 tʂʰa˧ ma˧ tsɨ˩	天麻黑 tʰiə˧ ma˧ xei˩
355 时间	晚上	夜里 øiæ˧ li˩	黑了 xə˩ liɔ˩	天黑了 tʰiə˧ xɤ˧ liɔ˩	夜里 ziə˧ li˩
356 时间	什么时候	啥时候 sa˧ tʂʰʅ˧ xɤu˩	啥时候 ʂa˩ tʂʅ˧ xɤu˩	啥时候 sa˩ tʂʅ˧ xɤu˩	啥时候 sa˧ tʂʅ˧ xɤu˩
357 方位	上头	上面 ʂaŋ˧ miaŋ˩	上头 ʂaŋ˩ tʰɤu˩	上头 ʂoŋ˩ tʰɤu˩	上头 ʂoŋ˧ tʰɤu˩
358 方位	下头	下面 ɕia˧ miaŋ˩	下头 ɕia˩ tʰɤu˩	下头 ɕia˩ tʰɤu˩	下头 xa˧ tʰɤu˩
359 方位	左边	左面 tsuə˧ miaŋ˩	左面个 tsuə˧ miaŋ˩ kəʔ˥	左面个 tsuə˧ miə˩ kɤʔ˥	左边 tsuə˧ piə˩
360 方位	右边	右面 øiɤu˧ miaŋ˩	右面个 øiɤu˩ maŋ˧ nəʔ˥	右面个 ziɤu˩ miə˧ kɤʔ˥	右边 ziɤu˩ piə˩
361 方位	中间	当中 taŋ˧ tʂuŋ˩	当中 taŋ˧ kuŋ˩	当中 toŋ˧ tʂuŋ˩	中间 tʂoŋ˧ tɕiə˩

第五章 河西走廊方言基本词汇的内部比较

续表

序号	词目	凉州	甘州	肃州	敦煌
362 方位	里面	里面 li˧ miaŋ˨	里头 li˧ tʰɤu˨	里头 li˧ tʰɤu˨	里头 lɿ˧ tʰɤu˨
363 方位	外面	外面 vɛ˨ miaŋ˨	外头 vɛ˨ tʰɤu˨	外头 vɛ˨ tʰɤu˨	外头 vɛ˨ tʰɤu˨
364 方位	前边	前头 tɕʰiɛ˨ tʰuɛ˨	前头 tɕʰiaŋ˨ tʰɤu˨	前头 tɕʰiɛ˨ tʰɤu˨	前头 tɕʰiə˨ tʰɤu˨
365 方位	后边	后头 xɤu˨ tʰuɛ˨	后头 xɤu˨ tʰɤu˨	后头 xɤu˨ tʰɤu˨	后头 xɤu˨ tʰɤu˨
366 方位	旁边	旁边 pʰaŋ˨ piaŋ˧	傍个里 paŋ˨ kɤ˨ li˧	傍个里 pɤ˨ kɤ˨ li˧	旁边 pʰaŋ˨ piə˧
367 方位	附近	跟前 kəŋ˧ tɕʰiaŋ˨	跟前 kəŋ˧ tɕʰiaŋ˨	跟前 kəŋ˧ tɕʰiɛ˨	附近 fu˨ tɕiŋ˨
368 方位	什么地方	啥地方 sa˧ ti˨ faŋ˨	啥地方 ʂa˧ ti˨ faŋ˨	啥地方 sa˧ tɕi˨ faŋ˨	啥地方 sa˧ tɕi˨ faŋ˨
369 行为	说话	说话 suə˧ xua˨	说话 fuə˨ xua˨	说话 suə˧ xua˨	说话 ʂuə˧ xua˨
370 行为	吃饭	吃饭 tʂʰʅ˧ faŋ˨	吃饭 tʂʰʅ˧ faŋ˨	吃饭 tʂʰʅ˧ fan˨	吃饭 tʂʰʅ˧ fæ˨
371 行为	走路	走路 tsɤu˧ lu˨	走路 tsɤu˧ lu˨	走路 tsɤu˧ lu˨	走路 tsɤu˧ lu˨
372 行为	喝茶	喝茶 xɤ˧ tsʰa˨	喝茶 xɤ˧ tsʰa˨	喝茶 xa˧ tsʰa˨	喝茶 xɤ˧ tsʰa˨
373 行为	洗脸	洗脸 ɕi˧ liaŋ˨	洗脸 ɕi˧ liaŋ˨	洗脸 ɕi˧ liɛ˨	洗脸 ɕi˧ liə˨
374 行为	洗澡	洗澡 ɕi˧ tsɑ˧	洗澡 ɕi˧ tsɑ˧	洗澡 ɕi˧ tsɑ˧	洗澡 ɕi˧ tsɑ˧
375 行为	睡觉	睡觉 ʂuei˨ tɕio˨	睡觉 fei˨ tɕio˨	睡觉 ʂuei˨ tɕio˨	睡觉 ʂuei˨ tɕio˨
376 行为	打瞌睡	丢盹 tiɤu˧ tuəŋ˧	丢盹 tiɤu˧ tuŋ˧	丢盹 tiɤu˧ tuŋ˧	打瞌睡 ta˧ kʰɤ˨ ʂuei˨
377 行为	做事情	干事情 kaŋ˨ ʂʅ˨ tɕʰi˧	做事情 tsɤ˨ ʂʅ˨ tɕʰiŋ˨	干事情 kã˨ ʂʅ˨ tɕʰiŋ˨	做事情 tsɤ˨ ʂʅ˨ tɕʰi˧
378 行为	赶集	赶集 kaŋ˧ tɕi˨	赶集 kaŋ˧ tɕi˨	赶集 kã˧ tɕi˨	赶集 kæ˧ tɕi˨
379 行为	遇见	碰见 pʰəŋ˨ tɕiɛ˨	碰见 pʰəŋ˨ tɕiaŋ˨	碰见 pʰəŋ˨ tɕiaŋ˨	遇见 zy˨ tɕiə˨

续表

序号	词目	凉州	甘州	肃州	敦煌
380 行为	遗失	丢掉 tiəu˧ tiɤ˥	丢掉 tiəu˧ tiɤ˥	丢掉 tiəu˧ tiɤ˥	丢掉 tiəu˧ tiɤ˥
381 行为	找着了	找着了 tṣɔ˩ tʂʅ˩ kɤ˥	找着了 tṣɔ˩ kfuə˩ ɤ˥	找着了 tṣʅ˩ liɑ˩ ɤ˥	找到了 tṣɔ˩ tɤ˥ ɤ˥
382 行为	擦掉	擦掉 tsʰa˩ tiɤ˥	擦掉 tsʰa˩ tiɤ˥	抹掉 mɤ˩ tiɤ˥	擦掉 tsʰa˩ tiɤ˥
383 行为	拣起来	拾起来 ʂʅ˩ tɕʰi˩ lɤ˥	拾起来 ʂʅ˩ tɕʰi˩ lɤ˥	拾起来 ʂʅ˩ tɕʰi˩ lɤ˥	捡起来 tɕiæ˩ tɕʰi˩ lɤ˥
384 行为	提起来	提起来 tʰi˩ tɕʰi˩ lɤ˥	拿起来 na˩ tɕʰi˩ lɤ˥	提溜上 tʰi˩ liɤ˩ ʂɤ˥	提起来 tʰi˩ tɕʰi˩ lɤ˥
385 行为	选择	挑 tʰiɔ˧	挑 tʰiɔ˧	挑 tʰiɔ˧	选择 ɕye˧ ʂɤ˥
386 行为	欠（欠别人钱）	赊 kɤ˧	赊 kɤ˧	赊 kɤ˧	欠 tɕʰiæ˥
387 行为	做买卖	干买卖 kaŋ˥ mɤ˩ muə˥	做买卖 tsua˥ mɤ˩ muə˥	干买卖 kã˥ mɤ˩ muə˥	做买卖 tsua˥ mɤ˩ muə˥
388 行为	（用秤）称	称 tʂʰəŋ˧	称 tʂʰɤ˧	称 tʂʰɤ˧	称 tʂʰɤ˧
389 行为	收拾（东西）	拾掇 ʂʅ˩ tuə˥	收拾 ʂɤu˧ ʂʅ˥	拾掇 ʂʅ˩ tuə˥	收拾 ʂɤu˧ ʂʅ˥
390 行为	举手	夯手 tsa˩ ʂəu˥	举手 tɕy˩ ʂəu˥	夯手 tsa˩ ʂɤ˥	举手 tɕy˩ ʂɤ˥
391 行为	松手	松开 suaŋ˧ kʰɤ˧	撒手 sa˩ ʂɤu˥	撒手 sa˩ ʂɤ˥	松开 soŋ˧ kʰɤ˧
392 行为	放（如放桌子上）	搁 kə˥	搁 kə˥	放 fɤ˥	放 fɤ˥
393 行为	休息	缓 xuã˥	缓 xuaŋ˥	缓 xuã˥	缓 xuæ̃˥
394 行为	摔倒	跌倒 tiæ˧ tɤ˥	跌倒 tiæ˧ tɤ˥	跌倒了 tiæ˧ tɤ˩ lɤ˥	跌倒 tiæ˧ tɤ˥
395 行为	玩耍	玩 vaŋ˥	玩 vaŋ˥	耍 ʂua˥	玩 væ̃˥
396 行为	知道	知道 tʂʅ˧ tɤ˥	知道 tʂʅ˧ tɤ˥	知道 tʂʅ˧ tɤ˥	知道 tʂʅ˧ tɤ˥

续表

序号	词目	凉州	甘州	肃州	敦煌
397 行为	懂了	明白了 miɛ̃˧ pɤ˨ liɔ˩	知道了 tʂʅ˧ tɕi˨ lɔ˩	明白了 miəŋ˧ pɤ˨ la˩	知道了 tʂʅ˧ tɕi˨ lɔ˩
398 行为	留神	小心 ɕiɔ˨ ɕĩ˧	防的些 faŋ˧ tiə˨ ɕiɛ˧	防的些 fɔŋ˧ ti˨ ɕiæ˧	操心 tsʰɔ˧ ɕĩ˧
399 行为	挂念	念叨 ȵiã˨ tɔ˧	念歌 ȵiaŋ˨ kɤ˧	想念 ɕiãŋ˨ ȵiã˨	挂念 kua˨ ȵiã˨
400 形容	美（指人貌美）	漂亮 pʰiɔ˨ liaŋ˩	俊 tɕyŋ˨	心疼 ɕiəŋ˧ tʰəŋ˧	心疼 ɕĩ˧ tʰĩ˧
401 形容	丑	难看 nã˧ kʰã˨	害事 xɛ˨ ʂʅ˨	难看 nã˧ kʰã˨	难看 næ̃˧ kʰæ̃˨
402 形容	好	好 xɔ˨	好 xɔ˨	好 xɔ˨	好 xɔ˨
403 形容	坏	瞎 xa˧	瞎 xa˨	瞎 xa˨	坏 xuɛ˨
404 形容	多	多 tuə˧	多 tuə˧	多 tuə˧	多 tuə˧
405 形容	少	少 ʂɔ˨	少 ʂɔ˨	少 ʂɔ˨	少 ʂɔ˨
406 形容	高	高 kɔ˧	高 kɔ˧	高 kɔ˧	高 kɔ˧
407 形容	矮	矬 tsʰuə˧	矬 tsʰuə˧	矬 tsʰuə˧	矬 tsʰuə˧
408 形容	长	长 tʂʰaŋ˧	长 tʂʰaŋ˧	长 tʂʰãŋ˧	长 tʂʰɔŋ˧
409 形容	短	短 tuaŋ˧	短 tuaŋ˧	短 tuã˧	短 tuæ̃˧
410 形容	大	大 ta˨	大 ta˨	大 ta˨	大 ta˧
411 形容	小	小 ɕiɔ˧	小 ɕiɔ˨	小 ɕiɔ˨	小 ɕiɔ˨
412 形容	粗	粗 tsʰu˧	粗 tsʰu˧	粗 tsʰu˧	粗 tsʰu˧
413 形容	细	细 ɕi˨	细 ɕi˨	细 ɕi˨	细 ɕi˧

续表

序号	词目	凉州	甘州	肃州	敦煌
414 形容	要紧	要紧 ɕi˧˩ tɕiŋ˥	要紧 ɕi˧˩ tɕiŋ˥	要紧 ʑi˥˩ tɕei˥	要紧 ʑi˥˩ tɕi˥
415 形容	热闹	红火 xuŋ˩ xuɤ˥	红火 xuŋ˩ xuɤ˥	红火 xuŋ˩ xuɤ˥	热闹 zɤ˥ nɔ˩
416 形容	坚固	牢实 lɔ˩ ʂʅ˥	牢实 lɔ˩ ʂʅ˥	牢 lɔ˩	牢 lɔ˩
417 形容	肮脏	脏 tsaŋ˥	脏 tsaŋ˥	脏 tsaŋ˥	脏 tsɑŋ˥
418 形容	咸	咸 xɑŋ˩	咸 xɑŋ˩	咸 xã˩	咸 xiæ̃˩
419 形容	淡（不咸）	甜 tʻiɑŋ˩	甜 tʻiɑŋ˩	甜 tʻi˩	甜 tʻiə̃˩
420 形容	稀（如粥太稀了）	清 tɕʻiŋ˥	清 tɕʻiŋ˥	清 tɕʻei˥	稀 ɕi˥
421 形容	稠（如粥太稠了）	稠 tʂʻɤu˩	稠 tʂʻɤu˩	稠 tʂʻɤu˩	稠 tʂʻɤu˩
422 形容	肥（指动物）	肥 fei˩	肥 fei˩	胖 pʻɤŋ˩	肥 fei˩
423 形容	胖（指人）	胖 pʻaŋ˥	胖 pʻaŋ˥	胖 pʻɤŋ˩	胖 pʻɤŋ˩
424 形容	瘦弱	瘦 sɤu˥	瘦 sɤu˥	精瘦 tɕi˥ sɤu˥	瘦 sɤu˥
425 形容	舒服	舒坦 ʂu˥ tʻaŋ˩	舒坦 fu˥ tʻaŋ˩	舒坦 ʂu˥ tʻã˩	舒服 ʂu˥ fu˩
425 形容	晚（来晚了）	迟 tsʻʅ˩	迟 tʂʻʅ˩	迟 tʂʻʅ˩	迟 tʂʻʅ˩
427 形容	乖（小孩听话）	乖 kuɛ˥	乖 kuɛ˥	乖 kuɛ˥	乖 kuɛ˥
428 形容	顽皮	调皮 tʻiɔ˩ pʻi˩	咻 ɕiɤu˥	咻 ɕiɤu˥	调皮 tʻiɔ˩ pʻi˩
429 形容	凸	鼓 kɤu˥	鼓 kfu˥	鼓 ku˥	凸 tʻu˩
430 形容	凹	塌 ta˥	塌 tʻa˩	凹 va˩	凹 va˩

第六章

方言词语与河西走廊地方生产生活习俗

第一节 方言词语与河西走廊地方生产习俗

一 方言词语与河西走廊农业生产

（一）方言词语反映的走廊农业耕作方式

河西走廊的农业生产有旱作和灌溉两类。旱作土地叫旱地，多为山地。灌溉土地叫水浇地、水地，也有叫川地的。其传统耕作方式大致有如下几种。

歇地：休耕，也叫撂荒。土地连续种植几年或一年后不再种植，而通过翻耕蓄水保墒、消灭杂草和病虫害，使地力恢复。休耕多用在旱作种植的土地。农谚有"你有千石粮，我有陈煞地"就是对休耕好处的总结。

倒茬：轮作。同一片地亩按年轮流种植不同作物，是一种有效保持地力，预防病虫害的耕作方式。具体轮作的方法各有不同，如豆类—小麦—谷子三年轮作，豆类—小麦—糜谷—山药（洋芋）四年轮作等。农谚曰"倒茬换种如上肥""豆茬麦，请下的客"。

混种：将不同作物混合种植。大致有两种，一种是将成熟期相同的作物混种，如将豌豆、青稞、大麦混种，收获作为牲畜的饲料；将青稞、小麦混种，麦类混种的叫和禾。另一种是将成熟期不同、植株高低不同的作物混种，如小麦、胡萝卜混种或玉米、黄豆混种等。

套种：将不同作物在一片地亩中套合种植，因不同作物之间呈带状分布，又叫带种。河西走廊各地多见苞谷、小麦套种，小麦、土豆（洋芋）套种等。混种和套种的优势是可以由一年一熟做到一年两熟，达到对土地的充分利用。

复种：夏季作物收割后再播种秋季作物（如荞麦、小糜子）或蔬菜类（如萝卜、白菜等），还有播种牧草型豆类，如箭舌豌豆、毛苕子等用以收获牧草或翻压施肥。

(二) 方言词语反映的主要农事过程事项

1. 整地阶段

走廊农业生产基本是一个"整地、种地、田间管理和收获"这样反复轮回的过程。整地阶段，主要工作是灭茬、熟地、压地，目的是疏松土壤，养护保墒，为下一轮的耕种做好准备。整地工作在一季庄稼收完即开始了，其主要事项有：

灭茬：农作物收获后将带有作物茬根的坂地翻耕让阳光暴晒土层以消灭害虫、熟化根草。灭茬之后的土地叫煞地。灭茬的主要方法是用犁铧深犁或用铁锨深翻。

熟地：也叫秋耕，一般在立秋之后对休耕的旱地、山地趁雨后通过翻犁耕作等灭草收墒。主要方法是先耱；后用犁耕，又叫耖；再耱平。

压地：镇压疏松土地表层。灭茬后的煞地经过暴晒，到深秋初冬一般要浇满水，即浇冬水。地表晒干后表面会有坂结，通过镇压可有效改善土壤并保持墒情。压地一般在冬至之后到春季播种之前进行。方法是先用耢将表层坂结刮起，叫耢地，然后用石碌碡碾压，叫打地或压地。一般要耢、压两三次。农谚曰："光犁不耢，枉把力下。"

2. 种地阶段

种地即播种，这个阶段的主要事项是漾粪、盖地、播种、收地等。

具体如下:

漾粪:也叫散粪,即将事先运抵的农家土粪和化肥在耕种地亩均匀撒开,这种粪土也叫底肥。

盖地:也叫犁地,用一面翻土的铧犁将待播种的土地翻犁一遍,使肥料与土层充分融合,然后用耱耱平。

播种:有几种不同的方式。一种是将籽种均匀扬撒在盖好底肥的地上,而后用耱耱平,或者用犁再浅犁一遍,叫撒种;一种是先用老式犁翻地开沟,后面跟一人将籽种散入沟中,叫溜种;一种是用耧播或机播,播种机有畜力的和小型拖拉机牵引的。还有一种方式是点种,一般用于间距较大的苞谷、土豆(洋芋)或者种在地埂边沿的大豆等量少的作物。

收地:播种完毕后须用耱将地耱平,同时使翻出的土块耱碎,以利出苗;夏季播种的糜子、谷子等,播种耱平、待地表晒干后还要用石磙碾压一遍,有利于保墒出苗。谚曰:"磙子响,山药糜子长。"

3. 田间管理阶段

田间管理阶段的主要工作是浇水、松土、薅草、壅肥等。除浇水外,麦类、糜谷类作物主要是除草,即薅草,苞谷、山药(洋芋)、瓜类作物则要用锄或铲子松土、除草、壅肥。壅肥的肥料旧时多是用苦豆子等沙生草本植物和牲畜粪便沤制的农家肥,现在则多用化肥。

田间管理的诸多事项中,浇水最紧要也最辛苦。河西走廊干旱少雨,农业用水有赖祁连山融化雪水形成的河流、涌泉以及地下水。民间有谚曰"有水就收,没水就丢"。农田灌溉的方式有河灌、井灌两种。旧时走廊各地大小绿洲地带农田以河灌为主。在长久的历史过程中,走廊的人们沿河开垦,垒坝修渠、开沟设闸,引水灌溉,形成了以河(泉)为纽带,以渠(坝)、沟(闸、分)为中心的聚落形态。农田灌溉按渠(坝)、沟(闸、分)或渠(坝)、畦(截)、沟(闸、分)分水的二级或三级水利社会体系以及分水轮流浇灌制度。中华人民共和国成立以前，尽管各地有一定差异，但基本是以粮（地税）确水，按渠分水，以时记水，轮次浇水。因此浇水也叫浇河水或浇排水（牌水）。夏季作物一般浇三到四次排水，第一次浇水很重要，叫头水，也叫压苗水或安苗水。浇水前需整修、疏通沟渠，叫挑渠，人夫按地亩纳粮多少派出。尚未轮到的人们需要到坝口留心盯水，以防错过；开始放水后点香计时，人们需在坝口沟岸日夜值守，以防漏水或被偷水，叫压水，因此浇水过程异常辛苦紧张。今走廊各地还有许多以"渠、坝、畦、截、闸、沟、分"等命名的地名，"坝"即渠，"分"指按沟分水的份额或轮次，因此沟又叫"沟分""分"。如西渠（民勤）、龙渠（甘州）、高坝（凉州）、六坝（永昌）、四畦、青畦（凉州），中截、上杰（金塔），王锐沟（凉州）、宋良沟（民勤）、三闸、左卫闸（甘州）、下四分（金川区）、头分、七分沟（金塔），等等。还有的地名则以地亩纳粮多少、一次河灌给水的时间长短、或浇水轮次来命名，如民勤有地名"上七石""下八石"，肃州有地名"六昼夜""上十石"，凉州有"头牌"，永昌有"上二排庄"等地名。上述地名，即是走廊绿洲农业水利灌溉历史特点的反映。20世纪70年代后，随着农业科技的进步，出现了机械打井以及抽水泵机，加之耕地不断增加，河流来水日益减少，井灌开始在走廊各地普遍采用。

4. 收获阶段

收获阶段的主要工作是收田、紧场、铺场、打场、翻场、起场、扬场、饻粮食等。具体如下：

收田：收获庄稼。21世纪以前，走廊各地农业主要是小麦及青稞等麦类作物，大多在7月中旬前后开始收割，因此收田主要指麦类作物收获，多用镰刀人工收割，也叫割田、割麦子。田禾割下之后捆扎、转运至麦场、摞成垛再集中打碾脱粒。秋季收获量小，有糜子、谷子、土豆、麻籽、苞谷等，一般叫收秋田、收秋。

紧场：有的地方叫安场。绿洲核心地带少有荒滩，因此夏季麦子收完后，就近找一块大小合适的带茬地，先浇水暴晒使地表收紧板结，后以石磙碾压变硬，再用铁锨铲去松软土层和麦茬，使地表变得坚硬平整光滑，作为碾压脱粒的场地。土地较为宽裕的地方就近选取荒坂地加以修整作场，靠近荒滩的地方则一般有固定的场地。

铺场：又叫摊场。将待脱粒的禾捆拆开，禾穗朝向一致均匀有序摊铺在场上，成圆圈状，待充分曝晒后碾压脱粒。

打场：也叫碾场，即用磙子等工具在场上碾压收割来的田禾脱粒。20世纪90年代以前磙子主要靠牲畜牵拉，有一人用缰绳控制牲畜，叫赶磙子。后逐渐改用手扶拖拉机或小型四轮拖拉机牵引。

翻场：打场过程中待表面田禾上的颗粒脱尽、禾草打穰时刮去表面穰草，将下面没有脱尽粮食的禾杆翻过铺平以备再次打碾。

起场：禾杆打穰、粮食脱尽后将禾草挑起抖掉夹杂的粮食颗粒放置一边，用扫帚、推板等将裹有粮食的细碎草末聚集在场心堆放。

扬场：用叉或木锨将打碾之后的粮食、碎草等混合物顺风扬起，使粮食颗粒和杂草、尘土分离的劳作过程。走廊风多，旧时扬场多利用自然风。民间还有一种木制鼓风机，叫风车，手摇操作，因风力较小，一般只在戗粮食阶段使用。

戗粮食：扬场的一个重要环节。用叉扬过之后大部分稳渣已经随风而去，粮食堆里尚有尘土硬渣，这时候，再用木锨迎风扬起，同时一人在下风处拿扫帚掠去粮堆表面的草渣，叫打掠扫。扬干净草屑的粮食堆，上下四周盖上特制的大印，以防偷窃，叫印堆。

康：用联合收割机收割庄稼。联合收割机叫"康拜因"，以工具代指具体工作即为"康"，如：今年的麦子我再没割，全康掉了。20世纪90年代末期，联合收割机开始在河西走廊各地逐渐使用，主要用来收割小麦。

踏渣头：渣头指戗粮食的过程中从粮食堆表面扫出的带有粮食颗粒的碎草渣，需要用磙子再碾压使其中的粮食颗粒脱落并扬出。这个碾压处理的过程即是。

(三) 方言词语反映的农业生产工具

河西走廊传统农业生产工具包括运输工具如大车、皮车等，耕作工具如犁、耱、耱、耧等，挖掘工具如锹、镢头、锄头、铲子等，收割工具如镰刀等，碾压工具如碌子等。现代机械类工具有拖拉机、康拜因等。

大车：木质双轮车，由车辕、车排、车轴、车轮构成，较高大，一般需畜力牵引，可载重物，是20世纪50年代及以前农家主要运输工具。有的车轮木辋外围包有一层熟铁皮，叫铁车；有的车排四周装有护栏，可多载物，叫花车。

推车子：又叫车车、车车子。一种木质独轮手推车，由车排、车轮、两个木辕把手构成，使用轻便，是农家田间地头常用的搬运工具。

架子车：20世纪50年代新出现的一种双轮人畜兼用车，结构与大车相似，但车轮为钢制，有充气橡胶轮胎，轻便耐用，使用广泛。

皮车：胶轮马拉车。结构与架子车相似，但车体宽大，车轮似汽车轮，一般由马、骡套拉，载重量大，运输更加快捷。

手扶子：手扶拖拉机，20世纪70年代开始在河西走廊使用。可用来犁地、运输、打场等。

四轮子：小型四轮拖拉机，当代走廊各地普遍使用。用以犁地、运输、打场等。

器械：牲口套车用的一套器具，包括架在牲畜脖子上衬垫防护的拥子，脊背上架的鞍子，又叫水鞍子，架在马、驴拥子上的夹板子以及鞦、肚带等。

耧：一种传统的播种工具，以人力或牲畜牵引。由耧辕、扶手、籽兜、耧腿、耧铧构成。籽兜有上下两层，上层装种子，下层安有打籽锤并与耧腿及耧铧相通，两层连接处开限籽口。有摆耧和丢耧两种。摆耧，一般有两个或三个耧铧出籽，播种时操作者需左右有节奏地摇摆以利锤打籽出粒，有农谚总结其使用方法说："脚踏土块手扶耧，左右摇摆有节奏，眼睛一看稀和稠，二看深浅和牛走。"丢耧，是单铧出籽，操作时需上下提抖出籽。

碌子：敦煌叫碌碡，或写作碌硃。由整块质地坚硬的石头凿打而成，一般为长形六棱；也有圆柱形的，较六棱形的粗壮。碌子由牲畜或机器牵引，是传统的庄稼脱粒、土地镇压的必有工具。

耱：一种传统的整地工具。有长方形框体，下面安装木质或铁质尖齿。使用时畜力牵引，耱体上面压以重物。主要用于疏松地表板结。

耱：也是传统的整地工具。用圆形长木结成长方形框架，中间再安装一根长木，然后用较粗的长柳条按序在三根平行长木上交叉编制而成。一般在土地犁过后使用。由牲畜牵引，操作者站立其上，同时以脚用力左右蹬摆，可有效耱平地表并耱碎土壤中的硬块。

叉：挑草、扬场的工具，有木制的、铁制的。从叉齿数量分有双股叉、三股叉、四股叉、六股叉。双股叉一般选取树木枝条有自然分叉者制作而成，用于挑草、翻场。三股叉、四股叉、六股叉一般有叉头和叉杆，多用来扬场、聚拢草渣。

铁锨：可直接叫锨，是挖土的工具，由锨体、锨把组成。大致有两种，一种锨体由厚铁皮制成，整体呈浅勺状，锨头带有一定的弧度，便于铲土、盛土，用来培土挖沟等；一种锨体由熟铁打造，铁质较厚，呈长板状，锨头触地的边沿不带弧度，两边角有尖，便于深插入土，是人工翻地的专用工具，一般称大锨。

木锨：锨体由薄木板做成，是扬场时用以分离草渣、灰土和粮食的专用工具。

镢头、锄头：刨土、锄草用的工具。锄头多用于田间松土锄草，较为轻便灵巧，有的锄面上部带有方形空洞。镢头比锄头宽大修长，主要用来挖掘。

榔头：一种木质的工具。一小截材质较硬的粗圆木，表面削制平整，中间凿以凹槽安上一根长短合适的手柄即是。一般用来砸碎田地里的土块或翻整农家肥。

萋子：捆扎田禾、麦草等的绳子，用韧性较强的沙竹草等搓成。又叫草萋子。

刮板、推板：一块长方形木板或铁质硬板上面安一手竿，用来整地或起场等的工具。刮板形体较大，可用牲畜牵拉，又叫拉板；推板较小，由一人手持操作前推。

囤子、仓子：均为储存粮食的用具。囤子呈圆形或方形，一般用柳条或芨芨草编成，再用泥和以麻丝将囤体内外缝隙填充抹光而成，因此有些地方也叫草围子。仓子一般建在仓房中，由土坯垒成，用细泥将墙体抹光，储存量较大，肃州又叫泥埕子，敦煌则叫池子。有些地方有用木板制成的仓子，叫木板仓（甘州）或板埕（肃州）。

磨：又叫石磨，是加工面粉、饲料的工具，用大块石头打造而成，有上下两片，称为磨扇石。有人力、畜力磨。有些地方有以河水带动的叫水磨。

碾子：用石头打造而成，人力或畜力带动，用来给谷类粮食去皮或者碾碎东西。

笆：用柳条或芨芨草茎编成的方条形用具。有用于房顶的房笆，用来抬送东西的抬笆，有架在木轮大车、小推车箱四周以增加载量的圈笆等。

筐：用柳条或芨芨茎编成的长方形用具。一类上有提手，大的一般叫筐、筐子，小的叫筐筐子或提篮子；一类一侧还有两个背带，可以背在背上，叫背筐。

卜篮：笪箩，用柳条编成的椭圆形器具，壁较浅。有大有小，大者一般用以盛放粮食、麸皮、拌制醋糟等；小者用以盛放馍馍，叫吃食卜篮；再小者用以盛放女红针线等，叫针线卜篮子。

篼：用柳条或芨芨草茎编成的圆弧状笊形用具。有背篼，即能背在脊背上的篼形用具；有笆篼，较大，一般放置在一定位置盛放草料杂物等；有漏兜，一般用柳条编成，再蒙以细布或皮革等，用来打水。

斡杆：是一种原始的取水工具。井边树一粗木，上面架一根长杆，一头坠一重物，一端系上水桶。中华人民共和国成立前，走廊一些地方用来从井里或涝池提水家用或灌溉。

二 方言词语与河西走廊畜牧业生产

除几个少数民族县域如天祝藏族自治县、肃南裕固族自治县、肃北蒙古族自治县、阿克塞哈萨克自治县外，其他县区畜牧业主要以圈养为主，放牧为辅。走廊常见的家养牲畜有牛、驴、马、骡子、猪，多圈养，骆驼、羊、山羊则多夏秋季牧养，冬春季圈养。此外家禽有鸡，有些地方还有鸭、鹅。

牛：有黄牛、牦牛、犏牛。黄牛，即本地蒙古牛种，多用于耕地运输。牦牛，又叫马尾牛、猪声牛，是一种适应高寒环境的牛，体格较黄牛大，耐力、耐寒性强，只在祁连山区以及走廊南部沿山一代有牧养，可用以驮运或肉用。犏牛，黄牛与牦牛的杂交牛，母黄牛与公牦牛交配的叫黄犏牛，母牦牛与公黄牛交配的叫牦犏牛。体格大、耐力强、抗寒性好，多用以耕地拉车等。此外，牛的名称还有：犍牛，阉割了的公牛；乳牛，即母牛；脖牛即公牛或种牛；牛娃子，即小牛。

驴：因耐力好，性情温顺，便于驾驭，因此河西走廊各地均有大量饲养，是农业生产的主要畜力之一。相应的名称有：叫驴，即公驴；骟驴，即阉割了的公驴；草驴，即母驴；驴娃子，即小驴。

马：一般叫马、马子。儿马，即公马；骒马，即母马；骟马，即阉割了的公马；马驹子，即小马。马主要用来耕作或运输。

骡子：马与驴的杂交后代。有两种，公驴与母马的杂交后代叫马骡子，公马与母驴杂交的后代叫驴骡子。主要用来耕作或运输。

骆驼：为双峰驼，走廊中部、北部绿洲边缘有牧养。可用来犁地拉车，民国及以前是长途贩运的主要工具。雄者叫公驼，雌者叫母驼，小者叫羔子或驼羔子。

羊：有绵羊和山羊，绵羊一般叫羊，山羊叫羖𤜽。羊的其他名称有：羝羊，即公羊，又叫骚胡子；羯羊，即阉割了的公羊；羊羔子，即小羊。羊的年龄看其门齿的数量，如一岁的羊只有两个门齿，叫二齿子；两岁的羊有两对四个门牙，叫四齿子；三岁的羊有三对六个门牙，叫六齿子；有八个牙的羊叫满口。

猪：又叫咾咾、猪咾咾。相应名称有：脚猪，即公猪或种猪，也叫骚猪；牙猪，阉割了的公猪；苴母猪，生过小猪的母猪；猪娃子，即小猪。

立圈：立夏之后，青草长出时，牧羊人，即羊把式在有水源、适宜放牧的戈壁草地插好圈舍，延揽羊群，开始放牧。圈指用土坯或木条、树枝、白茨等围成的一块地方，有的上面有顶，有的无顶，用来堆放柴草、粪土或圈养牲畜。圈有驴圈、牛圈、羊圈等。

代羊：将自家的羊送到放羊人的圈上代放，付给一定的报酬。

打印：为了将一大群牲畜中不同人家代入的相区别，在牲畜的身上打上记号。

贴料：给牲畜添喂饲料。冬季、春季草料不济时，添加一些精料饲养，使牲畜能够较好度过。冬季年前准备售卖或宰杀的牛羊等，也要经过贴料催肥，又叫贴膘。

打羔：羝羊给母羊配种，也叫配羔子。每个放牧的羊群中一般带一到两只羝羊用来给母羊配种。将羊代给牧羊人放牧的一个重要作用就是给母羊配种。

青草：有两个含义。一是指鲜草；二是指冬季储存的干绿草，相对于麦草等枯黄的干草而言。秋季农闲时节，人们集中到山中或沙窝牧草较多的地方采来鲜草阴干，使草较好保持其绿色，储存起来作为冬季牲畜的草料。

放滚圈：是一种放牧的方式。立夏后在靠近农区偏远荒地，每天驮着帐篷随羊徙走放牧，走到哪里就把帐篷安到哪里。

抢茬子：也是一种放牧的方式。秋季庄稼收完时将牲畜赶到坂茬地中放牧。

抛突子：有些地方叫撂抛子。皮质或毛编的一个敞兜，两端接以绳索。使用时在兜中放置石块、硬物，用力朝着既定方向抛投。这是放牧人用来管理牧群的一种手段。

鞭杆：拴有软鞭的长杆。放牧的人或赶车人用来吆喝牲畜的工具。

褐架子：织毛布的机械。一般用木头做成。

褐子：用毛线织的粗布。有粗褐子、细褐子之分。粗褐子用山羊毛或牦牛毛线织成，线条较粗，一般用来缝制帐房、口袋、褡裢、炕单等。细褐子用绵羊毛、细牛毛线织成，线条较细，旧时河西人用以做被面或衣服。

捻杆子、拨调子：均为较为原始的纺毛线的工具。牧人一边放牧，一边用之纺制毛线。

栽毛褥子：用粗褐毯作底，上面密植骆驼鬃毛制成的褥子，隔寒保暖，是放牧者喜爱的用品。

皮袄：用带毛的羊皮缝制而成的大衣，防寒保暖，是河西走廊人放牧或长时间野外劳作的必要用具。

三　河西走廊传统生产活动的特点

从方言词语所反映的情况看河西走廊传统生产活动的主要特点有以下几个方面：

第一个特点是农牧兼营，以农业为主。河西走廊因祁连山雪水的滋养，是一个农牧兼宜的区域，因此本地农业、牧业历史均很悠久。牧业历史自不必说。四坝文化以及较之更早的马厂文化的考古资料表明[1]，

---

[1] 甘肃省文物考古研究所、北京大学考古文博学院：《河西走廊史前考古调查报告》，文物出版社2011年版，第412—438页。

在距今约 4000 年前后，河西走廊就有麦、粟等农作物的种植。汉代凿空西域移民屯垦，将中原先进的农业技术带入河西，极大促进了农业发展，也奠定了农业在河西走廊区域生产活动中的地位。此后统治者代有更迭，民族此起彼伏，农业、牧业的优势可能在部分区域有所消长，但就走廊整体而言，农业生产在其经济活动中始终占有突出地位。明清两代经过几百年的相对稳定发展，河西走廊已经成为甘肃乃至全国重要的粮食产地。同时作为重要的畜产品来源地，河西走廊同样受到极大重视，政府鼓励民户发展畜牧养殖，征收相应的税额，农牧兼营已成习惯。民国以来，随着地方人口数量增加、水资源的日渐短缺，中部绿洲及沿边地带的畜牧养殖业逐渐萎缩，但兼营畜牧的习惯仍然在民间延续。河西地区虽然也有一些地方手工业，但多与农畜产品的初级加工有关，而且一般多自产自销。

第二个特点是夏秋两季收获，麦类是其代表性作物。走廊农业除带田外均一年一熟，耕种面积以夏季作物为主。秋粮作物的种植则多为旱作或是为了倒茬轮作，休养地力，种植面积较少，一般须在初夏播种。夏收作物最主要的是小麦，本地多称麦子，有冬小麦和春小麦，以春小麦为主。此外有大麦、青稞。大麦在酒泉又称连皮。有莜麦，本地又叫玉麦子或裸麦。还有各种豆类，如豌豆、黄豆（大豆）、大豆（蚕豆）、脑豆子（学名鹰嘴豆）、扁豆等。秋粮作物多为糜子、谷子和苞谷，其他还有荞麦、高粱等。苞谷，即玉米。最早记录河西玉米种植的是明代李应魁《肃镇华夷志》[①]，名称为"回回大麦"或"西麦"，今酒泉、凉州一代仍称玉米为西麦。但民勤称谓则不同。成书于清代的民勤地方文献《镇番遗事历鉴》载嘉庆时县学生员汪士沛编辑四言杂诗，其第五目"农家"反映地方农事物产，有"青稞大麦，糜谷豆粮；高粱东麦，菽稷稻粱"之说。今民勤犹称苞谷为东麦。虽然河西走廊的玉米

---

① （明）李应魁撰，高启安、邰惠莉点校：《肃镇华夷志校注》，甘肃人民出版社 2006 年版，第 100 页。

种植较早，但大面积种植还是最近几十年的事。此外，黑河中游甘州、高台等地有部分水稻种植，尤以甘州区乌江镇产者著名，称乌江米。

可以说，小麦是最有代表性的作物。走廊有关的方言词语对此有充分的反映。"粮食"一词，在河西走廊方言中有三个义项，一是泛指谷类作物，二是泛指食物，三是特指小麦。再如"田"，其本义指田地，但河西走廊方言中它的意义发生了转移。在走廊各地方言中，"田"均有两个基本义项，一是指庄稼，如夏田、秋田等词语中的"田"；二是特指麦类作物，如田苗，指麦苗；田稇子，指用镰刀割下后堆在一起未捆扎的带穗的麦类秧杆。因此，种地河西方言又叫"种田"，这个词的意义一是泛指种庄稼，二则专指种春季播种麦类作物。

第三个特点，精耕细作是走廊农业生产的优良传统。河西走廊气候寒冷，地亩产出有限，因此精耕细作，对土地和种植物精心养护，努力提高产量，是其农业经营的必然选择。本地干旱少雨，绿洲农业用水以河灌、井灌为主，水分蒸发量大使得土地碱化严重，改良土壤、消除板结、保持墒情是农业生产中最重要的事项。因此，河西走廊的农业生产活动与其他"靠天吃饭"的旱作农业区的耕作方式有明显的差异。河西绿洲地带的农业生产者，除夏秋季节要耕种、管理、收获外，冬春季节仍然需要在地头不断忙碌。收获后要及时灭茬，让阳光充分曝晒土地，泛碱的土地需用掺沙、添加墙土、施用农家肥料等办法改良土壤，初冬时节土地需充分浇灌，补足墒情，冬季需将浇过水的土地通过不断的耱、耱、镇压使土地保持良性的可耕状态，工序繁多，劳作任务繁重。

第二节　方言词语与河西走廊地方饮食习俗

一　方言词语所反映的河西走廊家常饮食

(一) 走廊家常饮食概说

河西走廊各地除民族地区外，由于环境、气候、物产大致相同，因此饮食习惯上也基本一致。家常饮食可大致分为面食、粒食、茶食几类。

面食是河西走廊各地的主食，做法、种类很多，后面有专门介绍。

粒食有米、糁子、豆子、麦仁等。米，包括黄米、小米、大米等。黄米即由糜子碾成的米，小米即由谷子碾成的米。大米又称白米。河西多数地方不产稻谷，因此大米食用不多。糁子，包括青稞糁子、苞谷糁子。米和糁子可做成干饭、稠饭、撒饭或者稀饭。黄米或小米下锅煮到米粒开花时用笊篱捞出控水并铺开晾干后即为黄米干饭或小米干饭，多拌青菜食用。黄米或青稞糁子配以山药下锅水煮，到黏稠无汤时搅拌均匀即成稠饭。黄米、小米下锅煮成稀饭，叫黄米汤、小米汤。黄米、小米或青稞糁子等下锅水煮，到黏稠少汤时再撒以麦面或苞谷面等搅拌均匀即成撒饭。米、糁子也可熬成汤再下面条等，做成米面片、糁子面条等。豆子，有豌豆、灰豆、扁豆等，可单独熬煮食用，也可煮烂成汤再下米或下面，常见的有扁豆米汤、豆子面条等。粒食还有炒粮食、煮粮食、青粮食、麦仁等。炒粮食，是对炒熟的小麦等五谷粮食的统称。煮粮食，是将小麦、苞谷、豆类等直接用水煮熟食用。麦仁饭，将青稞或大麦碾去表皮，多以肉汤煮熟连汤食用。青粮食，是在青稞或小麦将黄未黄时剪下麦穗蒸或煮熟后去除草皮食用，又叫青麦子。

茶食，是河西走廊民间的一种茶点。茶食一般作为早餐、劳作休息时的加餐或待客的饮食。喝茶是河西走廊人们的传统习惯，茶多为砖茯茶，或泡或煮，茶汁叫清茶，煮茶叫搭茶。一般人家早晨第一餐常是清茶配以各色馍馍，有条件的人家还在其中加上牛奶或羊奶，做成奶茶饮用。有一种烤制的馍馍叫"茶饼"，其名称来源当是专以配茶食用而制作。清茶配馍馍也常用来待客。家里来了客人先搭茶，然后上一盘馍馍，叫吃茶。除茶叶茶外，称为"茶"的还有茴香茶、红枣茶、麦茶、油茶、鸡蛋茶、炒面茶等。茴香茶，是将茴香籽或茴香秆炒制后泡水饮用。茴香性温热，夏季喝可消暑养胃。枣茶，是将红枣炒制后加糖泡水；麦茶，是将大麦或小麦等炒制磨碎后泡水饮用。油茶，是将麦面用植物油或者动物油炒熟后冲开水食用。鸡蛋茶，是将鸡蛋在碗里打开用开水冲泡，再加少许糖或盐食用，又叫泼鸡蛋。炒面茶，是将青稞、黄豆、胡麻等炒熟后磨成面粉，随时用开水冲喝。腊八冰茶，是走廊一些地方的人们，每年冬季腊月初八日清晨，将河里或涝池里的冰取来装在瓷罐里贮存，待来年三伏时节，冰化成水，加入白糖饮用。此外还有杏皮茶、杏仁茶等。

（二）花样繁多的各种面食

河西走廊饮食中的面有小麦面、青稞面、苞谷面、荞麦面、米面（黄米或小米磨成）等，以小麦面为主。面食主要可分为两大类，一是饭食类，指按顿现做现吃的食物；二是馍馍类，是指用面粉制作的可较长时间保存的各种块状熟食。馍馍可作为饭的配料，和汤类食用，更多的则作为加餐用的食物，与各种茶相配食用，类似点心。

1. 饭食类

饭食类的面食是指每天按时按顿制作的饮食。从制作方式看有擀面、饧面及其他等几大种。

擀面：将面和好后用擀面杖擀开，用刀切成不同形状或者再以其他方式进一步加工而成的面食。有面条子、长面、香头子、转脖刀、面旗子、方块子、小饭、补丁、糙耳子、麻食子、杏壳篓、栀子面、掐疙瘩等。面条子，即用刀切成细条状，有的地方（民勤等）叫面齐子。长面，是将擀好的面叠起来切成细条，再搭在木杆上不断挽拽而成，因此又叫挽面；这种面和面时一般要加蓬灰或者碱，因此口感滑而有韧性。加了碱或蓬灰后擀制成的面条叫碱面或灰面。香头子，是将擀成的面切成半指长的细条，形状像供香燃后剩余的部分。面旗子，有的地方叫旗花子或斜尖子，是将面切成菱形，形状像小旗子。转脖刀，是将擀好的面用刀转着切成的宽窄不一的条状。方块子，即将擀成的面切成方块状。小饭，则是将面切成了碎丁，因此有些地方叫圪丁子，张掖的牛肉小饭较为有名。补丁，是将擀开的面手撕成不规则的大小块状下锅，形状像衣服上的补丁。香头子、转脖刀、小饭一般面擀得较厚，方块子、面旗子则面擀得较薄。掐疙瘩，擀开的面拿在手里掐成指甲大小的面丁下锅。搓鱼子，将面擀开切成细条用手搓成一个个短小的面棍，形状似小鱼。古浪有栀子面，擀开的面切成小块，用手指捏成花状，形似栀子花。糍耳子，又叫猫耳朵，将擀开的面切成细长的方块然后用拇指在案板上按压成一个个带弧形的片状，形似猫耳朵。永昌有窝窝面，与猫耳朵类似，做法稍有不同，是用筷子头将细面条捣成一个个小窝状。凉州有杏壳篓，将擀开的面或饧面用手指捏成杏皮样的面。高台有一种面食叫麻食子，其做法与猫耳朵等类似。面条子、长面、香头子、搓鱼子、转脖刀等可做成汤面，也可以煮熟干吃。补丁、方块子、杏壳篓、麻食子、糍耳子、圪丁子、面旗子、栀子面等则多做成汤面。

饧面：和好后饧过的面。面兑水和好反复揉压使面团变得紧密且有弹性，然后将其切成剂子放在容器中码好刷油，放置一段时间待用，这个过程叫"饧"，饧过的面具有更好的延展性。饧面可做成拉条子、鸡肠子、炮仗子、揪片子等。拉条子，又叫拉面、扯面、丢面等。拉面可窄可宽，宽者叫皮条面，又叫裤带面，窄的可拉成如韭菜叶一般，叫韭叶子。凉州饧面拉条子比较有名。拉条面和面时加入碱或蓬灰，煮出的面条颜色晶黄，敦煌又叫黄面，驴肉黄面是当地的特色面食。鸡肠子，实际是拉面的一种，其做法与一般的拉面稍有不同，饧面时将面剂子搓成细绳状盘卧在盆内饧，这样拉出的面条形似鸡肠又长又均匀。炮仗子，饧面的方式与鸡肠子相同，只是在下锅时将面揪成半指长的小截下锅，形状像一个一个的鞭炮。甘州炒炮仗较为有名，一般简称"炒炮"。揪片子，又叫揪面、揪面片，是将饧好的面剂子用手捏成宽条状拉开再揪成小片下锅，一般和汤而食，也可以捞出过水后和菜一起炒，称为炒面片。

其他：拨鱼子，又叫拨疙瘩，是将面在碗里和成硬糊状用筷子于碗沿切拨于锅，形状亦像小鱼苗，故名。鱼剪子，也叫剪鱼子，是将和好的面团用剪子剪成细条，像小鱼苗。箭头，青稞面加入碱或蓬灰和好，再用手搓成又长又细的状如箭头的面食。饸饹面，又叫钢丝面，一般用苞谷面、青稞面、荞麦面掺些许麦面和好，用专用的工具压制成细条状，食用可蒸可煮。挂面，有的地方叫须面，是一种手工制作可以长久保存的干面条，由小麦粉加一定比例的盐、碱和好拉制晾晒而成。制作挂面是一项技术活，工序繁杂，旧时走廊各地有专门制作售卖挂面的人，叫挂面匠。拌面汤，将麦面用凉水搅和后倒入开水中煮熟的面汤，里面还可加入洋芋、小米等熬制。凉州的山药米拌面，就是加入小米、洋芋的拌面汤，很有名。疙瘩汤，也是一种面汤，但其制作方法要特殊一些。先将面粉撒上水，搅拌出一粒粒面疙瘩，再将面疙瘩切碎晾干，后先用面粉加凉水搅出面糊倒入滚水煮沸，再将碎面疙瘩倒入熬制，这种面汤较一般的拌面汤稠而有嚼头，别有风味。苞谷面可做成苞谷面糊糊、苞谷面搅团等。搅团，是用高粱面、苞谷面等边煮边搅，做成的较硬的糊状食物。还有饺子，也叫扁食，多在过年或闲暇时才制作食用。春节期间，走廊的人们在大年三十就将几天的饺子包好储存，食用时取来水煮即可，很方便，因此许多地方又叫水馍馍。

2. 馍馍类

河西走廊方言将饼类食品统称为馍馍。从制作方式上来讲有蒸的、烙的、炸的、烤（烧）的、煎的；从内容看有的带馅儿，有的不带馅儿；从是否发酵看有发酵过的，叫发面馍；有不发酵的，叫死面馍。发面用的引子有两种，一种叫糟子，是用黄米蒸熟碾碎做成小饼状晾干，里面含有天然酵母，可长期保存备用。一种叫酵头子，是含有酵母的面团，一般是在上次发面蒸馍后预留的。蒸的、烤的馍馍都是发面的，烙的、炸的、煎的馍馍有发面的，也有死面的。

蒸制馍馍：均为发面制作，常见的有如下几种。墩墩，近似方形的发面馍馍，一般是麦面的，还有以玉米面或米面为主掺些许麦面的叫苞谷面墩墩、米面墩墩；麦面掺一些沙枣或沙枣面做的，叫沙枣面墩墩或沙枣馍馍。墩墩做法简单，揉面的次数少，是最常见的馍馍。刀把子，长条状馍馍，约有刀把长。馒头，一种圆形馍馍，有大有小，做法较墩墩精致，揉面的功夫更大，蒸熟出锅后表面光滑没有裂纹，有的还在顶部用红曲点个红点，一般人家只在节日、敬神或祭奠先人时制作。凉州有一种馒头叫高桩馒头，和面、制作、蒸法均有讲究，馒头剂子搓揉成圆柱状，出锅后的馒头上圆下方，光滑鲜亮，不开裂。卷子，发面中卷上各种调料做成的花卷。常用的调料有薄荷、姜黄、红曲、香豆子、胡麻盐等。胡麻盐是将胡麻或麻子炒熟加盐碾成的碎末。胡麻盐可以与其他调料配合分层调卷，也可以单独使用，只用胡麻盐做的叫胡麻盐卷子。卷子可大可小，大的可做到笼屉大小。民勤有一种蒸卷子叫扇子，是为过端午节特制的食品，做法是用温开水和面，发好面后将面团擀成圆形薄片，上面抹油撒上胡麻盐、红曲、姜黄、玫瑰、香豆子或薄荷面等摞四层，再切成四瓣，每瓣直角处切一豁口向上卷起压实，再用似木梳的工具在上面压上花印，饧好上锅蒸熟。糕馍馍，白面蒸的形状像米糕一样的馍馍，做法是将发面揉好，不加任何调料，做成与蒸笼一样大的馒头状，蒸熟出锅后晾干水汽，切成方快，就像一块块米糕。米糕，一般用黄米粉蒸的糕状馍馍，不多见。包子，带馅儿的发面馒头，传统的馅儿有肉类、扁豆、油瓤、芽面、麻腐、韭菜、葫芦等。油瓤用动物油或植物油和面拌成。芽面馅子用出过芽的麦类磨成的面粉拌成。带馅子的蒸制面食，可包成圆弧状，两头带角，叫角角子，如芽面角角子、麻腐角角子等。

烙制馍馍：工具是生铁铸造的平底小锅，叫鏊子。烙制的馍馍一般叫饼子，有用发面烙的发面饼子，有用没有发酵的面烙制的，叫死面饼子。千层饼，烙出的饼子有许多细层，做法是将面团擀薄，抹上油或调料然后揉在一起，再擀开抹油加调料揉压，反复多次，而后擀开烙制；民勤有一种千层饼，加的调料是用麻子做成的胡麻盐，烙成后的白饼上带有许多黑点，叫抄花子穿皮袄。水晶饼，又叫水晶干粮。做法是面用适量碱水和好擀成薄饼，贴于锅边，锅底加些许水，慢火烙制，这样烙出的饼子晶白鲜亮、酥脆可口。锅盔，较大较厚的饼子，大小如锅。干粮，一种较厚的小圆饼。狗舌头，长条形的饼子，形似狗的舌头。葱花饼，面饼擀开、抹油、撒上葱花烙成的小饼子。菜饼子，面里卷上鲜辣椒、青菜等蔬菜烙制出的小饼。

烤制馍馍：用鏊等工具烤制出来的馍馍，有炉、炕、烧等几种。炉馍馍，有的地方叫炉盔子或烧鏊子，是用鏊烤制的馍馍。鏊，是一种形状、容量相对较大的烤制工具，用生铁铸成，三足，上面有盖，盖顶有铁链可将盖子吊起。烤馍馍时先在鏊底用猛火将鏊烧烫，然后装上做好的馍馍，盖上盖子，盖顶架起硬火，下面煨以细火上下烤制，大约40分钟左右即可出鏊。炕馍馍，炕馍馍的工具是一个用土坯砌成的形似土炕一样的洞，里面担两个铁质的横条，上面放置一个铁制的炕板，可以自由抽放。需要炕馍馍时，将要烤制的馍馍在炕板上放好，再用粗细柴火将炕洞烧至四壁成火红状，待火熄成灰不再冒烟时将炕板放置其中，封死洞门，大约半个小时即好。烧壳子，又叫烧盒子，工具是一个铁制的盒型模具，将馍馍按模具大小做好后放置其中盖严，用柴火在一定位置烧一堆带有余烬的灰，再将模具埋入灰中，40分钟左右即好。永昌、民乐烧壳子均较有名。

油炸馍馍：炸制的馍馍又称油食，种类有油饼子、油馃子、油棒子、馓子、菜盒子、油膏、油炸粑等。油饼子，有发面油饼子和死面油饼子；发面油饼子较厚，吃起来酥脆，死面油饼子又叫烫面油饼子，是用烫水和面，面饼软而薄，油炸得透，吃起来软嫩甜香。油馃子，样式较多，大小不等。最典型的，是将发面和好，擀开，抹上红糖，切成长方形，分两层对叠，中间切两刀小口，将四角从切口中间翻过展平入锅油炸。油棒子，又叫麻花子，发面揉好搓成筷子粗的面条，后对折扭绞成绳索状入锅油炸而成，一般和面时还要加入鸡蛋、动物油或植物油等。馓子，发面和好，搓成细细的面绳并盘成松散的椭圆状油炸而成。油炸粑，又叫油炸面泡子、油泡泡、炸骨朵等，做法是面粉拌入鸡蛋、白糖，再渐次加凉水不停搅拌，使面稀软而有黏性，待油烧开后，用筷子粘起一个个黏糊团放入锅中炸到焦黄出锅。炸骨朵还可将时兴野菜如薄荷等洗净切成小段裹上面糊炸制。山丹有一种特色炸骨朵，叫黄蓒炸骨朵，里面裹以煮熟的一种产于焉支山中类似人参的植物根茎，也叫黄参，吃起来酥脆甜美。

煎制馍馍：是在平底锅或鏊子中加入一定量的油料煎制，一般是饼子或菜盒子。煎制的饼子有油饼、山药（洋芋）饼、葱花饼等。山药饼子，做法是将洋芋洗净用细礤子礤成糊状，里面拌上面粉，然后于平底锅中摊开煎制而成，民勤山药饼子比较有名。菜盒子，蔬菜用大面皮包裹后煎制而成，有方形的；也有形状像大饺子的，也叫角角子。菜盒子里面常用的菜有韭菜、菠菜、洋芋、青辣椒等。民勤一般端午节时除油饼卷粽糕之外，还要吃油煎或油炸韭菜盒子，叫韭菜角角子。走廊煎和烙有所不同，大致是煎一般要用油，制作时火较大；烙则不用油或只在锅底涂抹少许以防粘锅，而且用火小，时间长。

二 河西走廊地方特色饮食

除家常饮食外，河西走廊各地还有许多富有地方特色的食物。常见且具有代表性的有如下多种。

手抓羊肉：羊肉连骨剁成大块，放入清水中煮开，撇除血沫，再加葱、姜、蒜、花椒等佐料，煮至肉熟，捞出上盘，手抓而食。也叫煮羊肉，永昌则叫大煮羊肉。

黄焖羊肉：羊肉剁成小块，入锅爆炒至肉色变白时，加酱油、花椒、姜、蒜、辣椒等料，待自身水汽炒干后添水，水开后文火慢炖。等到肉烂不脱骨、水干不糊锅时出锅。

羊肉垫卷子：羊肉剁成小块入锅爆炒至水干后加上调料、再添适量生水，待水开后舀出汤汁和面，擀成薄饼、抹油、撒上葱花卷起，切成小段码放在肉上，同时加入其他蔬菜如洋葱、鲜辣椒等封锅煎煮，待锅里的汤汁将干半干时出锅，其时肉烂面熟，滋味鲜美。相同做法的还有鸡肉垫卷子、牛肉垫卷子等。

鸡肉焖饼子：鸡肉剁成小块爆炒加上佐料添水焖至八成熟后，加入蔬菜如洋芋、洋葱、辣椒等，将和好的面擀成薄饼盖在肉上，文火焖到面熟肉烂出锅。同样做法的还有羊肉焖饼子、牛肉焖饼子等。

炒拨拉：羊内脏、下水等洗好后切成小块，佐以葱、姜、蒜及辣椒用铁鏊爆炒，现熟现食，是一种地方风味小吃，山丹的较有名。因炒制时需不停地拨动以免粘锅，故名。

脂裹：现宰的牛羊开膛后将蒙在内脏外表的一层油（蒙肚油）完整扯下展开，再将精肉剁碎加葱、姜、蒜做成陷子裹在油里扎好，入锅煮熟后切片而食。

羊筏子：也叫肠脂裹。将羊肠子洗净后，灌入羊血以及剁碎的蒙肚油和羊心、羊肝等内脏，将其口扎紧入锅蒸熟后切成小段，可趁热拌上蒜汁、醋卤食用，也可佐以其他蔬菜炒后食用。有的地方如肃州则是将煮好后的羊筏子切片后再用鏊子烫炙而食，叫炕羊肠。

蒸羊血：将羊血中掺入少量面粉拌匀，加入切碎的羊内脏，包括心、肝子、肺子等，分别盛入碗内上锅蒸熟，佐以醋、蒜泥、辣椒等食用。

羊杂碎：羊心、肝、肺、腰子、肚子、肠子等煮熟切片后，浇上汤汁混合而食。有的浇的汤汁是煮过的原汤，汁浓味厚，叫原汤杂碎；有的添上新水重新杂烩，叫清汤杂碎。

糊傅：酒泉叫糊锅。肉汤用淀粉勾芡后加花椒、盐、胡椒、姜等佐料熬至糊状，加粉皮、面筋、肉块，复杂一些的还有油炸洋芋、少量蔬菜或粉条、豆腐、麻花等。肉汤可以是羊肉汤、牛肉汤或鸡汤。酒泉糊锅多用鸡汤，甘州糊傅则多用羊肉汤或牛肉汤。甘州还有一种类似的小吃叫粉皮面筋。其主料是粉皮子和面筋，浇上糊状汤汁食用。粉皮子一般多用豆面的，做法与酿皮子同，不过酿皮子是做出现吃，粉皮子则是出锅后切成段晾干备用；面筋则是豆面筋或麦面筋，同样是晒干存储的备用材料。

焪拨拉：武威又叫拨拉子，肃州叫焪焪子，甘州叫麦饭。将需要的菜等切成小段，在蒸笼里码放好，上面再撒上一层面粉蒸熟，盛到盆子里将面和菜拌匀，浇上油泼蒜泥、辣椒食用。做焪拨拉的菜可以是苜蓿芽、黄花即蒲公英、榆钱子、白蒿等时兴野菜，也可以是山药（洋芋）、胡萝卜、糖萝卜即甜菜等。

酿皮子：又叫面皮子。面粉和成面团揉光滑，再加入凉水搓揉，洗出面筋。待淀粉沉淀后，倒掉上面的清水调成面浆，一次一次舀入平底蒸屉蒸，蒸熟出屉后即是一张张晶白透亮的面皮，待稍凉后抹上熟过的植物油，切成宽条，浇上醋卤、油泼蒜、油泼辣椒等，吃起来筋道爽滑。凉州的酿皮子比较有名，有一种酿皮子叫黑墩子，制作时在面浆中加入蓬灰，且一次蒸的面皮较厚，蒸熟后呈褐色，一般切成厚方块食用，别有风味。张掖还有一种类似小吃叫粳粉，使用粳米面制作而成，吃法与凉粉相同。

凉粉：凉粉也是河西人爱吃的特色小吃，一般用小麦面、青稞面或豆面制作。做法亦如酿皮子要先和面、洗面，调成的面浆直接在锅里煮，待水少变成糊状后盛在容器中使其自然凝固，而后取出切成小块加入调汁食用。小麦面做的叫麦粉，青稞面做的叫青粉，豆面做的叫豆粉。民勤县有沙米凉粉。沙米是一种沙生植物的籽实，形状似胡麻籽但更小。沙米凉粉即是用沙米籽实磨成的面做的凉粉。张掖有一种凉粉叫鱼儿粉，用豆面或者米粉洗出面筋后将含有淀粉的汤汁在锅里熬至糊状，然后将糊状粉团放在漏勺挤进沸水中煮熟晾冷，调上醋卤和芹菜末、辣椒油，吃起来清凉爽口。甘州将酿皮子和凉粉统称"粉"，麦面做的酿皮子叫凉粉，粳米面做的面皮子叫粳粉，青稞面、豆面做的凉粉，称青粉、豆粉。

麦索子：武威、酒泉叫麦索、麦索子，张掖叫碾糁。青稞、小麦即将成熟时剪下麦穗蒸熟，去除麦壳后，再用小石磨碾磨，磨出的粮食变成了一截截绳索状的东西，拌上油泼辣椒和蒜泥食用。

蒸饼：是临泽、酒泉等地的一种地方小吃。做法是用烫水和面，揉至表面光滑时揪成适当大小的面团饧些许时间，后擀成饼状放在柳条编成的叫撒子的专用蒸屉上，绷成很薄的面皮，绷满撒子后去掉边沿多余的部分，上锅蒸熟，取下面皮，抹上植物油，整个面皮成鲜亮的黄色，待凉后切成细条，佐以葱、姜、蒜汁或炒菜食用。蒸饼口感筋道有韧性。

浆水面：是一种历史悠久、广泛流行于陕甘地区的饮品。其做法是将蔬菜在沸水中烫过，拌上少量面粉，在容器中码好，加上引子，即带有酵母菌的面块，加入温开水让其自然发酵，四五天后即可食用。做浆水的蔬菜可以是萝卜、油菜、芹菜、甘蓝、豆芽以及时兴野菜等。浆水微酸而营养丰富，是夏季消暑养胃的佳品，可以当作饮料饮用，人们还常将面条、拉面煮熟后浇上浆水食用，叫浆水面。敦煌浆水面较有名。

油面：是敦煌一带的一种小吃，类似油茶。做法是将面粉用约占面粉三分之一的羊油炒熟，而后压制成饼状放入容器中，吃的时候切碎煮开，调盐、葱花等，可泡上馍馍而食。

油塔：又叫香油塔、油塔子。先用开水烫面，加入少量发面和食用油不断揉搓，饧一段时间后，擀成薄饼抹油，撒上用食用油、面粉、香料拌成的油面子卷成筒状切段，拧成一个一个的螺旋塔形上锅蒸熟，出锅后呈黄色，用筷子一夹便绽开成薄片，入口酥软醇香，是孝敬老人的佳品。

麻腐：是用食用大麻籽或胡麻籽做成的像豆腐一样的食品。做法是将大麻籽或胡麻籽碾碎，放入水中煮沸，再点入凉水，这时籽实的外壳碎皮逐渐沉入锅底，淀粉、蛋白质则浮于表面。将淀粉、蛋白质捞出使其自然凝结，便成了麻腐。麻腐拌入洋芋泥、煮熟剁碎的萝卜或其他蔬菜末等做成馅儿，可做成麻腐饺子或麻腐包子。

三 方言饮食词语反映的走廊地方饮食特点

从方言中的有关语汇看，河西走廊人们饮食有以下几个方面的特点。

（1）从餐制看，走廊有的地方是两餐制，有的地方是三餐制，如今多数是三餐制。一天中主餐的称谓，两餐制的有"晌午饭"、"午饭"和"后晌饭"或者"黑饭"、"晚饭"。三餐制的除"晌午饭"、"后晌饭"等以外，有"早饭"。显然，"晌午饭""后晌饭"或"黑饭"是走廊方言的固有词语，而"午饭""晚饭"的说法则是共同语影响的产物。从实际情况来看，走廊的人们普遍对早餐并不很重视。习惯两餐制的人们也吃早餐，多数仅为茶水馍馍，但在人的观念中那不是"饭"；习惯三餐制的人们早餐虽叫"饭"，但做法内容都相对简单，一般只熬制些面汤、米汤就馍馍而食，如凉州人爱吃的山药米拌面，就是小米和洋芋块煮好后里面再撒入适量面粉做成的一种粥食。选择两餐制还是三餐制，与区域自然环境、生产方式以及物质条件的丰富程度具有密切的关系。一方面，河西气候干燥，白天特别是正午时分日照强烈，人们一般早晨日出之前即开始劳作，中午时吃饭休息，以尽量避免日光的暴晒，待下午阳光稍减时再下地干活至天黑。早晨为了省时省事，选择现成熟食而就，不以专门做饭为务即为必然。另一方面，旧时以人力、畜力为主的生产条件下，农业的总体产出不高，食物资源有限，一日两餐是一种有效的节约方式。再一方面，河西地域广阔，虽然环境大致相同，但小区域之间，地亩多寡不同，产出有别，食物的拥有量也有不同，餐制习惯也会有所差异。以此来看，河西走廊在较早的时候，可能更多的是两餐制，随着生产力的提高和物质的不断丰富，开始逐渐向三餐制发展。两餐制的情况下，长时间的劳作需要适量加餐以保证体力。走廊方言里"腰食"一词，顾名思义即是劳作间歇的加餐，一般以茶水馍馍为主，这也是在河西走廊的食物中，馍馍这种熟食丰富而重要的原因。吃"腰食"有的地方叫也"吃晌午"，这个词显然来自"晌午饭"。农忙时节，中午往往顾不及做饭，而代之以简单的腰食充饥，也叫"吃晌午"，由此"晌午"便有了"腰食"的意义。

（2）从食物的做法和吃法看，走廊的饮食朴素俭约又精致丰富。走廊人家最重视晌午饭和后晌饭，除农忙来不及，每顿必按顿按点制作。家常饭食以面食为主，面食的吃法要么做成汤饭要么干拌。一般人家通常晌午饭是汤面，后晌饭是干拌。汤面有中面、臊面、连锅面、米面、糁子面等。中面，是调有蔬菜配料的汤里下面煮成的面条或面旗子等，特点是汤和面比例适中，而且汤清、面白、菜绿。这种汤面可以用葱花、韭菜花或者羊胡子花（一种生长在戈壁的葱类植物的花瓣）炝锅提味。臊面，将肉、蔬菜切成小丁炒制后做成汤汁叫臊子，面条、拉面、香头子等煮熟捞出后浇上臊子食用。甘州的臊面与别处不同，面条是碱面，汤汁是用粉芡加胡椒勾制而成，呈糊状，里面再加些许卤肉片、豆腐片、葱花等。连锅面，是将擀、拉、揪、掐等做成的面直接下在臊子中一体食用。酸汤面，有的地方叫另汤面，韭菜切碎加上盐等调料炝油，再加上醋，用开水冲成汤汁，浇在煮熟捞出的擀面条或拉面中食用，做法简单又消暑解渴。米面、糁子面，是先将黄米、小米或青稞糁子以及配菜如萝卜、洋芋等下锅煮好，再将面下入汤中煮熟做成的面饭。干拌，则是将擀面条或拉面煮熟捞出后拌上油泼辣椒、蒜泥等，或者拌上炒菜食用。擀制的干拌面又叫捞面或一捞面。无论汤饭或干拌均可以配以肉食,有肉的叫荤饭,无肉的叫素饭。肉食多为牛羊肉或大肉即猪肉。走廊人家肉食的吃法除一些重要的时节单独煮、焖、卤制外,一般多经过㸆制后调饭或炒菜拌面。㸆制是将肉从骨头上剔下后,切成小丁或薄片,放在锅里炒制,直到肉里的水分炒干,然后放入容器保存。这种做法一是利于保存,二是方便食用,三是节省。从上述来看,河西走廊家常饭食的制作食用以煮为多,主副食搭配、一体制作食用,虽简单却制作精细,营养来源也多样。因此走廊的饮食具有朴素俭约而又精致丰富的特点。

(3) 兼有中原与西域、农耕与游牧饮食文化的特点。一方面,河西走廊是古丝绸之路要冲,东西方文化交流中饮食文化的相互影响在古代河西走廊人们的饮食文化中就有明显的反映。高启安指出唐代敦煌一代的饮食风俗带有非常明显的西域色彩。唐代敦煌许多食物名称及制作方法来自西域"胡地",如胡饼、饽饦、馎饪、馓枝、蒸胡食、馄饨等,而胡饼是唐代敦煌人食用最多、最普及的一种食物。实际上,唐代敦煌人的饮食状况也反映了当时整个河西走廊区域饮食的主要特点。经过上千年的流传变异,上述一些源于西域的食品,如今在西北地区,特别是甘肃河西走廊一带仍然能够找到他们的影子。如"饽饦",据考证,就是如今广泛流行于北方地区的做法大致相同而略有差异的多种面食的共同源头,有的地方叫"猫耳朵"、有的地方叫"麻食子",甚至前述走廊面食中的小饭、糍耳子、栀子面、窝窝面、杏壳篓等实际都是元代所谓"疙瘩麻食"的变种。"馎饪"就是一种发面油饼子,"馓枝"就是油炸馓子。至于"胡饼",高启安说:"可以说,今天流行在中国北方地区的种类繁多的死面或发面烙饼、烧饼、鏊饼以及锅盔等,都是胡饼的遗留,只是因时代的变迁及制作原料、烧制工具的不同而略有改变而已。"① 另一方面,长久以来,河西走廊就兼有农耕文化和游牧文化两种不同的文化形态。两种文化之间和谐相处,饮食文化方面的

---

① 高启安:《唐五代敦煌饮食文化研究》,民族出版社2008年版,第115页。

互相浸润也是必然的。走廊的人们喜食牛羊肉，许多牛羊肉的做法、吃法都深受牧区少数民族的影响，如"手抓肉"，肉煮好后盛入大盘，人们围坐手抓而食；"开锅肉"，将羊肉或牛肉加凉水煮到锅开即食，肉质滑嫩鲜美。这些均是本地区藏族、裕固族、蒙古族人们中常见而习惯的吃法。再如脂裹、蒸羊血、羊筏子等也从少数民族学习而来。走廊的人们还喜欢喝茶，但喝茶的习惯上，一是惯喝伏茶、砖茶，二是茶汤里面往往要调盐，而不是加糖，这种喝茶的习惯均是区域藏族、裕固族、蒙古族等牧区人们的传统。另外，本地"炒面茶""茴香茶"等的产生也与牧区少数民族人们的饮茶习惯有一定关系。祁连山区产野茴香，是裕固族、藏族煮茶时添加的香料。牧民喜饮奶茶，奶茶一般加入炒面而食。

第三节 方言词语反映的河西走廊岁时习俗

这里所述岁时习俗包括节日习俗和节令习俗。节日是一年当中值得纪念的日子，而节令与历法有关。中国很早就进入了农业社会，在长期的农业生产过程中，人们以历法为基础，又总结出了反映气象物候变化特征的二十四节令，其中许多节令都是农业生产的关键节点，往往要通过一定的象征性活动来祈愿农事顺利或庆贺丰收等。河西走廊主要的岁时习俗活动可大致分为春节及与之相关节日的习俗和其他节日、节令习俗两大类来概括叙述。

一 春节及与之相关节日的习俗

祭灶：农历腊月二十三，是祭灶神的日子。河西走廊大部分地方的人们认为灶神是男的，叫灶王爷；个别地方如高台，认为是女的，叫灶王奶奶。这一天家家用和禾面，即小麦、青稞、还有少量豆子杂合磨的面粉烙制小圆饼，叫灶干粮或灶卷子。传说这天灶神要上天禀奏人间之事，到腊月三十日才返回，灶干粮是灶王路上的食品。有的地方如甘州等也要准备用麦芽等制作的灶糖，俗称糖瓜子，说是要将灶王的嘴哄住，使其只说好话。有的地方如酒泉还要准备灶马（纸做的灶王坐骑）、清水（饮马的）、草料（马的饲料）。到了晚上，先净手、净口，再向灶王敬献上述供品，家长领头焚香化表（烧化黄表纸）、祷告念诵。诵词如肃州："灶王爷，吃干粮，吃饱喝足上天堂，回到家来降吉祥。"腊月二十三日也是农历春节的前奏，也叫"小年"，人们从这天开始就为过旧历新年忙碌了。男人们忙着清理屋子，洒扫庭院，叫扫房；杀猪宰羊，叫宰年猪、杀年羊。女人们开始准备做年馍，蒸、烤、炸制过年时用的各种馍馍，如花卷、卷糕、馒头、包子、油棒子（麻花）、馓子、油馃子等。

大年三十：除夕，又叫三十日、三十晚上。走廊各地这一天的主要活动有洒扫、贴对字（即春联）、请祖先、装仓、压岁、守岁、打醋炭等。洒扫，即打扫庭院，将房舍庭院再彻底打扫一遍。大人小孩都要修面理发。俗语言："忙前忙后，剃个光头过年。"午后开始贴对字、门花、门神，民勤等地还要在粮仓、斗、磨盘、车辆、牲口棚等贴上写有"五谷丰登""六畜兴旺""大吉大利"或"元亨利贞""招财进宝""金斗可也"等吉祥祈愿话语的四方红纸，叫红斗方。请祖先，黄昏时分，于大门外路旁焚香、烧纸、放鞭炮，有些地方是到坟地烧纸、焚香，请祖先回家过年。堂屋挂上祖先神像，献上供养，点上灯烛，张掖人还要在院子中央燃起柏枝，叫煨桑。装仓，也叫吃年饭，即吃团圆饭或辞岁饭，民间认为人的肚子即是天仓。这是辞旧迎新的一餐，也是全家团圆的一餐，讲究要吃饱、吃好，把天仓装满。装仓饭各地不尽相同，肃州、民勤等地是炖一锅肉，全家围坐而食；民乐、永昌、金塔等地是臊子面；甘州、古浪等地是吃饺子；凉州人的年饭则是由各种蔬菜、肉等做成的烩菜和长面。压岁，又叫散福钱。一般在装仓之后，晚辈们依次给长辈磕头拜寿，长辈则拿出事先准备好的"福钱"或叫

"压岁钱"散与晚辈。旧时有些地方过年压岁有讲究,如凉州,压岁钱是用红绳串系的一串铜钱,铜钱数目或十二个、或二十四个、或一百个,寓意十二生肖保佑、二十四节安康或长命百岁。守岁,又叫熬岁、熬寿。装仓、压岁之后,老人可以安歇,孩子们则玩耍嬉戏,妇女们包饺子、拉家常,男人们打牌、喝酒、掀牛九,通宵不眠,是一种孝道的体现,意为给老人增寿添福。打醋炭,有的地方又叫清寨子(肃州),有的地方叫请醋神(甘州)。民间认为打醋炭能够驱邪降魔。打醋炭多在三十日洒扫之后或于当晚新旧交替之时进行,具体做法是将烧红的石头或煤块放入盛有醋的铁质器皿中,其时水雾蒸腾,醋酸浓烈,端着醋炭走遍房中各处,嘴里还不断念诵"妖魔快去,全家安康"等。有的地方如民勤打醋炭的时间是在新年初三日,个别地方是在祭灶日洒扫之后。

过年:过春节,又叫过大年,过新年,是一年当中最隆重的节日。理论上正月初一日开始是新年,但节日实际从前一天即年三十就开始了。过年要持续许多天,走廊各地有三天年、五天年的说法。"三天年""五天年"是说春节从初一算起过三天或五天,期间停止一切劳作经营活动,专务家人团聚、走亲访友、宴饮游乐,之后恢复正常,逐渐开始一些生产经营活动。实际上走廊各地的春节气氛要一直持续到正月十五之后,甚至有的地方认为不出正月都是年。过年有许多约定俗成的习惯和讲究。在时间的安排上,大致是初一日给家族内长辈拜年,初二日出嫁的姑娘带领女婿、孩子回家拜父母,初三日开始走亲戚访朋友。在行为上,遇见长辈要磕头或作揖拜年,遇见平辈要主动问候,不讲脏话、重话或晦气的话,不能打骂孩子。此外还有其他一些禁忌,如凉州初一日不扫地、不动针线、不用剪子、不梳头,初二日可扫地,但不能往外扫而要向里扫;山丹年三十要水缸里盛满水,初一至初三日不得上井台,不然会惊扰龙神休息;等等。在饮食上,各地也不尽相同,民乐初一日要吃麦仁饭;甘州初一日吃长面;肃州则有谚曰"初一的元宝,初二的皮条,初三的玛瑙"。元宝即饺子,象征招财进宝;皮条即拉面,一般是连汤带面,象征细水长流,有的还要在面里下上饺子,叫金丝吊元宝;玛瑙喻指麻食子,配以各种干菜、肉等,制作比较复杂,须全家行动、分工合作,呈现一种和谐有序的气氛。节日期间还有其他一些重要的民俗活动,如迎喜神、破五、闹社火等。

迎喜神:这是新年的第一天即正月初一日最主要的活动。走廊各地方式不尽相同。一般是凌晨天未亮时,大人给小孩子穿上新衣服,拿上供品到院外焚香、化表、鸣放鞭炮,有的还要放一堆篝火,迎接喜神。民勤迎喜神叫"燎天蓬",在院外按历书上牛头所指的方向择一空地,摆上供品,点燃香烛,再燃一堆篝火,家长领着众人先围着火堆绕行,再从火堆上跳跃,同时口中高诵"东去东成了,西去西赢了,骡马成群了,牛羊满圈了,粮食满仓了,百病燎散了,空怀出门了,满怀进门了",每说一句,余者齐声应和。而后鸣炮、礼拜,各人拾一根柴棒,恭迎喜神进家。"柴"谐音"财",财到即喜神到了。凉州迎喜神叫"出新",其时还要祭"芒神"。"芒神"由牛等大牲畜装扮,颈项系红布条。天亮之前,全村老幼一起出动,牵上"芒神",带上祭品到预先按天干算定的方位地点,由一位老者致"出新"辞祷告,后架起柴堆,点燃篝火,妇女孩童在火堆上来回跳跃,男子们则点燃炮竹,拿出准备好的酒互相敬拜后,仪式方才结束。甘州人的迎喜神与别处不同,是在初四日凌晨,先到野外焚香、化表、鸣炮、拜迎喜神,而后立即回家再燃香表。

破五:初五日之后,严格意义上的"年"就算过完了,一些规矩也要破除了。因此初五这一天许多地方的人们都会举行一定的仪式,即破五。凉州,要撤掉供养,收起祖先神像、神主,早饭要吃长面,谚曰:"破五吃顿面,一亩打一石。"永昌,早晨准备好香火、供养(即供品)到大门外鸣炮送神,吃祭祀用过的供养,叫喜供养。下午还要做较为丰盛的饭菜,叫赛福。瓜州这一天讲究吃饱吃好,要把所欠吃足，以祈来年丰衣足食，叫填坑。甘州，初五日又叫"五福日"，旧时要举行送穷土、出行等仪式。黎明早起洒扫庭院，将一切垃圾污秽之物倒在十字路口，让车马踩踏，叫送穷土。接着是"出行"，先将堂屋内的供品画像撤去，到街门外空地按五方神位献供焚香，燃起火堆，一男子用铁锨每个方向各挖一下，叫动土，后全家人朝五个方向磕头，鸣放鞭炮送神仙上路。再后还要将常用的犁、耙、锨等生产工具点燃黄表纸——燎过，再赶出牲口，同样点燃黄表纸在它们头顶燎过，其他如磨、车等也要转动使用一下，之后仪式结束。

闹社火：春节期间河西各地都有社火表演，叫闹社火。不同地方的社火各有特点，但基本上都有地蹦子、踩高跷、跑旱船、跑驴、舞龙灯、耍狮子等项目。地蹦子即秧歌舞。张掖、酒泉等地还有铁芯子，又叫挺子，四人抬一张八仙桌，桌上竖一长铁杆，杆上立一小孩，扮出"采莲童子"等惊险造型，在唢呐、锣鼓声中徐徐前行。永昌还有太平鼓，凉州则有腰鼓表演等。闹社火一般年初即开始，先是到各家各户去拜年，后到集镇、庙会表演，一直持续到正月十五。

正月十五：元宵节，又叫龙灯节、花灯节，是走廊各地非常重视的一个节日，从某种意义上讲，这一日是春节的又一个高潮。民间有"小年大十五"的说法。这一天走廊各地有观灯、烧秦桧等习俗。元宵节期间，走廊各地县城都有灯会。旧时凉州城里的灯会为期三天，十四日为"试灯"，十五为"正灯"，十六日为"残灯"。甘州城里的灯分为牌坊灯、鳌山灯、花灯等。牌坊灯是树立在各大街的灯牌坊，鳌山灯是巨大如鳌一样的彩灯，都是由社团制作；百姓市民则张挂各色小型花灯。此外，走廊一些较大的村寨还有传统的特色灯会，如高台黑泉乡镇江村、甘州碱滩乡古城村的"九曲黄河灯会"，永昌县毛卜拉、宁远堡的"卍字灯会"，等等。正月十五当晚，城乡各处人们纷纷进城或到有灯会的寺庙、村寨观看。甘州、肃州多地的灯会还有烧秦桧的习俗。如甘州，先在一开阔地带垒一土墩，墩上泥塑一男一女两个双臂反剪、跪着的人，为秦桧及其夫人王氏。塑像臀部下面是炉膛，上通七窍。塑像对面设立一绘有岳飞之母给岳飞脊背刺"精忠报国"形象的大型彩灯。烧秦桧开始后，人们先在岳飞灯前烧香添烛，而后将准备好的柏枝木柴投入秦桧、王氏塑像下的炉膛，其时炉膛中噼啪作响，塑像的七窍中直冒烟火。旧时烧秦桧从正月十三日起要连烧三日，塑像的面容也要修饰三次，第一次微带笑容，第二次愁眉苦脸，第三次则做悲苦状。

此外，正月十六日，走廊有的地方认为是城隍爷出庙的日子，叫城隍节，旧时有庙会庆祝。有的地方正月十六是牲口日或牛王节，民勤、高台等地也有一些相关的活动。如今这些习俗已经不见。

二 其他节令、节日习俗

二月二：这是祭祀龙王的日子，走廊民间又叫龙王节、青龙节。在中国传统文化中龙是雨神，也就是水神，民谚云："二月二，龙抬头。"农历二月，春天到了，万物开始复苏，庄稼也要准备播种了，土地需要雨水的滋润。河西走廊干旱少雨，因而对于上天的降雨赐福格外迫切，对龙王爷的祭祀也就很重视。旧时这一天凡有龙王庙的地方都有庙会，道士要作法诵经，人们赶来上香祈福，有条件的人家还要杀猪宰羊，敬献龙神。民乐、山丹家家要做名曰"龙须面"的长面祭祀龙神。民乐有谚曰："吃长面，盼水流。"山丹的人家还要"引龙气入室"，先在院子里摆设香案，上面摆放"供奉大德龙君之神位"，然后全家祭拜。晚上，家家户户打着灯笼到河里挑水，要轻走慢行，不能将水洒出，至家后再一次焚香祷告。凉州、永昌等地讲究炒豆子、麦子、麻籽等粮食。炒，意在将龙王爷惊醒，好施风布雨。炒粮食又叫"炒百虫"，因为这一天不光龙王醒了，害虫也醒了，要将虫子的眼睛炒瞎，使其不能糟害庄稼、祸害人们。这一天人们也祭祀土地神，因为庄稼的生长既要龙王爷帮忙，也要土地爷辛苦。人们认为这一天就是土地爷出府开始行动的日子，因此人们要带上如大馒头、煎饼等供品到田地里奉敬祭祀供养。

三月三：农历三月初三日，古代叫"上巳节"，是人们到水边祓除灾殃不祥的日子。河西走廊一些地方也过此节，但事由已各不相同。在民勤，三月三日这一天，是医者、算命的人的节日，也是学裁缝的人要到庙里上香祈求技艺的日子。这一天还是妇女到郊外踏青游春的日子。在永昌，家家户户要吃用麦面蒸的长条形馍馍，上面镶有红枣，叫枣山，寓意家有余粮。在瓜州，出嫁的姑娘要回娘家探亲，尽些孝心。

清明节：这是走廊各地人们都十分重视的节日，主要活动是到坟上扫墓、祭奠。上坟时带上蒸馒头、桃儿（面蒸的桃形馒头）、油瓤包子、芽面包子以及酒、肉等供养。先铲除坟上的杂草，培添新土，或重新修缮，有的人家这些事项要雇人代劳，俗称攒坟。之后在坟前摆上祭品，焚香、化表、磕头，祭奠先人。有的家族这一日要在族长的带领下到祖坟祭拜，首先读祭文，其次杀羊献牲，最后阖族共享，这样的场合一般只有男性参加。这一天也是青年男女郊游的日子，如民勤，男子邀友到野外聚会游玩，叫踏青；女子到野外采花赏玩插头，叫拾翠。

端午：农历五月初五日是端午节，又叫端阳节，一般说法是纪念屈原的日子。这一天走廊的人们要吃粽子、插艾柳、扎花绳、戴荷包、喝雄黄酒。甘州、临泽产稻米，而且黑河沿岸芦苇茂盛，这一天便用前一年采集保存的苇叶将糯米或大米、枣子包成粽子而食。河西大部分地方因一无竹叶，二少苇叶，便将米和枣子熬制成糕状，叫粽糕或凉糕，用炸油饼包卷粽糕而食，叫油饼卷粽子。有些地方因无米可用，则制作其他食物代替。如永昌习惯用艾草嫩芽拌上面粉蒸制而食，叫艾卜拉子。民乐、山丹惯蒸芽面包子。古浪、肃州等地则惯吃凉粉、酿皮子或粉皮面筋。这一天，人们采来艾草、柳枝或沙枣花枝等插在门上；人们要将五彩线搓成的花绳子给孩子扎在手腕或脚腕；年轻人还要戴形状各异、颜色鲜艳的香囊，叫香袋子或荷包；有条件的人家大人要喝雄黄酒，小孩子则要用雄黄酒擦拭涂抹耳鼻等处。无论插艾柳、扎花绳还是戴荷包、喝雄黄酒，其目的都是驱虫辟邪，民间叫送五毒。所谓五毒，即蛇、蜈蚣、壁虎、蟾蜍、蝎子，是各种邪毒的代表。传说鬼怪毒物最怕五彩。甘州人还讲究给孩子穿新兜肚，兜肚的底色为红色，上面再缀上用不同颜色的布做成的毛蛆、蝎子等，下面用绿布缝一个长着大嘴的癞蛤蟆，含有以毒攻毒之意。艾草、沙枣花、柳条民间认为有辟邪去毒的功能，而香囊中则包有苍术、白茅草等中草药。至于雄黄酒，《本草纲目》记载其有"拒毒抵邪"的功效。

关公磨刀日：农历五月十三日，传说这是武神关公磨刀的日子，上天会下雨助其磨刀，名曰磨刀雨。民间有谚："大旱不过五月十三日"，一年是旱是雨，就看此日。若有雨，则意味着年成好，不下雨，则全年干旱。因此此日也叫求雨节。旧时这一天一些寺庙、道观，特别是龙王庙、关帝庙都要作法、念经、求雨。有的地方，如张掖的求雨活动最是隆重，关帝庙彩旗招展，幡屏高挂，明烛高照，供品满桌，地方文武官员、社会贤达齐至，然后鸣炮开祭，先由地方最高武官宣读祭文，而后奏雅乐，齐拜叩首。最热闹之处是请关公磨刀。一位壮汉扮作关公，搬起"青龙偃月刀"，挥舞表演，观众喝彩，祭祀活动结束。此日前后还要连唱三天戏，必要的戏目是《出五关》。瓜州民间此日还是杀虫节。本地有虫王庙，这一天，人们要到庙里祭奠，盼虫王下令除虫，还要将用鸡血涂过的彩色纸做成旗子插到庄稼地里，这样地里不会生虫。有的人家要将油锅扣在地埂上，叫打油鬼或打油香，警告虫子不得吃庄稼，否则要被油炸。

六月六：农历六月六日，也是一个传统节日，河西走廊的人们普遍较为重视。民间还有不同的名称，如晒衣节、晒虫节、天贶节等。这一天从日出开始，各地的人们都要将家里的衣物，特别是毛织品、皮制品拿出来放在阳光底下暴晒以灭虫，去野外采集艾草、薄荷、荆芥等中草药。凉州、肃州等地的人们还要在阳光下晒上水，加入艾草、菖蒲等草药沐浴，认为能够祛病、祛痘、祛疾，俗称治百病，因此又叫沐浴节。民勤、甘州等地的读书人要将书籍拿出来晒晒；庙里的僧人要晒经、念经,叫晒经会,因此这个节日又叫天贶节。甘州人特别讲究早起要到田地里走一走,叫绊露水,认为能够带来好运。当地盛传烈日暴晒后的沙子能够治病,特别对风湿等疾病有效,因此,瓜州、敦煌、民勤等地的人们,这一天有病的还要去沙窝里通过暴晒治病,叫晒病。许多地方还有庙会,敦煌的人们要赶鸣沙山的庙会,瓜州的人们也要去山上庙里拜佛,叫朝山。

七月七:农历七月七日,民间叫乞巧节,也叫鹊桥会、七夕会等。传说天上的织女和牛郎很是恩爱,牛郎耕种,织女纺纱织布,心灵手巧,后来触犯了天条,天帝知道后就将他们分开,只有每年的七月七日才能相会,此日喜鹊为他们搭好跨过天河的桥,让他们在桥上相会。这一天,有的地方如民勤、酒泉等,白天人们身着红衣、手持鞭子在地里赶麻雀,不让它们糟害庄稼。晚上人们观天河看星星,大人给小孩子们讲牛郎织女的故事。女人们,特别是姑娘们在月下做女工。有的地方如甘州,女子们还要摆上供桌,供上织女神,献上祭品,上香祭拜。凉州人还讲究将端午时戴的五彩绳扔到房顶向织女乞巧。

七月半:农历七月十五日,即中元节,俗称鬼节,民间有谚曰:"七月半,鬼乱转。"这一天一般人家都要准备祭品,民勤一般是麻腐包子,瓜州是葫芦包子,永昌是面桃,甘州是面桃、包有油瓤的大馒头等。有的地方是到坟上去祭祀,如凉州,希望祖先显灵"保夏收、祈秋实、禳天灾"。有的地方如肃州、金塔,不上坟,而是在路上烧纸祭奠,还要请佛、道作法念经,燃放烟火,超度十方孤魂野鬼。有的地方城里还有赛神活动,如民勤,旧时一大早抬上城隍游街,而后献醴、唱戏。

八月十五:中秋节,是祭月赏月的日子,要做月饼、献月亮、拜月亮、赏月亮。八月初十日一过,家家户户便开始做月饼。走廊各地月饼的做法、形状、大小有不同,但一般是用精麦面加上食用颜料、香料或蒸,或烤,或烙而成,而最典型的月饼是蒸制的千层大饼。做法是将发好的面擀成薄薄的圆形，自下而上一层层摞起来，少则六七层，多则十几层，每层均匀撒上胡麻盐、姜黄、红曲、香豆子或薄荷等有不同颜色的辅料，一层一色，最上面再盖上一块纯面饼做皮。民勤的这种月饼面皮下面的一层做成花瓣状，象征月光，蒸熟之后揭去面皮，整个大饼宛如一个射撒光芒的满月的圆盘。古浪、永昌的月饼则是在封皮上用碗口拓出一个圆圈，其上用食用颜料画上桂树、孙猴子等，叫剜月，形象逼真好看。凉州人还在蒸制月饼的同时，用面制作各种小动物，如麻雀、燕子、画眉、喜鹊、猪、狼、虎、狗等，俗称面雀儿，是为孩子们准备的礼物零食，也是主妇面食技艺的展示。八月十五当天的献月、赏月，走廊各地虽有些许的差异，但大致过程相同。太阳落山后，在院子里设置供桌，将月饼、切成月牙状的西瓜、还有各种水果摆在供桌上，即献月。有的地方献月的供品要摆在房顶上。待到月亮升起，皓月当空之时，全家跪于案前，长者点蜡、焚香、化表、祭拜，各人许愿，即拜月。拜月过后，全家围坐在桌子周围，品尝食物；大人们看月聊天，享受丰收的快乐、一时的宁静、团圆的幸福，即赏月。孩子们则往来戏耍，或依偎在大人身旁，听嫦娥奔月、吴刚伐桂等故事。

九月九：农历九月初九日，是重阳节，又叫重九。旧时河西走廊多数地方也过此节，只是比较简单。主要活动有做长寿面、蒸花糕、喝酒、登高。长寿面是手工擀制的长面条，专为老人祝寿；花糕，又叫花糕子馍馍、重阳糕，是花卷或糕馍馍上面放上红枣，没有大枣的地方则用沙枣替代。花糕甘州也叫枣山。有条件的人家这一天还讲究喝点酒，酒是用菊花或茱萸泡制的。菊花傲雪凌霜，茱萸香气浓烈，都有祛风延寿的功效。民勤、金塔等地方的人们还要爬山登高，据说能够辟邪。

十月一：农历十月初一日，民间称寒衣节，或烧衣节、鬼节。这个节日的来源与孟姜女千里迢迢寻夫送衣有关。走廊各地流行宝卷说唱，其中有以孟姜女哭长城故事为本的《长城宝卷》，其《十月苦》唱词曰："十月里，十月一，西北风，瑟瑟寒意起；走了一程又一程，我的喜良在哪里？"这一天，走廊的人们都要为死去的亲人献上麻腐包子等祭品，制作并烧化纸衣、纸钱、元宝等，即送寒衣。送寒衣不上坟，而是在路上。有些地方如甘州，送寒衣是去城隍庙焚化。

冬至：又叫冬节、冬至节。冬至时意味着一年最寒冷的日子来临，也是一年劳作后冬藏休息的时间，因此走廊各地也比较重视。冬至阴极阳生，日子一天比一天长，谚曰："过一冬节，长一针脚。"这一天，有的地方如民勤要吃方块子汤面，里面加上肉和豆腐，名曰"头脑"，寓意头脑见识有新长进；凉州讲究吃长面；永昌讲究吃羊肉、豆腐、窝窝面，晚上还要到村庄外点起篝火绕行，名曰燎街，有辟邪趋吉的意思；山丹、民乐等以吃麻食子、面旗子、搓鱼子等为主，配以萝卜丁、洋芋丁、肉丁、干菜、豆腐等，叫冬节饭，特点是配料杂、营养多，要为准备新一轮的劳作补足营养，谚曰："吃了冬节饭，干活多流汗。"

腊八：农历十二月初八日，也是一个传统节日。永昌、甘州、肃州、民勤等地认为与佛祖成道有关，因此又叫成道日、浴佛日。金塔等地则认为是腊八神的诞生日。这一天，家家要吃腊八饭、用腊八饭敬献神灵。吃腊八饭讲究早，民谚曰："腊八吃得早，全家都勤劳。"又曰："腊八饭吃得早，来年五谷长得好。"腊八饭的熬制，有的地方简单，前一天将各种豆类泡好，当日天亮前加黄米、小米等熬制。甘州、临泽等地较复杂，除豆类和米外，还要下入面条，或者圪丁子、糙耳子、杏壳篓、搓鱼子等；瓜州等地不下面，而是加入核桃仁、葡萄干、瓜干、红糖或白糖等。吃完腊八饭后要敬神，做法是用腊八饭喂牛、羊、猪、鸡，在门窗、车辆、农具等上面用腊八饭涂抹，再将一些冰块浇上腊八饭撒到地里、树上。有些地方的人们还一边撒一边祷告说："腊八冰，腊八饭，田公田母请吃饭，一斗地里打八石"，或曰："腊八冰，腊八饭，果树吃了结蛋蛋"等。

此外，旧时河西走廊的人们对立春、惊蛰、立夏这三个节令也比较重视。立春又叫打春，地方文献记载各地都有打春牛的习俗，如今走廊各地已不再有相关活动。惊蛰是春耕即将开始的信号,走廊各地讲究人们要吃一些有营养、补肺气的食物,如泼鸡蛋、鸡蛋拌面汤、醪糟鸡蛋茶或鸡蛋炒面茶等,还要给牲畜灌喂清油(食用植物油),以利其排泄,再喂一些精料,以备春耕劳作。立夏,有的地方讲究吃煮豌豆,有的地方讲究吃浆水面。

第四节　方言词语与河西走廊人生礼仪习俗

人生礼仪,又叫生命礼仪,是一个人在生命历程的关键时刻所经过的各种仪式。这些仪式具有很强的象征意义,是人作为个体与社会群体连接融合的媒介,也是社会群体对个体的接纳与承认。人生礼仪植根于社会的文化传统、宗教信仰,也具有鲜明的地域特点。河西走廊汉语方言反映的人生礼仪主要表现在诞生成长、婚姻嫁娶、丧葬礼仪等几个方面。

一　河西走廊诞生成长礼仪习俗

这里所言诞生成长礼仪包括孩子出生、满月及未成年期间举行的一系列庆祝或为了某种目的举行的仪式。

挂红布条:孩子出生当日,走廊各地的人们一般都要在月房门上挂一红布条来辟邪,同时警示他人不能随意进出,也叫忌门。旧时民勤、山丹等地还要用芨芨杆扎成一定形状悬挂于门上,弓箭状表示生的是男孩,含有勇武之义;圆圈状表示生的是女孩,则含有女红之义。

踏门:走廊各地婴儿满月或满百日之前避见生人,认为除了出生时在场的人外,最先进月房的人,对孩子的气质、性格有很大影响。因此,在此期间许多地方,如民勤、金塔等地,主人会专门请人首先踏进月房。若生的是男孩,就在邻居中邀请一位聪明、诚实、勇敢的男人踏门;若是女孩,则邀请一位温柔、贤惠、能干的女人踏门。

洗三：婴儿诞生后的第三日，走廊各地都要为其举行洗浴仪式，叫洗三。洗浴的汤是用艾草等多种草药熬制的温水，叫百草汤或药草汤。动手洗浴的人多数地方是为孩子接生的人，叫老婆娘或收生婆，洗浴的汤汁也由她来熬制。临泽则是由外奶奶给婴儿洗身，同时检查肚脐有无感染，再给婴儿穿上亲手做的小衣服。凉州、高台等地还要摆上供桌，献上祭品谢神，感谢送子娘娘。

满月：婴儿出生满三十天叫满月，走廊各地的人们都要为其过满月。过满月的主要活动有出月、剃胎毛、起名字。这一天亲戚朋友都带上礼品来祝贺，吃"满月酒"。家人要抱着婴儿出月房与大家见面，人们要为孩子揣上红包，叫见面礼或长命钱。民勤、金塔还要抱着孩子到大门外捡些柴，寓意勤快有福，叫出月。多数地方这一天要给婴儿第一次剃头，叫剃胎毛子，有些地方则是在百日时剃胎毛。剃胎毛的人一般是本家德高望重的长辈。剃下来的胎毛，临泽等地还要收起做成一定的形状给孩子戴上，百日后再去掉，传说能保孩子无灾。这一天还要给孩子取名字。名字一般有两个，一个是乳名，叫小名字；一个是学名，又叫大名字。

百日：孩子出生一百天谓之"百日"或"百天"。此日前后，走廊多数地方要举行仪式庆祝，祝愿孩子安康富贵，又叫百禄。在民勤，百日的前一天，外奶奶要送长面（拉面或挽面），姑妈要送蒸花卷；在金塔，要将母子接到娘家暂住，称为挪窝窝；在酒泉，家里要煮好鸡蛋涂成红色分发给客人。"百禄"谐音"百六"，因此有的地方在一百零六天的时候，要为孩子求福，叫化百禄子。如凉州，孩子的祖父母要到附近村庄讨要饭食给孩子吃，叫百家饭，或者到邻里讨要各种花线编成花绳给孩子戴；民乐人要抱上孩子到村里各家要一些碎布头，拼接缝制成衣服给孩子穿，叫百家衣；在临泽，孩子的外祖家要用从"百家"化来的彩线编成项圈状给孩子戴上，叫百家锁，寓意要将孩子锁住，以期长命百岁。

周岁：孩子满一周岁，是一个值得纪念的日子，走廊各地也都会举行一定仪式庆祝。这一天除了在家中擀长面、做臊子或者摆酒设席招待亲朋外，有的地方比如凉州，奶奶要备好岁衣，叫大大衣，并亲自给婴儿穿上；甘州，小寿星要穿上鲜艳的衣服，外面罩一件带兜的马甲，由母亲抱着谢客，客人则会给孩子兜中塞上钱压岁。许多地方要给小儿正式剃头，叫留头。留头的习俗各地不尽相同，如敦煌、肃州等只在脑后留一撮头发，叫气死毛；古浪是在天门盖处留一圈头发，叫前拉毛，在后脑勺留一圈，叫后扽毛，有俗语说"前拉拉，后扽扽，兄弟姐妹一阵阵"。有的地方如甘州还要摆上笔墨、算盘、尺子、针线、牛鞭等叫孩子抓，首先抓到什么则预示将来孩子会干什么，名曰抓周。

认干亲：走廊各地均有为小儿认干亲的习俗。认干亲多因恐孩子病多难养，想借用外力留住，民间称拴住或锁住，所以这种习俗又叫栓孩子、拴干爹。干亲要保护孩子无病健康，因此民勤也叫保娃娃。多数地方认干亲要先请算命先生或神婆子给孩子"掐八字"，确定五行命相，寻找好命相适宜的人家，而后选择吉日举行一定的仪式结为干亲。如民勤，家长要准备供献的馍馍、红烛、香表等带着孩子到干爹家，焚香化表、拜天地鬼神，再拜干爹干妈。干爹干妈为小儿送上准备好的礼钱、新衣，勒上红色保带。肃州，干爹干妈还要给孩子带上长命锁，曰："三簧锁，锁三簧，锁住娃娃免灾殃。长命锁，锁长命，锁住娃娃不害病！"凉州拴孩子又叫撞干大。一般是早晨父母抱着在路上走，碰到一个适当的人问询同意后即认作干爹。干爹回家算好吉日再去孩子家举行仪式，如给孩子戴长命锁等。

二　河西走廊婚嫁礼仪习俗

婚嫁意味着人生中一个新的、重要阶段的开始，因此人类普遍对婚嫁给予了异常重视。达成婚姻的过程有许多必要的环节，都要以相应的仪式予以体现。河西走廊的婚嫁习俗可按过程分为议婚、订婚、完婚、婚后几个阶段。议婚阶段主要的习俗礼仪有央媒、提亲、问庚、合婚、看家等。订婚阶段主要的礼仪习俗有相亲、定婚、送婚、请期等。完婚阶段的礼仪习俗复杂，从女方家来说，主要有添箱、陪嫁、送亲、上轿等；从男方家来说主要有请东、催妆、娶亲、下轿、打煞、拜堂、喝交杯酒、闹洞房、铺床等；婚后阶段有踩门、进灶、回门、站对月等。

央媒：即请媒人。媒人又叫介绍人，民间有兼以为人牵线搭桥、促成婚姻、甚至以此谋生者，一般为已婚男女，也叫媒婆子或媒公公，有的地方还有雅称，如肃州又称男性媒人为红爷，称女性媒人为月下老人。一般男子到了适婚年龄，家长就要请媒人为其说媒，即便今天通过自由恋爱已有对象，也要央媒，一方面表示对女方家的尊重，一方面也方便在婚事操办过程中双方互通消息。多数地方请一个媒人即可。有的地方如敦煌，要请一个能拿事的主媒，还要请一个辅助的媒人叫陪冰，古代称媒人为"冰人"。肃州男方家请媒公，女方家请媒婆，男方家还要请一位女方家的人做媒人，称作底媒。

提亲：媒人到女方家说媒，也叫通气。经过提亲环节，男女双方互通消息，相互了解斟酌，决定是否继续往下发展。

问庚：向女方索要姑娘的生辰八字，叫问庚；女方将生辰八字交与男方则叫许字。问庚时男方要向女方家送上一定数量的礼品。许字之后，若非男方退婚，女方不能反悔。

合婚：又叫合八字。问庚之后，请阴阳或算命先生据天干地支、阴阳五行推算男女双方命相是否相合，是两个人能否结成婚姻的重要参考。

相亲：合婚之后，若均愿意，先由媒人安排男女双方见面并互换订婚信物，叫换手、递换手。有些地方则是男子到女方家，女子在暗中窥视，若愿意便在他人陪同下出来相见；男子见过女子，若满意，就到堂屋上香，若没有看中，就留下谢礼离开。

看家：又叫看家道、看女婿。如果男女八字相合，且男女双方均有意愿，女方家人，一般是婶婶、姑妈、姨妈等，在媒人陪伴下到男方家相看女婿，并现场了解男方家庭情况。若中意，留下来吃饭，并由媒人主持双方初步商定婚事。

定婚：是正式达成婚约的仪式，有多种不同的名称，如定亲、押婚、押喜、纳彩、纳吉、许人等。定婚当日，男方在媒人带领下，拿着礼品到女方家。拿的礼品有讲究，但地方不同略有差异，典型的叫"四色礼"，包括两瓶酒、两条肉方子（带肋条的大肉或羊肉）、两斤糖、两包点心等，都用红绳扎好。有的地方除上述礼品之外，还要有盘馍（十六个大馒头）、为女方准备的各色衣料、首饰等。女方家制作饭食招待，有的地方是长面臊子，有的地方是炸油饼子。定婚时要商定彩礼的种类数量、结婚的大致日期等。

送婚：也叫纳聘、过礼，就是送彩礼。在婚礼举行之前，男方家必须根据双方商定的礼单将彩礼送到女方家。

请期：也叫择吉、定日子、眊日子，就是确定婚礼的日期。男方根据定婚时商定的大致时间，请人择定婚礼的具体日子后，去女方家征求意见，也叫送信。在日期的选择上走廊各地普遍讲究要双月双日。

添箱：女子出嫁前，亲朋好友、邻里乡亲向其赠送礼物或礼金表示祝贺。

陪嫁：又叫陪房、嫁妆、陪箱，是女子出嫁时父母为其准备的被子、鞋袜等生活用品及其他财物。

送亲：女子出嫁时要请一男一女两个已婚之人陪伴到夫家，谓之送亲。送亲者一般是出嫁女子的叔叔、婶婶等较亲的人，叫送亲的。送亲的女性叫送亲奶奶。

上轿：河西迎娶新娘一般用车，叫轿车。婚礼当日，新人打扮停当辞别父母上车去往夫家成婚，即上轿。走廊各地讲究新人不能粘土，上轿须有人抱着，叫抱轿。多数地方是新郎抱轿，有的地方上轿时是女子的兄长抱轿。

押轿：女子出嫁路上看护陪嫁物品叫押轿。押轿者讲究要童男子，一般是出嫁者年龄较小的弟弟，或亲属中的小男孩，叫押轿娃娃。轿车到了新郎家门口，新郎家须向押轿娃娃送上红包，才能搬走陪嫁物品。

请东：举办婚礼事务繁多，要请一定数量的人帮忙。被请来帮忙的人叫东家，一般是同一个家族或同村邻居。东家中有一到两个总理一切事务的负责人叫大东或总东，有的地方叫全盘掌事、主事东；其他协助者叫小东。因具体事务不同，小东中有专务迎亲者叫迎亲东、迎来送往者叫迎客东、端菜上盘者叫掌盘东等。

催妆：婚礼前一日，新郎和媒人到女方家接洽沟通，名曰催妆。实际作用就是了解女方家是否满意，还有什么要求需要办理或准备，以保证婚礼当日顺利进行。催妆一般最少要带四色礼。

娶亲：也叫迎亲，婚礼当日男方将新媳妇从女方家接来。娶亲除新郎外，一般还须两个已婚男女作陪，叫娶亲。娶亲的女性叫娶亲奶奶。

下轿：迎亲到了新郎家门口，新娘从车上到新房的过程叫下轿。新娘下轿不能粘土，因此有的地方是安排抱轿人或由新郎抱着到新房；有的地方则在地上铺上毯子，新娘自己下轿，从上面走过。

打煞：是驱除凶神恶魔、确保平安的意思。走廊各地婚礼上，都要在新娘下轿时打煞，但在方式上不尽相同。有的地方在轿车前放一盆火或点上一堆火（民乐等），有的地方在新房门前放一马鞍（甘州、临泽等），要新娘从上面跨过；有的地方是新娘到一香案前敬香（永昌、酒泉等）。此时礼宾（有的地方是道士）手里拿着用五谷杂粮、彩纸等拌和的礼花向新娘头上撒去，同时诵打煞词如"吉日良辰，喜神来临。宝镜一圆，恶煞远遁"等。打煞实际就是敦煌遗书所反映的唐五代时期婚礼中的撒帐。河西走廊民间流传许多打煞时诵念的唱词，如民勤其名称就叫"撒帐打煞词"。

拜堂：旧时拜堂一般是在堂屋或者院中设一香案，香案上方贴有大红喜字，上面点上红烛，新郎新娘在礼宾的主持下先拜天地、再拜父母，最后夫妻对拜，同时礼宾高诵赞礼辞如"媳贤父母亲，子孝早添孙"等。现在的拜堂仪式上，还要安排一德高望重者给两位新人证婚。

喝交杯酒：古称"合卺"。新郎新娘左右手相绕将杯中酒喝一半，交换酒杯后再如法喝完另一半。敦煌古浪等地是喝酒；有的地方如甘州临泽等地则是喝交杯茶；金塔等地则是同吃一碗面，叫合欢面。

闹洞房：又叫攘床、攘房、闹床、当咻。"攘""当咻"都是"闹"的意思，闹的方式各地花样繁多，目的是通过一定方式使新婚男女通过身体的亲密接触，减除双方羞涩、防备之心。

铺床：这是婚礼当日的最后一个仪式。多数地方是由送亲的和娶亲的各一人为新人铺床，有的地方则事先请好儿女双全、德行较佳的中年妇女铺床。铺床的细节各地有异，大致是将叠好的被子铺开，里面塞入准备好的红枣、圆圆（桂圆）、核桃、花生等，一面铺一面说"五个核桃七个枣，小的跟着大的跑"等祝愿的话。

踩门：有的地方叫踏门。婚礼之后的第二天一早，派一小孩去新房叫新郎新娘起床开门。多数地方踩门的是小男孩，如新郎的弟弟；敦煌踩门者是小姑子。新媳妇开门后要给踩门者送上踩门礼。

进灶：新婚第二天，走廊许多地方新媳妇要进灶房。有两层意思，一是要新媳妇熟悉灶房，二是新媳妇要展示做饭的技艺。甘州等地，新媳妇要做一顿面条饭，叫试刀面；凉州、肃州等地新媳妇则是调制饭汤，汤面盛好先端给公婆，再端给妯娌、亲朋等品尝，叫尝汤。众人吃了要说好吃，新媳妇则奉上自己缝绣的鞋垫、手巾、针扎等礼物，叫端礼。端礼也叫"认大小"，即通过端礼过程中新郎的介绍确认家里的长辈、晚辈以及各色亲戚并改口称呼。

回门：新婚第三日，新媳妇要回娘家，古称归宁；新女婿要到岳家拜见认门，一般称回门。回门习俗一些细节各地不尽相同，但都讲究当日去当日回，岳家一般用饺子招待新女婿，叫捏嘴饺子。

站对月：婚礼之后过一些日子，新媳妇要回娘家长住一段时间，叫站对月，但什么时候开始，住多长时间各地不一。有的地方是第八天开始娘家将出嫁姑娘接回，民乐等地是住十天，酒泉等地是住八天。有的地方如永昌是满半月，即十五天后，新娘回娘家住十五天。但无论怎样，站对月期间，新女婿不能在岳家留宿，夫妻不能同房。

三　河西走廊丧葬礼仪习俗

人死是其生命历程的终结，在世的人们都要通过一定的仪式将逝者予以安葬，并表达哀思，以示对生命的尊重。在以"孝"为核心的儒家伦理文化中，丧葬仪式不仅体现着生者对逝者的终极关怀，也是对孝道理念的充分展示和对生者践行孝道的教育警示，河西走廊的丧葬仪俗也是如此。走廊绿洲农耕地区普遍实行土葬，各地在丧葬礼仪上也大致类同又各有特点。从丧事持续的时间来看，讲究单数，有三天、五天、七天甚至十几天等，具体多少天一般由道士演算后与丧家商定。张掖、酒泉多为三天，武威等地则多为五天或七天。从礼仪讲究上看，有繁有简，但"孝"的观念却贯穿丧仪的始终。其间重要的礼仪习俗有戴孝、报丧、入殓、出轻、迎祭、祭奠、守灵、出殡、攒三、抹孝等。

送终：老人生病、弥留之际，儿女要守在身边，亲朋也赶来探望，老人则可能对一些事项有所交代。人一咽气，全家人号啕大哭。这个过程叫送终，也叫尽孝。

落脉：人没有呼吸，心脏停止跳动，即死亡，这个过程叫落脉。这时家人要给死者整容净身，穿上寿衣，也叫老衣。同时一面安排人到门外烧纸，叫倒头纸或落脉纸，供亡人路上使用，又叫路资；给亡人嘴里塞上钱币、杂粮、茶叶等。

挺尸：甘州等地叫落草。给亡人穿好寿衣后将其抬到一块上面铺有干草（一般是谷草或麦草）、叫灵床的板铺上，用红绳捆住双脚，等待入殓；有的地方直接抬至灵堂中对门处头朝外安放。死者脸上盖上黄纸，有的地方是用白布蒙盖，叫覆尸。

设灵堂：灵堂的布设一般是遗体或棺木前挂一幕布，上贴一大"奠"字。两旁是丧联。前摆一案桌，叫灵桌，上设香炉，左右点上蜡烛或油灯，叫长明灯。再摆上供品，有盘（祭祀用的一套馍馍）、水果、点心等，其中最前面是一碗尖尖的黄米干饭，上面插一双红色筷子，叫倒头饭。灵桌前地上放一瓦盆，盆内盛些水，用来烧纸，叫丧盆、烧纸盆。两边铺设草垫供孝子孝女守灵、跪谢前来吊唁者。

戴孝：老人去世后，其儿女，即孝子孝女要披麻戴孝，晚辈亲属也要戴孝。孝一般用白布做成，包括孝帽、孝衫、孝袍等。请人来将准备好的白布按需要、习惯裁剪缝缀成衫、帽、袍等孝服，叫破孝。孝的戴法各地不尽相同。大致是子女、儿媳、长孙等戴重孝，一般穿孝袍，用麻绳或麻辫扎腰；戴孝帽，或戴用麻纸糊的孝冠，叫麻冠。其他亲属晚辈如侄儿、女婿等戴轻孝，有的地方只穿孝衫，有的地方只戴孝帽。另外，孝子每人手托一根用白纸包裹的木棒，叫哭丧棒。丧棒较短，一头系一小截麻绳。孝子拖着丧棒，丧棒不能离开地面。丧棒的实际作用一是表明逝者有后，二是能够促使孝子言行恭敬。埋葬之时，丧棒要插在坟头。

报丧：人去世当日，孝子在一同族人的带领下到亲戚、邻居、友人处报告丧事。报丧要着丧服，拖上丧棒；至其门不入内，先磕头再告诵，讲明去世之人、去世时间缘由、发丧时间等。报丧时若路上遇到行人也要磕头。请来的道士要出讣告，张贴于大门旁，也是报丧的意思。

做棺木：盛放死者遗体的棺木又叫棺椁、棺材、老房、寿材。一般老人生前已做好棺木。有的没有准备，去世后须立即请人打制。走廊各地棺木的样式做法也不完全一致。有的有棺有椁，不多见；一般只有棺，多选择上好松木，加一些柏木制成，叫松包柏。旧时多数地方普通人的棺木只用红漆作底，只有有功名的人才可加彩绘。

入殓：将死者遗体收敛安放到棺木中，也叫入柩、入服。入殓的时间各地不同，有的是在去世后当天入殓，入殓后盖上棺盖，停放于灵堂，到出殡前再封棺。有的是在出殡前一日晚入殓并封棺。封棺即用木楔将棺盖钉严，因此又叫严棺。严棺时亲人要瞻仰遗容，与死者最后道别。

取穴：又叫打坑。请人到墓地挖掘墓坑。有的地方如民勤在取穴时要在墓地宰羊献祭，叫领牲。

做纸活：丧仪上使用的纸制品叫纸活。旧时人去世后，邻里到丧家帮忙制作，现在则有专业的纸活店售卖。纸活包括花圈、引魂幡、楼儿轻、金童玉女等。

哭丧：亲朋前来吊唁，孝子均要出门跪迎，至灵前，吊唁者烧纸叩拜，亲属跪谢。其时，儿孙抽搐哭泣，儿媳、女儿等要放声嚎哭。

出轻：是一种为死者招魂的仪式。人死后即在庄院大门侧旁立一长杆，杆上挂上一楼形幡幢。有的地方幡幢用纸剪糊成，有的地方如甘州，用苇杆扎成四棱、六棱，糊以各种彩纸，叫轻楼、楼儿轻，人们认为这是亡灵的栖息之地，也是去往天堂的必要之所。招魂仪式一般在人去世后当天天黑进行，有的地方是在发丧前一晚进行。孝子、孝女及亲朋等在道士带领下打着招魂的幡幢，叫引魂幡，到门外远处焚香烧纸，而后返回，一路相隔点着火堆，引领魂灵回到轻楼。甘州等地的招魂仪式上，回到轻楼后道士还要作法，亲属围着轻楼，跪拜磕头、焚烧纸钱，大声哭泣，呼唤逝者登楼，因此又叫哭轻。

迎祭：走廊各地均很重视外家对逝者的吊祭。女儿及女婿、外甥等来吊唁一定要献祭，也叫摆祭。祭品有供养，又叫斋供、斋，由各色大小蒸馒头组成，一副叫一盘。供养有大供养、小供养。大供养每盘是由数个大馒头组成，小供养则是由小馒头组成，各地数量讲究不一。女儿女婿摆的供养一定是大供养或叫大斋。有条件的女儿女婿还要献上牲祭，一般是一只羯羊，更隆重者则献猪羊鸡三牲祭。其他亲朋也有献祭的，一般是小供养。献祭时不能直接进门，孝子要拖上丧棒，孝女、儿媳、孙辈跟随，道士吹着唢呐，一起到户外路口迎接，至灵堂后再摆到供桌献上。迎祭须一个一个迎，有多少家献祭就要迎几次，民勤叫迎斋。

诵经：请道士或和尚诵经，超度亡灵。河西走廊的丧事活动中，诵经作法多为道士，也有请和尚念经者。

过桥：又叫报恩，是走廊各地丧葬过程中多见的一种道场法事。走廊人们认为人死之后要过三桥，即金桥、银桥、奈何桥。奈何桥下是地狱，因此要作法使逝者平安渡过。过桥的具体方式各地不尽相同，有的地方叫跪桥，有的地方叫跑桥。过桥一般是在一空地拉上长长的白布，象征桥。桥的两头、中间点上灯烛，乐手奏乐，孝子贤孙绕桥急行，道士诵经超度。

明路：是一种给死者灵魂去往坟墓引路的仪式。各地做法不尽相同。有的地方如民勤，孝子每晚要到外面去向坟地的方向烧纸，一天比前一天走得远几步，直到出殡日，也叫烧夜纸。有的地方则在出殡前一夜，一般在太阳落山前，长子或长孙打着引魂幡，其他孝子贤孙、亲戚朋友跟随，凉州等地还要孝子抬上模拟的轿子，内置逝者遗像，道士吹奏唢呐哀乐，带领众人去往墓地的路走一圈，每逢十字路口即点一堆火，到一定地方，在路上点上许多盏油灯，随者绕灯而行，让逝者认路，道士作法诵念后返回，叫撒灯。撒灯同样是为了给死者引路。

奠祭：是一种公祭的仪式，一般在发丧前一晚举行。此时亲戚朋友全部到场，诸孝子孝女跪列灵旁，在主祭的主持下，先内后外，先长后幼依次到灵前祭拜。有的地方如古浪，孝子、亲朋还要诵读祭文。有的地方如民勤，灵前还设有酒和酒杯，祭拜的人还要洒酒浇奠，叫奠酒。

点主：点写神主。神主是逝者的牌位，多是一木牌，上书"xx神主"，但"主"上一点空缺。点主开始，逝者长子跪在神主前，点主者从灵柩上拉一红线拴在孝子指头上，用针刺破指头，以笔蘸血给神主上的"主"字点上缺少的一点。点主者多为请来办丧的道士，也有的地方专请当地长者点主。点主的意义在于表示逝者魂灵地府已收,逝者已入祖宗位列。

守灵:出殡前一晚,孝子们在灵堂通宵陪伴亡者,又叫坐夜。

出殡:又叫发送、发丧、送葬。旧时河西出殡要人抬送,而不用车拉。各地仪式细节各不相同,但一般都在早晨。先将棺木抬至门外绑好绳索抬杠,棺前拴上白布,叫纤,也叫鞔。起灵时八人抬起棺木,孝子拉纤,也叫拖灵、背材头,长孙在前打着引魂幡,孝女亲属扶柩。众人稳步急行,一路不停,直到墓地。

下葬:也叫埋人。各地下葬过程细节也有差异。大致是,到了墓地,道士先做法奏乐诵经,后众人用绳索扯起灵柩将其慢慢平稳放入墓穴,孝子跪地以手填土三遭,众人再一起用铁锨填埋并堆起坟堆,插上引魂幡、丧棒,焚化一切冥物及逝者生前衣物用品。孝子焚香、烧纸、磕头鸣炮再原路返回。

攒三:下葬后第三天,孝子们到坟地献祭、焚香、磕头,培植新土、整理加高坟头。也叫全山、圆坟、扶山。

祭七:逝者埋葬后逢七日孝子须到坟地祭奠,有的地方叫送饭。从去世之日算起,分别有头七、二七、七七等,共七个"七"。有些地方每个七日均要上坟,有的地方只在三七、五七、七七日到坟上祭奠。

抹孝:即脱去丧服孝帽的仪式。抹孝标志丧仪的结束。抹孝时,有些地方先于白天摆席请客,晚间献牲设祭,诵经超度之后脱去孝衣。一般人家则在晚上请几个亲朋好友去大门外焚香、烧纸、祭拜之后脱去丧服。走廊各地抹孝的时间不尽相同,有的如肃州可在攒三后抹孝,有的如民乐在五七时抹孝,有的如民勤于百日时抹孝,大多则于七七,即"尽七"时抹孝,旧时也有在周年甚至三周年抹孝的。脱下孝衣孝帽之后要挂红,即身上挂红布或系上红布条;收起的孝衣须从院墙扔进去,忌过门而入。

第七章

河西走廊方言称谓语及其特点

第一节 河西走廊方言亲属称谓语及特点

一 河西走廊方言亲属称谓语系统

河西走廊方言的亲属称谓可分为以已婚男性为中心的内亲称谓、以已婚女性为中心的外亲称谓、以夫妻双方为纽带的姻亲称谓以及其他称谓四大类。

(一) 内亲称谓

称长辈：高祖父一般称祖太爷，高祖母一般称祖太奶或祖太太（凉州、民勤）。曾祖父一般称太爷，曾祖母一般称太奶或太太（民勤）、太奶奶（古浪）。祖父一般称爷、爷爷，祖母一般称奶奶。父亲，老派一般面称为爹、爹爹（凉州），或大、大大（敦煌），新派则称爸、爸爸；引称为老子、老爹。母亲，一般面称妈、妈妈（凉州）；引称为老妈、老娘，有的地方引称为娘们子或娘母子（甘州、敦煌）。

父亲的同胞兄长一般以"爹"或"老（子）"统称，用序数分别称为大爹、二爹或大老（子）、二老（子）等；有些地方则统称为"大老"（敦煌）或"大大"（山丹），以序数分别称为大大老、二大老，或大大大、二大大等。父兄的配偶一般称大妈、二妈，或大娘、二娘（肃州）等；有些地方统称为"大妈"，以序数分别称为大大妈、二大妈等（甘州、敦煌）。父亲的同胞弟弟一般统称为爸爸，但有些地方称老老（永昌、凉州；甘州也称爸爷），同样以序数分别称为大爸爸、二爸爸等，其配偶则称为婶婶、婶子或婶娘、新妈等。称父之姐妹，多数未婚者称姑姑，已婚者称姑妈、姑妈妈，其配偶称为姑父或姑爹、姑爹爹；甘州等地称未婚者为娘娘，已婚者为姑妈妈。

称平辈：男性同胞面称年龄大者为哥、哥哥，以序数分别称大哥、二哥等，引称为老大、老二等；其配偶称嫂子。称年龄小者为兄弟或弟弟，引称为老二、老三等；其配偶称弟妻或弟媳妇。同胞女性称年龄大者为姐、姐姐，其配偶称为姐夫。称年龄小者为妹妹、妹子，其配偶称为妹夫。非同胞的同宗平辈男性引称为堂哥、堂兄弟、堂姐、堂妹子，面称如同胞。同父异母或同母异父平辈男性引称隔山兄弟，面称如同胞。称姑之子女，引称为表哥、表弟、表姐、表妹，面称如同胞。

称晚辈：父母对子女，男性面称名字或称娃子、小子（甘州），引称为儿子、后人，个别地方又分别称为大鬼、二鬼等（敦煌）。女性面称名字或称丫头、姑娘，有些地方引称未结婚者为姑娘，已婚者称女子（如民勤）。多子女者一般以序数分称大娃子（大儿子）、二娃子（小娃子/儿子）、大丫头（姑娘）、二丫头（小丫头/姑娘）等。第三代称为孙娃子、孙丫头。

兄弟之子女及后代引称为侄儿子、侄女子，侄孙子、侄孙女，面称名字。称姐妹的子女为外甥子。称女儿的子女为外孙子或外甥子。

(二) 外亲称谓

称长辈：母之父面称为爷、爷爷，引称为外爷、外爷爷；母之母面称为奶奶，引称为外奶、外奶奶。母之兄弟统称为舅舅，以序数分别称大舅、二舅等，其配偶统称为舅妈，有些地方称为舅母（凉州）、舅嬷（民勤）、妗子（肃州）。母之姐妹多数地方称为姨妈、姨妈妈或姨娘、姨娘子，其配偶称为姨父或姨爹、姨爹爹；有些地方称未婚者为娘娘，已婚者为姑妈（凉州、永昌等），其配偶称姨爹、姨父或姑爹、姑父。

称平辈：舅、姨之子女引称为表哥、表弟，表姐、表妹，面称如同胞姊妹。

称晚辈：表兄弟、表姐妹之子女称侄子、侄女子。

（三）姻亲称谓

夫妻互称：妻子称呼丈夫，引称为男人、汉子、老汉、老头子等，面称则为当家的、掌柜的、外头的、（娃娃）他爹等。丈夫称呼妻子，引称为女人、婆姨、婆娘、当家奶、屋里的、屋里人等，面称则是媳妇子、老婆、老婆子、（娃娃）他妈等。

夫亲称谓：妻称丈夫之父，引称为公公、公爹，面称则多为爹或大大（敦煌）；称丈夫之母，引称为婆婆、婆子，面称则多为妈或妈妈。称夫之兄，引称为阿伯子、大伯子，面称为哥。称夫之弟，面称为兄弟、阿叔，引称为小叔子。称夫之姐妹为大姑子、小姑子等。弟妻称兄妻为嫂子或婶子，兄妻称弟妻为妹子或新婶子、小婶子等。

妻亲称谓：丈夫称妻之父，引称为外父、老丈人，面称为姨父或爹；称妻之母，引称为外母、丈母娘，面称为姨妈或者妈；有些地方称岳父母为大老子、大妈子，或大大、大妈。称妻之兄弟，引称为舅佬、舅子、妻哥、妻弟，面称为哥或弟；妻之姐妹引称为姨子，以年龄排行为序分别为大姨子、三姨子等，面称为姐姐、妹子，其配偶引称为挑担，面称则哥、兄弟或以姓名相称。

儿女亲称谓：无论男女双方，互称儿女亲家均面称为亲家，引称则男性称为男亲家，女性称为女亲家。称儿之妻为媳妇子，称女之婿为女婿、姑爷。

（四）其他称谓

父母总称为爹妈或娘老子，夫妻总称为两口子，父子总称为爷夫、爷夫们，母子总称为娘儿们、娘儿几个，子女总称为儿女、后人，姐妹总称为姊妹、姊妹们，兄弟总称为弟兄、弟兄们，兄弟媳妇总称为妯娌、妯娌们。称玄孙为地溜子，第五代孙为跨代子。另外，为了将近亲堂弟兄与远房堂弟兄相区别，称近亲堂弟兄为叔伯兄弟。继父称为后爹、后老子，继母称为后妈、后娘。义父、义母称为干爹、干妈。结拜兄弟称为把兄弟或金兰兄弟。

二　河西走廊方言亲属称谓语的特点

河西走廊方言亲属称谓语的特点主要表现在以下几个方面。

（1）总体而言，河西走廊各地亲属称谓语较为一致。"爷""奶""爹""妈""爸""姑""公""婆""舅""姨""哥""弟""姐""妹""媳妇""婿""甥""侄""娃子""丫头""孙"是走廊各地称谓语系统构成的最基本的核心词或语素，显示了其内部较强的一致性以及这个系统与汉语北方其他方言亲属称谓语系统之间的密切联系。河西走廊方言亲属称谓语系统以宗族血亲为纲、以婚姻关系为纽、以年龄为辅助，来辨亲疏、别内外、分长幼、明人伦、重秩序、讲礼仪，反映了河西走廊长久以来以农牧业经济为基础、以家族聚居为主要集居形态的较为稳定的社会结构，以及深厚的儒家文化积淀、宗法观念的影响。

（2）有些称谓语存在同名异指现象，如"大"和"大大"，敦煌是指父亲，天祝、古浪等地指岳父，民勤则指未婚的伯父。有些称谓使用范围很小，如凉州、永昌县的个别地方称叔叔为"老老"，甘州、凉州等地称未结婚的姑妈为"娘娘"，古浪称妻子为"堂客"，肃州称舅母为"妗子"。敦煌称父亲，实际是"大"、"大大"和"爹"、"爹爹"都用，其中的缘由是清楚的，是敦煌特殊的移民构成情况的反映。敦煌以党河为界，方言有河东话和河西话之别。河东话属中原官话秦陇片，"大""大大"是其原有的对父称谓；河西话属兰银官话，其固有父亲称谓则是"爹""爹爹"，两种方言势均力敌，这两组父亲称谓语便并行共用了。"娘娘"一词在一些中原官话、西南官话中用以称"姑妈"或"姨妈"，有些地方称"伯母"；"妗子"多通行于中原官话，称"舅母"。这几个词与河西走廊兰银官话中的"大""大大"一样，实际都是由来源不同的移民带来的，它们在与兰银官话原有的相应称谓语的竞争中相对处于弱势，因此适用范围不断缩小或者所称对象因分工而发生了转移。

（3）有些称谓语又是异名同指的。这种现象突出表现在夫妻互称和对岳父母的称谓语中。走廊各地夫妻互称的称谓语都有三个或三个以上，这些称谓语实际从不同角度定位和反映了夫妻各自在家庭中不同的角色，如妻称丈夫为"男人""汉子""老汉"，丈夫称妻为"女人""媳妇子""婆姨""老婆"，是对夫妻关系的直接反映。而夫称妻为"屋里的""堂客"，妻称夫为"掌柜的""外头的""当家的"，则反映了男主外、女主内，以男性为主的传统家庭分工习惯，当然也有男女关系不甚平等的因素在里面。在对岳父母的称谓上，走廊各地引称一般均为"外父""外母"，但面称有不同，有称"大大""大妈"的，有称"姨父（爹）""姨妈（娘）"的，有称"大老子""大妈子"的。实际上这是在称谓中为了内外相别，即将妻之父母与自己的父母相区别而采取的一种借称。天祝有些地方称父母为"阿爸""阿大""阿妈"等则与县域特点和语言接触有关。天祝藏族自治县位于走廊东段，与青海省及甘肃临夏回族自治州、甘南藏族自治州毗邻，县域主要民族除汉族、藏族外，还有土族等少数民族。藏语、土语亲属称谓多前带"阿"缀，如藏语称叔父为"阿卡"、哥哥为"阿吾"、嫂子为"阿切"，土语称"姐姐"为"阿吉"、祖母为"阿涅"等。

（4）有些亲属称谓语反映了当地的一些特殊的婚姻、家庭结构或语言习惯。如凉州、永昌称姑、姨都是"姑妈"，她们的配偶也都称"姑爹"，但父亲尚未婚嫁的妹妹则称"娘娘"。这个称谓现象实际曲折地反映了当地婚姻关系中存在的姑表婚、姨表婚。上面提到的称岳父母为"姨妈""姨爹（父）"，也同样可能与实际存在的姨表婚姻制度有一定的关系。称同辈同性诸亲，河西各地一般以序数相分别，如叔父称为"大爸爸""二爸爸""三爸爸"等，但甘州话最小的叔叔则专称为"爸爷"，这个称谓的产生一方面是因为在诸多儿子当中，最小的儿子是父母最关心溺爱的，另一方面，成年后其他诸子都分房单过，而父母则一般与最小儿子一起生活，特别是在一些大户人家，其地位与其他诸子实有不同。同样是以序数区别同辈诸亲，民勤还用"小"来表示"第二"，如二哥称"小哥"、二姐称"小姐"，不过这种用法多在对平辈或晚辈的称呼中，对长辈称呼中，只有"小姑妈""小舅舅"等，其他均用"二"，如"二爷""二爹""二妈"等。实际上，这个序称的习惯最早就是从父母对子女的称呼上来的，生的第一个为"大娃子"或"大丫头"，第二个自然是"小娃子"或"小丫头"，当第三个孩子出生后，虽然"小娃子"已经不是最小，但习惯已成，又可用"三"作序数称呼第三个孩子，也就没有必要改过，这样"小"在这个序列中就有了"第二"的意义，长期使用，这个意义就被固定了下来，自然可构成称呼"二嫂"的"小嫂子"、称呼"二姐夫"的"小姐夫"等词。但"小"的这个意义的扩展使用始终存在限制，"爷""奶""爹""妈"几个词是不能与"小"组合来构成相应称谓的，"二爷"不能叫"小爷"，"二爹"不能称"小爹"。旧时河西一些地方有"小妈"一词，用以称父亲的二房妾室。

（5）当代社会的急剧变化在河西走廊亲属称谓语中有充分的反映。这个变化最典型地表现在有关父亲的称谓语上。对父亲的称谓，河西走廊原有的称谓是"爹"或"大"，但新派则称"爸"或"爸爸"。据笔者调查，这个变化有两个重要的时间节点，即中华人民共和国成立之初和20世纪80年代的改革开放。20世纪50年代，先是城市出生的当地人，开始用普通话的称谓语来称呼父亲；20世纪60—70年代，一些出生于农村、父母有一方有公职或在外地工作的孩子，逐渐用普通话称谓来称呼自己的父亲；到了20世纪80年代，农村地区出生的孩子大多数已弃用原有的方言称谓，改用普通话称谓；再经过30多年的大变革、大开放，而今"爸爸"几乎完全代替了原有的方言称谓。相对而言，其他亲属称谓语的演变是缓慢的，但系统的自然调整随时都在发生，如父亲称"爸爸"，与方言中称父亲的弟弟的同形词就发生了冲突，这样，普通话里的"叔叔"称谓也就开始被使用等。

第二节 河西走廊方言社会称谓语及特点

社会称谓语有社交称谓语和角色称谓语两大类。社交称谓语是在社会交往中对他人的称呼，而角色称谓语则是根据人在社会中的角色，如年龄、性别、职业能力、品行、社会声誉等对他人的指称性称谓。

一 河西走廊方言社交称谓语

河西走廊方言中的社交称谓语大致有两类，一类是亲属称谓语的借用，一类是以官职、职业特点称呼。

比照亲属称谓来称呼非亲属关系的人，是熟人社会常见的社交称谓方式。河西走廊方言中，亲属称谓语的借用往往需在称谓语前加姓氏，或姓氏与"家"的组合构成限定语，如"刘爷""王奶""张妈""周大爷""徐大哥""梁哥""韩大嫂""鲁嫂""马姐""张家大爷""李家舅舅""朱家姑爹""李家大爸爸"等。若是年轻人，则用一般的角色性称谓语称呼，如"小伙子""姑娘""姑娘子"等。

用官职称呼的，在官职前加姓氏，如"王县长""李主任""张科长""马书记""刘所长""黄校长"等。也有以职业相称的，但只限于对教师、会计、大夫、老板、经理等的称呼，如"王老师""朱会计""李老板""刘经理""赵大夫"等。实际上，这些职业角色在一般社会当中都是具有一定的权威性的，类似于官职称呼。对社会中其他的各类执业人员，一般均以"师傅"称呼。

随着普通话的普及、社会变革的进一步加剧，普通话常用的社交称谓语越来越被广泛接受使用，因此此类称谓语不再过多赘述。

二　河西走廊方言社会角色称谓语及特点

河西走廊方言社会角色称谓语可分为一般性角色称谓和评论性角色称谓两大类。

(一) 一般性角色称谓

一般性角色称谓语是依据人的年龄、性别、职业、身体特点等外在特征构成的称谓语。河西走廊方言中，这类称谓语大致有如下几类(举例中，所称对象相同的不同词语间用顿号隔开，所称对象不同者用逗号隔开)。

1. 年龄性别称谓

耆老（乡绅），老太爷（族长、辈分高的男性老人），半壳子（中年人），娃子，丫头子，小伙子，二节子（十几岁的小伙子）、半壮子、半大小伙子，大小伙子（未婚年轻男性），半大丫头（十几岁的女子），大姑娘（未婚年轻女性），媳妇子、小媳妇子，婆娘（中年妇女）、婆姨，老年人、老者，老汉，老爷爷，老奶奶、老婆子，等等。

2. 职业称谓

脚户（靠搬运东西谋生的人），车户（以赶车谋生的人或赶大车的人）、车把式，放羊娃、羊把式、放羊的，牙子（交易的中介人），生意人、买卖人、做买卖的，货郎子、巴郎子，贩子（倒卖东西的人），摆摊子的，放高利贷的，开店的、店家，掌柜子、掌柜的、老板，账房（管账的），吃过水面的（做无本生意的人），金客子（淘金者），煤客子（挖煤的）、窑猫子，骆驼客（以经营骆驼为务的人）、驼把式、拉骆驼的，锔露匠、锔露锅的，木匠，皮匠，石匠，铁匠，金匠，银匠，铜匠，戏子匠，画匠、画画儿的，泥水匠、泥瓦匠、毡匠、毛毛匠、擀毡的，褐匠（以织褐子为生的人），鞋匠，染匠（专务为布匹等染色的人），裱糊匠，油漆匠、油油匠，油博士（榨油师傅），挂面匠（制作挂面的人）、醋匠（制醋卖醋的人）、酒匠（会酿酒的人）、酒博士，裁缝、剃头匠、待诏、理发的、骟匠、劁猪的、匠人、厨子、厨大师、手艺人、师傅、徒弟、大师傅（有技术的匠工，也称厨子），保人，读书人、念书人、文墨人、识字人、秀才、先生（老师、医生等），教师、教书匠、教书的，大夫、医生，学生、学生娃子，庄稼人、种地的、农民、庄稼汉、种庄稼的、㧽牛尾巴的，干部、公家人、吃公粮的，工人，军人、当兵的，当官的、太监、内官子，拳棒手（习武的人）、练家子，屠家、屠行、杀猪的，耍把戏的（耍杂技的），撒猴儿的（玩木偶的人）、服务员、跑堂的，做活的（雇工），听差的（男佣），打杂的，打柴的，打工的，大工子（大工）、小工子（小工），锅婆子（做饭的佣妇），奶妈子，老妈子（老年女性佣人），长工、短工，丫鬟、使唤丫头（婢女），门房、看大门的，等等。

3. 婚姻生育称谓：媒人、保媒的、说媒的、媒婆子、介绍人，新媳妇、新娘子，新女婿，光棍、光棍汉，老姑娘、老丫头，收生婆（接生的女人）、老婆娘，抱犊子（抱养的小孩），带犊子（再嫁时带的孩子），月娃娃（未满月的婴儿），怀抱子（婴儿），头首子（头胎），殿窝子（最小的子女）、奶肝儿、老肝子、老生胎（年岁大生的）、老肝娃、秋瓜子、秋葫芦，双双、双生子，月婆子（坐月子的妇女），童养媳，寡妇，活人妻（再嫁的女人），大老婆，小老婆，招女婿、顶门婿，半边人（丧偶的），二婚（再婚的人），等等。

4. 身体特征称谓：没手子（没有手臂，或手臂有残损者），没牙子（没牙的人），半面闲（偏瘫者）、半脸闲、半边子，瘫子（瘫痪的人），瘸子、拐子，聋子、聋倌，傻子，寡子，苫子，哑子、哑巴，豁嘴子、豁唇子、豁子、兔唇子，秃嘴子（说话吐字不清的人），六指子，麻子、麻倌，瞎子（眼盲者），歪脖子，背锅子、背罗锅、罗锅子，结子、结巴、结嗑子，二尾子（两性人）、二转子，佝腰子，刺摇儿（因腿疾走路大幅摇晃的人），秃子、光头，呵喽子（有哮喘病的人），大舌头，大嗓袋（因缺碘引起的腮腺炎患者），石女子（不能生育的女人），病秧子、病胎子、独眼龙、独眼子、斜眼子、斜子、左胯子（左撇子）、左爪子、左瓜子，臊头（头上长疮的人）、癞头、矬子、矮子、高个子、大胯子，胖子、瘦子、大头（脑袋大的人）、背头（头发向后梳的人），等等。

5. 宗教信仰称谓：佛、佛爷，菩萨，观音、观音娘娘，姑姑子、尼姑子、和尚、喇嘛、居士、善人，神、神仙、财神爷、关公、关老爷，土地、土地爷，雷神、雷公，龙王、龙王爷，灶神、灶王爷，玉皇大帝、西王母、王母娘娘，城隍、城隍爷，门神，阴阳（占卜者），师公子、灵善、蛮子、神汉、师婆子、神婆子、灵善婆、蛮婆子，瞎子、算命的、算命先生，道人、道士，阎王、阎王爷，鬼、大鬼、小鬼、恶鬼、判官、黑无常、白无常，等等。

6. 流民罪犯及其他：贼、包儿手，犯人，充发军（被发配的犯人），讨吃、抄花子、要要吃、要的吃的，土匪、绺子，妓女，流浪汉，人贩子，走江湖的，乡党、乡亲、老乡，伴当（伙伴）、伴儿，连手（情侣、伙伴），家儿（所属的主人），头家（轮次中的首位），上家（轮次中的前一位），下家（轮次中的后一位），末家（轮次中的最后一位），东家（雇主，事情的主办方），西客（婚礼中的娘家人），孝子（死者的儿子），孝女，城里人，乡里人，外地人，等等。

(二) 评论性角色称谓

评论性角色称谓语是依据对称谓对象性格、能力、品行等方面的认识评价形成的称谓语。这类称谓语有的与一般性角色称谓语形式相同。河西走廊方言中，此类称谓语从语用色彩方面来看，大致有以下几类。

1. 中性或褒扬类称谓

这类称谓语有：男人家，女人家，娃娃家，丫头家，小伙子家，学生家，老师家、科长家；玩家，说家，坐家，吃家，看家，喝家，唱家；行家，闯王（胆大的人），把式（在行的人），老实人、实诚人、实在人，明白人（明事理的人），好人、善人；等等。

2. 戏谑类称谓

这类称谓语有：甩手掌柜子（无事可干或不愿管事的人），尿炕胎（惯于尿床的人），鼻屎桶（鼻屎多又不善清理的人），屁溜子（屁多的人），大邋遢（对任何事都不放在心上的人），嚎皮胎（爱哭的人，多指小儿）、嚎神，饿狼神（饿极了的人）、饿鬼，夜叉神（晚上不睡觉、爱玩的孩子），野仙（不着家的孩子），泥神（无主见不善言辞的人），咻皮胎（调皮的人），先货（老而无用或养尊处优的人），催命鬼，饿死鬼、炊死鬼，列仙（不勤快的人），孽障鬼（身世可怜的人），舜星（倒霉蛋），呐匠（惯于用言语纠缠的人），相公（与同类有差异的人），烧白头（与儿媳妇有染的人），财迷，老贼（对年纪大的人的戏称）、死鬼，外家狗（对外孙的谑称），大头（脑袋大的人，吃了亏的人），等等。

3. 轻蔑类称谓

这类称谓语有：外来户、外路人、别那户、下路人、底下人，缠头（称西域少数民族人），鞑子（称蒙古人），回子（回族人），西番、蛮子（泛指其他民族的人），折声子（说话带外地腔调的人），老帮子（老人手），老底瓜（排名最后的人），山里人、山毛子、坡里人（平川人），土包子、乡巴佬，冤大头（受冤枉、吃大亏的人）、鳖大头，费厮子（不听话、难管教的小孩），泥腿子，和事佬，厮娃子（对男性青少年的蔑称），苦弥世（苦命人），馋死鬼，左性子（执拗的人），尕指子（古怪的人），棺材瓢子（久病不起的人），糊涂蛋，小人（心眼小、做事不大气的人）、小人骨，街溜子（到处乱逛的人），等等。

4. 贬损类称谓语

这类称谓语较多，大约有分别聚焦于人的性格、能力、品行修养等几个方面。

聚焦于对象性格的：犟板筋（倔强的人），蛮精（固执的人），拧麻子（性格古怪执拗的人），母鸡婆（凶狠的女人）、母老虎，数老婆（爱唠叨的人）、唠叨鬼，闷呆星（不爱说话的人）、闷葫芦、死牛，直筒子（说话直率莽撞的人）、直杠子，愣头儿青（不明事里、行事莽撞的人）、二不愣、二愣子、冒日鬼、二凉（待人寡淡、不懂礼貌的人），赣大（粗鲁莽撞的人），懒荒胎（懒惰的人），囊团（不干脆的人），淡奄拉（言行多余、不着边际的人），伴昏子（脑子不清，长犯糊涂的人），毛气鬼（言行琐碎麻烦难缠的人）、毛客、掏毛鬼、毛道儿，小气鬼（小气、爱哭的人），惜死鬼（吝啬的人），搜搜鬼、啬皮、啬白头，怕怅鬼（懒惰、怕吃苦的人），逛鬼（乱逛、不干正事的人），猫神鬼（爱纠缠的人），怕死鬼、胆小鬼，骚和尚，歪嘴和尚，舜气鬼（晦气、常给别人造成麻烦的人），等等。

聚焦于对象相关能力的：愣冢（呆头呆脑的人）、愣棒、愣羊，懵头（迟钝的人），憨头（木讷的人），榆木疙瘩（脑子不灵活的人），寡娃子（痴傻的人）、苕娃子、大木头（笨拙的人），老实墩子，受气包，二把刀（技术不高的人），黄舌（幼稚、不懂事的人），显世宝（不中用的人），屎肚子（能吃的人），窝囊鬼（胆小、不利索的人），烂眼子（看不准事的人），烂宪书（有文化又肤浅的人），力巴（外行），茶果子（体质、能力孱弱的人），邋遢鬼（脏烂不利索的人），累堆鬼（不利索的人）、累气鬼、累蜡油，肉头（无血性、不利索的人），软惶胎（没主见的人），孱头（软弱无能的人），淡杆头（无本事的人）、襕褛鬼、囊夯、囊夯食，猞肋（怕吃苦的人），窝儿怪（没出息的人），等等。

聚焦于对象品行修养的：坏人，二杆子（蛮横不讲理的人），二流子（不明事理的人）、二架梁、二混子、二百五、二尿，拐棒子（下流粗俗的人），达浪鬼（不务正业者），白肋巴（好吃懒做的人），贼打鬼（游手好闲的人），浪日干（胡混的人），装花鬼（不诚实的人），油打鬼（油滑的人），王花儿（言行不一的人），油皮（油滑无赖的人），尖驴、滑头，鬼鬼子（鬼鬼祟祟的人）、鬼头道，贼托生（狡黠的人），拐棒子（乖僻狡诈的人），尖尖棍（播弄是非的人）、搅屎棍，猩猩鬼

（惹是非的人）、丧门神、踢踏鬼（枉为败家的人）、破败星、败家子，独罗鬼（自私的人）、独死鬼、独眼窝、痴眼窝、独杆子，烧头（爱显摆的人）、烧包、烧料子、炮手（说大话的人），吹牛客（说话夸张的人）、玄皮，嘲癫子（说话没高低的人），乌嘴头（说话不吉利的人），赖皮、无赖，半彪子（说话行事不着边际的人）半痴子、半吊子、半番子，地溜鬼（内鬼），沟子客（爱溜须拍马的人），高帽子客，白斧头（没良心的人），白眼窝（忘恩负义的人）、白眼狼，黑头虫（无情意的人），忤义种（忤逆不孝的人）、忤二鬼、忤义虫、五荤子人，人贩子，骗子手，流氓，强盗，充发军（不服管教的人），刺头（爱挑头找事的人），剪绺儿的（扒手）、绺娃子，婊子（行为不检点的女人），等等。

5. 詈骂类称谓

这类称谓语有：坏蛋、坏尿，瞎尿，烂尿，尿尿，驴尿，愣尿，囊尿、囊巴尿，苕尿，寡尿，杂尿、杂种、杂毛，杂弯弯（蛮不讲理的人）、杂窝窝、杂疙瘩，蛮疙瘩（长相丑陋不讲理的人），私疙瘩（私生子），抱疙瘩（抱养子），骨爪，臊骨爪，臊尿，舜尿、乌尿、穷尿，倔尿（爱生气的人），烂货、卖尿货、骚货，日干货（没本事的人）、吃货、淡杆货、挨刀货，二货、二尿、驴尿、尿尿，死皮（无赖）、死狗，死人，死猪，死鬼，死驴，犟驴，恶心鬼，穷偬鬼，吊死鬼，屈柱鬼，霉鬼（背时的人）、舜气鬼、数霉鬼，倒灶（不干正事、败家的人）、倒灶鬼，讨吃鬼（无能力或无骨气的人），丢人鬼，短命鬼，贼娃子，贼尿，贼骨头，贼杀才，大牲口，大尾巴，骚尾巴（不祥的人），焦尾巴（无后的人）、绝户头，日把欻（德行、性格不好的人），现世报，丑八怪，杀才，天杀的，驴日的、马踏下的、狗婊子养的、狗日的、鬼日的，吃下屎的（无人性的人），等等。

（三）方言角色称谓语的特点

河西走廊方言社会角色称谓语的特点可概括为以下几个方面。

第一，两类角色称谓语因其称谓角度、语用功能不尽相同，在语义的构成、语用色彩上有很大差异。一般性角色称谓语侧重对对象在社会中客观角色的反映上，因此，其语义构成多采用直叙或借代的方式，如"半大小伙子""庄稼人""金客子""泥瓦匠""算命先生""头家""城里人"等是直叙，"半壳子""巴郎子""呵喽子""光棍""殿窝子""阴阳""抄花子"则以借代的方式对对象某些特征进行概括描写。也有用比喻方式构成的，但数量不多，如"窑猫子"以"猫"喻挖煤者，"带犊子"以随带的"犊子"喻再嫁时带的孩子，"秋瓜子"以秋天所结的瓜喻老年所得的子女，等等。评论性称谓语则侧重对称谓对象的主观评价，因此，其语义多采用比喻的方式构成，如"闯王""甩手掌柜子""老底瓜""母老虎""烂宪书""尖尖棍""白眼狼""茶果子""贼骨头""大牲口"等。少数此类称谓语采用直叙或借代的方式，如"二混子""折声子""屁溜子"是借代，"山里人""败家子""苕娃子"等是直叙。从语用色彩看，一般性角色称谓语除个别词语如"耆老""佛爷""西客"等是褒义的，其他绝大多数都是中性的；而评论性称谓语除少数如"把式""实诚人""男人家"等是褒义或中性的外，绝大多数则是贬义的。

第二，评论性称谓语当中，有一种是由一般词语加词缀"家"构成。这种称谓语又表现为两类。一类是由一些一般角色称谓语加词缀"家"构成。语义上，这类称谓语强调词缀"家"前面的称谓词所指称的相应角色所具有的社会公认的声誉特征，具有角色提醒的作用，如"娃娃家"强调小孩的基本角色特征，即未成年、不懂事、尚不能担当等。"男人家"强调男人有阳刚之气、懂道理、能担当等特征。"科长家"则强调作为科长具有一定的权利、社会声誉、办事能力等特征。另一类则由单音节动词加词缀"家"构成，如"玩家""说家"等，语义上肯定所称对象具有相应动词所反映的能力。但这种称谓词是一个封闭的类，能产性不高，仅有个别动词能够进入其格式，如"玩家"称能玩儿、好玩儿、会玩儿的人,"说家"称能说会道并能够以之服人的人,"坐家"称能够坐得住、坚持到底的人,"唱家"称会唱并唱得不错的人,"吃家"称能吃、好吃、会吃的人,"看家"称只在一旁观看或者会辨别一些事物的人,"喝家"称能喝酒的人。

第三,带有贬义的评论性称谓语,包括戏谑称谓、轻蔑称谓、贬损称谓、詈骂称谓语,其内部结构往往由定性修饰语加比喻性类别语素或词构成,如"恶心鬼","恶心"是定性修饰语,"鬼"则是相应的类别,也是喻体。常用的喻体有神道类的"鬼""神""仙""星""道""和尚"等,如"搜搜鬼""怍二鬼""嚎神""丧门星""列仙""鬼头道""骚和尚"。有与生殖有关的词语"屄(女阴)"、"尿(精液)""屎(男根)"等,如"骚屄""驴尿""二尿"等。有人们最为熟悉最为痛恨的"贼",如"贼娃子""贼屄""贼尿"等。有动物牲畜类的"虫""驴""狗""羊""猪""狼""虎"等,如"犟驴""怍义虫""外家狗""愣羊""死猪""白眼狼""母老虎"。有揭示种源的"胎""种",如"杂种""懒荒胎"。有无生命事物类的"疙瘩""骨爪""皮""货""棍""毛""尾巴"等,如"私疙瘩""骚骨爪""死皮""尖尖棍""杂毛""大尾巴"。其中以"鬼"作喻的最多,笔者调查到的此类称谓语有四五十个之多。"鬼"的基本特征是阴暗、狡诈,往往给人带来预想不到的灾祸,令人恐惧。人们厌恶说话做事言而无信、鬼祟下作、惯使阴谋手段的言行,以"鬼"称谓与这些特征有关的人也就十分贴切。以神鬼类词语构成的这种角色称谓语也从一个侧面反映了河西走廊人们对儒、释、道、巫等宗教敬畏、迷信神灵的信仰,以及对与这些宗教信仰相关的一些现象的认识和态度。

第四,有些称谓语是古代汉语通用称谓语的继承。如旧时称"居于买卖双方之间,从中撮合以获取佣金的商行"为"牙行",从事这种行为的人称谓"牙人",河西走廊方言则称其为"牙子"。古代称宾客为"西宾",盖古代房舍坐北朝南,西面厢房即"西厢"一般用来接待宾客，河西走廊方言则将婚礼过程中女方家亲朋到男方家去吃喜酒的人称为"西客"。再如"待诏"，古代称等待皇帝诏命的人，后演变为官名，唐代称待命供奉内廷的人，有"医待诏""画待诏"等。河西走廊方言中，该词则专称为别人理发的人。又如"博士"，原指博通古今的人。古代国家设有"五经博士"，是学官名称，唐五代时已经用以指称具有某种技艺或专门从事某种职业的人。走廊方言里"油博士""酒博士"即是对古代这一词语用法的继承。有些称谓的来源则与河西历史地理环境有密切的联系。如"充发军"，河西方言以之称犯人，也指不服管教、惹事生非的人。封建时代，特别是明清两代，河西走廊是安置被判处充军、发配边疆的犯人的目的地，这个特殊的词语自然在本地流传下来。再如天祝话将外地人称作"底下人"，这个称谓可能与历史上移民屯垦、犯人的充军发配有关。天祝县地处河西走廊东段祁连山腹地，山大沟深。祁连山脉东段高峰乌鞘岭南侧庄浪河谷、北侧古浪河峡谷是黄河东部通往河西走廊的咽喉要地，古代均有重兵把守，军营一般设在河谷地段相对较高的位置，发配、移民到河西走廊的人们不断从位置较低的河谷道路迤逦而行，相对于兵营中的守军，他们当然是"底下人"。另外，天祝宜耕的平川地很少，当地住民一般均以放牧为业，居处一般建在相对安全、避风的高地，因此，在他们看来，从河谷地带经过，或者留下来在地势较低的河谷滩地从事农业的人们，当然也是"底下人"。走廊称胆子大的人为"闯王"，显然与明末李自成起义的历史事件有关。据有关县志记载，李自成的队伍曾经占领河西走廊大部地方，影响甚大。有的称谓语则从不同的侧面反映了河西地区社会生活的一些特点。如称看似有知识而实际无能力的人为"烂宪书"。河西走廊人称旧时颁布的历书为"宪书"或"皇历"。人们每有重要的活动，均要求个黄道吉日，"宪书"也就成为民间最重要的文献，也是一些民间文化人，或者以为他人打卦算命为业的人的必有法宝，但按历打卦本是迷信，往往会事与愿违，"烂宪书"之谓也就自然而生。再如

"焦尾巴",这个词的字面意义是"烧焦的尾巴",烧焦了的尾巴当然实际是没有了。尾巴在身体后面下方,没有尾巴,就是"无后",谐音指没有后人。"不孝有三,无后为大"是千百年来的古训,对于一个人来说没有生育出儿子即"后人",是天大的失败。这个词语是一个婉曲隐晦的詈骂性称谓,与另一个詈骂称谓语"绝户头"同义。"瞎子"这个称谓语,即指眼盲者,又指专为他人算命者,因河西走廊一带多有眼盲者以算命为业,而且据言多较为灵验。

第五,"的"字短语在河西走廊方言社会称谓中具有突出的作用。有相当数量的角色称谓语是由"的"字短语构成,如一般社会角色称谓语中"拉骆驼的""打柴的""放羊的""保媒的""算命的",评论性角色称谓语如"吃屎的""卖屄的""驴日的"等。由于"的"字短语具有很强的开放性,几乎任何被称谓的对象、新出现尚无特定称谓语的有关人事现象都可以用这种方式进行称谓,詈骂中能想到的恶毒言辞也能够用这种方式构成称谓,如"恶鬼转世的"等,因此,这种称谓方式对方言称谓语系统具有很强的补足性。

第八章

河西走廊方言熟语与河西地方文化

第一节 河西走廊方言的四字成语

四字成语是指方言中一般由四个字构成的描述性或表述性的习用短语。这种习用短语具有汉语书面语汇中成语的一般特点,即四个字组成,内部结构高度稳固,表义生动、丰富、凝练。但从来源看,方言四字成语除少数继承于汉语书面语外,绝大多数只流行于某个特定方言区域,或者虽然形式上为不同方言区域共有,内容上却不完全相同,具有很强的地域性和口语性。河西走廊方言里即有大量的此类四字成语,是当地人们汉语言口语使用和创造的结果。

一 河西走廊方言四字成语的结构类型

四字成语内部结构复杂。总体来看有复合结构、附加结构和重叠结构三大类。复合结构又有联合关系和非联合关系两大类。因内部相邻语素间层次关系的不同,联合关系和非联合关系的四字语又表现为不同的具体格式。附加结构中,有的附加成分是中缀,有的附加成分是后缀,因此有带中缀和带后缀两类不同的基本格式。重叠结构有的是全部重叠,有的是部分重叠。构成的四个字,从功能上看有的是实语素,有的是虚语素;从相邻语素的关系看,又表现为各种不同的语法关系。同样是虚语素，在结构中所处的层级也有不同，如"慢腾圪兀"和"脏汤圪水"中的"圪"均是词缀，但前者中"圪"与"兀"结合构成词，再和"慢腾"组合成四字语，"圪"处在结构的最低层级；而后者中的"圪"则做了"脏汤"和"水"之间的中缀，处在结构的最高层级。

（一）复合结构四字成语

1. 联合关系

联合的各部分内部语素之间有"述宾+述宾""定中+定中""状中+状中""主谓+主谓""述补+述补""并列+并列"以及规律性不强的其他关系。如：

述宾+述宾：

呵神断鬼_{大声呵斥}　　哆屎噎舌_{撒娇献媚}　　精沟扒蛋_{没穿衣服}

喧天攉地_{说话办事大而无当}　爬天跪地_{辛苦劳累}　抓天摸地_{瞎抓乱摸}

戳三捣四_{搬弄是非}　　重三擦四_{重复啰唆}　　拿五做六_{装模作样，摆架子}

有长没短_{无论长短}　　没多连少_{不管多少}　　无边带岸_{到处、处处}

叨猪喂狗_{概指农家家务}　遗屎拉尿_{拖拉、不利索}　憎长歪短_{说长道短}

定中+定中：

活眉泛眼_{机灵可爱}　　狗尿猫吊_{言语不着边际、杂乱}　长脖细项_{很瘦}
肝花五脏_{五脏六腑}　　笨头烂架_{笨重不利索}　　冰锅冷灶_{未动烟火缺少生气}

长枝老秆_{饭里的菜没切短}　七老八十_{年岁很大}　　五冬一夏_{无论冬夏，经常}

长天大日_{长时间、整日价}　年头节尾_{逢年过节}　　半天晌午_{时值中午}

穷神孽鬼 穷困可怜的样子　饿狼霸虎 狼吞虎咽　　神堂古庙 房屋破旧阴森

高言低语 言语生硬不实　灰头土脸 面容污秽，精神沮丧　武王霸侯 很霸道

亲姊热妹 亲密姊妹　　只男个女 泛指后代　　破备凋设 破旧家什

状中 + 状中：

干吃净拿 净收入　　干溇爆炒 猛火炒　　斜躺横卧 睡姿不整

一瞑无视 没眼色，不善观察　东蹿西跳 不安分　　胡吹冒撂 吹牛撒谎

稳排实兀 不着急、慢条斯理　该长合短 究竟怎样　半苕不寡 有些呆傻

主谓 + 主谓：

鼻塌嘴歪 长相难看，劳累艰难　眉花眼笑 眉开眼笑　沟松底漏 极其虚弱、软弱

鬼死灯灭 火势微弱　神说巫道 装神弄鬼　猫颠狗窜 忙乱，惊慌

天赶地凑 十分凑巧　头愣眼花 头昏眼花　烟干火冒 极其干渴

述补 + 述补：

掰烂泡碎 详细透彻地　吹胀捏塌 颠倒是非　跟前忙后 随伴伺候

说明叫响 大声清楚地说　捂馊压麻 借旧事挑是非　说来犟去 归根到底

并列 + 并列：

尕大碎小 概指所有的　红白烂展 面色红润　呲奓霸武 逞强显能

子丑寅卯 缘由、道理　酸胖烂臭 肿烂酸臭　灾殃病痛 泛指疾病

其他：

长托糖细 长而累赘　　　由天心令 随心所欲　　　着急一忙 忙急时刻

索罗铃铛 繁复不利索　　白光了臊 空无一物　　　奔拉吊拐 不整齐，不好看

骗家拐子 骗子　　　　　核头卵蛋 喻碎小不一　　圪抖神麻 害怕而发抖呆傻

实空趸意 偶尔　　　　　犟缘无故 执意而为　　　各等古样 各式各样

干毛死活 营养不良而发稀面黄　癔么懂乎 迷糊、脑子不清　终究了也 最后、最终

这些"其他"类四字成语均是联合式，但"长托糖细"是"状中+述补"，"由天心令"是"述宾+主谓"，"着急一忙"是"述宾+状中"。"索罗铃铛"是"联绵+定中"，"白光了臊"是"定中+联绵"，"奔拉吊拐"是"联绵+述宾"，"干毛死活"是"偏正+并列"。"骗家拐子"是"附加+附加"，"核头卵蛋"是"附加+定中"，"圪抖神麻"是"附加+主谓"，"癔么懂乎"是"附加+附加"。"实空趸意"是"状中+述宾"。"犟缘无故"里的"缘"、"各等古样"里的"古"其作用近似词缀，起衬音作用。"终究了也"是"终究+了也"，其中"了也"本不成词，其"也"由语气词来。

2. 非联合关系

结构中各部分之间有主谓、定中、状中、述宾、述补、连谓、兼语以及其他语法关系。如：

定中关系：

冷冻寒天 异常寒冷的天气　　紧要三关 紧要关头　　　宽展大舍 处所宽广，屋宇宏伟

戳天枪棒 器物杂乱　　　　绌鼻骡子 毛病多、有心计的人　没底佘子 不识趣，不满足的人

钻头蜜蜂_{善钻营的人}　　泼头野鬼_{披发恶鬼}　　肿头沙弥_{头面肿胀的人}

状中关系：

闲焉无干_{无缘无故，无事可干}　　哎吆申唤_{痛苦呻吟}　　嘟噜捻转_{转的快，反应快}

三汤混搅_{混在一起，分不清}　　一瞑无视_{视而不见}　　吊命绾系_{绳子过长，来回摆动}

呵楞捣腾_{动作声响大}　　为屁赏食_{为吃而不顾面子}　　浮皮潦草_{不踏实、不细致}

由嘴胡拉_{信口胡说}　　叉把露腿_{坐姿不正}　　急死慌忙_{紧急慌张}

主谓关系：

泥瀼母猪_{喻沾满泥水}　　大驴把屎_{自大摆谱}　　面大红光_{气色好}

猴心不定_{拿不定注意}　　钢牙硬正_{理直气壮}　　贼慌失道_{行动慌张}

八不离谱_{差不多}　　二不跨五_{不合适，不合要求}　　二话不说_{直截了当地做}

疙疤老翘_{很干很硬的样子}　　大雨啪沓_{大雨滂沱}　　蔫驴计多_{表面老实，内心狡猾}

述宾关系：

蜷曲手脚_{缩手缩脚}　　应付差事_{勉强敷衍}　　憨死老牛_{吃相粗鲁}

生方百计_{想尽办法}　　连明昼夜_{昼夜不停}　　大冒渲气_{热气腾腾的样子}

述补关系：

气乎喽抖_{生气而发抖}　　费事马趴_{很费劲}　　硬撅仰首_{硬撅撅}

黑迷喧天_{天色黑暗}　　忙天狗躁_{忙乱的样子}　　呱呱连天_{喊叫声很大}

连谓关系：

指山卖磨_{不可靠，无指望}　　随高就低_{可高可低，不攀比}　　随行就市_{按市场行情行事}

连翻带瞪_{生气嗔怒}　　连摔带拌_{不满而乱摔东西}　　把捏不舍_{舍不得，吝啬}

比猪骂狗_{指桑骂槐}　　跌跤咕噜_{走路跌跌撞撞}

兼语关系：

没手抓搣_{没有办法}　　有眼转色_{有眼色、灵活}　　三家四靠_{互相推脱}

其他关系：

搭伙求财_{结伙而为}　　一令稳当_{很安稳、安然的样子}

上例中"三家四靠"字面意思说"三家里有四家相互依靠"，因此其内部是兼语关系，是一种夸张性的表达。其他关系中，"搭伙求财"里"求财"是"搭伙"的目的。"一令稳当"中"一令"是"稳当"的条件。

（二）附加结构四字成语

1. 带中缀的四字成语

带中缀的四字语，从位置看，有的中缀是在整个结构的第二字的位置，有的是在第三个字的位置，但第二字为中缀者居多。另外，个别四字语似乎第二字和第三字都是中缀，如"红咪麻显"里面的"麻"，但考虑到第三字可如"慢腾圪兀"中的"圪"一样，将其和第四个字看作一个整体，这样，这些结构都可与第二字为中缀的结构合并对待。

第二字中缀

"A里BC"式：

鬼里鬼气_{小气狡黠，不大方}　　疙里疙瘩_{不平整光滑}　　呜里呜啦_{说话含混不清}

机里暴跳_{活蹦乱跳，急躁}　　阿里阿罗_{言语肮脏啰嗦}　　叽里咕噜_{语速快、不清楚}

翻里巴拉_{翻转不正}　　贼里骨出_{鬼鬼祟祟}　　别里圪膀_{别扭不顺}

"A叽BC"式：

清叽寡汤_{清淡无味}　　滑叽光溜_{很光滑}　　毛叽索罗_{细碎杂乱}

硬叽骨墩_{很硬}　　油叽抹滥_{沾满油腻}　　茶叽般呆_{瘦弱，不机灵}

馊叽拉咳馊臭难闻　　　　黑叽圪洼黑污不洁　　　　磨叽圪斯磨蹭

"A麻BC"式：

黑麻骨墩非常黑　　　　二麻糊涂糊里糊涂　　　　呲麻二愣麻木发呆

乱麻圪搅非常乱，心情复杂　　密麻杠稠稠密茂盛，写的字很密很挤

咋麻孔喊害怕而大叫　　怪麻窑出行为、声响很怪异　　土麻老绌浑身是土

"A不BC"式：

软不拉塌很软　　　　闲不淡淡闲而无聊地　　　　酸不拉叽很酸不爽

花不棱登很花哨的样子　　红不烂哉颜色红而不正　　连不干散速度快，效率高

"A打BC"式：

黑打糊涂糊里糊涂　　　　急打慌忙仓促、慌张　　　　干打老实实实在在地

蔫打呼哧精神萎靡　　　　旋打生活临时、当时　　　　佯打二怔愣头愣脑地，漫不经心地

"A似BC"式：

渣似咳哇很粗糙　　　　柔似咯噔又柔又硬　　　　干似疤痂很干很硬

"A起BC"式：

克起麻嚓形容利落，干脆　　空起壳郎很空的样子　　扭起别棒直硬别扭的样子

"A连BC"式：

毛连圪草缠搅杂乱　　瘸连跛式因瘸走路颠簸的样子　　曲连倒腾曲弯幽深

"A溜BC"式：

扁溜嘎哧不圆难看　　　　拉溜索弦流溢不断　　　　单溜摸个很孤单的样子

"A儿BC"式：

冒儿窑通鲁莽的样子　　搜儿圪腾没事找事，没话找话　　颤儿喽抖害怕而发颤

"A浪BC"式：

灰浪圪叽满是灰尘　　　　恶浪杂碎很脏很乱　　　　屎浪骨爪拉稀，不利索

"A 什 BC"式：

霉什咯吱倒霉，不走运　　哭什巴泪泪流满面的样子　　厚什拉墩很厚、很结实

"A 圪 BC"式：

猛圪溜溜猛然、突然　　白圪哇哇苍白的样子　　胡圪野觉睡觉不踏实，梦多

"A 尿 B C"式：

佯尿不睬不理不睬　　闲尿没事很悠闲　　胡尿麻达胡乱、不仔细

"A 屄 B C"式：

脏屄歪势很脏　　宽屄老套宽而不当　　穷屄孽障又穷又弱

"A 哧 B C"式：

风哧赫耶因风疾而发冷　　大哧豪光无遮拦或无覆盖　　红哧麻显污红不正使人难受

第三字中缀

"AB 圪 C"式：

脏汤圪水饭食不干净　　烂零圪杂零散、破烂　　蛮番圪爪话语含混不清

"AB 麻 C"式：

窑出麻闹不安稳、乱动　　糊浆麻炖液稠黏不流动　　圪势麻晃晃动、抖动

"AB 二 C"式：

淡干二水说话不严肃、无内容　　狼拨二扯表面不光滑整洁　　背时二气倒霉，未交好运

2. 带后缀的四字俗语

"AB 不拉"式：

半生不拉半生半熟　　烧火不拉火烧般难受　　稀零不拉稀稀拉拉的样子

"AB 不叽"式：
恶水不叽如泔水般馊臭　　　甜汤不叽话语寡淡无味　　　蔫头不叽无精打采、呆傻

"AB 不兮"式：
串串不兮长短不一　　　　　吊吊不兮不连续、不认真　　淡寡不兮冷淡、不热情

"AB 麻事"式：
听堂麻事很快捷　　　　　　大家麻事一起动手　　　　　争謦麻事七嘴八舌地争吵

"AB 麻什"式：
疙瘩麻什不平顺、难受　　　精沟麻什光着身子　　　　　尕大麻什无论大小

"AB 巴斯"式：
硬头巴斯语气硬、不中听　　零散巴斯零碎杂乱　　　　　跟头巴斯费劲、困难多

"AB 圪兀"式：
慢腾圪兀不着急的样子　　　零散圪兀零散不整　　　　　吹堂圪兀吹牛说大话

"AB 圪叽"式：
垢痂圪叽不净、有积垢　　　赖汤圪叽话语不着边际　　　脏汤圪叽说话不干净

"AB 麻达"式：
尕屎麻达细小琐碎　　　　　二眼麻达头昏眼花　　　　　醉死麻达喝得烂醉，不清醒

"AB 哇什"式：
沉腾哇什很沉重的样子　　　冰汤哇什饭食冰冷的样子　　圪棱哇什高低不平

"AB 什哇"式：
急燎什哇急切难受　　　　　穷恨什哇因贫穷而怨恨别人　疙瘩什哇不平顺不舒服

"AB 哇嗒"式：

破烦哇嗒 很烦闷　　　　腥气哇嗒 腥臭难闻　　　　恶心哇嗒 很恶心的样子

"AB 溜水"式：

白搭溜水 白白地　　　　走花溜水 由着嘴胡说　　　　花尻溜水 谎话多

"AB 流星"式：

白胖流星 很胖的样子　　胖胀流星 又虚又胖的样子　听乓流星 器物发出的杂乱声音

"AB 垢蛋"式：

呲毛垢蛋 毛发纷乱不洁　缠死垢蛋 胡搅蛮缠　　　　乌鸡垢蛋 乌黑脏乱

"AB 哇闹"式：

红赤哇闹 红得难看的样子　圪丁哇闹 疙里疙瘩的样子　黑绌哇闹 灰黑不洁的样子

"AB 乎式"式：

疤脸乎式 脸上带疤凶恶的样子　脏烂乎式 又烂又脏　光巴乎式 光秃秃的

"AB 达浪"式：

佯里达浪 心不在焉　　　蔫头达浪 精神不振　　　　翻里达浪 翻转不正

"AB 骨墩"式：

乱麻骨墩 杂乱，烦躁　　硬撅骨墩 干硬不绵软　　　慈麻骨墩 纠缠不清

"AB 咳歹"式：

松叽咳歹 很松、不紧密　汪洋咳歹 水四处流溢　　　娑罗咳歹 吊杂纷乱

"AB 枯绌"式：

贼眉枯绌 鬼鬼祟祟　　　黑麻枯绌 颜色不鲜亮　　　土麻枯绌 满身是土，衣着不鲜

"AB 赫耶"式：

热死赫耶 非常热　　　　噗咪赫耶 锅满流溢的样子　重腾赫耶 很沉重的样子

"AB 呼啦"式：

干焦呼啦_{食物干硬}　　稀泥呼啦_{泥泞不堪}　　血淋呼啦_{血淋淋的样子}

"AB 般呆"式：

二尾般呆_{大咧咧，不正常}　　死叽般呆_{木讷、不活泛}　　气死般呆_{气极而痴的样子}

"AB 浪荡"式：

呲毛浪荡_{头发乱、衣不整}　　丢儿浪荡_{散漫、不严肃}

其他后缀：

蔫打呼哧_{人萎靡不振}　　四方棱腾_{很方正}　　白话溜叽_{说谎、不守信}

奔拉呼歇_{精神不佳}　　二愣巴挣_{不清楚、糊涂}　　老眉柯槎_{很苍老的样子}

吭囔吧叽_{言语不清不连贯}　　枣里圪浪_{阴阳怪气，不中听}　　耍打溜式_{轻浮、不稳重}

这些例子中的"呼哧""棱腾""溜叽""呼歇""巴挣""柯槎""吧叽""圪浪""溜式"均是没有实在意义的构词语缀。另外前述例子如"闲不淡淡""猛圪溜溜""酸不叽叽"中的"淡淡""溜溜""叽叽"亦为后缀。

(三) 重叠结构四字成语

重叠结构四字成语的构成方式有以下几种。

AABB 式：

刁刁打打_{抽空而为、不连续}　　伴伴艮艮_{假装糊涂}　　意意思思_{犹豫，不情愿}

病病歪歪_{生病无力的样子}　　溢溢拉拉_{流溢不断}　　行行武武_{自信，傲慢}

凉凉兮兮_{不主动，不热情}　　欠欠可可_{因缺乏而不满足}　　络络咳咳_{庞大松散的样子}

ABAC 式：

离格离煞_{差别明显}　　无寂无聊_{很无聊}　　拄天拄地_{很高不好看，哭天咒地}

贼头贼脑_{奸猾狠琐}　　溦流溦满_{很满溢出的样子}　　疾回疾转_{灵活善变}

越说越来_{越来越过分}　　旋黄旋割_{到时候了就执行}　　对嘴对舌_{顶嘴}

ABCB 式：

七愁八愁_{很愁}　　干急湿急_{很着急}　　蹦之嘎之_{连蹦带跳}

哄儿拢儿_{哄骗，哄告}　　片儿扇儿_{支离破碎}　　续儿缕儿_{陆续地}

花里麻里_{粗略胡乱地}　　翻里正里_{翻来覆去地}　　老里少里_{无论老少}

ABAB 式：

骨软骨软_{无牙咀嚼的样子}　　圪颠圪颠_{行走不稳的样子}　　哈唏哈唏_{气喘吁吁的样子}

二　河西走廊方言四字成语的语义表达

四字成语一般语义丰富凝练，其字面意义和整体意义之间往往有一定的距离，整体意义靠一定的手段和技巧来实现。河西走廊方言成语语义构成的方式大致有聚像直描、同义连文、重叠复言、虚实互补、借代比喻、衬音强调、夸张突出、正反对比、谐音显义等多种手段。

（一）聚像直描

抓住事物现象的外在特征，通过对具体行为、动作、情态、形状、色彩、声音、气味等方面的直接描写来实现整体意义。如：

鼻拉颔水　　眼泪啪嚓　　土眉死眼

跟头马勺　　点头哈腰　　伺前掖后

圪颠圪颠　　抠儿搜儿　　手之舞之

呼隆呼歕　　听听堂堂　　稀零咣当

汗腥烂气　　青伤红印　　黄烟黑洞

第一组都是对人物形象情态的描摹。"鼻拉颔水"用吊着鼻涕、流着涎水来形容人伤心号啕或邋遢无状的样子。"眼泪啪嚓"以泪水充满欲滴来形容人委屈伤心的样子。"土眉死眼"则通过描写"眉""眼"的"土""死"来形容人呆傻愚笨的样子。

第二组都是对一连串行为的描摹。"跟头马勺",即"栽跟头跌马勺","马勺"指人的后脑,"跌马勺"即仰面跌倒,整个短语聚像于"跟头"和"马勺",描摹人或动物行进中动作不稳前栽后翻的样子,形容人做事因没有计划、缺少经验而磕绊不断、狼狈不堪。"点头哈腰"即低头弯腰,形容没有骨气,低三下四的样子。"伺前掖后"即跑前跑后地伺候别人,形容异常殷勤周到。

第三组是对具体动作的描写。"圪颠圪颠"形容小儿或小脚老太走路步伐细碎、状态不稳的样子。"抠""搜"均是人以手取物的动作,"抠搜"复合成词是吝啬之义,"抠儿搜儿"即描写人吝惜、舍不得付出的动作情态。"手之舞之"则抓住"手""舞"的动作形象,形容人高兴或沉浸其中而忘乎所以的样子。

第四组都是对与事物现象有关的声音的描写。"呼隆呼歘"描摹器物结构不严、松散垮烂而发出的声音,形容器物制作不精或老旧破败而不结实、不稳定的样子。"听听堂堂"通过描摹行为动作过程中有节奏的声响来形容做事快速利索。"稀零咣当","咣当"是器物中液体不满而晃荡的声响,"咣当"含有"空"义,整个短语形容事物空旷稀疏、四散零乱的样子。

第五组分别通过气味、色彩的描摹来表达整体意义。"汗腥烂气"形容臭味浓烈,"青伤红印"形容伤痕累累,"黄烟黑洞"形容烟雾很大很浓。

(二) 同义连文

将两个同义的部分连缀在一起,构成四字格式。四字格的整体意义与结构中的词语基本相同或者自然引申出新的意义。如:

一年四季　　黑天半夜　　素时平常
五谷杂粮　　锅沿釜灶　　行影动作

黑干憔瘦　　哑密定悄　　虚棱鼓肆
摇头晃脑　　干供直道　　成群搭挂
一例连满　　凭白无故　　遍到四处

上面例子均有两个意义相同的词语或部分构成，整个成语通过同义连文，实现了整体意义的升华。其中"素时平常"即指平常的时间，"遍到四处"意即到处、处处，"凭白无故"意即无缘无故；其整体意义与构成他们的单个词语的意义相当，但在表达上却更加显豁突出。其他四字语则均生成了单个词语所没有的引申义。"一年四季"谓时间长，没有间断；"黑天半夜"强调已在晚间，事非其时；"五谷杂粮"概指各类粮食；"锅沿釜灶"概指灶间用具；"行影动作"概指一个人的行为习惯、动作形象；"黑干憔瘦"将"黑干"和"憔瘦"同义连文，形容人非常干瘦；"哑密定悄"以"哑密"和"定悄"同义连文，形容异常安静，没有一点声响；"虚棱鼓肆"中"虚棱"和"鼓肆"同义，整体形容物体内里空虚、外部不整的样子，引申形容做事不实，弄虚作假；"摇头晃脑"形容得意忘形的样子；"干供直道"意为直截了当，毫无隐瞒地述说；"成群搭挂"形容人或动物一群一群地很多；"一例连满"中，"一例"和"连满"原本均为范围副词，是"全""共"之义，整个四字语在强调"全部""所有"意义基础上形成了一个新的意义，即"不加选择地"，这个短语在河西一些地方又作"一例揽麻""一例麻拉""一例拉麻""一例满来"等，其中"揽麻""麻拉""拉麻""满来"均是"连满"的形式变化。

(三) 重叠复言

通过语素的全部或部分重叠构成四字格式，整体表达一种意义。重叠是汉语词汇和语法的重要手段，而且方式多样。河西走廊方言成语的重叠方式见上文，其中 AABB 式最多。无论哪一种重叠方式，均有很强的描写性，如：

伴伴昏昏　　沥沥拉拉　　喝喝骂骂

爪爪牙牙	娃娃伢伢	气气行行
凉凉兮兮	鬼鬼叽叽	疯疯势势
忽势忽势	圪蹀圪蹀	窸出窸出
软颠软晃	不言不传	贼头贼脑
哼儿哈儿	胡里拐里	七叉八叉

第一组是在一个双音节复合词的基础上构成的 AABB 式重叠。"佯佯昏昏"是词语"佯昏"的重叠，形容人装疯卖傻的样子，又作"佯佯艮艮"。"沥沥拉拉"是词语"沥拉"的重叠，形容液体断续流洒的样子。"喝喝骂骂"是词语"喝骂"的重叠，形容连喝带骂、粗鲁暴躁的样子。

第二组是也是 AABB 式重叠，但其中"爪牙""娃伢""气行"都不成词，重叠之后均具有了整体的描写意义。"爪爪牙牙"形容物体表面粗糙、有凸起，不平整光滑。"娃娃伢伢"指人少不省事，带有轻视的意味。"气气行行"形容人雄赳赳气昂昂的样子。

第三组实际都是 ABB 式带缀三字状态形容词的扩展。"凉凉兮兮"形容人表情呆傻不热情的样子，其原型是"凉兮兮"。"鬼鬼叽叽"形容人猥琐狡猾的样子，原型是"鬼叽叽"。"疯疯势势"形容人行事鲁莽、言语莽撞的样子，其原型是"疯势势"。

第四组是 ABAB 式重叠。这种方式在河西走廊方言里构成的四字格式不多，都是对某种有节奏的动作状态的描摹。"忽势忽势"形容物体摇摆晃动的样子。"圪蹀圪蹀"形容人或动物向前移行挪动的样子。"窸出窸出"形容人或动物在暗中动作且带出细小有节奏声响的样子。

第五组是 ABAC 式重叠。"软颠软晃"意义与"忽势忽势"相同，但前者是对动作本身的直叙，后者则是对动作所呈现的状态的描摹。"不言不传"是对"不言语"这种行为的直描强调，整体意思是指暗里行事、不声张。"贼头贼脑"形容人举止鬼鬼祟祟的样子。

第六组是 ABCB 式重叠。"哼儿哈儿"通过词缀"儿"的重叠，形容人呻吟拖延的样子。"胡里拐里"意即行事粗疏大意，胡乱而为、不认真。"七叉八叉"形容事物分支多,堆积乱。

(四) 虚实互补

构成的部分在语义上有实有虚,功能上有主有次,或逻辑上有因有果,互相补足,使整体意义显豁明了。如:

人五人六　　东挪西借　　张长李短
陆离圪节　　轻皮了佻　　胖大累垂
费劲巴斯　　零散圪兀　　紧赶麻事
瘦叽拉咳　　猛圪溜溜　　扁溜嘎唻

第一组每个结构的两个直接构成成分均不能单独成词表达意义,连在一起构成四字格式后,形式上成为一个独立的语言单位,意义上也因为互相照应而明确充分。"人五人六"由一般实词和数字词构成,但无论"人五"还是"人六"都不是自然词语,"人"意义清楚实在,"五"和"六"则并不代表具体数字,意义较虚。"人五人六"的意思是形容人装模作样、神气飞扬、滑稽无状的样子。"东挪西借"即到处挪借凑集,结构中的方位词也不指具体方位,意义较虚。"张长李短"是"张家长李家短"的紧缩,形容说闲话、捣是非,其中"张""李"也并不指具体的姓名。

第二组中,每个成语都是一个普通实词加一个连绵词构成,其中连绵词意义较为虚。"陆离圪节"形容物体表面斑斓不洁、错杂不齐,其中"陆离"是个连绵词,意义抽象不显,后加普通名词"圪节"则使意义浅明可感。"轻皮了佻"形容物体轻飘悬浮的样子,"轻皮"侧重"轻";"了佻"则是连绵词,义为因"轻"引起的悬浮不定的感觉。"胖大累垂"形容很大很胖的样子,"累垂"是"胖大"引起的一种赘余不佳的感觉。

第三组均由双音节根词加后缀构成。其中的后缀虽然意义不实,但都为根词添加了一定的形象色彩和情感色彩。如"费劲巴斯"形容异常费劲吃力;"零散圪兀"形容对象很细碎零散;"紧赶麻事"义即赶紧地、快速地。

第四组也均由根词加双音节后缀构成，但其根词是单音节的，根词和后缀间又加入一个音节做中缀而构成四字格式。"瘦叽拉咳"形容很瘦；"猛圪溜溜"即突然、猛地；"扁溜嘎嗦"形容很扁难看的样子。"拉咳""溜溜""嘎嗦"作为后缀虽然意义不具体，但分别添加了一定的色彩意义，使得四字语整体意义明确显达。

（五）衬音强调

整个成语是由一个两字、三字结构原型词扩展而来，或者是一个单音节根词和一个双音节词语，通过加缀衬音的办法成为一个四字结构，从而使其语义表达更加显豁。如：

没阵落势　　没高老低　　没大老小

没意圪思　　没滋圪味　　没名圪姓

咳呛打嗽　　花里胡哨　　吭叽麻咪

古里古怪　　啰里啰嗦　　小里小气

大不晃晃　　各古式样　　毛连沓水

第一组中，"没阵落势"的意思是人不自觉，没有自知之明，其原型是"没阵势"。"没高老底"的意思是言语行为不恰当，其原型是"没高低"。"没大老小"的原型是"没大小"，四字语义为不分老少，没有礼貌。"没阵落势"中的"落"、"没高老低""没大老小"中的"老"，虽然也带有一定的意义，但其主要作用是音节的补足，已近似中缀。

第二组中，"没意圪思"原型是"没意思"，是没有趣味或感到羞愧之义；"没滋圪味"的原型是"没滋味"；"没名圪姓"的原型是"没名姓"。除"没意思"外，"没滋味""没名姓"均是一般的词语组合，没有特殊的意义。中间加入"圪"后，"没意圪思"较"没意思"其"没有趣味或感到羞愧"的意思得到了进一步的强化固定；"没滋圪味"较"没滋味"有了"话语没有实际内容"这样的新的引申意义；"没名圪姓"则较"没名姓"具有了"与人说话不称姓名，没有礼貌"的意义。"圪"本身没有任何意义，其作用只是添加一个音节，是一个中缀。

第三组中各四字格式均由一个双音节词语扩展而来。"咳呛打嗽"形容不停地咳嗽的样子，其原型是"咳嗽"，"打"无意义，"呛"和"咳"同义，但主要作用也是增音。"花里胡哨"形容色彩样式不一，显得难看，其原型是"花哨"，"里""胡"均为增音而加。"吭叽麻咪"形容很费力或不痛快干脆的样子，其原型是"吭咪"，"叽""麻"也是没有实际意义的增音语缀。

第四组中每个四字格式的原型也都是双音节词，但衬音方式与第三组不同，增多音节的方式是将原词第一个语素重叠并在其间加中缀"里"，语义上四字格比原词增加了"程度"深的色彩意义。如"古里古怪"即非常古怪，其原型是"古怪"；"啰里啰嗦"意为非常啰嗦，原型是"啰嗦"；"小里小气"即非常小气，其原型是"小气"。

第五组里每个四字格式其主要构成单位是一个单音节根词和一个双音节词，两者中间加一个中缀连接。如"大不晃晃"形容人年岁大而不晓事理，其中"不"是中缀。而"各古式样"义即各种各样，其中的"古"也没有实在意义，是一个补足音节的中缀。"毛连沓水"形容拖泥带水、不干净利索，其中"连"也无实际意义，做中缀。

(六) 借代比喻

用借代、比喻的手段，通过词面意义与整体意义的相关性或相似性来表现整体意义。如：

洗锅抹灶	打杂捞毛	清汤寡水
码字点清	如某等情	这等那也
白屁鸟道	无稽甜汤	豁落狼牙
骑驴找驴	隔山叫羊	立马立岸
蛤蟆老鼠	灯篓火把	麦草拐棍

第一组、第二组的主要手段是借代。"洗锅抹灶"谓整日忙于家务琐事，含有不情愿、不满意的意味，以涮洗锅灶代指家务。"打杂捞毛"谓不在重要岗位，"打杂"和"捞毛"均是以做小事杂活儿代指承

担不重要的事务。"清汤寡水"以"清淡汤水"代指饭食,形容饭菜差而无味。"码字点清"是说对事物要有清楚的认识,"码字"即"数码",是以数量代指事物本身。"如某等情"的字面意义是"如某某等人,如某些等情况",是以提到的人和事来借代概指话语,整体意思是据实述说反映。"这等那也"以说话中话题结转的习用词语"这……等""那……也"代指所说的一系列的话,形容话语详细琐碎,含有贬义。

第三组使用的手段是明喻。"白屁鸟道"意即说假话白话,其中"白屁"就是假话,是本体,"鸟道"即"鸟语",是喻体。"无稽甜汤"比喻说话做事像淡水寡汤一样没有根据、没有味道,其中"无稽"指"无稽之谈",即没有根据或没有趣味的话,是本体,"甜汤"是喻体,河西方言中将饭食缺盐叫"甜","甜汤"就是"淡汤"。"豁落狼牙"比喻碗等器物边沿满是豁口,如狼牙般突兀不平,"豁落"即缺口,是本体,"狼牙"是喻体。

第四组均以描述的行为现象整体作喻,是暗喻。"骑驴找驴"比喻东西就在自己这里,还要到处寻找。"隔山叫羊"比喻打算想法不切实际、无法实现。"立马立岸"比喻到了十分危险的境地。

第五组都用具体事物作喻,也只有喻体,本体不出现。"蛤蟆老鼠"比喻事物碎小且数量多,引申比喻生育的小孩多而且年龄小。"灯篓火把"以遇风即晃动冥灭的灯火比喻人年老体弱。"麦草拐棍"以麦草做的拐杖比喻人不硬气或有职无权,像个摆设。

(七) 夸张突出

用夸张的方式来突出描写事物现象,以表现整体意义。如:

喧天冒地	吐天哇地	日天晃地
馊喷烂气	劈头夹脑	呲牙舞爪
明盔铁甲	山喧鬼叫	丝拉万线

第一组以"天"和"地"对举构成夸张。"喧天冒地"是用声音充满天地来夸张描写胡吹瞎说、声大嘈杂的场面。"吐天哇地"夸张形

容醉酒后哇哇乱吐的样子，也形容因痛苦难受而竭力倾诉或大声喝嚷叫骂的行为。"日天晃地"则夸张形容毛躁莽撞、不稳重的言行。

第二组借助比拟构成夸张。"馊喷烂气"用一个"喷"字夸张形容臭气逼人的情状。"劈头夹脑"以正对头部动作的比拟，夸张形容来势猛烈。"呲牙舞爪"通过对人的动作的比拟描摹来夸张形容器物摆放无条理或表面粗糙不平。

第三组借助比喻构成夸张。"明盔铁甲"谓衣服上的积垢如"铁甲"般明亮如"头盔"般沉重。"山喳鬼叫"比喻大声呵斥、发号施令，极言言行粗野无状。"丝拉万线"以万条丝线拉扯缠搅作喻，谓头绪纷乱或口水不断的样子。

(八) 正反对比

利用词语的反义关系，通过正反比较来实现短语的整体意义。如：

有皮没毛　　有长不短　　有心无力

言高语低　　话丑理端　　里勾外连

长片短褂　　挣死巴活　　吃大望小

第一组都是表示肯定的"有"和表示否定的"不"、"没"或"无"对举构成。"有皮没毛"形容东西破败残缺的样子，引申指人因劳累而疲惫不堪。"有长不短"的整体意义是"有更长更大的就不用短的小的"。"有心无力"是说有想法但没有能力去做。

第二组、第三组均是具有反义关系的一般词语对举构成。"言高语低"形容说话没有分寸。"话丑理端"中"丑"与"端"构成反义关系，直言说出来的话语不好听但在理。"里勾外连"形容事物相互勾连纠缠在一起杂乱无序的样子，或人内外串联相互勾结。"长片短褂"形容衣着不整齐、不雅观。"挣死巴活"形容异常艰难、辛苦。"吃大望小"形容吃饭没有眼色，贪婪而不知礼让。

(九) 谐音显义

就是利用字面读音和目标字读音相同相近的特点构成四字格式，实现整体意义的表达。如：

安心骨爪　　一五一十　　周吴郑王

"安心骨爪"是有意而为的意思，带有贬义。"安心"就是故意，但"骨爪"本与"故意"无关，它的本义是指用短了的"笤帚把"，因"骨"与"故"音近，就用"骨爪"谐音"故意"，且"骨爪"有形象，有色彩。笤帚用短之后只剩下把儿就成了令人厌恶的垃圾，"短"还有为人小气奸诈的意思，所以骂人可称"骨爪"。因此整个四字语除有"有意而为"的意思之外，还带有埋怨、怨恨的意味，是贬义性的表达。"一五一十"是据实道来的意思。河西方言里有复合词"依实"，据实相告即言"依实说"。"一十"谐音"依实"，"一五一十"其实就是"依实"的谐音延展，整个四字语的意思就是"原原本本""实实在在"地相告。"周吴郑王"本是《百家姓》里的集句，河西走廊方言里，作为四字成语，聚焦于"周""郑"二字，谐音"周正"，嘲讽人不分场合、拿架做派的样子。

第二节　河西走廊方言的谚语

谚语是一种表述性的固定语句，反映人们在各种社会活动中积累的经验和知识。河西走廊方言具有丰富的谚语，是当地人们在长期的劳作生产、社会交往等活动中形成的知识经验的概括总结和生动表述。

一　河西走廊方言谚语的类型

（1）从结构上来说，谚语表现为三大类，即单句型、紧缩型和复句型。如：

打墙也是动土。（打墙虽不是种地，也算动了土。比喻小事大事，一动百人知。）

桑树底下没白发。（中医认为桑葚能防治白发。）

学艺不亏人。

早雨不多，一天的啰嗦。（早晨下雨不会大，但对一天的生产活动都有影响。）

小小逗油，长大偷牛。（小的时候偷拿小东西，大了就会变成真正的窃贼。）

听话听音，锣鼓听声。

火烧财门开。（迷信认为家里着火预示着财旺。）

猛晴容易冻。

吃饭穿衣量家当。（喻做事要量力而行。）

上例中前三个谚语是单句型的，中间的三个谚语是复句型的，再后面的三个谚语则是复句的紧缩形式。

(2) 从所表述的内容看，河西走廊的谚语可简略归纳为以下一些类别。

①气象农时类，如：

东虹日头西虹雨，南虹出来没处避。

九里东风多，伏里热风强。

暑天的大风，刮到掌灯；掌灯不停，刮到天明。

雷公先唱歌，有雨也不多。

头九二九，关门闭守；三九四九冻破碴口；五九六九，河边看柳；七九八九，精沟子娃娃拍手；九九加一九，犁铧遍地走。

九月九，大雁南飞走，放水赶碱是时候。（"赶碱"即以水消融排去土地里的碱。）

沙枣花儿扑鼻子，庄稼人收拾种糜子。

立春种胡麻，七股八丫杈。

四月八，麦子苫住黑老鸹。（"黑老鸹"即乌鸦。）

②生产经营类，如：

随收随犁有三好，肥田灭虫又除草。

深谷子，浅糜子，胡麻种的浮皮子。（"浮皮子"指浮在表面的浅土。)

糖萝卜地里带大豆,一亩多收七八斗。("糖萝卜"即甜菜。)

羊下羊,三年五个羊;乳牛下乳牛,三年五个牛。

牲口要好,勤添加勤喂,夜草还要饱。

栽果树,养母猪,年年有把票子挣。

买不来有钱在,卖不了有货在。

店有雅号,客人自到。

出门看天气,上市问行情。

③婚姻家庭类,如:

不是一家人,不进一家门。

会嫁嫁对头,不会嫁嫁门楼。

天上下雨地下滑,小两口吵架不用愁。

夫妻一条心,黄土变成金;夫妻两条心,穷断脊梁筋。

猪肉大香羊肉姜,牛肉草果小茴香。

好男不争财和产,好女不争嫁时衣。

爷爷孙子没大小。

活着孝顺给一口,胜过死后献一斗。

有子不教,不如不要。

说归说,笑归笑,动手动脚没家教。

吃米带点糠,老少都安康。

人常笑,老来少;人常愁,易白头。

入厨先洗手,上灶莫多言。

宁叫嘴受穷,不叫病上身。

④品行修养类,如:

好言一句三冬暖,恶语伤人六月寒。

让客三分礼,不说满口话。

知过不难改过难,言善不难行善难。

东西是新的好，朋友是老的亲。

人心不足蛇吞象，贪心不足吃月亮。

天上下雨地上滑，自己跌倒自己爬。

人的名儿，树的影儿。

宁给好汉子牵马缒镫，不给俫汉子当爷。

跟上好人学好人，跟上师公子跳大神。

⑤勤俭节约类，如：

只顾眼前，日后作难；精打细算，钱粮不断。

有福不可重受，油饼子不可卷肉。

挨着勤的没有懒的。

人勤地不懒，庄稼长得歪。（"歪"是好的意思。）

惜衣的有衣穿，惜饭的有饭吃。

上山弯弯腰，回家有柴烧。

⑥技艺学习类，如：

细工出巧匠，细泥烧好瓦。

积财千万，不如一技在身。

三年学成个买卖人，十年学不成个庄稼人。

牛不驯不会耕，马不练不能骑。

师傅不高，徒弟凹腰。（"凹腰"指腰杆子不硬，喻技能不好。）

听过不如见过，见过不如做过。

行家不是装的，挂面不是上香的。

⑦人情世故类，如：

不见兔子不撒鹰，不见真神不烧香。

伶俐人一拨三转，糊涂人棒打不回。

人爱富的，狗咬穷的。

云里的日头，后娘的指头。

黄芽葱，嫩芽芽，嫂子爱的是小爸爸。（"小爸爸"指小叔子。）

远亲不如近邻，近邻不如对门。

多个朋友多条路，少个冤家少堵墙。

绊人的桩，不一定高；咬人的狗，不一定叫。

有钱的娃娃会说话，没钱的娃娃饭量大。

⑧民间信仰类，如：

闲了不上香，忙了趴的供桌上。

脚大手大，吃啥有啥。（迷信认为手大脚大是福相。）

命里有五斗，强如起五更。

穷瘊子，富黡子，抄化子身上乱点子。（黡子指皮肤上的小块黑色凸起，一般上面长有长毛。）

女大一，背断疙瘩系；女大两，黄金淌；女大三，抱金砖。（"疙瘩系"指喉咙。）

耳朵发烧，有人念叨。（迷信认为一个人如果耳朵发热，是有人在数说自己。）

牛马年，种好田；甲子年，不犯难；防备鸡猴饿狗年。

二 河西走廊方言谚语常用的修辞手段

谚语以总结和传授知识为目的，简约凝练、生动确切是其最显著的风格特征。为了达到简约凝练的效果，谚语大量运用对比、白描、对偶、排比、押韵等修辞手段。如"会说的惹人笑，不会说的惹人跳""一只眼，看不远；千只眼，看穿天""饭要先让，干活要抢""宁救百只羊，不救一条狼"，这些谚语综合运用对比、对偶、押韵等修辞手段，使所表达的内容鲜明准确，形式工整匀称，便于记忆。"一过霜降，驴马拴在桩上""早上立了秋，后响冷嗖嗖""春生夏长，秋收冬藏"等运用白描、押韵等手段；"春雾晴，夏雾阴，秋雾禾结杵，冬雾雪垒土""一天不练手脚慢，两天不练丢一半，三天不练门外汉，四天不练瞪眼看""割到地里不算，拉到场上一半，收到家里才算"等运用排比、押韵等手段,准确地概括了一些科学性的知识或生产生活经验。

为了使所传授的经验知识易于理解、乐于接受,谚语还多采用比喻、比拟、夸张、借代等形象化的修辞手段。

比喻的使用如"空口袋立不直"整体比喻为人做事要实在,来不得半点虚假。"酒肉朋友,米面夫妻"中以"酒肉"喻朋友关系,以"米面"喻夫妻关系。再如"深犁一尺如加油,穗头长成扫帚头""用着是个宝,用不着是个草"等。"毛毛雨儿湿衣裳,淡语话儿冷心肠",前一句是喻体,后一句是本体。再如"迎风拉屎背风尿,干啥都要会得窍"等。"话说实些好听,皮袄穿了遮风"前一句是本体,后一句是喻体;再如"半壮子,饭仓子","半壮子"指年轻人,"饭仓子"即"装饭的仓子"是说年轻人正是长身体、做事情的时候,食量大。

借代的运用如"望了别人的大干粮,耽搁了自家的谷米汤"中以"大干粮"代指好的食物,以"谷米汤"代指较差的食物。"穿衣看腊月,吃饭看八月"中以"腊月"代指严冬,以"八月"代指秋收时节。"庄稼人不识闲,放下犁头拿铲子"中以"犁头"和"铲子"分别代指耕种与除草的事务。"做贼偷葱起,贪污揩油起"中以"葱""油"代指所偷所贪的实物对象。

夸张的运用如"指亲靠邻,肚子饿得拧绳",运用比喻兼夸张的手法,描写因没有食物极其饥饿的状态。其他如"见人不施礼,枉跑四十里;见人施一礼,少走十里地""一九一场雪,打下的麦子没处搁""小满种胡麻,七股八杈桠"等。

比拟的运用如"收完谷子就犁田,明年的麦子打懒弯","懒弯"是指腿部膝盖后面的弯曲处,此以"打懒弯"来比拟描写麦子长势好。其他如"好事不出门,坏事一溜风""麦子屁股痒,越压越肯长""家无主心骨,扫帚颠倒竖""枣儿不害羞,当年红丢丢"等。

第三节 河西走廊方言的歇后语

"歇后语"是指"孔夫子搬家——尽是书（输）"之类的固定语句。名为"歇后"，较普遍的说法是认为后一组成部分常常"歇去"，不出现。但实际情况是，在具体的使用语境中，后半部分能够省略的只是个别现象，绝大多数此类语句的后一部分并不能省略。还有人将这种语句命名为"譬解语"，但这个名称并不能概括全部或大多数此类语句，因为许多此类语句的两个部分并不是比喻和注解的关系。温端正认为这种语句实际是一种由引子和注解两部分构成的"引注语"[①]，我们同意这个观点，但考虑到概念名称的习用性，仍然使用"歇后语"这个叫法。

一 河西走廊方言歇后语的类型

歇后语的两个构成部分分别是"引子"和"注解"。引子先给出一种事物现象，注解则是对事物现象有关情况的注释评说。通常的情况是引子在前，语段较长；注解在后，较为简短，而且是整个短语表达的重点所在。这种固定语句的类型复杂，从引子的构成以及与注解之间的关系考察，河西走廊方言歇后语大致有以下几类。

（1）引子是一个名词性偏正短语或"的"字短语，指一个、一类人或事物，后面的注解指出人或物的特点、功用，产生原因、目的或者是由引子引发的其他联想，如：

王麻子的脸——点点子多

羊头上的毛——没长劲

孔夫子的褡裢——书袋（呆）子

石匠的钢钎——挨敲的货

[①] 温端正：《关于歇后语的名称问题》，温端正：《方言与俗语研究》，上海辞书出版社2003年版，第376—393页。

热蒸的包子——旋卖

狗咬的——自找的

梁山泊的军师——吴（无）用

阎王爷的告示——鬼话连篇

上例中"点点子多"是引子"王麻子的脸"所述事物的特点，"没长劲"是"羊头上的毛"的特点。"书袋子"是引子"孔夫子的褡裢"所述事物的功用，而"挨敲的货"从"石匠的钢钎"引出，"钢钎"的功用就是敲打破石。"自找的"是引子"狗咬的"所述情况的原因，"旋卖"则是"热蒸包子"的目的。"吴用"由"梁山上的军师"引出，"鬼话连篇"由"阎王的告示"引出，但它们既不是引子所述事物的特点、功用，也不是其原因、目的，而完全是人们在引子的提示下通过联想得到的。"吴用"是"梁山泊"的军师的姓名；阎王是鬼的代表，"告示"是成篇公开的文章，以此联想便是"鬼话连篇"。

相对而言以原因、目的、功用为注解的此类歇后语要少，而以事物特点、其他联想作注解的较多。又如"孙猴子的脸——说变就变""戏子的胡子——假的"等，注解部分解释的都是事物的特点，而"斗大的鼻子——没脸""坟地里的夜猫子——不是个好鸟儿"等，注解部分则是由引子引发的其他联想。

（2）引子是个单句结构，讲述一件事或者描述一种现象，注解则从原因、目的、结果、呈现的状态等方面作出说明或者是对事件现象的某种判断评论。如：

纳鞋底不用锥子——针（真）好

歪嘴骡子卖了个驴价钱——吃了嘴上的亏

吊死鬼擦粉——死要面子

这些例子中，注解均反映的是引子所述事情或现象产生的原因。纳鞋底必先用锥子戳出针眼，然后才能引针进绳，不用锥子原因只有"针好"。骡子嘴歪是个明显的缺点，当然卖不上好价钱，所以是"歪嘴骡子卖了个驴价钱——吃了嘴上的亏"。人死了还要在脸上抹粉,原因就是即便是死了也要"要面子"。

驴啃脖子——工便工

半空里挂口袋——装风(疯)

腰里别的个死老鼠(死雀儿)——假装打猎的

这几个例子中,注解均反映引语所述事情或现象发生的目的。驴往往相互用嘴啃咬脖子来挠痒理毛,因此一头驴啃咬另一头驴的脖子,其目的就是"工便工",其中"便"读送气声母,是交换的意思。口袋是用来装东西的,将其挂在空中,那目的就是"装风"了。"假装打猎"是"腰里别个死雀儿"的目的。

六指子抠痒痒——多一个道道

贼娃子打官司——场场输

牛角上抹酥油——又奸又滑(民乐)

这几个例子中,注解均反映引子所述事情或现象产生的结果。用指头在皮肤上挠痒痒会留下抓痕,因此"六指子抠痒——多一个道道"。"贼娃子打官司"其结果当然是打一场输一场。牛角是尖的,酥油是滑的,牛角上再抹上酥油结果就是"又尖(奸)又滑"。

身上背了七八个礓锤子——前奓拉三,后奓拉四

木匠吊线——睁一只眼闭一只眼

拉骆驼放羊——高的高,低的低

这几个例子中,注解均反映引子所述事情或现象进行过程中呈现出来的某种状态。如"前奓拉三后奓拉四"是"身上背了七八个礓锤子"的具体表现。

急性子碰上慢性子——你急他不急

瞌睡遇了枕头——正好

苦豆子煮黄连——一个比一个苦

小叔子搞嫂子——世上好少的

麻袋上绣花——底子太差

这几个例子中，注解均是对引子所述事件或现象作出的某种判断或者评论。"小叔子搞嫂子——世上好少的"中"好少"义为很多、很普遍。

（3）引子是一个单句结构，讲一个典故，注解则说出这个典故所蕴含的某种现象或意义。下面例子引子所述典故是流传较广的历史事实、传说或文学作品中的人或事。

孙猴子封了个弼马温——大材小用

包老爷断案——六亲不认

刘备借荆州——有借无还

张飞使计谋——粗中有细

鲁智深出家——一无牵挂

秦琼卖马——两厢情愿

猪八戒照镜子——里外不是人

有的则是只流行于某一个县域或者是发生在某一特定区域的民间故事，大多无从考证。如：

赵匡胤卖华山——用手一指（凉州）

李林涛待客——自己先醉（民乐）

将军守河沿——自身难保（民乐、山丹）

（4）引子是一个复句结构，讲述相关联的几件事或几种事物现象，注解则是由此引发的感想评论。如：

头上生疮，脚底流脓——坏透腔了

脚踩西瓜皮，手抓两把泥——能滑就滑，能抹就抹

天上跌锥子，地上拿针接——尖对尖

猪槽里没食，把狗急的乱叫——多管闲事

猪朝前拱，鸡往后刨——各有各的道

烧了三炷香，放了七个屁——善行少，作恶多

二 河西走廊方言歇后语的语义表达

歇后语既有明确的理性意义,也有较为丰富的色彩意义。注解部分是其理性意义主要的表达者,而引子在语义上的主要作用则是添加一定的色彩意义。如"土地爷放屁——神气""出了衙门骂大街——没事找事"。

(一) 歇后语的理性意义

1. 歇后语的理性意义有字面义和核心义的不同

字面义是由引子直接引出的意义,而核心义则是歇后语真正要表达的意义。如"唱戏不拉胡胡子——干号","干号"的字面义是说唱腔没有伴奏,难听,核心义则说人没有眼泪地假哭,即不是出于真心的装腔作势。有的歇后语其注解部分的字面义就是其要表达的核心义。如:

抄花子过年——胡凑合

一斗换五升——划不着

贼走了才关门——迟了

又娶媳妇又过年——双喜临门

脱裤子放屁——多此一举

八辈子前的老账——说不清

2. 大多数歇后语注解部分的字面义和它要表达的核心义并不一致

核心义是由字面义派生的别义,别义派生的手段是引申、双关。如下例中歇后语的核心义都是在字面义的基础上自然引申出来的:

牛头不烂——多费些柴炭(小事一桩)

瞎子打老婆——高一下,低一下(不知轻重)

晕昏昏当东——馍馍吃饱了才端肉(没有主次)

半夜里熬羊头——为的两个眼珠子(为了活着)

豆腐掉进灰堆里——吹又不好吹,打又不好打(没治)

城墙上的雀娃子——大炮震下的(见过世面)

"牛头不烂——多费些柴炭"的核心义是"小事一桩"。煮的牛头还没烂，那再加些柴火煮煮即可，没有什么大不了的，以此自然引申产生的意义就是"小事一桩"。"瞎子打老婆——高一下，低一下"的核心意义是"不知轻重"。瞎子因为看不见，打人挥拳当然是一下高一下低，打在身上的结果便是轻重不一。

由字面义引申出核心义的歇后语有一个共同的特点，即其注解部分均是引子所述对象情况某种特征的形象化描述，而其核心意义则是对这种现象的类化概括。如上例"豆腐掉进灰堆里——吹又不好吹，打又不好打"，其注解部分是对"豆腐掉进灰堆里"后引发的左右不能、没有办法处置的生动描述，将其类化概括，就是没办法，河西人叫"没治"，这便是整个引注语的核心意义。正因为如此，这类歇后语往往也可直接以其核心意义词语作注解部分。

3. 双关的表达方式有语义双关和语音双关两种

语义双关即注解部分利用词语的多义性既关照了与引子有关的字面义，也表达了核心义。

河西走廊方言里，歇后语语义双关的构成有两种不同的表现。一种是利用注解部分里某个词语或整个语段的多义性实现字面义和核心义的双关表达。如：

嘴里澜芨芨——现走现编

老鼠拉木锨——大头子在后头

三条腿的板凳——坐不稳

瞎子放驴——不丢手

下巴底下支砖头——难开口

芨芨草是河西沙漠戈壁常见的一种植物，其茎秆细长匀称又有较强的韧性，当地人常用之编制房席或者筐等用具，编制时须先将芨芨茎秆放在水里浸泡使其变得柔软，这个浸泡的过程即为"澜"。"嘴里澜芨芨——现走现编"即利用词语"编"的"编制"义构成字面义与引子部分相关，又利用其"编造"义表达编造假话、随意应付的意义，这是它的核心义。"老鼠拉木锨——大头子在后头"则主要利用词语"大头子"具有的"质量大的一端"和"更好的、重要部分"这两个意义分别关照字面义和核心义。"瞎子放驴——不丢手"的核心义是有顾虑、对事不放松。"不丢手"即"不撒手",有"不松开手"和"因有顾虑而不放松"等不同意义,分别关照字面义和核心义。

另一种是利用注解部分词语构成语素的多义性,来关照字面义和核心义。如：

鞋帮子做帽檐——高升了

歪脖子看表——观点不正

油炸麻花——干脆

蚂蚁放屁——小气

这种方式的语义双关更加有趣,注解部分的字面义是临时生成的,而核心义才是所用词语本有的意义。"鞋帮子做帽檐——高升了"中,词语"高升"的本有意义是"职务、地位由低处向高处提升",这是这个歇后语所要表达的核心义;"低处的东西用到了高处"是这个歇后语的字面义,是通过对"高升"的构词语素"高"和"升"的重新解释得到的。"歪脖子看表——观点不正"的核心义是思想、看法不正确;字面义则是察看的方向、位置不对,这个意义是临时的,是通过对词语"观点"的语素义的直接组合解释而来的。"油炸麻花——干脆"的核心义是直截了当、爽快,字面义则是（食物）又干又脆。"蚂蚁放屁——小气"的核心意义"小气"即"不大方",而字面意义则是对"小"和"气"这两个语素组合的重新解释产生的。

语音双关即歇后语的注解部分利用不同词语的同音或近音关系关联其字面义和核心义。如：

嘴上抹石灰——白吃

羊圈里的驴粪蛋——自大

一根头发分八瓣——细（惜）完了

新裆裤换两个破口袋——一袋（代）不如一袋（代）

大萝卜进菜窖——没缨（影）子了

八仙桌上摆夜壶——不是个盛酒（成就）的家伙

前两个例子是同形同音双关，颜色义的"白"与"无根据无缘由"之义的"白"同音同形；"自然"之"自"与"自己"之"自"同音同形。中间的两个例子是异形同音双关，"细"与"惜"同音异形，"袋"与"代"同音异形。后两个例子是近音双关，"缨"与"影"音近，"盛酒"与"成就"音近。

（二）歇后语的色彩意义

1. 歇后语的色彩意义包括形象色彩、感情色彩和风格色彩等几个方面

其形象色彩主要来自引子部分。歇后语引子引述的要么是人或事物，要么是事物情况（包括典故），本身就是具体的、生动的，容易引发人们对有关形象或者相关场景的联想。如"草上的露水——留不住"，人们会自然联想到清晨阳光下草叶上尚未蒸发的露水的形象，"端上饭碗看盘子——吃一盼二"则会使人联想到众人吃饭的场景以及有的人想多吃时一边大口吞咽一边紧盯盛放食物的锅盘的样子。有的歇后语的注解部分对理性意义地表达也不是直接的理性概括，而是通过形象化地描述产生，因此也带有很强的形象色彩。如"土地爷跌的礓窝子里——顾得上受香火哩，顾得上挨锤子哩"中后一部分注解就是对"处境尴尬"的形象描写。"小公鸡（秋鸡娃子）叫鸣——可腔腔子扇"，"腔腔子"指胸腔，代指整个身体，"可腔腔子"就是用整个身体，"扇"是鸡叫鸣或人做事时努力动作的外在表现，"可腔腔子扇"用夸张的方式描写使尽浑身之力而为，即"尽力努"的样子。

2. 歇后语的感情色彩首先来自注解部分

注解部分是对引子所述事物情况的注释，反映的是说话人的主观认识和评论，因此，有的注解部分是褒义的或中性的，整个歇后语也是褒

义或中性的，如"狗撵鸭子——呱呱叫"，还有"半夜里起来磨豆腐——勤谨得很"。有的注解部分带有明显的贬义色彩，整个歇后语也是贬义的，如"三根屎棍撑个瘦肩膀——摆臭架子""磨扇石打天——不识高低""瘸子放屁——一股子邪气"。有的注解部分在感情上是中性的，整个歇后语也没有明显的褒贬，如"干柴遇着了烈火——一点就着""吃挂面不调盐——有言在先""就坡骑驴——省事"。引子部分也往往给歇后语添加一定的感情色彩。许多歇后语的引子部分讲述的事物或情况是令人厌恶的或者荒唐的，本身就带有较明显的贬义色彩，因此尽管注解部分是中性的甚至有的还是带褒义的，整个歇后语的色彩也变成了贬义。如"没笼头的牲口——野惯了"，在河西方言里，"野"本身是没有拘束、不受约束之义，色彩是中性的，但引子"没笼头的牲口"带有厌恶的感情，整个歇后语也就带上了贬斥的色彩。与此相同的还有"瞎雀儿嘴里跌了个秕谷穗——交上好运了"等。而"抱着娃娃拜天地——双喜临门"，尽管注解部分本是褒义的，但前面的引子部分却有厌恶的情感，整个歇后语也是贬义的。有的歇后语的前后两部分都是贬义的，那整个语句的贬义色彩就更加突出鲜明，如"歪嘴子婆娘照镜子——当面丢丑""拉着大粪赶庙会——走到哪里臭到哪里"。总体来看河西方言里的歇后语大多数是贬义或中性的，带有褒义色彩的歇后语很少。

3. 歇后语最显著的风格特征是幽默机智

首先，歇后语的构成取材广泛、富有变化。引子部分所述物象几乎涉及人们社会生活的各个方面，包括人物形象、动物植物、食品器具、身体部位、各种民俗事象等。广泛的取材使得歇后语的构成既生动活泼又富有变化，人们可根据现时表达的需要取舍选择甚至自我创造。因此，方言里有些歇后语，引子不同，后面的注解相同。如，"光屁股坐板凳——有板有眼""精沟子老汉坐板凳——有板有眼""门扇上钉钉子——有板有眼"等。

其次，歇后语对事象的描写风趣、奇特。有的用限定语突出事物性质、位置的特异性，如"犍牛的卵子——余外的肉"，"卵子"指"卵脬子"即卵囊，是一种平常的事物，但"犍牛的卵子"却是很独特的，犍牛尽管是公的，有"卵子"却被去了势，是空的无用的。"灰圈门上的刺梅花——没人夸了自己夸"，"灰圈"指厕所，刺梅花长在了厕所门上，便使得它与人们一般观念中的形象大不相同。有的歇后语描述一种事物情况，这种事物情况虽然是现实世界有可能发生的，却也是与事物常态相乖悖的异态现象，如"马槽里伸出了个驴头——多出一张嘴""就着猪油吃油条——腻透了""扳着沟子看天——眼高手低"等。还有许多歇后语则用比拟、夸张等手段虚拟有关事物情况，这些情况都是在现实中不大可能或者根本不可能出现的。如"阎王爷嫖风——胡日鬼""石八麦子烙锅盔——只厚不薄""鼻洼里挂灯笼——自夸高明"等都充满了奇异的想象。

再次，歇后语前后两部分之间的联系往往迂回曲折，既出人意料，又在情理之中。引子部分对事象的描写尽管对后面注解的生发有一定的提示作用，但由于事象本身的复杂性，听者要从这些提示中引发出符合表达者真意的注解，需要发散性的思维与超常规的想象和联想。如"裁缝丢了剪子——光是个尺（吃）了"，要顺利得到"光是个吃"的注解，需要先联想"裁缝"的工作性质即"裁剪缝纫"，再联想裁剪缝纫的必要工具有剪刀、尺子、针线等，而从字面看"裁缝"的语义重心实际在"裁"，"裁"的工具主要是剪刀和尺子，既然"丢了剪子"，剩下的就是"尺子"了，至此，还需要利用词语语音上的相似性将"尺"与"吃"相关联，才能最终完成整个歇后语语义的理解获取。再如"精沟子老汉坐碾盘——以卵挤（击）石""山里的黄羊——没数儿""宋江的卵脬子——仁义蛋蛋""舌头上拴的个转环子——啥话都能说""蚂蚁衔的个榆钱儿——耍的个大盘子"等莫不如此。正如温端正所说，歇后语的前后两部分之间实际上存在一定的"悬念性"①。在

---

① 温端正：《〈中国歇后语大辞典〉前言》，《方言与俗语研究》，上海辞书出版社2003年版，第473页。

歇后语的运用中,对引子的注解权最终还属于表达者,当接受者绞尽脑汁、百般思索而不得时,表达者说出其"注解",接受者便豁然而悟,而且还会在对整个歇后语巧妙结构的回味中得到一定的游戏般愉悦的心理享受。

引子部分的描写奇特风趣,引子和注解的联系机智而巧妙,使歇后语总体表现出一种幽默机智的风格,充分展现了普通人的智慧和风趣幽默的品格。

第四节 河西走廊方言的惯用语

惯用语是汉语熟语的重要组成部分。惯用语的特点是字数上有多有少,少的有三个字,多则十多个字或更多;结构上内部成分之间的搭配关系稳固,但较为灵活,除少数来源于算法口诀的如"一退六二五"等外,一般可添加成分或变换语序;语义上是描述性的,它不反映特定概念,也不形成特定判断,而是通过描述事物、行为、现象来表现其相关特征。可以说惯用语是一种杂言式、描述性的固定短语或习用句子。作为汉语的一种地域变体,河西走廊方言里同样具有较为丰富的惯用语,是当地人们日常表达中常用的语汇形式。

一 河西走廊方言惯用语的结构类型

河西走廊方言惯用语结构上可分为短语型惯用语和复句型惯用语两大类型,又因为它们各自内部语法、逻辑关系的不同而又有不同的表现。

(一) 短语型惯用语

这种惯用语内部各部分之间是句法结构关系,具体来看有述宾关系、并列关系、主谓关系、偏正关系、兼语关系和连谓关系等。例如:

A 谝闲传　　丢凉腔　　没过场

吃现成饭　　撇油花子　　贴面花儿

有两把刷子　　瞅个鸡麻眼子

B　皮胀的很　　眼窝子浅　　驴放羊

三眼望个六下　　热嘴对个冷屁股　　瞎驴碰的草垛上

胳膊肘子往外拐　　糊涂婆姨乱当家

精沟子笑话穿衩衩裤的

C　秕谷子烂芝麻　　七骨碌八杈桠　　前颁髋后马勺

丢盹打瞌睡　　掏根挖脑髓　　鞋耷拉脚耷拉

鸡飞狗叫驴上墙　　五做六做十一做　　见不得的离不得

D　一锤子买卖　　白肚子秀才　　棉花里的刺

不管三　　不贵气　　白搭话

大白天说梦话　　针尖上削铁　　脖子底下堰砖

E　气不忿　　辩不来　　掂不住

忙的抓辣辣子　　闲的学驴叫唤　　穷的鬼拔毛

蓦不过账来　　上不得台盘　　拾的塘子里

F　摘葫芦带秧　　指秃子骂和尚　　推日头下山　　赶鸭子上架

上述惯用语中A组是述宾式。"谝闲传"即闲聊。"丢凉腔"即说风凉话。"没过场"有两个意思，一是指没有本事、没有见识，二是脾气好、不爱计较。"吃现成饭"比喻不劳而获。"撇油花子"本指将漂浮在饭汤表面的油花儿舀上，比喻趁机捞取好处。"贴面花儿"比喻假意奉承。"有两把刷子"比喻有些本事。"瞅个鸡麻眼子"，形容情况不明，只能瞎碰乱撞以寻找做事的机会。鸡一到天黑就看不清楚，是"麻眼子"。

B组是主谓式。"皮胀的很"指行事言语张狂无状、惹事生非，找着挨打受骂。"眼窝子浅"指人目光短浅，爱占小便宜。"驴放羊"，驴去放牧羊群，比喻行事不可靠。"三眼望个六下"形容事到临头却毫无办法、呆傻无状的样子。"热嘴对个冷屁股"形容满腔热情被无视冷对，很是尴尬。"瞎驴碰的草垛上"比喻运气好。"胳膊肘子往外拐"讽喻分不清内外，向着别人说话。"糊涂婆姨乱当家"比喻人见识不济、遇事糊涂却爱拿主意、乱指挥。"精沟子笑话穿衩衩裤的"与共同语里的"五十步笑百步"同义，但更加生动形象。

C组是并列式。"秕谷子烂芝麻"比喻陈旧琐碎的事。"七骨碌八杈桠"有两个意思，一是形容胡麻等长势好、分叉多；二是形容长短不齐或横七竖八、杂乱无状。"前颁髅后马勺"形容脑袋长得不规整、丑陋难看。"丢盹打瞌睡"形容疲急不堪或者心不在焉。"掏根挖脑髓"形容毫无保留地向人倾诉表白，或搜肠刮肚尽其所能说理劝解。"鞋耷拉脚耷拉"形容仪容不整，破烂邋遢。"鸡飞狗叫驴上墙"极言纷乱嘈杂不能控制的场面，形容家庭不和睦，一片混乱。"五做六做十一做"有两个含义，一是形容得寸进尺，二是形容捣蛋、胡作非为。"见不得的离不得"形容两者之间互相讨厌又相互需要的矛盾关系。

D组是偏正式。"一锤子买卖"有两个含义，一是比喻事情只有一次机会，没有退路；二是比喻人没有信誉，只能与之打一次交道。"白肚子秀才"比喻人没有真学问，也无真本事，名不副实。"棉花里的刺"比喻人表面柔弱却不好招惹或话语绵里藏针。"不管三"，甘州等做"不管闲"，义为事情与自己没关系或不关心、不理睬。"不贵气"义为嘴馋眼浅、羡慕别人，或爱向别人乞求索要东西，不自爱。"白搭话"义为与别人讲话没有称呼，不懂礼貌。"大白天说梦话"即白日做梦。"针尖上削铁"讽喻极其吝啬的行为。"脖子底下堰砖"比喻给别人出难题或使人难看的行为。

E组是后补式。"气不忿"义为不服气，引申为嫉妒。"辩不来"义即想不明白，辨别不清楚，引申为听不出别人对自己的议论讽刺。"掂不住"形容人把持不住自己，爱炫耀或说话做事不稳重。"忙的抓辣辣子"形容忙的没有头绪、心急火燎的样子。"闲的学驴叫唤"夸张性地描述人闲无事，内心十分无聊的状态。"穷的鬼拔毛"极言穷愁不堪。"蔓不过账来"即"转不过弯子",形容一时懵懂,想不明白。"上不得台盘",馍馍蒸的不好,不好意思端上桌,比喻人痞烂无状或猥琐不自信,见不得人,上不得场面。"拾的塘子里",原指将东西放到田垄里准备开始劳作,比喻事情进入安排进行的程序。"塘子"指作物栽培的田垄,如"瓜塘子""山药塘子"等。

F 组前两例是连谓式,后两例是兼语式。"摘葫芦带秧"比喻数说主要对象的同时将次要的也牵扯了进去。"指秃子骂和尚"即指桑骂槐。"推日头下山"形容无事可做,极其无聊,干等着天黑,或者只是按时间麻木劳作,没有任何趣味兴致。"赶鸭子上架"义同共同语。

从类别看,述宾式的惯用语最多,其次是主谓式、并列式,再次是偏正式,后补式相对数量也不少,兼语、连谓式最少。从字数看,有三个字的、四个字的,最多有十个字的。三个字的惯用语数量最多,而且绝大多数是述宾关系,主谓关系、偏正关系、后补关系中也有少量三字格的。四个字的惯用语形式上和四字成语相似,但就内部节奏关系看,四字成语无论语法结构如何,都实际表现为"2+2"的模式,而作为惯用语的节奏关系则与其语法关系一致,如"吃现成饭"是"1+3"模式,而"心眼子小"则是"3+1"的模式。

从功能上看,如"空头子人情"等定中关系偏正式惯用语是名词性的,其他的都是谓词性的,一般用在句子里作相应的句法成分。主谓关系的惯用语,由于其结构语义相对完整,添加一定的语法词后可单独成为句子。

(二) 复句型惯用语

这类惯用语构成的几个部分分别描述不同的事物情况,语义上反映事物情况和事物情况之间的逻辑关系,语法上是复句的分句和分句的关系。但有些构成的部分之间语势紧密,中间没有停顿,是复句的紧缩形式。具体有以下几种。

G   前奔拉三,后奔拉四   大门不出,二门不迈

初一一回，十五一回　　牛说牛大，角说角长

H　嘴里哭的妈妈，手在箱子里抓挠　　东傍个说话，西傍个找

正着处不着，不着处挖了几勺　　吃肉不沾腥气

有心没肝花　　吃软不吃硬　　小姐身子丫鬟命

I　听音音，念经经　　见人把屎沟子痒

不吃凉粉把板凳腾开　　给上些颜色就大红大绿的染

提起箩儿斗动弹　　一饱忘了千年饥　　不撞南墙不回头

J　和稀泥，抹光墙　　拆东墙，补西墙　　旋捏佛，旋烧香

打肿脸充胖子　　捏住鼻子哄嘴

K　油瓶倒了不扶　　喝凉水都塞牙缝　　冻死不下驴

L　死要面子活受罪　　吃饱了撑的　　站的说话腰不疼

M　鼻子洗干净娘家浪去　　吃了五谷想六谷　　看人下菜碟子

上例G组是联合关系。"前奔拉三，后奔拉四"形容前后不一，不协调、不齐整，引申为说话前言不搭后语。"大门不出，二门不迈"，原指女子严守妇道，不乱串门，引申为不喜抛头露面，或与社会接触少，消息闭塞。"初一一回，十五一回"形容做某事频率高、次数多。"牛说牛大，角说角长"比喻人只站在自己的立场上看待事物，相互争长论短，一较高下。

H组是转折关系，"嘴里哭的妈妈，手在箱子里抓挠"是对亲人过世后有些已出嫁的女儿服丧时现场表现的生动描写，嘴里哭喊着逝去的亲人，手却伸向了其遗留的钱财，讽刺假孝顺真贪财的行为。"东傍个说话，西傍个找"形容说话办事不着边际，不可靠。"正着处不着，不着处挖了几勺"是说该挖的地方不挖，不该挖了地方挖了几下，比喻说话办事没有眼力，找不到方向，抓不住关键。"吃肉不沾腥气"比喻想占便宜又不想留下痕迹。"有心没肝花"形容为人心量大，对任何事情都不在意。"吃软不吃硬"义为对态度强硬者不屈从，对态度好的则顺从，形容个性坚强，不怕事。"小姐身子丫鬟命"即"虽然是小姐的身

子，却是丫鬟一样的命"，谓人自身条件好，却命运不济、遭遇不好。

　　I组是条件关系。"听音音，念经经"可加入条件关系的关联词语成为"一听见音音，就念经经"，原为形容小孩子一旦听到大人的一点口风就立刻纠缠索要东西，引申为形容应声附和、不加思考地行动。"见人把屎沟子痒"义为别人一行动就立即跟随，讽刺毫无主见地随声附和或谄媚奉承的行为。"不吃凉粉把板凳腾开"以命令的口吻嘲讽人没有自知之明、不能主动让贤，即"站着茅坑不拉屎"的行为。"给上些颜色就大红大绿的染"形容人没有自知之明，一有机会就自夸自卖的行为。"提起笤儿斗动弹"比喻事物间联系紧密，一个动，另一个也跟着动的现象。"一饱忘了千年饥"，吃饱了就忘记了忍饥挨饿的日子，比喻人目光短浅，不能居安思危。"不撞南墙不回头"即形容为人固执，听不进别人的意见。

　　J组是目的关系。"和稀泥，抹光墙"，和泥是为了抹墙，讽喻没有原则、不辨曲直地一味说和以息事宁人的行为。"拆东墙，补西墙"比喻财力不足，捉襟见肘。"旋捏佛，旋烧香"，捏佛的目的是要烧香，比喻事无准备，临时凑合忙乱。"打肿脸充胖子"比喻不切实际地弄虚作假。"捏住鼻子哄嘴"中"哄嘴"是"捏住鼻子"的目的，讽喻自欺欺人的行为。

　　K组是让步关系。"油瓶倒了不扶"可插入关联词语为"就是油瓶倒了，也不扶"，形容人即无眼力，看不到可做的事情，也没有自觉担当的意识。"喝凉水都塞牙缝"夸张形容遇事不顺，运气不好。"冻死不下驴"义即坚持到底，原是玩牛九牌时的习惯说法，意思是在任何情况下都不扣牌，一掀到底。

　　L组是因果关系。"死要面子活受罪"讽喻为了面子讲排场、吹牛皮而使自己陷入窘迫痛苦的境地。"吃饱了撑的"义为做了不该做的事而惹来麻烦或造成了不好的后果，形容无事找事。"站的说话腰不疼"讽刺事不关己而不负责任地高谈阔论、讥讽嘲笑，或不能站在别人的立场考虑问题、体察存在的困难，言语不切实际、眼高手低。

M是顺承关系。"鼻子洗干净娘家浪去"以命令的口吻讽刺人没有能力，不会干事，只会碍手碍脚。"吃了五谷想六谷"，有两个意思，一是烟瘾大的人饭吃完就想抽烟，"六谷"特指香烟；二是说现时的需求满足之后，还想着其他的物质享受。"看人下菜碟子"即以不同的态度方式对待人，讽喻瞧不起别人，不能平等相待的行为。

复句型惯用语一般字数较多，最多的达几十个字，如"儿哭凄惶女哭泪，女婿抱着酒缸睡，孙娃子开个叮当会，媳妇还说老鬼死的对"流传于敦煌，非常形象又真实地描述了老人过世后丧礼过程中家庭成员以及亲戚们的各自表现和不同心态，有三十多个字。从功能上看，复句型惯用语均是谓词性的，可以如一般谓词性短语那样用在句子里作相应成分，也可以单独成为句子，作复句的分句。

二 河西走廊方言惯用语的语义构成与风格特点

(一) 惯用语的语义构成

惯用语以描述事物情况，表现其特征为目的。多数惯用语表达的意义具有整体性和变异性，不是构成成分字面意义的简单相加，而是在字面意义的基础上通过一定的修辞手段实现的。总括而言，河西走廊方言惯用语的语义构成主要表现为以下三种方式，一是整体作喻，二是状态描摹，三是直陈引申。

1. 整体作喻有两种

一种是整体暗喻，一种是整体换喻。整体暗喻指惯用语以某种事物、人的动作行为或事物情况整体作喻体，构成暗喻来表达某种更加抽象的意义。以事物整体暗喻的，如：

不收粮食的瞎仓官：比喻不务正业、不干正事的人。

没笼头的驴：比喻不守规矩、不惯约束、野性十足的人。

猪不吃的苴莲：苴莲即苤蓝。比喻质量很差的事物或品行、能力不行的人。

乌屎癞蛤蟆：比喻言辞污秽恶毒、不吉利。

一根瓜秧子上的两个瓜蛋子：喻指根源一样，命运相同。

以动作行为整体构成暗喻的，大多是动宾关系，如：

浇头水：给庄稼浇第一轮水。比喻第一次做某事，多用于猜拳喝酒时喝第一个输了的酒。

拾跌果：捡到树上掉下的果子。比喻有意外的、小的收获或者结果。

赶疼羊：原指驱赶疼瘦的羊。比喻优势一方对劣势一方发动攻击。

撕驼毛：原指用手将纠结在一起的骆驼毛撕开理顺。比喻人动作缓慢或犹豫不决。

抠疤疤子：揭伤疤。比喻说出别人的伤心事或曾经有过的错误言行借以整人。

跌露水豆豆儿：天上掉下滋润的露珠。比喻给予别人或者得到些许帮助或者恩惠。

以事物情况整体暗喻的，如：

驴死鞍子烂：驴死了，鞍子也烂了。比喻事情到了不可收拾的地步。

沟子松的很：沟子指肛门。比喻嘴风不严，守不住秘密或容易轻信，不能坚持己见。

雨下的碱滩上了：比喻说话做事偏离目标，没有效果，白辛苦。

打柴的跟上放羊的转：比喻不清楚自己的身份，不明白自己的主要责任和实际需要。

提猴猴剥蒜蒜：玩木偶叫"提猴儿"，需要耐心细致，蒜皮要一层一层地剥。比喻耐心细致地劝导。

老牛不站，稀屎不断：比喻做事拖拉，不干脆利索。

整体换喻是指惯用语以借代的方式整体作喻，以这种方式构成的此类惯用语不多。如：

三天两后晌：形容乃一时兴起而为，并不能坚持多长时间。以"三天"和"两后晌"代指行为持续的时间。例：才干了~，就不行了。

三锤两棒子：形容事情很是容易，能够快速完成；也指做事随意马虎。以"三锤"和"两棒子"代指动作行为本身。

粗喉咙大嗓子：形容说话粗野声音大。以"喉咙""嗓子"代指说话。

一沟子两肋巴：浑身的，形容数量很多。以"沟子"和"肋巴"代指全身。例：欠了~的债。

这等等那也也：形容话语琐碎细致。以"这等""那也"代指所说的话。例：他一进来就~，说个没完。

2. 有些惯用语则通过对相关事物或现象表现状态的描摹来构成整体意义

描写常用的修辞手段有白描、借代、比喻、夸张、对比等。以白描方式描写的，如：

赶沟子：一个紧接着一个往前赶，形容紧张急忙的样子。

拉哭声：放长声哭泣，形容因痛苦、绝望而边哭边说的样子。

挤眼睛：形容通过眼神动作暗中传递消息。

打哈哈：形容敷衍应对或故意避实就虚，不正面回应的行为。

站也不是，坐也不是：形容尴尬难堪的样子。

眼珠子还转的哩：形容因遭遇不幸而穷愁不堪，只是人还活着。

吐沫星子乱溅：形容不停地讲话嚷说的样子。

缠胳膊抹袖子：又作缠手抹胳膊。形容作出姿态，急于行动的样子。

用借代方式进行描写的，如：

捋牛尾巴：指当农民种庄稼。以"牛"代指农事。

过事情：指娶媳妇或嫁姑娘，即操办婚事。以范围大的"事情"代指婚事。

耍嘴皮子：指卖弄口才，不干实事。以"嘴皮子"代指口才。

听窗根子：指偷听。以"窗根子"代指暗地里。

没心田眼子：指不会关心理解人，不知好歹。以"心田眼子"代指良心。

耳根子软的很：指没有主见，易受他人言语的蛊惑。以"耳根子"代指听觉。

大懒使小懒：更懒的使唤懒的，引申指一个比一个懒。"大懒""小懒"均代指懒人。

用比喻的方式进行描写的，如：

拨吊子舌头，转环子嘴："拨吊子"是扣门的钮吊，一动就乱晃；"转环子"是安在猪腿上的铁环，可随意转动。形容能说会道。

借债挖窟窿：以"挖窟窿"比喻"借债"。形容借债很重，生活艰难。

熟的跟炒面一样：形容很熟悉。

嘴是个蜜罐罐，心是个蛆窝窝：形容口蜜腹剑。

正愁处不愁，愁的驴卵子转筋：形容为不必要的事情发愁。以"驴卵子转筋"比喻不该愁的事。

用夸张的方式描写的，如：

活人眼睛里插柴哩：形容当面做其不能忍让的事情，让人难堪。

丢屎掼卵子：形容做事吊儿郎当，没有规矩。

牙长的一截子：形容很短。

放屁都砸脚后跟：形容事情不顺，命运不济。

斗大的字不识一麻袋：形容不识字，没文化。

八杠子打不出个屁来：形容为人木讷，不善言语。

用对比的方式描写的，如：

说的比唱的好听：形容说的多，行动少。

脸皮比城墙还厚：形容不知羞耻。

说你苕的哩，神的摇的哩：以对比方式描写形容人表面精明，实际上疯傻糊涂。

3. 有少数惯用语是以字面意义的直陈，或者在此基础上引申来构成整体意义的

如：

编白话：指说假话。

谋不着：感觉不到，引申为把握不住自己。"谋"在河西方言里有"感觉"的义项。

不展刮：不平整舒展，引申指为人行事不大方。

没下数：没有计划、没有规矩。"下数"即"计划""规矩"。

（三）惯用语的风格特点

在方言熟语中，惯用语的使用最为广泛，其风格表现也是多方面的，如生动形象、通俗新颖、诙谐幽默等都是它一定程度上拥有的品格。但综合来看，诙谐讽喻当是河西走廊方言惯用语最主要的风格特点。

首先，作为描述性熟语，惯用语往往聚焦于人、人的言行，特别是人在日常生活和社会交往中表现出来的一些非常态、不和谐、不希望出现的、甚至是丑陋的行为现象，对之进行形象化的表现和展示。用来进行形象化表现的都是老百姓日常生活中常见的或熟知的事物、行为或现象，对对象的描写异常通俗和风趣。如：

吃豆腐：讽喻调戏妇女的行为。

睹高高：形容在一旁看别人的笑话。

叉把撂沟子：撅着屁股，叉着双腿。形容人姿势不正，形象不佳。

人说的东门楼子，他指的腿上的瘊子：形容人听力不好，也指人装聋作哑、避实不应的行为。

给了个沙鸡儿乱窜：形容事到临头手忙脚乱的样子。

其次，惯用语不像四字成语那样偶成严整，也不像歇后语那样一定由引子和注解两部分组成。字数上是杂言式的，有多有少；结构上只是相对稳固，可插入其他成分；使用中相对自由，可改变语序的排列等；

用词上，构成的词语都是当地老百姓习用的口语词汇，契合人们的日常生活。这个特点使惯用语能够通过灵活的结构适应对各种不同事物、现象状态的描述，也便于一些语义色彩，特别是风趣、戏谑等色彩的添加生成。

再次，语义上，带褒义色彩的惯用语很少，一些带有贬义的色彩，绝大多数则是一种嘲讽、戏谑的色彩。如"舔沟子"（讽刺巴结人）、"装大牲口"（讽刺人拿腔做派，自视甚高）、"见不得抄花子端定碗"（谓人嫉妒心强）、"白吃枣儿还嫌核核子大"（讽刺得了便宜还卖乖）、"前门里进道士，后门里出和尚"（讽刺女子不贞）等。有的惯用语则是自我嘲讽，如"有天爷没日头"，形容一天到晚地忙碌，非常艰辛，有无可奈何的意味。有的惯用语虽然总体是褒义的，但选择的描述方式却带有另外的意味，如"有钱没钱，剃个光光头过年"，这个惯用语字面意义是说，无论如何也要过年，其真实用意则是展现一种人穷志不短的气度，其中"剃个光光头过年"是说要收拾干净，以一种新的面貌迎接新年，但"光光头"形象有些滑稽，因此又带有自嘲、戏谑的味道。

第五节　河西走廊方言熟语与河西民情风尚

一　方言熟语是地方文化的结晶

方言熟语是方言区人们的口头创作，必然反映当地的地理环境、历史人文、生活习俗等。如"金张掖，银武威"。这条谚语在河西流传较广，其字面意义是对张掖、武威两大绿洲水资源相对丰富、农业发达的赞美。其来源有几种不同的说法，较为可信的说法是与明清以来河西垦殖、土地赋税征收的历史有关。据甘肃巡抚元展成乾隆六年正月二十二日所上奏折[①]，清代甘肃田赋按田亩的等次征收，一般将耕地分为上、

---

① 中国科学院地理科学与资源研究所、中国第一历史档案馆编：《清代奏折汇编——农业·环境》，商务印书馆2005年版，第47页。

中、下三等或金、银、铜、铁四等，等级越低所征税银越少，实际执行中两个标准往往交叉使用，如上等川地又可分为金、银二等，下等坡地又可分为铜、铁二等。有学者比较了康乾时期张掖、武威两地额定田亩和征收的田赋数量，显示张掖定额田亩数量较武威少而所征赋银却较武威多，这个现象的唯一解释是张掖上等地较武威多，下等地较武威少，并且上等地中，"金"类地张掖多，而武威则"银"类多。明驼1933年游历河西后在其所著《河西见闻录》[①]中记载当时河西官场及上层人士中有"金张掖、银武威、铜山丹、铁高台"的说法。今古浪县民间还有"金宽沟，银横沟，破铜烂铁麻黄沟"一说，可谓补证。

再如四字成语"五麻六道"形容杂乱不齐，"瘦叽麻杆"以"麻杆"比喻人的单薄瘦弱；惯用语"麻杆子打狼"则比喻所做之事与所用工具不相匹配，并非出于真心。"麻杆子"指植物"麻"的茎秆，长而细，质地疏松易断。这些熟语反映了"麻"与河西地方生产、生活的密切关系。"麻"是河西走廊种植比较普遍的农作物，其籽实是重要的食用油原料；茎秆表面的干皮纤维长、有韧性，当地百姓用其搓成麻绳，粗者用来捆扎，细者用以纳鞋底做鞋。

方言熟语是地方文化的结晶。每一条熟语的产生定型，都经过了当地人们无数次的使用和代际传承，其所反映的文化现象、生活经验中所包含的思想意识、价值追求、情感倾向，为方言区人们高度认同并且在使用中得到强化，同时也在不断地塑造着人们的精神品格。可以说方言熟语最集中地反映了方言区的民情风尚。

二 勤俭乐观的生活态度

勤俭本是中华民族的传统美德。农耕和放牧是长久以来河西走廊人们主要的经济活动方式，而河西走廊地处西北腹地，气候干燥恶劣，地

[①] 张掖地区志编纂委员会编：《张掖地区志》，第十编《文录》，甘肃人民出版社2010年版，第2627—2642页。

产贫乏,无论是农耕还是放牧,都需要经过勤苦的劳作才能有所收获。因此,河西走廊的人们将勤看作经营之本,将俭视为生活至要。如:

勤谨娃子人人爱,懒汉娃子没人买。

日头照住门墩子,炕上睡的是穷根子;日头照住窗台子,炕上睡的是懒胎子。

遍地有黄金,少的是手勤人。

不怕天旱,就怕人懒。

有的节儿省一口,没的节儿顶一斗。

家有万贯,不扔旧衣;仓有万石,不倒剩饭。

穷油瓶,富油瓶,控给三年控十斤。

斤里不添两里添。

以上多条谚语均是提倡和强调勤谨务业、俭约生活的至理名言。"斤里不添两里添"是说生活要节省,积少能成多。再如以下惯用语:

丢下耙儿捞扫把。

起五更睡半夜。

吐沫星子杠扬。

有天爷没日头。

吃饭想撑死,干活怕累死。

大懒使小懒,小懒使门槛。

"丢下耙儿捞扫把"是对做事勤快的生动描写,"丢下"即放下,"捞"是拿起的意思。"起五更睡半夜""有天爷没日头"则是对兢兢劳作、异常辛苦状态的形容。"吃饭想撑死,干活怕累死"是对只讲享受不愿付出劳动行为的批判描写,"大懒使小懒,小懒使门槛"则是对懒惰现象的嘲讽。

在生产力低下,物质匮乏的旧时代,河西走廊的人们尽管生活不易,异常艰难,但是人们从来都没有丧失对美好生活的热望,对未来总是抱有积极乐观的态度。如下面的谚语:

太阳从家家门前过。

哪个羊羔子嘴底下也有草吃。

牛大压不死虱子,山高挡不住太阳。

水行哩,磨转哩,十二个骆驼驮炭哩。

鸭子过去鹅过去,孙子过去爷过去。

葱地里过不去了蒜地里过。

"水行哩,磨转哩,十二个骆驼驮炭哩"是说任何事情都有应对的办法和解决的时候。"鸭子过去鹅过去,孙子过去爷过去"则是说,面对困难之事,别人能解决,自己也能解决。"葱地里过不去了蒜地里过"比喻遇事要灵活应对,不能死板。

三 中庸和谐的审美意识

审美,简单地说就是"辨别、领会事物的美"①。一般来说,均衡对称、整齐一致、协调统一的事物总是好的、美的;相反的则往往是不好的、不美的。河西走廊方言中褒义性成语不多,但这样的成语往往对事物的对称协调美予以了充分肯定和赞扬。如"四棱上线"形容对象棱角分明,线条笔直;"齐头齐脑"是对成长中的少年健康茁壮状态的形容;"亮麻响堂"形容宽敞明亮。有些成语、惯用语则反映人们对不好的、丑的事物的认识,如成语"花里胡哨"形容色彩形状杂乱不整;"腆肚凹腰"形容物体不齐整、不耐看。惯用语"长三片短四片"描写对象多少长短不一;"前颏髅后马勺"形容长相难看;"又把撂沟子"常用来形容人姿势不正或字写得难看不清。

均衡对称美的意识与中华民族"尚中道、贵和谐"的传统文化精神是一致的。中庸和谐不仅是中华民族最主要的审美观念,也是这个民族传统的思维模式和价值追求。和而不同,异而相谐作为一种理想状态,表现在人与自然、人与社会、个人情感与理性等各个方面。

---

① 罗竹风:《汉语大辞典》(缩印本),上海辞书出版社2007年版,第2133页。

人与自然的关系中，强调人与自然的协调统一，人应当了解自然规律、顺应并善于利用自然规律。河西方言里有许多天时、气象、哲理方面的谚语，充分地反映了人们的这种和谐观，如"蚂蚁大搬家，雨点子跟着下""伏天犁地一碗油，秋天犁地白挣牛""迎风把屎顺风尿，干啥都要会得窍"等。歇后语"六月里穿皮袄——欺负老天爷""三十晚上盼月亮——没指望"等则以违背自然规律的行为为引子，幽默地表达对某些现象的看法。

人与社会的关系中，首先是家庭的和谐，所谓"家和万事兴"。家和在于长幼有序，亲慈子孝。如谚语"爹爹敬的是奶奶，奶奶疼的是孙孙""厚养薄葬，孝敬爹娘""娘有慈心，儿有孝心""长兄如父，老嫂比母"。家和在于夫妻和合。如谚语"两口子不和，妯娌们欺""男人是个耙耙，女人是个匣匣；不怕耙耙没齿儿，就怕匣匣没底儿"。家和在于有家教。如谚语"种田不管一年荒，子女不教一世荒""娃娃不宜惯，吃了馍馍还要饭"。家庭教育的首要是以身作则。如谚语"为老不尊，带坏儿孙""人前教子，枕头上教妻""老鸡儿不上灶，小鸡儿不乱跳"等。其次，注重邻里和睦、亲朋融洽。如谚语"远亲不如近邻，近邻不如对门""打庄子盖房，众人帮忙""邻舍好，无价宝""多个朋友多条路，少个冤家少堵墙"。再如"晴天改水路，闲时多维人"是说平时要宽厚待人，遇事大家就会帮忙；"跟上好人学好人，跟上师公子跳大神"是近朱者赤近墨者黑的意思，"师公子"指巫师。

个人情感与理性的关系要达到中庸和谐，关键是对事要讲理，待人要有礼。如谚语"认理不认人，帮理不帮亲""见人多施礼，少跑十里路""张嘴不骂上门的客，伸手不打笑脸人""人抬人高，水抬船高""礼多人不怪""工是便的，礼是换的"。其次还要行为有度，言语有节，要有宽纳之心、容人之量。如谚语"一让三分赢""人心换人心，八两对半斤""打人不打脸，骂人不揭短""做事顺天理，说话顺人心"。再如谚语"不走的路走三走，不过的桥过三过，不用的人用三用"是说做事要留有余地;"鸡儿不尿尿,各有曲曲道"比喻事物各有各的特点长处、事情各有各的运行之道;"萝卜芹菜,各有所爱"则是说人各有各的秉性好恶,不能强求一致。

相较于"谚语"的说理,河西走廊方言里有大量的成语、惯用语则是对社会生活中存在的不和谐、丑陋的言行、现象的揭露批判或嘲讽。如成语"嗲溜失侉"形容扭捏作态或做事轻浮、不认真;"路断人稀"形容为人处世很差、没有人缘;"日鬼捣棒"形容背地搬弄是非、制造事端;"诬枉跋扈"形容为人蛮横暴戾;"尿毛鬼胎"比喻言而无信或指心术不正、行为不端;"眼色蛋蛋"则指善于察言观色、会做表面文章的人;"喳麻舞指"形容乱干预、瞎指挥,令人厌恶。惯用语"丢凉腔"指说风凉话;"夹麻纸"比喻用言语挑唆离间;"吃饭擤鼻子,来人骂儿子"形容在不适当的场合做不该做的事;"日妈妈道先人"是对以恶毒的言语谩骂别人行为的描写;"活人的眼睛里下蛆"比喻明目张胆地欺瞒别人的行为;"用开了抱的怀里,不用了踢的岸里"比喻只讲利益,无有情义,过河拆桥的行为;"牛不喝水往角叉里按哩",字面意义是说牛本不喝水,按住其头顶两角之间硬要其喝,比喻不实事求是,唯个人意志为上的不良行为,"角叉"指牛头上两角中间的位置。

四 豪爽刚劲的精神气质

河西走廊的人们在精神气质上总体表现出一种豪爽刚劲的特点,集中体现在以下几个方面。

(1) 个性率直,为人实在。河西走廊民风较为淳朴,说话直接爽快,不喜欢吞吞吐吐,言不由衷;待人坦荡诚恳,不喜欢表里不一,甚至阴谋为事。如下面的谚语:

树直用处多,人直朋友多。

人拿的情感哩,牲口拿的棍赶哩。

浇水要浇深，交人要交心。

人心要实哩，火心要空哩。

有话说在面子上，有肉切到案板上。

成语如"说明叫响"即有什么想法应公开明白地告诉别人；"张明挂榜"是说做事应当做到明处；成语"鬼鬼叽叽"形容为人不实在，不大气。惯用语"眼窝子浅的很"形容人眼光短浅、心胸狭窄；"阴沟里哨狼"则比喻以阴谋诡计陷害别人；而"有话就说，有屁就放"，很显豁地反映了河西走廊人们的这种性格特点。

（2）注重承诺，讲究信义。河西走廊的人们一般不善言辞，不喜欢夸夸其谈而行事敷衍。如成语"胡吹冒摺"形容不着边际地说大话、吹牛皮，"走屄打拐"形容言语虚妄不实。惯用语"东傍个说话西傍个找"讽刺满嘴假话，靠不住。"驴乏了赖纣棍"，驴乏困无劲，却怨纣棍碍事，讽喻推卸责任、没有廉耻的行为；纣棍是套驴拉牵的工具，在驴的屁股后面。"狗皮袜子没反正"则比喻说话不算数、做事没有原则。因此河西人不轻言许诺，一旦有诺则必定信守到底，如下面的谚语：

说话不算话，嘴上害疙瘩。

一口吐沫一个钉，放个响屁砸个坑。

男子汉说话如拔牙。

说出做出，吃个珍珠拉个磙砟。

说大话如溜四海，钻炕洞捞不出来。

（3）内里刚劲，看重节义。河西走廊的人们崇尚刚劲豪勇，谚语曰"男子无刚，不如糟糠"，评价一个人时常说的惯用语"偣了偣是个男人，弯了弯是个榆棍"，榆木质地坚硬，就像刚劲勇猛的男子汉一般。但河西人注重的"刚劲"并不以外表威猛、勇力过人为先，而是强调人要内心刚强、有胆有识，要有主见、有豪气、有担当。如下面的谚语：

人争一口气，佛受一炷香。

吃饱拉尽，注意拿定。

驴怕的一卧，人怕的一豁。

天阴下雨地下滑，自己跌倒自己爬。

再如"要穿就穿它个绸裤子，要脱就脱他个精沟子"是说一旦认准做事，就要义无反顾，争取最好，展现了一种豪气。河西人爱饮酒，有谚曰"武松喝了打虎哩，囊巴尻喝了倒吐哩"。惯用语"拳头上立得人胳膊上走得马"形容人有勇有谋、本领高强；"是骡子是马，拉出来遛遛"比喻有本事不在自夸，而要用事实验证；"牛不抵牛是个㐫牛"喻指面对强者要敢于应对，不能轻易认输；"头跌了不过碗大个疤"是说头颅砍掉了亦不过留下如碗大的疤痕罢了；"老羊皮换张羔子皮"比喻死也要死得所值。

河西人具有宁折不弯、知恩必报、扶危济困的侠义情怀。历史上，河西走廊人多地少，灾害频发。每每面对天不假福、地不养人的困境，走廊的人们宁可闯北套、走新疆、越祁连、到内蒙古，闯天下、讨生活，也不愿出去流浪讨饭。如下面的谚语：

屉人不欺，歪人不怕。

冻死逆风站，饿死不弯腰。

冤死不告状，穷死不卖唱。

能给歪汉子牵马缒镫，不给囊包尻主谋定计。

知恩不报非君子。

宁穿朋友衣，不沾朋友妻。

宁教钱吃亏，不教人吃亏。

饿了给一口，强如饱时给一斗。

哪里的黄土不埋人，哪里的井水不养人。

第九章

河西走廊方言的指示代词与移民文化

第一节 河西走廊方言指示代词的形式及类型

一 河西走廊方言指示代词的基本形式

基本形式指承载"指示"意义的核心词或语素。河西走廊方言中,用于表示"指示"的核心词或语素有"这""那""兀""兀那""欧""欧那"等。

（一）"这"与"那"

"这""那"是河西走廊方言指示代词的核心成分,所有县区均为常用,分为近指和远指。它们的读音各地有差异,且有变读。

"这"的读音从声母看有读 [tʂ] 和读 [ts] 两大类。天祝、古浪、永昌、张掖市属六县区以及肃州、金塔读 [tʂ],凉州、民勤、玉门、瓜州、敦煌读 [ts]。就单个方言点来说,"这"的读音有多有少,多的有四个,少的就一个。如山丹话里"这"单用或在"这里""这么"等中读 [tʂɤ] 或 [tʂɿ],在量词前除以上两个读音外,还有两种读音,如"这个"中有以下四个读音：[tʂɤkɤ]、[tʂɿkɤ]、[tʂeikɤ]、[tɕiẽkɤ],其中 [tʂei]、[tɕiẽ] 当是"这一"的合读,即 [tʂɤ]/[tʂɿ]—[tʂei]—[tɕiẽ]。凉州话"这"单用或在"这里""这么"中读 [tsɿ] 或 [tsə],"这个"则有以下三种读音：[tsəkə]、 [tʂʅkə]、[tseikə]、[tɕikə]，其中[tsei]显然也是"这一"的合读，即[tsə]/[tsʅ]—[tsei]—[tɕi]。

"那"的读音从声母看有[l]、[n]两类。民勤读[l]，金塔、瓜州、玉门可读[l]、[n]，其他各地均读[n]。从具体方言点看，各处都有两个或者三个读音。如天祝，单用或者在"那里""那么"中读[na]或[nɤ]，[nɤ]（民勤是[lɤ]）是[na]的弱读；在"那个"中又可读[nɛ]，应是"那一"的合读。再如瓜州，作为单字"那"多读[la]/[na]、[lɤ]，在"那个"中又有[lei]/[nei]、[nʅ]几种读音，都应当是"那一"的合读，即[la]/[na]—[lei]/[nei]—[nʅ]。

此外，"这么"在河西走廊多处合读为一个音节，如酒泉读[tʂaŋ]，民勤读[tsaŋ]，玉门、瓜州读[tsəŋ]，山丹读[tʂəu]。"那么"在一些地方往往合读为一个音节，如民勤读[laŋ]，山丹读[nɔu]。

（二）"兀（那）""欧（那）""底"

河西有些方言点有"兀（那）"和"欧（那）"，读音大致相同，"兀"读[vu]，"欧"读[əu]或者[ɤu]。敦煌有"兀"以及"兀个""兀搭""兀搭些"，凉州有"欧"，如"欧个""欧些"表示远指。民勤有"兀（那）"也有"欧（那）"，均表示更远指。肃州、金塔有"欧（那）"表示更远指。

永昌话里有表示近指的[ti]，甘州读[tei]又读[ti]。这个形式不能单用，只作为核心语素与"个""些""下里""会子""阵子"等组合成词指代人或事物、处所、时间等，语义上与"这"完全相同，可以互换。这个形式可能是见于唐宋的近指代词"底"的遗存。如寒山《诗三百三首》句"怜底众生病，餐尝略不厌"、南宋林希逸《题达摩渡芦图》句"若将底事比渠侬，老胡暗中定羞杀"的用例等。

在上述方言中,"底"作用有限,与"这"相较使用频率低,且不是本文将要讨论的主要对象,因此下文不再涉及。

二 河西走廊方言指示代词的类型与分布

河西走廊方言里,除近指、远指外,普遍具有"更远指"的概念。依据"更远"表达方式的不同,可以分为三大类。第一类是利用远指代词的音变形式表达;第二类是用第三种词汇形式表达,即有专用于"更远指"的指示词;第三类是"那"的音变形式和第三种词汇形式兼用表达。

(1) 第一类分布在河西走廊东部凉州、天祝、古浪、永昌和西部的高台、玉门、瓜州、敦煌等县市。这些方言点远指的"那"与数词"一"结合产生的变读各不相同,有 [nɛ]、[nɛe]、[nei]/[lei]、[n̩i]、[n̩] 等,为了方便,我们用汉字"奈"来概括,这样,其类型可称为"这、那、奈"式,具体见表 9-1。

"奈"表"更远"时其声调由原读降调变平调,原读平调的,则"奈"后的成分做相应变化,同时伴有拖音。这类"更远"表达形式,实质是"远指"的强调式,并不构成三分。

表9-1　　　　　　　　　　"这、那、奈"式

		近	远	更远
凉州	人物	这个 tsʅ˧˥ kə˨ 这些 tsʅ˧˥ ɕiə˨	那/欧个 na˥ kə˨/nøu˥ kə˨ 奈些 nɛ˧ ɕiə˨	奈个 nɛ˧ kə˨ 奈些 nɛ˧ ɕiə˨
	处所	这些 tsə˧˥ tsʅ˨ ɕiə˨ 这里 tsʅ˥ li˨	那些 na˥ ɕiə˨ 那里 na˥ li˨	奈些 nɛ˧ ɕiə˨ 奈里 nɛ˧ li˨
	时间	这会子 tsʅ˥ xu˥ tsʅ˨ 这阵子 tsei˥ tʂəŋ˥ tsʅ˨	奈会子 nɛ˧ xu˥ tsʅ˨ 奈阵子 nɛ˧ tʂəŋ˥ tsʅ˨	奈会子 nɛ˧ xu˥ tsʅ˨
	性状	这么 tsʅ˥ mu˨ 这么价 tsʅ˥ mu˨ tɕia˨	那么 na˧˥ mu˥ mu˨ 那么价 na˧˥ mu˥ mu˨ tɕia˨	奈么价 nɛ˧ mu˨ tɕia˨

续表

		近	远	更远
天祝	人物	这个 tʂʅ˩ kɤ˧ 这些 tʂʅ˩ ɕia˧	那个 nɤ˩ kɤ˧ 那些 nɤ˩ ɕia˧	奈个 nɛ˥ kɤ˧ 奈些 nɛ˥ ɕia˧
	处所	这里 tʂʅ˩ li˧ 这扎 tʂʅ˩ tsa˧	那里 na˩ li˧ 奈扎 nɛ˩ tsa˧	奈里 nɛ˥ li˧ 奈扎 nɛ˥ tsa˧
	时间	这会子 tʂʅ˩ xu˧ tsʅ˧ 这阵子 tʂʅ˩ ʈʂəŋ˧ tsʅ˧	奈会子 nɛ˩ xu˧ tsʅ˧ 奈一阵阵 nɛ˩ iz˧ ʈʂəŋ˧ tsʅ˧	奈会子 nɛ˥ xu˧ tsʅ˧
	性状	这么 tʂʅ˩ mu˧ 这么价 tʂʅ˩ mu˧ tɕia˧	那么 nɤ˩ mu˧ 那么价 nɤ˩ mu˧ tɕia˧	奈么价 nɛ˥ mu˧ tɕia˧
古浪	人物	这个 tʂʅ˩ tʂɤ˩ kɤ˧ 这些 tʂʅ˩ tʂɤ˩ ɕia˧	那个 na˩ kɤ˧ 那些 na˩ ɕia˧	奈个 nɛ˥ kɤ˧ 奈些 nɛ˥ ɕia˧
	处所	这里 tʂʅ˩ li˧ 这塔 tʂʅ˩ tʰa˧	那里 na˩ li˧ 奈塔 nɛ˩ tʰa˧	奈里 nɛ˥ li˧ 奈塔 nɛ˥ tʰa˧
	时间	这会子 tʂʅ˩ xu˧ tsʅ˧ 这阵子 tʂʅ˩ ʈʂəŋ˧ tsʅ˧ ɕiɛ˧	奈会子 nɛ˩ xu˧ tsʅ˧ 奈阵子 nɛ˩ ʈʂəŋ˧ tsʅ˧	奈阵子 nɛ˥ ʈʂəŋ˧ tsʅ˧
	性状	这么 tʂʅ˩ mu˧ 这么价 tʂʅ˩ mu˧ tɕia˧	奈么 nɛ˩ mu˧ 奈么价 nɛ˩ mu˧ tɕia˧	奈么价 nɛ˥ mu˧ tɕia˧
永昌	人物	这个 tʂʅ˩ tsei˩ kə˧ 这些 tʂʅ˩ ɕiə˩ ɕiɛ˧	那个 na˩ kə˧ 那些 na˩ ɕiɛ˧	奈个 nɛə˥ kə˧ 奈些 nɛə˥ ɕiɛ˧
	处所	这些 tʂʅ˩ tsɤ˩ ɕiɛ˧ 这里 tʂʅ˩ ɳi˩	那些 na˩ ɕiɛ˧ 那里 na˩ ɳi˧	奈些 nɛə˥ ɕiɛ˧ 奈里 nɛə˥ ɳi˧
	时间	这会子 tʂʅ˩ xu˧ tsʅ˧ 这阵子 tʂʅ˩ tʂɤ˩ tsʅ˧	奈会子 nɛə˩ xu˧ tsʅ˧ 奈阵子 nɛə˩ tʂɤ˩ tsʅ˧	奈会子 nɛə˥ xu˧ tsʅ˧
	性状	这么 tʂʅ˩ mu˧ 这么个 tʂʅ˩ mu˧ kə˧	那么 na˩ mu˧ 那么个 na˩ mu˧ kə˧	奈么 nɛə˥ mu˧
高台	人物	这个 tʂʅ˩ kɤ˧ 这些 tʂʅ˩ ɕia˧	奈个 nei˩ ɳi˩ kɤ˧ 奈些 nei˩ ɳi˩ ɕia˧	奈个 nei˥ ɳi˧ kɤ˧ 奈些 nei˥ ɳi˧ ɕia˧
	处所	这些 tʂʅ˩ ɕia˧ 这里 tʂʅ˩ tʂʅ˩ li˧	奈些 nei˩ ɕia˧ 奈里 nei˩ li˧	奈些 ɳi˧ ɕia˧ 奈里 ɳi˧ li˧
	时间	这会子 tʂʅ˩ xu˧ tsʅ˧ 这阵子 tʂʅ˩ ʈʂəŋ˧ tsʅ˧	奈会子 nei˩ ɳi˩ xu˧ tsʅ˧ 奈阵子 nei˩ ɳi˩ ʈʂəŋ˧ tsʅ˧	奈会子 nɛ˩ xu˧ tsʅ˧ 奈阵子 nɛ˩ ʈʂəŋ˧ tsʅ˧
	性状	这么 tʂʅ˩ mu˧ 这么个 tʂʅ˩ mu˧ kə˧	那么 nɤ˩ mu˧ 那么个 na˩ mu˧ kɤ˧	奈么 ɳi˧ mu˧ 奈么个 ɳi˧ mu˧ kɤ˧

续表

		近	远	更远
玉门	人物	这个 tsʅ˨˩/tsei˨˩ kɤ˦ 这些 tsei˨˩ ɕiɜ˦	奈个 lei˨˩ kɤ˦ 奈些 lei˨˩ ɕiɜ˦	奈个 lei˥ kɤ˥ 奈些 lei˥ ɕiɜ˥
	处所	这些 tsʅ˨˩/tsei˨˩ ɕiɜ˦ 这里 tsʅ˨˩/tsɤ˨˩ n̩i˦	那些 la˨˩ ɕiɜ˦ 奈里 lei˨˩ n̩i˦	奈些 lei˥ ɕiɜ˥ 奈里 lei˥ n̩i˥
	时间	这会子 tsʅ˨˩ xuei˨˩ tsʅ˦ 这阵子 tsei˨˩ ʈʂɤŋ˨˩ tsʅ˦	奈会子 lɤ˨˩ xuei˨˩ tsʅ˦ 奈阵子 lei˨˩ ʈʂɤŋ˨˩ tsʅ˦	奈阵子 le˥ ʈʂɤŋ˥ tsʅ˥
	性状	这么 tsʅ˨˩ mu˦ 这么个 tsɤŋ˨˩ kɤ˦	那么 lɤ˨˩ mu˦ 那么个 lɤŋ˨˩ kɤ˦	奈么 lei˥ mu˥ 奈么个 lei˥ mu˥ kɤ˥
瓜州	人物	这个 tsʅ˨˩/tsei˨˩ kɤ˦ 这些 tsʅ˨˩/tsei˨˩ ɕiɜ˦	那个 la˨˩ n̩ʅ˨˩ kɤ˦ 奈些 lei˨˩ ɕiɜ˦	奈个 lei˥ kɤ˥ 奈些 lei˥ ɕiɜ˥
	处所	这些 tsʅ˨˩ ɕia˦ 这里 tsʅ˨˩/tsə˨˩ n̩ʅ˦	那些 la˨˩ ɕia˦ 那里 la˨˩ n̩ʅ˦	奈些 lei˥ ɕia˥ 奈里 lei˥ n̩ʅ˥
	时间	这会子 tsʅ˨˩ xu˨˩ tsʅ˦ 这阵子 tsei˨˩ ʈʂɤŋ˨˩ tsʅ˦	奈会子 nʅ˨˩ xu˨˩ tsʅ˦ 奈阵子 lei˨˩ ʈʂɤŋ˨˩ tsʅ˦	奈阵子 lei˥ ʈʂɤŋ˥ tsʅ˥
	性状	这么 tsʅ˨˩ mu˦ 这么个 tsɤŋ˨˩ kɤ˦	奈么 nʅ˨˩ mu˦ 那么个 lɤŋ˨˩ kɤ˦	那么个 lɤŋ˥ kɤ˥
敦煌	人物	这个 tsʅ˨˩/tsei˨˩ kə˦	奈个 nɜ˨˩ kə˦ 兀个 vu˨˩ kə˦	奈个 nɜ˥ kə˥
	处所	这搭 tsʅ˨˩ ta˦ 这搭些 tsʅ˨˩ ta˨˩ ɕiɜ˦	奈/兀搭 nɜ˨˩/vu˨˩ ta˦ 兀搭些 vu˨˩ ta˨˩ ɕiɜ˦	奈搭 nɜ˥ ta˥
	时间	这会 tsu˨˩ xuɜ˦ 这阵子 tsei˨˩ ʈʂɤŋ˨˩ tsʅ˦	奈会 nɜ˨˩ xuɜ˦ 奈阵子 nɜ˨˩ ʈʂɤŋ˨˩ tsʅ˦	奈会子 nɜ˥ xuɜ˥ tsʅ˥
	性状	这么 tsʅ˨˩ mu˦ 这么个 tsʅ˨˩ mu˨˩ kə˦	那么 nɜ˨˩ mu˦ 那么个 na˨˩ mu˨˩ kə˦	奈么个 nɜ˥ mu˥ kə˥

（2）第二类只有民勤一个方言点。民勤话专用"兀［vu］"和"兀那［vula］/［vulɤ］/［vulɛi］"或"欧 ɤu˦"、"欧那［ɤula］/［ɤulɤ］/［ɤulɛi］"表示更远指。因此这一类可叫作"这、那、兀（欧）"式，具体见表9-2。

"兀""兀那""欧""欧那"可单用，但只作主语。"兀"类词语和"欧"类词语用法完全相同，可以互换。两者的差异是"兀"类代词使用频率高，而"欧"类代词使用频率低。就"兀（欧）"与"兀（欧）那"来说，两者的构词能力有较大差异，"兀（欧）"除单用外，能够构成的复合词只有表示处所的"兀（欧）些"，"兀（欧）那"则能够与其他表示人物、处所、时间、性状的语素组合构成一系列的词语。如：

这是我的，那是他的，兀（欧）那是小王的。

这个是红柳，那个是桦秧，兀（欧）那个是梭梭。

你坐的这些，他坐的那些，我坐的兀（欧）（那）些就行了。

这阵子人少，那阵子人多，你来的兀（欧）那阵子人最多。

要藏将（这么样）做哩，您啷将（那么样）做不行，他们兀啷做更不行。

"欧"实际是"兀"在特定方言中的变读（见本文第三部分）。"兀/欧（那）"能够构成各类词，与"这"类、"那"类代词形成较为整齐的平行对应关系，语义上"这"类近指，"那"类远指，"兀/欧（那）"类则是更远指。当三类代词并举，或者"那"类、"兀/欧"类并举时各自的功能清晰，"那"类、"兀/欧（那）"类不能互换。两两分别对举，或单用，"那"的"远"的意义，"兀/欧那"的"更远"意义，也是有清楚的区别。可以说，民勤方言的指示代词具有明显的三分特征。

表9-2　　　　　　　　　　"这、那、兀（欧）"式

		近	远	更远
民勤	人物	这 tsʅ˧˩ 这个 tɕi˧˩ kɤ˧ 这些 tɕi˧˩ ɕie˧	那 la˧˩/lɤ˧˩ 奈个 lei˧˩ kɤ˧ 奈些 lei˧˩ ɕie˧	兀/欧那 vu˩/øɤu˧ lɤ˧˩ 兀/欧奈个 vu˩/øɤu˧ lei˧ kɤ˧ 兀/欧奈些 vu˩/øɤu˧ lei˧ ɕie˧
	处所	这里 tsʅ˧˩ ɭʅ˧˩ 这些 tsʅ˧˩ ɕie˧˩ 这下里 tɕi˧ xa˧ ɭʅ˧˩ 这傍个 tɕi˧ pɑŋ˧ kɤ˧˩	那里 la˧˩ ɭʅ˧˩ 那些 la˧˩ ɕie˧˩ 奈下里 lei˧ xa˧ ɭʅ˧˩ 奈傍个 lei˧ pɑŋ˧ kɤ˧˩	兀/欧那里 vu˩/øɤu˧ lɑ˧ ɭʅ˧˩ 兀/欧那些 vu˩/øɤu˧ lɤ˧ ɕie˧ 兀/欧奈下里 vu˩/øɤu˧ lei˧ xa˧ ɭʅ˧˩ 兀/欧奈傍个 vu˩/øɤu˧ lei˧ pɑŋ˧ kɤ˧˩
	时间	这向子 tɕi˧˩ xiaŋ˧ tsʅ˧˩ 这会子 tɕi˧˩ xuei˧ tsʅ˧˩ 这阵子 tɕi˧˩ tʂəŋ˧ tsʅ˧˩	奈向子 lei˧ ɕiaŋ˧ tsʅ˧˩ 奈会子 lei˧ xuei˧ tsʅ˧˩ 奈阵子 lei˧ tʂəŋ˧ tsʅ˧˩	兀/欧奈向子 vu˩/øɤu˧ lei˧ ɕiaŋ˧ tsʅ˧˩ 兀/欧奈会子 vu˩/øɤu˧ lei˧ xuei˧ tsʅ˧˩ 兀/欧奈阵子 vu˩/øɤu˧ lei˧ tʂəŋ˧ tsʅ˧˩
	性状	这么 tsʅ˧˩ mɤ˧˩ 这么价 tsaŋ˧ tɕia˧ 这么样 tsaŋ˧ tɕiaŋ˧	那么 lɤ˧˩ mɤ˧˩ 那么价 laŋ˧ tɕia˧ 那么样 laŋ˧ tɕiaŋ˧	兀/欧那么 vu˩/øɤu˧ laŋ˧ mɤ˧ 兀/欧那么价 vu˩/øɤu˧ laŋ˧ tɕia˧ 兀/欧那么样 vu˩/øɤu˧ laŋ˧ tɕiaŋ˧

（3）第三类分布在走廊中部的甘州、山丹、民乐、临泽、肃南和临近的肃州、金塔等县区，兼用"那"的变读形式和第三种词汇形式来表达更远指，可叫作兼用式，具体见表9-3。

这些县区方言里关于时间、性状方式的"更远指"、个别点人或事物的"更远指"用"那"的音变形式"奈"表示，现场交际中也多伴有拖音，其性质与第一类一样，是"远"的强调式。

张掖市的甘州、民乐、山丹、临泽、肃南关于处所的"更远指"、除甘州区外其他方言点关于人或事物的"更远指"的表达形式是"呐"。

酒泉肃州、金塔的方所更远指用"欧里""欧那里"表达，人物、时间、性状方式的更远指则多用"奈"。

"呐"是性状指代词"那么"的合读，而不是方言远指代词"那"的音变，表"更远指"是对它的借用。"欧"来自其他方言（本章第三节），是"兀"的变读。因此，与"奈"不同，"呐""欧"都是"更远指"的词汇表达形式。

表9-3　　　　　　　　　　　　兼用式

		近	远	更远
山丹	人物	这个 tɕiɛ˧˩ kɤ˥˩ 这些 tɕiɛ˧˩ ɕia˥˩	奈个 nɛɜ˧˩ kɤ˥˩ 奈些 nɛɜ˧˩ ɕia˥˩	呐个 nɔɜ˩ kɤ˥˩ 呐些 nɔɜ˩ ɕia˥˩
	处所	这里 tʂɤ˧˩ li˥˩ 这扎 tʂɤ˧˩ tʂa˥˩	那里 na˧˩ li˥˩ 奈扎 nɛɜ˧˩ tʂa˥˩	呐里 nɔɜ˩ li˥˩ 呐扎 nɔɜ˩ tʂa˥˩
	时间	这会子 tɕiɛ˧˩ xu˥˩ tsɿ˥˩ 这阵子 tɕiɛ˧˩ tʂəŋ˥˩ tsɿ˥˩	奈会子 nɛɜ˧˩ xu˥˩ tsɿ˥˩ 奈阵子 nɛɜ˧˩ tʂəŋ˥˩ tsɿ˥˩	奈会子 nɛɜ˩ xu˥˩ tsɿ˥˩
	性状	这么 tʂɿ˧˩ mu˧˩ 这么价 tsueɜ˩ tɕia˥˩	那么 nɛɜ˧˩ mu˥˩ 呐价 nɔɜ˩ tɕia˥˩	呐么价 nɔɜ˩ mu˩ tɕia˥˩
民乐	人物	这个 tʂɿ˧˩ tɕiɛ˧˩ kɤ˥˩ 这些/tɕiɛ˧˩ ɕia˥˩	那个 na˧˩ kɤ˥˩ 奈些 nɛ˧˩ ɕia˥˩	呐个 nɔɜ˩ kɤ˥˩ 呐些 nɔɜ˩ ɕia˥˩
	处所	这里 tʂɿ˧˩ li˥˩ 这塔 tʂɿ˧˩ tʰa˥˩	那里 na˧˩ li˥˩ 奈塔 nɛ˧˩ tʰa˥˩	呐里 nɔɜ˩ li˥˩ 呐塔塔 nɔɜ˩ tʰa˥˩ tʰa˥˩
	时间	这会子 tɕiɛ˧˩ xu˥˩ tsɿ˥˩ 这阵子 tɕiɛ˧˩ tʂəŋ˥˩ tsɿ˥˩	奈会子 nɛ˧˩ xu˥˩ tsɿ˥˩ 奈阵子 nɛ˧˩ tʂəŋ˥˩ tsɿ˥˩	奈会子 nɛ˩ xu˥˩ tsɿ˥˩ 奈阵子 nɛ˩ tʂəŋ˥˩ tsɿ˥˩
	性状	这么 tʂɿ˧˩ mu˧˩ 这么价 tʂɿ˧˩ mu˩ tɕia˥˩	那么 na˧˩ nɛ˧˩ mu˥˩ 那么价 na˧˩ nɛ˧˩ mu˩ tɕia˥˩	奈么价 nɛ˩ mu˩ tɕia˥˩

续表

		近	远	更远
甘州	人物	这个 tʂʅ˅/tʂə˅kə˩ 这些 tʂʅ˅/tsei˅ɕiə˩	那个 na˅kə˩ 那些 na˅ɕiə˩	奈个 nɛ˧kə˩ 奈些 nɛ˧ɕiə˩
	处所	这些些 tʂə˅ɕiə˧ɕiə˩ 这里 tʂə˅li˩	那些些 na˅ɕiə˧ɕiə˩ 那里 na˅li˩	呦些些 nɔ˧ɕiə˧ɕiə˩ 呦里 nɔ˧li˩
	时间	这会子 tʂʅ˅/tsei˅xu˧tsʅ˩ 这阵子 tsei˅tʂɤŋ˧tsʅ˩	奈会子 nɛ˧xu˧tsʅ˩ 奈阵子 nɛ˧tʂɤŋ˧tsʅ˩	奈会子 nɛ˧xu˧tsʅ˩ 奈阵子 nɛ˧tʂɤŋ˧tsʅ˩
	性状	这么 tʂʅ˅mu˩ 这么价 tʂʅ˅mu˧tɕia˩	那么 na˅mu˩ 那么价 na˅mu˧tɕia˩	奈么价 nɛ˧mu˧tɕia˧
临泽	人物	这个 tʂʅ˅/tʂə˅kə˩ 这些 tʂʅ˅ɕiə˩	那个 nɛ˧kə˩ 那些 na˅ɕiə˩	呦个 nɑo˧kə˩ 呦些 nɑo˧ɕiə˩
	处所	这些 tʂʅ˅ɕiə˩ 这里 tʂə˅li˩	那些 na˅ɕiə˩ 那里 na˩li˩	呦些 nɑo˧ɕiə˩ 呦里 nɑo˧li˩
	时间	这会子 tʂʅ˅xuei˧tsʅ˩ 这阵子 tsei˅tʂɤŋ˧tsʅ˩	奈会子 nɛɛ˧xuei˧tsʅ˩ 奈阵子 nɛɛ˅tʂɤŋ˧tsʅ˩	奈会子 nɛɛ˧xuei˧tsʅ˩ 奈阵子 nɛɛ˧tʂɤŋ˧tsʅ˩
	性状	这么 tʂʅ˅mu˩ 这么价 tʂʅ˅mu˧tɕia˩	那么 nə˅mu˩ 那么价 na˅mu˧tɕia˩	奈么价 nɛɛ˧mu˧tɕia˩
肃南	人物	这个 tʂʅ˅/tʂʅ˅kɤ˩ 这些 tʂʅ˅ɕiə˩	那个 na˅ɜ˅kɤ˩ 奈些 ɜ˅kɤ˩	呦个/nɔ˧kɤ˩ 呦些 nɔ˧ɕiə˩
	处所	这些 tʂʅ˅ɕiə˩ 这里 tʂʅ˅li˩	那些 na˅ɕiə˩ 那里 na˅li˩	呦些 nɔ˧ɕiə˩ 呦里 nɔ˧li˩
	时间	这会子 tʂʅ˅xuei˧tsʅ˩ 这阵子 tʂʅ˅tʂɤŋ˧tsʅ˩	奈会子 ɜ˧xuei˧tsʅ˩ 奈阵子 ɜ˧tʂɤŋ˧tsʅ˩	奈会子 nɛ˧xuei˧tsʅ˩ 奈阵子 nɛ˧tʂɤŋ˧tsʅ˩
	性状	这么 tʂʅ˅mu˩ 这么个 tʂʅ˅mu˧kɤ˩	那么 na˅ɜ˅mu˩ 那么价 na˅mu˧tɕia˩	奈么价 nɛ˧mu˧tɕia˩
肃州	人物	这个 tʂɤ˅/tʂʅ˅kɤ˩ 这些 tʂɤ˅ɕiæ˩	那个 na˅nei˅kɤ˩ 奈些 ɜ˅ɕiæ˩	奈个 nɛ˧nei˧kɤ˩ 奈些 nɛ˧nei˧ɕiæ˩
	处所	这些 tʂʅ˅ɕiæ˩ 这里 tʂʅ˅ȵi˩	那些 na˅nɤ˅ɕiæ˩ 那里 nei˅ȵi˩	欧那些 øɤu˧nɤ˧ɕiæ˩ 欧里 øɤu˧ȵi˧
	时间	这会子 tʂɤ˅xuei˧tsʅ˩ 这阵子 tʂʅ˅tʂɤŋ˧tsʅ˩	奈会子 nɛ˧xuei˧tsʅ˩ 奈阵子 nɛ˧tʂɤŋ˧tsʅ˩	奈会子 nɛ˧xuei˧tsʅ˩
	性状	这么 tʂʅ˅mu˩ 这么个 tʂʅ˅mu˧kɤ˩	那么 na˅nɤ˅mu˩ 那么个 na˅mu˧kɤ˩	奈么个 nɛ˧mu˧tɕia˩
金塔	人物	这个 tʂɤ˅/tʂʅ˅kɤ˩ 这些 tʂɤ˅ɕiæ˩	那个 la˅ɜ˅kɤ˩ 奈些 ɜ˅ɕiæ˩	奈个 lɛ˧kɤ˩ 奈些 lɛ˧ɕiæ˩
	处所	这里 tʂɤ˅/tʂʅ˅ȵi˩ 这些 tʂʅ˅ɕiæ˩	那里 la˅ȵi˩ 那些 la˅ȵi˅ɕiæ˩	欧里 øɤu˧ȵi˩ 欧那些 ɤu˧ȵi˧ɕiæ˩
	时间	这会子 tʂɤ˅xuei˧tsʅ˩ 这阵子 tʂʅ˅tʂɤŋ˧tsʅ˩	奈会子 lɛ˧xuei˧tsʅ˩ 奈阵子 lɛ˧tʂɤŋ˧tsʅ˩	奈会子 lɛ˧xuei˧tsʅ˩
	性状	这么 tʂʅ˅mu˩ 这么个 tʂʅ˅mu˧kɤ˩	那么 la˅ȵi˅mu˩ 那么个 la˅mu˧kɤ˩	奈么个 lɛ˧mu˧kɤ˩

第二节　关于汉语方言指示代词
"三分"现象的再思考

一　学界已有的讨论

方言中是否存在第三个或者更多与近、远不同的指示词，是三分或者多分讨论的出发点，这个或者这些词的作用及其与其他指示词之间的关系则是这个问题的核心。小川环树（1981）指出苏州方言里存在一个表示"非近非远"的"箇"，和日语的中指相当，认为苏州方言指示词是近、中、远三分。此后汉语方言里存在三分现象的情况多有报道；也有讨论，有赞同者，有持不同意见者。

吕叔湘（1990）指出，如苏州话里所谓的"中指"其实是一个"不论远近的中性指示词"，从而将讨论推向了一个新的阶段。刘丹青（1995）认为"箇"的主要作用是表示照应，称其为"定指词"；李小凡（1998）认为"箇"是一个兼指远近的"兼指代词"；石汝杰（1999）认为"箇"的指示作用不确定，和近指词对用时指远，和远指词对用时指近，是一个"特指词"。这些名称实际都类似吕叔湘的"中性指示词"。陈玉洁（2011）对"中性指示"和"中性指示词"做了理论思考，将仅实现指示功能，不附加任何语义特征的指示称为中性指示，将语言中专门实现中性指示的词称为中性指示词。认为"箇"是"一个属于远近指系统之外、不表距离远近的指示词，是一个典型的中性指示词"，其"远近意义只是言谈现场所指对象本身的距离带来的，并非中性指示词的意义"。"任何语言中都有中性指示的需要，中性指示的语言环境本来不需要说明远近，但无中性指示词的语言中，中性指示也要'被迫'对远近表态。"

总之，这些讨论已经清楚地表明，"中性指示"类的"中指"实际并不与远指词和近指词在同一个语义层级下构成三分的系统。方言里指示代词的三分应当是在距离意义下形成的三分。

已有指示代词三分的报道多数是在距离意义下分析描述的。不过由于学界整体讨论的不足，较早一些的描述可能对方言中的某些词到底是距离意义下的"中指"还是由于中性指示用法造成的纠缠区分得并不很清楚。另外，从许多方言事实反映的情况看，三分系统中的第三个词有的往往和其他指示词在语音上存在一定的联系，有些则与邻近方言里（包括共同语）的指示词形式相同。张振兴（2007）、汪化云（2002）均认为方言中多数三分实际是同一指示词的音变或者是方言间不同指示代词的叠置现象，而不是真正的三分。

二 从"二分"到"三分"

吕叔湘（1990）指出，指示代词有指示、区别、替代三种功能，其中指示是根本。王灿龙（2006）认为"指示代词的产生，最初只是为了一般的指称事物，它并无严格的近指和远指的对立。后来随着认识的提高和语言的发展，人们已不满足于简单地指称事物，要求在指称事物的同时，还应标识所指事物与表达者在空间上的相对位置，于是指示代词有了近指和远指的分别"。可以说指别是指示代词二分、三分或多分的最主要的动因。

指称事物时区别有多种手段：a 伴随手势，b 重音或拖音强调，c 相关代词音变，d 用词汇形式。

a、b 两种手段的运用，反映了远近二分系统下区别第三方的实际需要。采用词汇手段的 d 类应该是事实上的三分。因为从词汇学的角度来说，语言里当一个概念，如与近、远相对的"中"或"更远"，和一个稳定确切的语音形式相结合，就产生了一个新的词语；当其开始被普遍独立地运用以与近、远所指相区别，也就确立了其第三指的词汇地位。如前述民勤话里的"兀（欧）"。民勤话里"兀（欧）"类词语专用表达"更远"，一方面在形式上"兀（欧）"类词与"这"、"那"类词有着平行的对应关系，另一方面从语义上来看，在共举的情况下三者的区别是清晰明确的，在分别两两对举时"更远"与"近"、"更远"与"远"的区别也是清楚的，即便是在单独使用的情况下，"那"和"兀（欧）"的选择也是不同的。如"把那个东西拿过来"和"把兀那个东西拿过来"两句，前者的意思是东西在远处，而后者的意思是东西在更远处。c的情况较为复杂，总体可以看作从二分到三分的过渡。因为，从音变孳乳形成完全独立的词语需要一个相对缓慢的过程，是满足其形式稳定、意义确切的必有条件。如河西走廊方言里普遍通过远指"那"与"一"的合音形式"奈"的声调变化表达"更远"，但现场交际中往往带有拖音，表明这种音变无论在形式上还是语义上还远未构成与近指、远指代词平行对立的关系，因此也可以看作伴随拖音的"远"的强调式。

三 是"近、中、远"还是"近、远、更远"

已有方言指示代词三分报道的类型有"近—中—远"、"近—中远—远"、"近—远—更远"和"最近—近—远"等几种。究竟是哪种类型，不同方言可能会有差别。但从认识的一般规律来说，除非一开始就是"近、中、远"三分，否则，一定是在近、远二分的基础上产生的三分，因为"中"是一个更复杂一些的概念，至少要在与近、远的比较中才能抽象出来，语言里不大可能先近、中二分，然后再产生远。汉语的指示代词许多是近、远二分的，从所报道的多数三分的方言看，其三分也是在二分的基础上产生的。

二分基础上的三分，从理论上来说，第三指概念的产生可以有两种途径，即在从"近"到"远"的顺向比较中产生"更远"，也可以是在与"近""远"两者的双向比较中产生"中"。可表示如下：

途径一：近→远→（更远）

途径二：近→（中）←远

相对来说，途径一可能更多一些。当现场有三个不同对象需要指别时，人们一般情况下会先用语言里已有的近指代词指称近处的事物，用远指代词来指别与"近"相比远一些的事物，而后选用习惯方式指别更远者，也就容易抽象出"更远"的概念。进一步发展产生的第三指就是"更远指"代词。三分系统中，第三指代词是最晚出现的。

第三指词汇形式的来源，经济的办法无非是本方言原有指示词的音变滋生、借用方言中已有相关词语或从其他方言借用。如河西走廊方言里山丹、民乐话是借用本地方言中"那么"的合音来构成第三指即"更远指"的形式，民勤话则是借用来自其他方言里的远指词"兀（欧）"。

从现有三分类型的描写来看，汉语方言多数距离意义下的第三指概念是通过途径一衍生的。山西许多地方话报道的指代词是"这、那、兀"三分，陕西关中方言指示代词多是"这、兀、那"三分。邢向东、王临惠、张维佳、李平（2012）通过地理分布与历史关系的比较分析认为晋语指示代词本是"这""那"二分的，陕西关中话指示代词本是"这""兀"二分。这两种方言由于地缘接触、人口流动，在代词叠置的基础上形成了山西方言"这"、"那"和"兀"三分和关中方言"这"、"兀"和"那"三分现象。可以说，山西的三分系统中所谓中指的"那"其实是其本来的"远指"，而"兀"则是来自关中方言的"兀"的叠置分工后的"更远指"。孙立新（2010）先将关中方言指示词分作"这"近指、"兀"中指、"那"远指，后更改为远近二分下的"兀"远指、"那"更远指两个远指层次。

汪化云（2002）认为湖北黄冈方言里存在"近指""远指"之外的"中远指"，说"中远指"的特点是"单用和与近指代词对举时，是不折不扣的远指代词；与'那'并举时，其所指是离说话人较远而近于'那'"。他还据中远指代词"tɕie³"（方高坪镇）、"ne⁵"（英山县城）

等与远指的"那 na^6"相较口语色彩较浓以及同属江淮官话孝南片的相似情况认为其"中远指"的"$tɕie^3$""ne^5"等是本地方言原有,而"那"则是外来的。这无异证明"中远指"就是本地原有的"远指",而所谓"远指"的"那"则是借用其他方言的指示词构成的"更远指"。

黄伯荣(1996)指出山东潍坊12个县市方言是"这"近指、"聂"中指、"那"远指;东营市所属三个县市指示代词也是三分的,近指是"这",中指是"乜",远指是"那";淄博话与东营话相似,只是用法不同、声调不一样。而关于"聂""乜"的来源,黄先生认为"中指代词'乜'是从远指代词'那'衍化出来的",而"聂"是由"那"的声母和"这"的韵母融合而成的,"我们可以设想它有一个从[nə]到[niə]最后到[ȵiə]的历史音变过程"[①]。

伍巍(2003)认为安徽黄姑话用"乃 le^{213}"表示中指,形式上与表近指的"个"、远指的"那"构成平行对应的词语指代数量、处所、性状、程度、时间等;语义上,即便不是对举的情况下,也不会出现误会,"'乃块'、'乃么'、'乃时候'单独使用时,当地人的语感中一定是不远的概念,但又绝对不是'这里'、'这么'、'这时候'"。但"从有关例句看,黄姑方言的'乃'似乎与近指的'个'对照时有远指的意味,与远指的'那'对照时又有近指的意味"。因此也可以认为黄姑话里中指的"乃"其实就是本方言原有的远指词,该方言"更远指"概念抽象稳定后,出现了"那",并且"乃"和"那"有了明确分工。

湖南(伍云姬,2000)方言有些地方是三分的,如绥宁是"咯 ko^{55}"近指、"呢 $ȵin^{33}$"中指、"呢 $ȵin^{55}$"远指,娄底是"以 i^{42}"近指、"尔 n^{42}"中指、"尔 n^{35}"远指。显然,若三分是成立的,这个"中指"和"远指"同样很可能是"远指"和"更远指"。更远指的

[①] 黄伯荣:《汉语方言语法类编》,转引自张振兴《汉语方言指示代词二分和三分》,汪国胜《汉语方言语法研究》,华中师范大学出版社2007年版,第483—484页。

"呢 ȵin⁵⁵" "尔 n³⁵" 在很大程度上是方言中原本远指的 "呢 ȵin³³" "尔 n⁴²" 通过音变孳乳产生的。

上述情况说明迄今报道的汉语方言里的指示代词"近、中远、远"三分和多数"近、中、远"三分类型其实质都是通过途径一形成的"近、远、更远"系统。通过途径二,即在与近指和远指的双向比较中抽象出介于期间的"不远不近",是有可能形成如"近、最近/中、远"的三分系统的。刘纶鑫(1999)说江西境内新干客赣话是"个 ko³³"表近、"li²⁴"表最近、"lɛn²⁴"表远的三分。但这个表"最近"的"li²⁴"在语义上是否与中性指示有关,形式上与表"远"的"lɛn²⁴"有无联系,其来源如何等尚存诸多疑问。至于更多的此类来源的三分代词系统的例证材料,还有待更多学者的调查分析报道。

四 全部三分和部分三分

上面的论述似乎也在证明这些方言的指示代词根本就是二分的。但问题的关键还在于我们该如何看待距离意义下的"近、中、远"和"近、远、更远"以及它们作为概念的相互关系。从本质上说,距离实际是一个一维的线性延伸状态,"近、中、远"也罢,"近、远、更远"也罢,只是我们在其线性的维度上人为做出的完全性分割,作为主观意识的产物,它们之间的界限具有一定的模糊性和相对性是必然的,但它们各自在其中均分别占据相应的长度却是一定的,因此作为概念,它们的内涵是清楚的、是相互区别的。当它们各自与特定的语音形式结合构成不同的词语来进行表达时,三分也就形成了。三分系统中的"远"和二分系统中的"远"的联系是显然的,但其内涵要比后者小,是比"更远"较近的"远"。因此我们认为,一个方言中在距离意义上存在与近指、远指不同的第三个词汇表达形式,这个方言的指示代词就是三分的。

褚泽祥、邓华云(2003)指出指示代词具有空间性和表达的相似性。指代方所、时间等不同类别的指示代词之间因此处在如下的一个等级序列当中：

性状程度、动作方式＜时间＜人或物＜方所

这个蕴含共性的序列其含义主要可概括为如下两点：a. 不同类别的指示代词，其空间性有强有弱，从左至右其空间性是递增的。b. 空间性的强弱反映到指示代词二分或多分上，则表现为，空间性越强，多分的可能性越大。因此，在这个序列中，一种语言里的指示代词，若指 X 的代词是二分的，那么序列中 X 左边的各项都是二分的；如果指 X 的代词是多分的，那么序列中 X 右边的各项都是多分的。这能够很好地解释汉语方言的指示代词有些是全部三分的，如民勤方言；而有的则只是部分三分，如张掖甘州区、酒泉肃州区等是处所指代词三分，其他均为二分；民乐、山丹等处所、人或物的指代词是三分的，而时间、性状指代词则是二分的。

另外，正如许多学者的分析，汉语方言里的指示代词存在不同来源形式的叠置现象。但无论如何，叠置只能解释一个方言里三分系统中第三指词语的来源，却不能成为否定其三分的重要依据。

第三节　河西走廊方言更远指代词"欧"与"兀"及其来源

一　关于"兀"

由"兀"构成的"兀的（底）""兀那""兀谁"等是近代文献中多见的指示代词。"兀那"又作"古那"（参看张相《诗词曲语汇释》）。元曲里另见"窝坨儿"，其中"窝"也当是"兀"的变读形式（莫超，2003）。另外，近代文献中还有表指示的"阿的（底）""阿那"。如杨万里诗《过南荡》"垂杨一径深深去，阿那人家住得奇"，元张鸣善曲《水仙子》句"做甚么月儿昏昏瞪瞪，阿的般人儿孤孤另另，些娘大房儿冷冷清清",等等。

吕叔湘(1985)认为"阿的"即"兀底"是"阿堵"的变读。杨天戈(1980)认为宋元时期的"兀"就是"阿",均是构词前缀。张维佳(2007)认为"兀的""兀那"中的"兀"是唐宋时受突厥语影响而产生的,是一个衬音。但目前学界更多的意见是认为"兀"就是一个代词。汪化云(2007)认为近代的"兀"就是一个远指代词。郭芹纳(2001)也认为"兀"是一个表远指的指示词。张惠英(2001)认为早期白话作品中"兀底""兀那"的"兀"本是指示代词,是代词兼量词"个"虚化脱落声母的结果,还认为,"阿底"中的"阿"同样来自"个"。邢向东(2005)通过比较《原本老乞大》中的"阿的"和"兀的"可以混用,认为"兀底""阿底""更可能是同一个词在不同方言中的语音差异及其在同一方言中形成的同源异流叠置的反映"。这个说法是有道理的。

二 关于"欧"与"兀"

近代文献里不见作为指示代词使用的"欧",但由相同或相近读音形式构成的指示代词在甘肃东部及南部却有一定的集中分布。据雒鹏、王娟之(2014)观点,靖远话有表示更远指的"欧([ɤu])、欧个、欧些儿、欧会儿、欧搭、欧木"等指代词,甘肃南部相邻的洮河、夏河、白龙江流域的临洮、宕昌、岷县、合作市、舟曲、临夏市、康乐、广和等县市有系统的"欧([əu]/[ɤu])、欧个、欧些儿、欧会儿、欧木、欧搭儿"等,临潭则读"奥[ɔ]",如"奥、奥个、奥会儿、奥面"等。这些县市中有的"欧"类代词与"这"类代词相对,表远指,如宕昌;有的则有"这""那""欧"三类代词并存,"欧"类代词多指更远,如岷县、靖远;有的是既有"那"类又有"欧"类代词,它们都与"这"类对立表示远指,"欧"类兼表更远指,如康乐、临夏市。据敏春芳调查资料,甘南碌曲、玛曲同样有"欧个""欧个人"的说法。也就是说,"欧"用作指代词现象几乎覆盖了临夏回族自治州、甘南藏族自治州各县市汉语方言。

上述甘肃东南部一些方言里的"欧"应当与"兀"同源,是"兀"的变读,只不过变读的产生可能受到了其他民族语言的影响。理由如下:一是上述县区方言属中原官话秦陇片,秦陇中原官话是表远指的"兀"类指示词的集中分布区域之一,靖远、临夏等处方言的"欧"类词语在形式与意义上都与邻近县区方言中的"兀"类词语存在清楚的对应关系。二是现场调查录音资料反映的事实是这些当地话中的"欧"有时候是读[u]的(兰州城市学院张建军"广和县汉语方言录音资料"中"欧个"又读"兀个")。三,更重要的是这些县区地方话中"欧"是可以单独使用的。以上几个方面都进一步证明"欧"与汉语近代以来的"兀"的自然、直接地联系。四是"欧"类词语分布的主要行政区域是临夏回族自治州、甘南藏族自治州以及定西市、陇南市所属与之毗邻的县区,这个地区历史上、现代都是一个多民族杂居的区域,其语言环境相当复杂,有藏语、土语、撒拉语,有蒙语族的东乡语、保安语,有受阿拉伯语影响的回民汉语。"欧"的这个分布格局不是偶然的,它虽然不是突厥语或者其他民族语言的直接借用,却极有可能是汉语词"兀"的发音受到一些民族某种发音习惯的影响而产生的变读。这种变读在音理上也是能够解释的。[u]是舌面后高元音,发音习惯使得舌位自然降低变成了[ɔ],而后又变成了[əu]、[ɤu],其变读过程可能是:兀—奥—欧,即[u]—[ɔ]—[əu]—[ɤu]。

三 河西走廊方言里的"兀(那)"和"欧(那)"

当代河西走廊汉语方言主要是兰银官话。兰银官话的形成,有两个重要的源头,一个是金元时期的中原官话,一个则是唐宋时期的西北汉语方言。河西走廊是唐五代西北方言的主要分布区域之一,这个方言也是河西农业区许多其他民族人们使用的语言。唐宋之际历经战乱,统治民族交替更迭，汉族百姓多有逃离，但相关文献也一再证明汉语从来没有退出这一地域。唐代中后期建立的汉族归义军政权在走廊西部一直存在到北宋、西夏。西夏河西相对稳定，农业人口应有相当数量的汉族人，或说汉语的其他民族的人口。考古史料表明，西夏时期有很多从内地迁徙来的汉族人，如1977年在武威西郊林场发现的西夏墓题记中，两位男性墓主人刘德仁、刘仲达都曾在西夏政权中任职①。此外，史料记载，西夏为了巩固后方基地，发展农业生产，还在河西走廊大量安置虏获的中原汉族人，"得汉人勇者为前军，号'撞令郎'。若脆怯无他伎者，迁河外耕作，或以守肃州"②。因此，"西夏时期河西的汉族人口仍然占有较大的比例"③。尽管西夏时期的汉语可能不是河西走廊的优势语言，但这个汉语方言仍然是这一区域通行的主要语言之一。到了元代，又一次的战乱使得河西走廊的汉族人多有逃亡，数量下降，而后从东部中原各地迁来的汉族人口在数量上超过了本地的汉族人口，但本地人口仍然有相当的数量。正是在新移民所操中原官话和原有汉语西北方言的基础上，以中原官话为主体，形成了今河西走廊兰银官话的雏形。当代兰银官话的主要分布区域与西夏时期统治的核心地带大致吻合，也从一个侧面说明了这一情况。

明清两代均曾向河西走廊大规模移民，是现代河西走廊方言基本格局形成的关键时期。明代经过两三百年的稳定发展，河西走廊兰银官话最终稳固定型。清代主要向嘉峪关外敦煌一带移民，形成了今天敦煌河东的中原官话方言岛，敦煌河东方言里的"兀"显然是清代甘肃东部移民的原有形式。

明代移居河西的人们来源广泛，但山、陕移民较多是不争的事实。清代移民主要来自甘肃黄河以东、宁夏、青海部分地方，相关历史文献

---

① 陈炳应：《甘肃武威西郊林场西夏墓碑题记、葬俗略说》，《考古与文物》1980年第3期。
② 《宋史》卷四八六《夏国下》，中华书局1977年版，第14028—14029页。
③ 高荣：《河西通史》，天津古籍出版社2011年版，第375页。

多有相应记录。因此晋语、秦陇中原官话对河西走廊兰银官话方言的影响也最大。前述张维佳关于秦晋方言指示代词三分系统来源的论述，有助于我们对河西走廊方言有关问题的思考分析。当代河西走廊兰银官话内部有很强的一致性，就指示代词来说，"这""那"在所有县区均常用，而"兀"和"欧"的分布显然是较少的、零散的，"兀"只有民勤一个点，"欧"也只有民勤、肃州、金塔等地，凉州偶有"欧"的使用，其意义却完全同"那"。据此，我们认为，今河西走廊方言兰银官话的早期形式，即西夏以降、元明之际的河西走廊方言，其指示代词应是"这""那"对立的二分形式，而"兀""欧"则是后来的，是明清时期不同来源的移民，特别是清代移民带入的。河西走廊广阔的地域，互不连贯的绿洲特点，形成了移民定居地的分散而又间或相对集中的特征。移民分散定居使本地方言总体处于优势地位，而相对集中又容易在局部区域形成本地方言和不同来源其他方言的激烈竞争和不断融合。在这个过程中，一些新的外来方言要素在不同地域会表现出不同的消长态势，如凉州的新的外来词语"欧"在竞争融合中会逐渐消失；有些会沉淀下来，与其已有语汇先叠置后分工，成为本地通语中的必要的补足成分，如肃州等处的"欧"、民勤的"兀（欧）"。

就民勤方言来说，"兀"和"欧"同义共存关系，生动反映了邢向东所谓同一个词在不同方言中的语音差异及其在同一方言中形成的同源异流叠置现象。虽然许多细节性的事件已经没有确凿的文献记录予以佐证，但可以肯定的是，历史上，民勤方言形成过程的某个时期，来自秦陇中原官话区、特别是来自甘肃东部、南部的移民，许多到民勤定居，他们所操方言中的远指代词"兀"和"欧"与民勤本地话中的"那"形成了叠置竞争。"更远指"的需要使本地方言接受了"兀（欧）"，新移民接受了"那"。通过一定时期的融合沉淀，一方面，除"近指""远指"外，"更远指"在言语交际中区别性表达的需要更加显著；另一方面"那"随之与"兀（欧）"有了明确的分工，"那"专用远指，

而"兀(欧)"则专用更远指。民勤话里的"兀(欧)"的叠置、分工确立的过程可用如下图形表示:

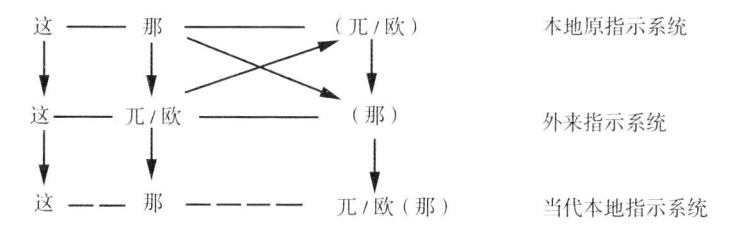

```
这 ——— 那 ——————— (兀/欧)        本地原指示系统
 ↓       ↓    ✗         ↓
这 ——— 兀/欧 ——————— (那)          外来指示系统
 ↓       ↓              ↓
这 ——— 那 ——————— 兀/欧(那)       当代本地指示系统
```

参考文献

一 著作类

安忠义:《陇右方言词语疏证》,人民出版社 2011 年版。

崔云胜:《张澍研究》,天津古籍出版社 2009 年版。

段平:《河西宝卷的调查研究》,兰州大学出版社 1992 年版。

范三畏:《旷古逸史——陇右神话与古史传说》,甘肃教育出版社 1999 年版。

方步和:《河西宝卷真本校注研究》,兰州大学出版社 1992 年版。

方步和:《河西文化——"敦煌学"的摇篮》,中国文史出版社 2004 年版。

冯天民、杨若冰:《民俗风情》,赵永红、陈永坚主编《武威历史文化丛书》,甘肃文化出版社 2002 年版。

甘肃省文物考古研究所、北京大学考古文博学院:《河西走廊史前考古调查报告》,文物出版社 2011 年版。

高葆泰:《兰州方言音系》,甘肃人民出版社 1985 年版。

高本汉:《中国音韵学研究》,赵元任、罗常培、李方桂合译《李方桂全集》(12),清华大学出版社 2007 年版。

高启安:《唐五代敦煌饮食文化研究》,民族出版社 2008 年版。

高荣:《河西通史》,天津古籍出版社 2011 年版。

[日] 高田时雄:《敦煌资料中的中国语史的研究——九、十世纪的河西方言》,(东京)创文社 1988 年版。

葛剑雄：《中国移民史》（第五卷），福建人民出版社1997年版。

何茂活：《山丹方言志》，甘肃人民出版社2007年版。

洪涛：《五凉史略》，中国社会科学出版社1992年版。

黄伯荣：《汉语方言语法类编》，青岛出版社1996年版。

贾小军：《魏晋十六国河西史稿》，天津古籍出版社2009年版。

姜清基：《河西历代人口研究》，内蒙古人民出版社2008年版。

兰州大学、西北师范学院中文系：《甘肃方言概况》，1960年油印本。

李并成：《河西走廊历史地理》，甘肃人民出版社1995年版。

李鼎超：《陇右方言》，兰州大学出版社1988年版。

李鼎文：《甘肃文史丛稿》，甘肃人民出版社1986年版。

李范文：《宋代西北方音——〈番汉合时掌中珠〉对音研究》，中国社会科学出版社1994年版。

李恭：《陇右方言发微》，兰州大学出版社1988年版。

李贵生：《凉州方言词汇研究》，甘肃人民出版社2017年版。

李慧芬、李发国：《高台民间小调研究》，甘肃人民出版社2016年版。

李磊：《敦煌方言释义》，中国文联出版社2009年版。

李小凡：《苏州方言语法研究》，北京大学出版社1998年版。

李玉寿：《民勤家谱》，香港天马图书有限公司2001年版。

梁新民：《武威史地综述》，兰州大学出版社1997年版。

刘伶：《敦煌方言志》，兰州大学出版社1988年版。

刘纶鑫：《客赣方言比较研究》，中国社会科学出版社1999年版。

刘永红：《西北宝卷研究》，民族出版社2003年版。

吕叔湘：《近代汉语指示词》，学林出版社1985年版。

罗常培：《语言与文化》，语文出版社1989年版。

罗常培：《唐五代西北方音》，商务印书馆2012年版。

莫超：《西北方言文献研究》，北京大学出版社2014年版。

齐陈俊：《河西史研究》，甘肃教育出版社1989年版。

钱曾怡：《汉语官话方言研究》，齐鲁出版社 2010 年版。

孙立新：《关中方言代词研究》，三秦出版社 2010 年版。

孙占鳌：《酒泉方言研究》，甘肃人民出版社 2013 年版。

孙占鳌：《酒泉民俗研究》，甘肃人民出版社 2014 年版。

谭蝉雪：《敦煌民俗》，甘肃教育出版社 2006 年版。

王继中：《凉州方言词语汇释》，甘肃文化出版社 2017 年版。

王继中：《凉州方言词语考释》，天津古籍出版社 2013 年版。

王希隆：《清代西北屯田研究》，兰州大学出版社 1990 年版。

王仲保、胡国兴：《甘肃民俗总览》，民族出版社 2006 年版。

温端正：《方言与俗语研究》，上海辞书出版社 2003 年版。

吴浩军：《酒泉地域文化丛稿》，甘肃文化出版社 2007 年版。

吴开华、赵登明：《民勤方言与普通话》，甘肃人民出版社 2006 年版。

伍云姬：《湖南方言的代词》（湖南方言语法系列之三），湖南师范大学出版社 2000 年版。

谢树森、谢广恩著，李玉寿校订：《镇番遗事历鉴》，香港天马图书有限公司 2001 年版。

邢向东：《神木方言研究》，中华书局 2002 年版。

邢向东、王临惠、张维佳、李平：《秦晋两省沿河方言比较研究》，商务印书馆 2012 年版。

叶舒宪：《河西走廊：西部神话与华夏源流》，云南教育出版社 2008 年版。

张安生：《同心方言研究》，中华书局 2006 年版。

张惠英：《汉语方言代词研究》，语文出版社 2001 年版。

张力仁：《文化交流与空间整合——河西走廊文化地理研究》，科学出版社 2006 年版。

张文轩、莫超：《兰州方言词典》，中国社会科学出版社 2009 年版。

张燕来：《兰银官话语音研究》，北京大学出版社 2014 年版。

赵以武：《五凉文化述论》，甘肃人民出版社 1989 年版。

周磊、王燕：《乌鲁木齐方言词典》，江苏人民出版社1998年版。

周振鹤、游汝杰：《方言与中国文化》，上海人民出版社1986年版。

朱瑜章：《历代咏河西诗歌选注》，中国文史出版社2007年版。

二　论文类

安忠义：《敦煌文献中的陇右方言》，《敦煌研究》2008年第3期。

曹志耘：《敦煌方言的声调》，《语文研究》1998年第1期。

车锡伦：《明清民间宗教与甘肃的念卷和宝卷》，《敦煌研究》1999年第4期。

车锡伦：《中国宝卷的渊源》，《敦煌研究》2001年第2期。

陈新民：《河西走廊移民史》，《国学》2010年第8期。

陈玉洁：《中性指示词与中指指示词》，《方言》2011年第2期。

程瑶：《河西民间宗教宝卷方俗词语的文化蕴藉》，《汉语学报》2015年第2期。

褚泽祥、邓云华：《指示代词的类型和共性》，《当代语言学》2003年第4期。

崔云胜：《张掖酒泉的西夏土主信仰》，《宁夏社会科学》2005年第3期。

邓文靖：《西北地区三声调方言分布特点透析》，《兰州大学学报》（社会科学版）2009年第3期。

丁邦新：《论官话方言研究中的几个问题》，《史语所集刊》，1987年。

丁一清：《贤孝与明清小说传播》，《明清小说研究》2015年第4期。

都兴宙：《敦煌变文韵部研究》，《敦煌学辑刊》1985年第1期。

高荣：《古史所记的先秦河西》，《河西学院学报》2004年第6期。

高荣：《论"河西学"的界定与构建》，《河西学院学报》2016年第1期。

高天霞：《论甘州方言的疑问句》，《河西学院学报》2009年第3期。

高天霞：《虚词"唡"在张掖方言中的意义》，《河西学院学报》2005年第6期。

高天霞：《张掖方言的程度表示法》，《语文学刊》2008年第16期。

高霞：《高台方言语音简论》，《天水师范学院学报》2000年第3期。

高小强：《从堡寨到村堡：明清河西走廊堡寨民居的功能演变》，《中国边疆史地研究》2016年第4期。

龚煌城：《十二世纪末汉语的西北方音》，《汉藏语研究论文集》，北京大学出版社2004年版。

郭芹纳：《"这搭、那搭、哪搭、兀搭"疏证——关中方言词语疏证之二》，《陕西师范大学学报》（哲学社会科学版）2001年第4期。

郭沈青：《西北方言全浊清化的年代考》，《宝鸡文理学院学报》2004年第1期。

哈建军、张有道、李弈婷：《河西宝卷对走廊文化的注解及其当代文化价值》，《社科纵横》2016年第12期。

郝润华：《凉州七里十万家——古代凉州与盛唐凉州的繁华》，《中国典籍与文化》1994年第4期。

何继春、魏彩霞：《河西走廊水文化述论》，《边疆经济与文化》2015年第2期。

何剑丽：《河西方言里的助词"价"》，《河西学院学报》2007年第6期。

何剑丽：《临泽方言音系记略》，《甘肃高师学报》2008年第4期。

何茂活：《聊斋俚曲俗字例解——兼以甘肃河西方言为证》，《蒲松林研究》2012年第1期。

何茂活：《山丹方言古语词例释》，《甘肃高师学报》2005年第4期。

何茂活：《陕甘方言难词比证——以陕西扶风和甘肃山丹方言为例》，《咸阳师范学院学报》2010年第3期。

胡阿祥：《魏晋时期河西地区本土文学述论》，《洛阳大学学报》2002年第3期。

黄大祥：《敦煌文献中的河西走廊方言词语》，《甘肃高师学报》2011年第4期。

黄大祥：《甘肃民勤方言语气词"莽"和"们"及其来源》，《河西学院学报》2015年第3期。

黄大祥：《甘肃张掖方言同音字汇》，《方言》2009年第4期。

黄大祥：《结合现代河西方言训释敦煌变文的几个词语》，《方言》2011年第4期。

黄大祥：《凉州方言同音字汇》，《甘肃高师学报》2007年第3期。

黄大祥：《民勤方言古语词例释》，《河西学院学报》2011年第4期。

黄大祥：《民勤方言里的语气词"唡"及其形成》，《甘肃高师学报》2013年第3期。

黄大祥：《民勤方言音系说略》，《甘肃高师学报》2005年第6期。

姬慧：《河西宝卷方俗词语义考二则》，《渭南师范学院学报》2018年第15期。

贾强：《清代河西走廊"八景"与环境变迁》，《河西学院学报》2016年第6期。

贾小军：《五凉文化及其历史贡献》，《历史教学通讯》2013年第6期。

贾学锋：《藏传佛教在河西走廊的传播与发展》，《西藏研究》2003年第2期。

巨虹：《五凉时期河西地区部分文学作品研究》，《牡丹江师范学院学报》（哲学社会科学版）2013年第5期。

雷汉卿：《河西宝卷所反映的西北方言浅说》，四川大学汉语史研究所主编《汉语史研究集刊》第五辑，巴蜀书社2002年版。

黎新第：《官话方言促变舒声的层次和相互关系试探》，《语言研究》1987年第1期。

李并成：《"张掖"释名》，《张掖师专学报》（综合版）1990年第2期。

李并成：《汉代河西走廊东段交通路线考》，《敦煌学辑刊》2011年第1期。

李贵生：《从敦煌变文到河西宝卷——河西宝卷的渊源与发展》，《青海民族大学学报》（社会科学版）2015 年第 1 期。

李贵生：《多元宗教视野下的口头说唱——以甘肃武威"凉州贤孝"为例》，《青海民族大学学报》（社会科学版）2011 年第 1 期。

李贵生、王明博：《河西宝卷说唱结构嬗变的历史层次及其特征》，《社会科学战线》2015 年第 11 期。

李辉：《西夏与丝绸之路》，《社科纵横》2001 年第 3 期。

李慧芬：《浅析高台民间小调歌词的表现手法和修辞方法——以罗城乡小调为例》，《赤峰学院学报》（汉文哲学社会科学版）2011 年第 3 期。

李蓝：《敦煌方言与唐五代西北方音》，《方言》2014 年第 4 期。

李敏锋：《从河西走廊古地名看古代河西历史》，《甘肃社会科学》2000 年第 2 期。

李荣：《官话方言的分区》，《方言》1985 年第 1 期。

李如龙：《方言与文化的宏观研究》，《暨南学报》1994 年第 4 期。

李如龙：《关于方言与地域文化的研究》，《泉州师范学院学报》（社会科学版）2005 年第 1 期。

刘朝霞：《论河西文化的特色及文学呈现》，《西北成人教育学报》2008 年第 1 期。

刘丹青：《吴江方言的指示范畴》，全国汉语方言学会 1995 年年会（武汉）论文。

刘俐李：《乌鲁木齐回民汉语中的双焦点辅音》，《新疆大学学报》（哲学社会科学版）1992 年第 4 期。

刘伶：《略论敦煌方音的形成》，《兰州大学学报》（社会科学版）1987 年第 2 期。

刘伶：《张掖方言声母 tʂ、tʂ'、ʂ、k、k'、f、v 的分合》，《亚非言语文化》1986 年第 26 期。

刘勋宁：《再论汉语北方话的分区》，《中国语文》1995 年第 6 期。

龙晦：《唐五代西北方音与敦煌文献研究》，《西南师范大学学报》（人文社会科学版）1983年第3期。

陆庆夫：《五凉文化简论》，《敦煌学辑刊》1987年第1期。

吕叔湘：《指示代词的二分法和三分法》，《中国语文》1990年第6期。

雒鹏：《甘肃方言的第三人称代词》，《西北师范大学学报》（社会科学版）2006年第1期。

雒鹏：《甘肃方言几类实词中存在的语法现象》，《西北师范大学学报》（社会科学版）1997年第1期。

雒鹏：《甘肃汉语方言词法初探》，《西北师范大学学报》（社会科学版）1994年第6期。

雒鹏：《甘肃汉语方言人称代词》，《中国方言学报》2016年第00期。

雒鹏：《甘肃汉语方言声韵调及其特点》，《西北师范大学学报》（社会科学版）2001年第2期。

雒鹏：《甘肃汉语方言研究现状和分区》，《甘肃高师学报》2007年第4期。

雒鹏、王娟之：《甘肃汉语方言指示代词研究》，莫超主编《西北语言与文化研究》第二辑，华东师范大学出版社2014年版。

孟凡港：《从碑刻看明清时期张掖的民间信仰》，《世界宗教文化》2012年第2期。

敏春芳、程瑶：《河西宝卷方俗口语词的文化蕴涵——以民间宗教类宝卷为例》，《世界宗教研究》2017年第2期。

莫超：《甘肃汉语方言语法特点综述》，《西北成人教育学报》2009年第2期。

莫超：《近代西北方言文献中的代词》，《河西学院学报》2011年第1期。

莫超：《晚清至民国期间甘肃方言专著四种》，《图书与情报》2013年第4期。

莫超：《元曲与甘肃方言》，《中国古代小说戏曲研究丛刊》2004年第00期。

莫超：《元杂剧及〈水浒传〉中的"兀那"、"兀的"、"兀谁"》，《中国古代小说戏剧研究丛刊》第一辑，甘肃教育出版社2003年版。

聂鸿音：《汉语西北方言泥来母混读的早期资料》，《方言》2011年第1期。

聂鸿音：《粟特语对音资料与唐代汉语西北方音》，《语言研究》2006年第2期。

彭清深：《西北河西汉族人的形成及人文特征》，《中央民族大学学报》2003年第1期。

彭清深、张祖煦：《西北地区汉语方言之纵向考察》，《西北民族学院学报》（哲学社会科学版）2000年第4期。

钱秀琴：《甘肃民乐方言的子尾词》，《学理论》2009年第6期。

钱秀琴：《甘肃民乐方言音系记略》，《甘肃高师学报》2009年第1期。

乔全生：《现代晋方言与唐五代西北方言的亲缘关系》，《中国语文》2004年第3期。

任伟：《十六国时期的河西本土文学与南北各方的交流》，《河西学院学报》2008年第6期。

邵荣芬：《敦煌俗文学中的别字异文和唐五代西北方音》，《中国语文》1963年第3期。

邵如林：《"河西文化"论》，《西北史地》1995年第2期。

石汝杰：《苏州方言的代词系统》，李如龙、张双庆主编《代词》，暨南大学出版社1999年版。

孙其芳：《敦煌词中的方音释例——敦煌词校勘丛谈之二》，《甘肃社会科学》1982年第3期。

孙少华：《秦汉河西走廊上的文化学术交流及其文学影响》，《齐鲁学刊》2009年第5期。

孙月梅：《张掖方言词汇的构词理据及文化内涵研究》，《柳州师专学报》2014年第3期。

汪泛舟：《敦煌曲子词方音习语及其他》，《敦煌研究》1987年第4期。

汪化云：《汉语方言指示代词三分现象初探》，《语言研究》2002年第2期。

汪化云：《也说"兀"》，《语文研究》2007年第1期。

王灿龙：《试论"这""那"指称事件的照应功能》，《语言研究》2006年第2期。

王国华：《从文献看河西走廊非物质文化的历史演变》，《中国地方志》2007年第6期。

王洪君：《山西闻喜方言的白读层与宋西北方言》，《中国语文》1987年第1期。

王军虎：《晋陕甘方言的"支微入鱼"现象和唐代西北方音》，《中国语文》2004年第3期。

王军涛：《元明清时期河西走廊汉传佛教"藏化"现象浅析》，《西北民族大学学报》（哲学社会科学版）2006年第1期。

王素音、赵颖：《凉州贤孝的地域文化传达——以谚语为例》，《文化学刊》2017年第9期。

王晓斌：《张掖方言两字组的连调模式》，《甘肃高师学报》2015年第1期。

王欣：《吐火罗在河西一带的活动》，《兰州大学学报》（社会科学版）1998年第1期。

王勇、张宏：《从"撩病消灾"到"外慷内敛"——河西走廊的民间信仰规范及其法人类学意涵》，《福建行政学院学报》2015年第4期。

王振忠：《区域文化视野中的民间日用类书——从〈祭文精选〉看20世纪河西走廊的社会生活》，《地方文化研究》2014年第1期。

吴开华：《甘肃民勤方言音系》，《方言》2009年第1期。

伍巍:《黄姑方言中指词"乃"的研究》,《语文研究》2003年第2期。

小川环树:《苏州方言的指示代词》,《方言》1981年第4期。

谢继忠:《浅谈"金张掖"、"银武威"的由来》,《河西学院学报》2012年第4期。

谢生保:《河西宝卷与敦煌变文的比较》,《敦煌研究》1987年第4期。

谢正荣:《方言与古俗——以甘肃省古浪县路家台村为例》,《宝鸡文理学院学报》(社会科学版)2010年第3期。

谢正荣:《甘肃河西民间歌谣的民俗阐释》,《甘肃高师学报》2007年第6期。

邢向东:《陕北晋语沿河方言的指示代词及其来源》,《陕西师范大学学报》(哲学社会科学版)2005年第2期。

徐杰舜:《河西人的人文特征——西北汉族族群研究之四》,《青海民族大学学报》(社会科学版)2016年第4期。

徐丽华:《河西走廊称谓语之"同名异实"和"同实异名"》,《文化学刊》2015年第4期。

徐丽华:《河西走廊的亲属称谓语》,《宁夏大学学报》(人文社会科学版)2015年第6期。

闫天灵:《明清时期河西走廊的寄住民族、寄住城堡和寄住政策》,《中国边疆史地研究》2009年第4期。

杨国学:《河西走廊三处取经图画与〈西游记〉故事演变的关系》,《西北师范大学学报》(社会科学版)2000年第4期。

杨天戈:《说"兀"》,《中国语文》1980年第5期。

叶舒宪:《河西走廊的文化镜像》,《丝绸之路》2012年第12期。

叶舒宪:《丝绸之路还是玉石之路——河西走廊与华夏文明传统的重构》,《探索与争鸣》2013年第7期。

跃进:《河西四郡的建置与西北文学的繁荣》,《文学评论》2008年第5期。

张建军:《西北方言入声韵带 i 介音现象》,《咸阳师范学院学报》2015

年第 5 期。

张金泉：《敦煌曲子词用韵考》，《杭州大学学报》（哲学社会科学版）1981 年第 3 期。

张力仁：《河西走廊民风的地域差异》，《西北史地》1999 年第 4 期。

张力仁：《历史时期河西走廊多民族文化的交流与整合》，《中国历史地理论丛》2006 年第 3 期。

张连银、喻堰田：《明清嬗变与西北边陲的变迁——以 16—18 世纪的河西走廊为例》，《青海师范大学学报》（哲学社会科学版）2009 年第 2 期。

张生龙、董红：《西部走廊文化心理初探——关于中国著名学者陈寅恪首倡"河西支派"的显微》，《河西学院学报》2002 年第 6 期。

张盛裕：《敦煌音系记略》，《方言》1985 年第 2 期。

张盛裕：《河西走廊的汉语方言》，《方言》1993 年第 4 期。

张盛裕、张成材：《陕甘宁青四省区汉语方言的分区》，《方言》1986 年第 2 期。

张世方：《汉语方言三声调现象初探》，《语言研究》2000 年第 4 期。

张涛：《"河西学"的学科构建与初步设想》，《河西学院学报》2005 年第 3 期。

张涛：《河西文化的特征——兼论挖掘研究河西文化的策略与现实意义》，《河西学院学报》2006 年第 3 期。

张维佳：《山西晋语指示代词三分系统的来源》，《中国语文》2005 年第 5 期。

张维佳：《远指代词"兀"与突厥语》，《民族语文》2007 年第 3 期。

张文轩：《武威方言及其"秃嘴子话"的语音特点》，《兰州大学学报》（社会科学版）2000 年第 5 期。

张燕来：《兰银官话鼻尾韵的演变》，《语言科学》2006 年第 5 期。

张振兴：《汉语方言指示代词二分和三分》，汪国胜主编《汉语方言语法研究》,华中师范大学出版社 2007 年版。

赵兰香:《河西汉塞与河西地域建筑文化论》,《敦煌学辑刊》2014 年第 2 期。

赵颖:《甘肃凉州贤孝唱词的地域性语言特点研究》,《江西科技师范大学学报》2014 年第 5 期。

赵颖:《凉州贤孝唱词语法特点选析》,《江西科技师范大学学报》2015 年第 2 期。

钟进文:《甘青地区独有民族的语言文化特征》,《西北民族研究》1997 年第 2 期。

钟进文:《河西走廊历史上的多语言环境》,《中国边疆民族研究》2009 年第 00 期。

周磊:《兰银官话的分区(稿)》,《方言》2005 年第 3 期。

朱瑜章:《河西走廊"苏李"文化述评》,《河西学院学报》2005 年第 6 期。

朱瑜章:《纪昀〈乌鲁木齐杂诗〉中的河西民俗——郝浚等〈乌鲁木齐杂诗注〉补正》,《河西学院学报》2007 年第 6 期。

朱瑜章:《先秦河西走廊神话传说考略》,《敦煌学辑刊》2009 年第 2 期。

朱瑜章:《玄奘取经与〈西游记〉"遗迹"现象透视》,《河西学院学报》2004 年第 6 期。

三 方志、史话类

安西县志编纂委员会:《安西县志》,知识出版社 1992 年版。

甘肃敦煌市志编纂委员会:《敦煌市志》,新华出版社 1994 年版。

甘肃省金昌市地方志编纂委员会:《金昌市志》,中国城市出版社 1995 年版。

甘肃省肃南裕固族自治县地方志编纂委员会:《肃南县志》,甘肃民族出版社 1994 年版。

甘肃省张掖市志编纂委员会：《张掖市志》，甘肃人民出版社1995年版。

高季良总纂，张志纯等点校：《创修临泽县志》，甘肃文化出版社2001年版。

高台县志编纂委员会：《高台县志》，兰州大学出版社1993年版。

古浪县志编纂委员会：《古浪县志》，甘肃文化出版社1996年版。

瓜州县地方史志办公室整理：《中华民国安西县志》，2011年印，图书准印证：甘出准066字总650号（2011）08号。

黄璟著，郭兴圣校注：《山丹县志》，甘肃文化出版社2012年版。

嘉峪关市志编纂委员会：《嘉峪关市志》，甘肃人民出版社1990年版。

金塔县志编纂委员会：《金塔县志》，甘肃人民出版社1992年版。

酒泉史志办公室：《酒泉市志》，兰州大学出版社1997年版。

李应魁撰，高启安、邰惠莉点校：《肃镇华夷志校注》，甘肃人民出版社2006年版。

民乐县志编纂委员会：《民乐县志》，甘肃人民出版社1996年版。

民勤县志编纂委员会：《民勤县志》，兰州大学出版社1994年版。

任文军：《肃北史话》，甘肃文化出版社2010年版。

山丹县志编纂委员会：《山丹县志》，甘肃人民出版社1993年版。

天祝藏族自治县县志编纂委员会：《天祝县志》，甘肃民族出版社1994年版。

武威市市志编纂委员会：《武威市志》，兰州大学出版社1998年版。

（清）许协等撰：《镇番县志》（道光五年修），河西学院图书馆藏线装本（年份不详）。

杨晓、周建忠：《阿克塞史话》，甘肃文化出版社2011年版。

永昌县志编纂委员会：《永昌县志》，甘肃人民出版社1993年版。

玉门市地方志编纂委员会：《玉门市志》，新华出版社1991年版。

张掖地区志编纂委员会：《张掖地区志》，甘肃人民出版社2010年版。

张克复等校注：《五凉全志校注》，甘肃人民出版社1999年版。

钟庚起著，张志纯、郭兴圣、何成才校注：《甘州府志校注》，甘肃文化出版社2008年版。

附　　录

附录一　金昌市金川城区方言的声韵调

一　金川话的声韵调

（一）声母：23个

p	八北边布	p'	怕盘皮谱	m	麻埋门木	f	伐房费福	v	歪文晚未
t	答得地毒	t'	塔题土团	n	拿努泥捏			l	拉乱驴鹿
ts	糟资祖坐	ts'	财刺崔醋			s	撕嫂算速		
tʂ	知枣卒住	tʂ'	痴潮粗触			ʂ	师闪色杀	ʐ	染人日热
tɕ	家接叫脚	tɕ'	掐茄巧缺			ɕ	夏写小削		
k	该瓜梗国	k'	开夸捆阔			x	喊恨护换		
ø	按二烟用								

（二）韵母：37个

ɿ	资紫刺丝	i	批笛洗厉	u	姑读祖物	y	居许女裕
ʅ	支持湿日						
ɚ	二儿耳而						
a	八大砸插	ia	家霞牙掐	ua	抓寡垮滑		
ɤ	蛇测德河	iɛ	憋碟节页			yɛ	略决缺药
o	波破陌佛			uo	多坐国获		
ɔ	包早高奥	iɔ	表调叫腰				

· 344 ·

续表

ai	摆菜买改			uai	怪怀快揣			
ei	杯梅贼黑			uei	堆锤鬼汇			
əu	斗走沟偶	iəu	丢九修有					
an	办担干看	iɛn	边减线言	uan	关断喘换	yɛn	卷泉远楦	
ən	奔嫩辰恨	in	斌民紧信	un	蹲尊准困	yn	俊群寻晕	
aŋ	帮党伤炕	iaŋ	凉讲向样	uaŋ	装霜广晃			
əŋ	崩灯征衡	iŋ	冰丁铃姓					
oŋ	东翁总共	ioŋ	炯穷熊用					

（三）声调：4个

阴平	˥	44	边天飞 粗三边 七黑
阳平	˧˥	35	穷寒鹅 局白熟 得
上声	˨˩˧	213	古水粉 五老有
去声	˥˩	51	盖大病 抱近厚 月六药

二 金川话的音韵特点

（一）声母方面

1. 古全浊声母全部清化，和绝大多数官话方言一样，清化后平声送气仄声不送气；

2. 泥母和来母分得比较清楚，在所调查的3800字音中，只有两三个字相混：一是泥母的"赁"读 lin˥˩，泥母字混入来母；来母的"弄"读 noŋ˥、"辇"读 nian˨˩˧，来母混入泥母；

3. 不分尖团；

4. 知庄章三组读音和北京话相比有同有异，具体情况是：知庄章三组读 ts 组或 tʂ 组，但两组辅音是完全混同，可任意替换，且规律性不强，总体看读 ts 组的情况更多一些；日母字分读零声母（止摄）和卷舌声母（其他韵摄），分化情况同北京话；

5. 疑母字的读音和北京话有区别，表现为部分合口字读 v 声母，

如"瓦、外、伪";

6. 微母止、山、臻、宕摄合口字,影母蟹、止、臻、宕摄合口字,部分果、假、山、通摄合口字,云母止、蟹、宕摄合口字,晓组"歪、完、丸、皖"等字,读v声母。

(二) 韵母方面

1. 古入声韵已全部舒化;
2. 咸摄并入山摄、深摄并入臻摄,没有 – m 尾韵;
3. 咸山摄阳声韵读音 an、iɛn、uan、yɛn 四个韵母;
4. 深臻两摄合流,混读为 in、ən、un、yn 四个韵母,与北京话同;
5. 曾梗两摄字全面相混为 əŋ、iŋ、oŋ、ioŋ 四个韵母;
6. 宕江两摄合流为 aŋ、iaŋ、uaŋ,主元音是 a。

(三) 声调方面

金川话的声调类型与北京话基本相同,但平声音高较北京话低,上声的尾音亦较北京话低。

附录二 嘉峪关市区方言的声韵调

一 嘉峪关话的声韵调

(一) 声母:23 个

p	八北边布	p'	怕盘皮谱	m	麻埋门木	f	伐房费福	v	温文翁问
t	答得地毒	t'	塔题土团	n	拿努泥捏			l	拉乱驴鹿
ts	糟资祖坐	ts'	财刺崔醋			s	撕嫂算速		
tʂ	知枣卒住	tʂ'	痴潮粗触			ʂ	师闪色杀	ʐ	染人日热
tɕ	家接叫脚	tɕ'	掐茄巧缺			ɕ	夏写小削		
k	该瓜梗国	k'	开夸捆阔			x	喊恨护换		
∅	按烟文用								

（二）韵母：37 个

ɿ	资紫刺丝	i	批笛洗厉	u	姑读祖物	y	居许女裕
ʅ	支持湿日						
ɚ	二儿耳而						
a	八大砸插	ia	家霞牙掐	ua	抓寡垮滑		
ɤ	蛇测德河	iɛ	憋碟节页			yɛ	略决缺药
o	波破陌佛			uo	多坐国获		
ai	摆菜买改			uai	怪怀快揣		
ei	杯梅贼黑			uei	堆锤鬼汇		
ɔu	包早高奥	iɔu	表调叫腰				
ou	斗走沟偶	iou	丢九修有				
an	办担干看	ian	边减线言	uan	关断喘换	yan	卷泉远楦
ən	奔嫩辰恨	in	斌民紧信	un	蹲尊准困	yn	俊群寻晕
aŋ	帮党伤炕	iaŋ	凉讲向样	uaŋ	装霜广晃		
əŋ	崩灯征瓮	iŋ	冰丁铃姓				
oŋ	东龙总共	ioŋ	炯穷熊用				

（三）声调：4 个

阴平	˦	44	边天飞　粗三边　七黑
阳平	˧˥	35	穷寒鹅　局白熟　得
上声	˨˩˧	213	古水粉　五老有
去声	˥˩	51	盖大病　抱近厚　月六药

二　嘉峪关话音韵特点

（一）声母方面

1. 古全浊声母全部清化，和绝大多数官话方言一样，清化后平声送气仄声不送气；

2. 泥母和来母分得比较清楚，在所调查的 3800 字音中，只有两个三字相混：一是泥母的"赁"读 lin˥˩，泥母字混入来母；来母的"弄"读 noŋ˦、"萘"读 nian˥˩，来母混入泥母；

3. 不分尖团；

4. 知庄章三组读音基本和北京话相同，在调查的 3800 个字中，只有庄组"斋"读 tsai˧、"骤"读 tsou˨˩、"搋"读 tsou˨˩、"巢"读 tsʻuu˧，四个字声母与北京话不同；

5. 日母字分读零声母（止摄）和卷舌声母（其他韵摄），分化情况同北京话；

6. 疑母字的读音和北京话稍有区别，臻摄、通摄合口影母以及臻摄微母字读 v 声母。

（二）韵母方面

1. 古入声韵已全部舒化；

2. 咸摄并入山摄、深摄并入臻摄，没有 –m 尾韵；

3. 咸山摄阳声韵读 an、ian、uan、yan 四个韵母；

4. 深臻两摄合流，混读为 in、ən、un、yn 四个韵母，与北京话同；

5. 曾梗两摄字全面相混为 əŋ、iŋ、oŋ、ioŋ 四个韵母；

6. 宕江两摄合流为 aŋ、iaŋ、uaŋ，主元音是 a。

（三）声调方面

嘉峪关话的声调类型与北京话基本相同，但平声音高较北京话低，上声的尾音亦较北京话低。

附录三　阿克塞县汉族口音的声韵调

一　阿克塞话的声韵调

（一）声母：24 个

p	帮抱鼻部	pʻ	怕偏捕佩	m	米灭慢门	f	飞翻冯服	v	位万温王
t	到端队读	tʻ	腿透同田	n	男怒泥弄			l	兰鲁梨赁
ts	糟祖增争	tsʻ	仓曹巢醋			s	丝扫苏散		
tʂ	招展主专	tʂʻ	潮缠处吹			ʂ	射扇书税	ʐ	绕染如闰

续表

tɕ	见舅精节	tɕʻ	轻群清钱	ɕ	心邪晓匣	z	一亿鱼欲
k	哥贵巩跪	kʻ	矿开考葵	x	化灰河汗		
∅	舞我影云						

(二) 韵母：32个

ɿ	资次知世	i	笔你机一	u	不煮姑雾	y	菊取徐育
ʅ	直吃湿日						
ɚ	而耳饵二						
a	巴袜打杀	ia	家霞哑洽	ua	抓耍 瓜话		
ɤ	波则河饿	iɛ	憋碟借野	uə	躲桌国窝	yɛ	决缺雪月
ai	百埋宰害			uai	乖怪快怀		
ei	辈匪位贼			uei	堆雷罪梅		
ɤu	头走收够	ieu	留秋酒又				
ao	饱刀曹告	iao	表焦笑摇				
an	搬完蛋伞	iɛn	鞭电前演	uan	短算专官	yɛn	捐权 选院
ɑŋ	帮旺党杭	iɑŋ	凉抢讲阳	uɑŋ	装光 筐黄		
əŋ	本温睁耕	iŋ	民紧顶赢	uŋ	东滚蹲红	yŋ	穷军熊用

(三) 声调：4个

阴平	˥	55	高开飞 粗三边 七黑
阳平	˧˥	35	穷寒鹅 局白熟 得
上声	˨˩˧	213	古水粉 五老有
去声	˥˩	51	盖大病 抱近厚 月六药

二 阿克塞话的音韵特点

(一) 声母方面

1. 古全浊声母全部清化，和绝大多数官话方言一样，清化后平声送气仄声不送气；

2. 泥母和来母分得比较清楚，个别混读，如"弄"读 noŋ˧˥，来母混入泥母；

3. 不分尖团；

4. 知庄章三组读音基本和北京话相同。在调查的 1500 个字中，有"罩、摘、纸、茶、站、蘸"等字读 ts 组声母，与北京话不同；

5. 日母字分读零声母（止摄）和卷舌声母（其他韵摄），分化情况同北京话；

6. 北京话疑母、影母、喻母来源的零声母字，阿克塞读零声母和 [v]、[ʑ] 声母。

（二）韵母方面

1. 古入声韵已全部舒化；

2. 咸摄并入山摄、深摄并入臻摄，没有 –m 尾韵；

3. 咸山摄阳声韵开、合、齐、撮四呼均保留鼻韵尾；

4. 深臻曾梗四摄字全面相混为 əŋ、iŋ、uŋ、yŋ 四个韵母；

5. 宕江两摄合流为 aŋ、iaŋ、uaŋ，主元音是 ɑ。

（三）声调方面

阿克塞话的声调类型与北京话基本相同，但上声尾音较北京话低。

后　记

　　本书是国家社科基金西部项目"河西走廊方言与地域文化研究"的最终成果（项目批准号：13XYY002）。课题进行中对河西走廊20个县区汉语方言语音以及词汇进行了调查。各县区方音主要发音合作人及记音时间如下。

　　凉州发音合作人孙信奎，男，汉族，1970年生，中师学历，教师，世居凉州区城关镇北街；调查时间为2015年7月。民勤发音合作人为本书作者民勤县大坝乡六沟村人；调查时间2014年8月。古浪发音合作人孙吉喜，男，汉族，初中文化，干部，1954年生，世居古浪县古浪镇；调查时间为2014年3月。天祝发音合作人于俊山，男，汉族，天祝县华藏寺人，1994年生，大学文化；调查时间为2016年11月。金昌市区发音合作人孟涛，男，汉族，中专毕业，工人，1960年生，1963年随母迁居金川；其父原籍辽宁西丰县人，1958年长春地质学校毕业分配到金川有色金属公司工作，其母亦为辽宁西丰人；调查时间为2014年7月。永昌发音合作人毛瑞栋，男，汉族，45岁，中师学历，世居永昌县焦家庄乡河滩村；调查时间为2015年8月。甘州发音合作人薛灵秀，男，汉族，1953年生，大学文化，世居甘州区梁家墩；调查时间为2013年10月。临泽发音合作人梁心，男，汉族，56岁，中师学历，小学教师，世居临泽县沙河镇；调查时间为2014年1月。山丹发音人邹熙彦，男，汉族，1968年生，大学文化，干部，世居山丹清泉镇调查；时间为2014年1月。

民乐发音合作人魏永学，男，汉族，59岁，高中学历，小学教师，世居民乐洪水镇；调查时间为2014年3月。高台发音合作人殷大荣，男，汉族，1970年生，大学学历，中学教师，世居高台巷道镇；调查时间为2014年1月。肃南发音合作人王延翔，男，汉族，大专学历，公务员，1965年生，世居肃南红湾寺镇；调查时间为2014年11月。肃州发音合作人张学信，男，汉族，69岁，世居肃州区西峰镇官北沟村；调查时间为2014年12月。金塔发音合作人王世奎，男，汉族，1956年生，高中学历，小学教师，世居金塔县金塔镇；调查时间2015年3月。玉门发音合作人李生瑞，男，汉族，1963年生，中师学历，小学教师，世居玉门市玉门镇；调查时间为2015年6月。瓜州发音合作人宗爱清，男，汉族，1973年生，大学学历，公务员，1994年分配至嘉峪关市工作，父母世居瓜州西湖乡；调查时间为2014年7月。敦煌发音合作人龚江，男，汉族，1971年生，大专学历，中学教师，世居敦煌市沙洲镇；调查时间为2014年7月。肃北发音合作人严天龙，男，汉族，1970年生，大专文化，中学教师，2岁时随父母迁居肃北居党城湾镇；调查时间为2014年7月。阿克塞发音合作人马晓伟，男，汉族，公务员，1964年生，父亲原籍甘肃天水，母亲原籍甘肃陇南礼县；调查时间为2014年7月。嘉峪关发音合作人张勇，男，汉族，大专学历，教师，1973年生，其父原籍陕西神木，1969年到酒泉钢铁公司工作，母亲为肃州本地人；调查时间为2014年7月。感谢上述人员以及在此无法一一列举姓名的众多热心人士在调查中给予的帮助支持与协助配合。

  课题组成员何剑丽、钱秀琴承担了大量资料整理、材料收集等工作，莫超、雒鹏、敏春芳、张建军、朱福林、傅康等学界同人提供了宝贵的意见以及相关材料，在此表示衷心感谢！特别感谢中国社科院语言研究所研究员李蓝先生对课题调查及最终成果的撰写给予的指导鼓励！特别感谢中国社会科学出版社郭晓鸿主任对本书的出版所付出的努力！

尽管作者力求准确描述和反映河西走廊方言的语音面貌、有关词汇的特点和地方文化内涵，但限于水平，其中的错误疏漏一定不少，恳请专家同行们的批评指正。

黄大祥
2020 年 7 月 10 日于河西学院